刑事法典型案例

实务运用与法理研判

刘学敏 主编

厦门大学出版社 国家一级出版社
XIAMEN UNIVERSITY PRESS 全国百佳图书出版单位

图书在版编目(CIP)数据

刑事法典型案例:实务运用与法理研判/刘学敏主编.—厦门:厦门大学出版社,2021.1

ISBN 978-7-5615-7745-5

Ⅰ.①刑… Ⅱ.①刘… Ⅲ.①刑法—案例—中国—高等学校—教材 Ⅳ.①D924.05

中国版本图书馆 CIP 数据核字(2021)第 023409 号

出 版 人 郑文礼
责任编辑 甘世恒

出版发行 厦门大学出版社
社　　址 厦门市软件园二期望海路 39 号
邮政编码 361008
总　　机 0592-2181111　0592-2181406(传真)
营销中心 0592-2184458　0592-2181365
网　　址 http://www.xmupress.com
邮　　箱 xmup@xmupress.com
印　　刷 厦门市明亮彩印有限公司

开本 787 mm×1 092 mm　1/16
印张 18.5
字数 373 千字
版次 2021 年 1 月第 1 版
印次 2021 年 1 月第 1 次印刷
定价 60.00 元

本书如有印装质量问题请直接寄承印厂调换

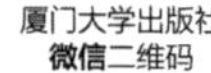
厦门大学出版社
微信二维码

厦门大学出版社
微博二维码

序 言

中共中央《关于全面推进依法治国若干重大问题的决定》指出：依法治国，是坚持和发展中国特色社会主义的本质要求和重要保障，是实现国家治理体系和治理能力现代化的必然要求。全面推进依法治国，必须大力提高法治工作队伍的职业素质，提升民众的法律素养。法学教育是培养高素质的法律职业共同体，发挥法律职业共同体在治理国家、管理社会、化解纠纷、解决矛盾，促进社会和谐、稳定发展中的作用的重要保障。

改革开放40多年来，中国的法学教育取得了长足的进步，法学教育蓬勃发展，法学教育质量稳步提升，但同时也存在一些问题，例如，法科学生招生规模庞大，教育质量参差不齐；现行的法学教育方式往往侧重于法学理论讲解及法律条文解读，对学生实践能力的培养有所欠缺，法科毕业生不能完全契合社会发展需求等。为适应培养多种层次法学人才的要求，厦门大学法学院积极推进分类别、多层次的教学方式改革，法律硕士的培养以培养“应用型、复合型”人才为目标。

厦门大学法学院建有教育部“应用型、复合型卓越法律人才教育培训”基地，努力培养“宽口径、厚基础”的复合型法律人才。在法律硕士课程教学改革中，法学院聘请大量法律实务部门的业务专家参与法律硕士研究生的培养，一些实务课程，由法学院专任教师与来自实务部门的专家联合授课；法律硕士研究生的指导采用双导师制，加强教学与实践的联系与交流，注重训练提升学生理论联系实际的能力。由于实务部门的专家来自于不同的业务部门，教改之初，这些联合授课的实务课程时常出现授课专家队伍不固定、教学体系分散、内容重复等问题。经过多年的合作与磨合，各实务课程形成稳定的教学团队，教学内容体系逐步形成。为了让法律硕士实务课程的知识体系更加全面、系统、科学，厦门大学法学院组织开展系列法律硕士教材的编写，以期规范教学内容，

提升教学质量。

教材是展示教育功能的重要媒介,法学教材是传承法律知识的重要载体,是学生学习法律、掌握法律、学会运用法律的重要工具。好的教材,既是学生学习的良师益友,亦是教师教学的善事利器。本系列教材注重法学理论教学与实务技能培训并重,在确保课程基础理论体系完整的前提下,注重专业技能的训练,突出实务课程的特点。

法学教材还是传播法律价值观的重要载体,法学教育的宗旨并非培养只会机械适用法律的"工匠",而是以培养知法懂法、尊重权利、严谨自律、追求公平正义的法律人为目标。卓越的法律人才,不仅应有扎实的法学理论功底,更应当具有坚定的法治信仰、崇高的法律精神以及良好的法律职业道德。本系列教材寓"德育"于法律知识教育之中,根据法律人的思维范式,让学生在学习过程中,体验各种不同的法律职业角色对职业素养、执业水平及道德水准的不同要求,以提升学生的综合素质及实践能力。

承蒙厦门大学出版社的大力支持,本系列教材得以顺利出版。诸位来自实务部门的专家作者在各自的专业领域已有相当建树,为了法学教育事业的发展,牺牲大量的业余时间投入本系列教材的编写,精神可嘉、令人钦佩!在此,谨向为本系列教材面世付出辛勤劳动的所有单位及个人致以衷心的感谢!本系列教材反映了厦门大学法学院法律硕士实务课程的教学实力及学术水平,相信本系列教材的出版,一定能对"应用型、复合型"法律硕士人才的培养发挥重要的作用。

是为序。

宋方青

2020 年 7 月

前　言

本案例教材的编写出版是为了满足高等院校法学课程教学需要，进一步丰富法学教育教学资源，加强学生法律实务技能培养，提高学生法律适用与法理分析能力。本教材是厦门大学法律硕士研究中心建设的福建省2016年专业学位研究生教学案例库项目成果之一，也是厦门大学法学院刘学敏教授主持的2019年福建省本科高校教育教学改革研究项目“一流本科专业建设目标下的法学案例教学改革与创新研究”(FBJG20190238)的最终研究成果。本教材中的案例全部都是在真实案件基础上改编而成的，能够反映实务特点和法律适用基本问题，涵盖实体、程序以及证据要素，符合课程教学规律和教学目标要求。本案例教材针对教学内容编写，涉及司法实务中分歧较大或争议较多的问题，具有典型性；案例能密切结合当前社会发展的热点难点问题，具有时效性；案例来源于真实的生活和工作实践，具有实践性；案例既有利于学生理解、掌握教学的重点和难点，又能培养学生分析、解决问题的能力，具有实效性。

本案例教材的编写人员主要是从事法学教育工作的教师以及法律实务工作的法官、检察官与律师。本教材所采用的案例是在全国典型判例中精心挑选出来的或者在自己办理的真实案件基础上改编而成的，为便于模拟实务操作，在案件证据和事实方面给出充分说明，以避免证据和事实描述的模糊性和开放性，同时充分考虑教学的需要，每一个案例细分几个模块，归纳提炼案情所涉及的关键问题与争议要点，并进行详细的法理导析和实务研判。各个案例编写的结构一般包括案例标题、摘要、案情内容、关键要点、法理分析、小结、法律法规、参考文献等部分。

本教材由刘学敏教授担任主编，负责拟定全书体例纲目、规范编写模块内容与格式要求，并进行最后的统稿和修改工作。

本案例教材具体编写人员及分工安排如下：

刘学敏(厦门大学法学院教授)，撰写案例一；

吕平(福建联合信实律师事务所合伙人、厦门大学法学院兼职硕导)，撰写案例二、三；

姚毅奇(福建省长泰县人民法院院长、高级法官、厦门大学法学院兼职硕导);郭兰君(福建省漳州市中级人民法院立案一庭副庭长),撰写案例四;

庄丽容(福建省南靖县人民检察院第一检察部主任),撰写案例五;

王凯(福建贝盈律师事务所律师),撰写案例六、七;

骆志峰(福建省莆田市涵江区人民检察院第一检察部主任),撰写案例八、九;

李赏识(福建省漳州市中级人民法院法官);林微(福建省漳州市中级人民法院生态庭庭长、高级法官、厦门大学法学院兼职硕导)撰写案例十;

黄国华(福建省南靖县人民检察院检察官),撰写案例十一;

陈庆勇(福建天衡律师事务所合伙人、厦门大学法学院兼职硕导),撰写案例十二;

吕英杰(厦门大学法学院副教授),撰写案例十三;

陈利群(福建旭丰律师事务所合伙人、厦门大学法学院兼职硕导),撰写案例十四、十五;

裴章艺(福建省漳州市人民检察院检察官);罗德渊(福建省漳州市中级人民法院刑一庭副庭长、高级法官),撰写案例十六。

因水平有限及时间仓促,本案例教材难免存在不足,个别表述可能不够精准,书中某些观点也仅代表个人观点,恳请广大读者批评指正。

《刑事法典型案例:实务运用与法理研判》编写组

2020年9月1日

目 录

案例一 薄熙来受贿、贪污、滥用职权案 …… 3
案例二 应某文受贿、挪用公款、国有公司人员滥用职权案 …… 24
案例三 王某麟涉嫌走私普通货物案 …… 44
案例四 泰管实业公司、管甲、鹿乙骗取贷款、票据承兑罪案 …… 63
案例五 李路、陈娜票据诈骗案 …… 81
案例六 林某某等信用卡诈骗案 …… 98
案例七 陈某某合同诈骗案 …… 111
案例八 陈明假冒注册商标案 …… 125
案例九 被告人张福山、陈凯胜等五人抢劫、强奸案 …… 149
案例十 陈某忠抢劫、抢夺案 …… 172
案例十一 王勇抢劫案 …… 193
案例十二 林再生故意杀人案 …… 211
案例十三 于欢防卫过当故意伤害案 …… 232
案例十四 张某、刘某被控强奸、抢劫案 …… 246
案例十五 秦某被控寻衅滋事、以危险方法危害公共安全、非法持有枪支案 …… 260
案例十六 韩某某等人非法拘禁案 …… 271

案例一
薄熙来受贿、贪污、滥用职权案

摘要:薄熙来案在我国法治进程中是一个标志性案件。该案在审判中所展现的公开性、透明性和程序正义,对彰显法治精神、推进法治进程有重大意义。薄案审判中涉及公开审判、指定管辖、辩护权保障、证人出庭作证、翻供、非法证据排除、污点证人及利害关系人证言、纪委调查收集材料的证据适格性及证明力、辩护方的调查权及质证权保障等程序法问题,还存在"明知并认可"、"为他人谋取利益"、利用"职务上的便利"的认定,"特定关系人"共同受贿、拒不认罪应否严惩,是否漏诉包庇罪等实体法问题,这些问题深具理论价值和实践意义,值得探讨和研究。

一、引　　言

2012 年 4 月 10 日,中共中央政治局召开会议,听取了对重庆市原副市长王立军私自进入美国驻成都总领事馆滞留事件(王立军事件)调查和对薄谷开来(薄熙来之妻)涉嫌投毒杀害英国公民尼尔·伍德案件复查情况的汇报。鉴于薄熙来在王立军事件和薄谷开来涉嫌故意杀人案件中的错误和责任,且在上述两起案件(事件)调查和复查过程中还发现了薄熙来的其他违纪线索,2012 年 3 月 15 日,中共中央决定薄熙来不再兼任重庆市委书记、常委、委员职务。2012 年 4 月 10 日,因薄熙来涉嫌严重违纪,中央决定,停止其担任的中央政治局委员、中央委员职务,由中共中央纪律检查委员会对其立案调查。2012 年 8 月 20 日,合肥市中院对薄谷开来、张晓军故意杀人案作出一审判决,认定薄谷开来犯故意杀人罪,判处死刑,缓期 2 年执行,剥夺政治权利终身。2012 年 9 月 24 日,成都市中院对重庆市原副市长、公安局原局长王立军徇私枉法、叛逃、滥用职权、受贿案作出一审宣判,决定执行有期徒刑 15 年,剥夺政治权利 1 年。2012 年 9 月 28 日,中共中央政治局会议审议并通过中共中央纪律检查委员会《关于薄熙来严重违纪案的审查报告》,决定给予薄熙来开除党籍、开除公职处分。2012 年 10 月 26 日,全国人大常

委会公告:重庆市人大常委会罢免了薄熙来的十一届全国人大代表职务。依照代表法的有关规定,薄熙来的代表资格终止。2012年11月4日,十七届七中全会审议通过中纪委关于薄熙来严重违纪问题的审查报告,确认中央政治局作出的给予薄熙来开除党籍的处分。

2013年7月25日,经最高人民法院指定管辖,山东省济南市人民检察院向济南市中级人民法院提起公诉,指控薄熙来犯受贿、贪污、滥用职权罪。2013年7月26日济南市中级人民法院立案受理,并依法组成合议庭于同年8月14日召开庭前会议,8月22日至26日公开开庭审理了此案。2013年9月22日,山东省济南市中级人民法院作出一审判决,判决被告人薄熙来犯受贿罪,判处无期徒刑,剥夺政治权利终身,并处没收个人全部财产;犯贪污罪,判处有期徒刑15年,并处没收个人财产人民币100万元;犯滥用职权罪,判处有期徒刑7年。决定执行无期徒刑,剥夺政治权利终身,并处没收个人全部财产。一审判决后,薄熙来不服,依法向山东省高级人民法院提出上诉。2013年10月25日,山东省高级人民法院二审公开宣判,裁定驳回薄熙来上诉,维持原判。

二、案情内容与法理分析

板块一:污点证人作证、非法证据排除、证据的适格性问题

被告人薄熙来利用职务便利为大连国际公司及唐肖林谋取利益,收受唐肖林给予的钱款共计折合人民币1109446元的事实。

1985年8月2日,大连国际公司在香港注册成立,注册资本全部由大连市财政局拨付,隶属于大连市政府。1999年5月1日起,唐肖林作为副总经理主持该公司工作。1999年底,唐肖林听说大连驻深办在深圳市的一宗土地闲置多年,即产生了由大连国际公司接收大连驻深办,以开发利用该宗土地的想法。其向时任中共大连市委书记兼市长的薄熙来汇报后,薄熙来表示同意,并让其起草报告。同年12月4日,薄熙来在大连国际公司关于此事的请示报告上签批了同意办理的意见。2000年3月2日,大连市人民政府召开会议,决定将大连驻深办的人、财、物成建制划归大连国际公司。大连市政府办公厅与大连国际公司递交报告后,薄熙来于3月4日批示:“同意。”深圳市华明辉置业有限公司在深圳市深南中路竹子林地区的土地与大连驻深办的土地毗邻。2001年9月起,华明辉公司与大连驻深办协商利用该两宗毗邻的土地开发建设“大连大厦”。大厦建成后,大连国际公司及唐肖林个人均从中获利,其中华明辉公司送给唐肖林人民币200万元、美元1万元。

2002年上半年,大连国际公司原职工姬巍说倒卖汽车进口配额比较赚钱,因知道唐肖林与薄熙来个人关系很好,就让唐肖林找时任辽宁省省长的薄熙来帮忙申请汽车进

口配额，唐肖林请薄熙来给分管副省长夏德仁打招呼。薄熙来表示同意，并让其直接找夏德仁。第二天，唐肖林拿着姬巍以辽宁对外经贸发展有限公司名义起草的汽车进口配额申请找到夏德仁，夏德仁签批让时任辽宁省对外经济贸易合作厅副厅长吴江具体负责办理。一两个月后，吴江电话答复，其上报的辽宁经贸公司不具备申请汽车进口配额的资质，已经为其在大连市汽车工业贸易集团公司解决，让其与大连汽贸公司的副总孙立克联系。姬巍去大连汽贸公司接洽，获得 24 个汽车进口配额。之后将配额卖给了其朋友杜世岩的大连市保悦区百事佳国际贸易有限公司，获利人民币 105 万元。2002 年 9 月，姬巍分给唐肖林人民币 85 万元。

为感谢被告人薄熙来的支持与帮助，唐肖林先后三次给予薄熙来现金共计美元 13 万元、人民币 5 万元。其中，2002 年下半年，薄熙来在沈阳市家中收受唐肖林给予的美元 5 万元(折合人民币 413830 元)；2004 年 6 月，薄熙来在商务部办公室收受唐肖林给予的人民币 5 万元；2005 年下半年，薄熙来在商务部办公室收受唐肖林给予的美元 8 万元(折合人民币 645616 元)。

1.证人唐肖林的证言证明。2002 年秋，其倒卖汽车进口配额获利后，让姬巍帮其兑换了两三万美元，加上自己已有的美元，凑了 5 万美元，到薄熙来沈阳的家中，其对薄熙来说“汽车进口配额批了，这点美元给薄瓜瓜在国外零用”。薄熙来点点头，没有说什么，其将 5 万美元放在沙发上就走了。2004 年五六月份，薄熙来调到商务部工作，为感谢薄熙来以往的帮助和支持，在商务部薄熙来的办公室，其对薄熙来说“您换地方住了，我给您准备了 5 万元用”。和薄熙来聊了一会儿后，其将 5 万元人民币放在沙发边上就走了。该 5 万元是时任大连国际公司大连办事处主任宋振军准备的。2005 年八九月份“大连大厦”建成后，为感谢薄熙来的支持和帮助，其到商务部薄熙来的办公室，将 8 万美元和一些办公用品放下，对薄熙来说：“深圳的房子建好了，这里有 8 万美元是给您的。”薄熙来点点头，没说什么就收下了。这 8 万美元的来源，一是张文胜给的 1 万美元，二是姬巍帮其兑换的美元，三是其自己手里还有一些美元。

2.证人姬巍、张文胜的证言印证了唐肖林关于部分行贿款来源的证言。在一审庭审中薄熙来提出了“唐肖林……是一个地地道道的贪腐分子和经济骗子”“对于一个十几年前的骗子、贪腐分子今天说的话，今天我认为是不可信的”“唐肖林收了 250 万元，本身就已犯罪，在此情况下他还作证，是不合适的”。

问题 1：污点证人有没有证人资格？如何看待污点证人作证问题？证人品格会影响其作证资格以及证言的证明力吗？

庭审中，薄熙来提出，有关收受唐肖林贿赂及知晓徐明为薄谷开来母子支付费用的两份自书材料系在办案人员施加的不正当压力和诱导下违心所写，该两份自书材料及之后与此相关的供述和亲笔供词均属于《刑事诉讼法》第 54 条规定的非法证据，应当予以排除；或者属于《刑事诉讼法》第 50 条规定的“以威胁、引诱、欺骗以及其他非法方法

收集”的证据,应当不予采信。

自书材料一:“唐肖林曾向我谈过大连驻深办并入大连国际公司一事,称对大连驻深办和大连国际公司都有好处。2002 年,当时大连驻深办与大连国际公司已经合并,迫切希望启动‘大连大厦’的建设。记得唐肖林曾到省政府找我,并给我一个报告,谈到深圳市在 90 年代中期就划给大连一块地,提出要利用该块土地,我认为这个想法合理,即同意。”“大约 2002 年前后,大连国际申请汽车进口配额,唐肖林找到省府。”“我感到这一申请是合理的,就跟分管外经贸的副省长夏德仁讲了此事,他负责机电办和进口事务,不久办理了此事。”“因唐肖林是我相处多年的工友,有老感情,就思想麻痹,放松了自己。“唐肖林曾先后三次送给我 13 万美元和 5 万元人民币。第一次大约是 2002 年在我沈阳的家中,唐肖林以我儿子在外国学习、谷开来‘陪读’生活开销为由,给了 5 万美元。第二次是 2004 年,我到商务部工作时,唐肖林到办公室看我,捎去 5 万元人民币,说是‘添些文具’。钱拿回了家。第三次是 2005 年在我北京的办公室,他送了 8 万美元,说是给开来母子,国外生活需要用钱,表示一点老朋友的心意。钱我拿回家,放在我书房的保险柜里。”

自书材料二:“印象里还有一次,看到徐明和谷开来闲聊。徐谈到在法国尼斯有套房子,环境很好,蛮漂亮,建议我们有机会去看看。我当时也没在意,随口说,那有机会就去看看,散散心。”“在模糊的印象中,谷开来和徐明似在我做辽宁省长时,曾在沈阳向我提起过该房,好像我回家时撞见他俩在聊并看图片。因时间较长,是否说到‘购买’我记不清了,反正我因缺乏警觉、疏忽大意而未予重视,未加制止。现听说该房已成了我小家庭名下的房产,我妻子又接受了外人的购房款,她又说对我讲过,那我作为政府官员,一家之长,不论知情多少、是否记得,都责无旁贷。我对尼斯房的买卖、运作过程及房子的大小、价值都不知道,没有参与过此事。我愿意尊重检察机关经分析、确认后的调查结论,并承担相应的法律责任。”

问题 2:被告人薄熙来提出自己亲笔书写的供词是在办案人员的压力下形成的,要求作为非法证据排除,有法律依据吗?我国关于非法证据的认定与排除有何规定?

庭审中,公诉机关将中纪委办理此案过程中薄熙来写的亲笔供词、自书材料等作为指控证据出示。

问题 3:纪委调查案件所收集的证据材料是否可以作为刑事证据使用?其证据的适格性如何判断?

庭审中,薄熙来辩称:唐肖林说给我三次送钱的事情是不存在的,他请托我办的那些事情都是公事公办,绝没有谈到他建大连大厦是自己倒卖,绝没有谈到申请汽车指标是为了倒卖,这些事情他当时全部向我隐瞒了,对唐肖林三次给我送钱的事情,我曾经在中纪委对我审查期间违心地承认过这件事情,就是愿意承担法律责任,但当时我完全不知道这些事情的情节,脑中一片空白。

问题 4：薄熙来将自书材料中交代的具体帮助事实辩解为公事公办，“公事公办”是否不属于为他人谋取利益？如何理解受贿罪构成要件中的“为他人谋取利益”？

关键要点

1.我国刑事诉讼中证人作证资格及污点证人证言的证明力；

2.纪检调查收集的材料证据适格性及证明力大小；

3.非法证据的认定及排除规则的运用；

4.受贿罪构成要件中的“为他人谋取利益”的理解。

法理分析

1.关于证人资格及污点证人问题

在薄熙来案审理中，也涉及刑事证人资格这一程序法问题。从薄熙来及其辩护人提出的有关辩解和辩护意见看，实际上包括有精神障碍的人、有犯罪污点的人能否作为刑事证人作证这两个问题。

第一，关于有精神障碍的人之证人资格问题。薄熙来及其辩护人在一审中就公诉机关的指控提出了“证人薄谷开来有精神障碍，其作证能力存疑……”等辩解和辩护意见。一审宣判后，薄不服一审判决，提出上诉，并再次提出了“薄谷开来系本案关键证人，但作证能力存疑，又未到庭接受质证，薄谷开来的证言不应采信作为定案根据”的上诉理由。

虽然薄谷开来故意杀人案中经生效判决确认的司法鉴定意见书载明，薄谷开来在 2011 年 11 月 13 日实施杀人犯罪时辨认能力完整，控制能力削弱，鉴定诊断为精神活性物质所致精神障碍，但其仍能辨别是非和正确表达，而且当庭播放的薄谷开来作证录音录像亦显示，薄谷开来对办案人员的询问有明确的认知，语言流畅、表情自然、情绪稳定，不存在丧失辨别是非或者正确表达能力的情形，故而其具有刑事证人资格是没有问题的。当然，考虑到薄谷开来曾被鉴定诊断为精神活性物质所致精神障碍，故对其所提供的证言确实要慎重使用，应结合在案其他证据进行综合分析认定。

第二，关于有犯罪污点的人的证人资格问题。薄熙来在一审庭审中也提出了“唐肖林……是一个地地道道的贪腐分子和经济骗子”“对于一个十几年前的骗子、贪腐分子今天说的话，今天我认为是不可信的”“唐肖林收了 250 万元，本身就已犯罪，在此情况下他还作证，是不合适的”等辩解意见。这实际上涉及污点证人的作证资格问题。所谓污点证人，是指有犯罪污点，但因了解案情而被司法机关通知作证的人。在本案中，唐肖林是污点证人，唐肖林曾因在他案中收受他人财物而构成犯罪，薄谷开来也是污点证人，薄谷开来因犯故意杀人罪被判处死缓。

首先，有犯罪污点的人，只要其知道案件有关情况，同样可以作为证人。有无犯罪

污点与是否具有作证资格没有必然联系,有无犯罪污点不是判断证人资格的标准。其次,在同一案件中,对于罪行较轻的犯罪嫌疑人或者被告人,是否可以作为污点证人指控被追诉人,是一个值得深入思考的问题。这里的污点证人,是指了解案件情况并具有某种犯罪嫌疑,经司法机关指定,赋予其作证的刑事责任豁免权,而被强制作为控方证人,提供证据证明被追诉者犯罪事实的人。由于污点证人作证制度涉及刑事诉讼中当事人角色的转换、对证人权利的保护、作证豁免程序的运作等一系列程序性问题,我国《刑事诉讼法》目前还没有规定这一制度。但证人唐肖林有犯罪污点的问题,主要是指前述犯罪前科意义上的污点证人,具有作证资格。一般来说,运用经验法则判断污点证人证言的真实性以及其他证据对证言进行印证确认时,普遍使用方法是审查和补强污点证人证言,防止证言出错。在薄案中,对几名"污点证人"均以其他证据进行补强和印证,应当说符合污点证人证言使用的一般要求。

2.关于证据的适格性问题

薄熙来案审理中亦涉及证据的适格性问题。详言之,主要包括对来自境外的证据材料以及纪委调查案件所收集的证据材料的证据适格性判断。

第一,关于来自境外的证据材料的适格性问题。薄的辩护人在一、二审阶段都提出"涉及法国别墅的书证均来源于境外,但未经公证、认证程序,亦非通过司法协助途径调取,真实性无法确认,不能作为证据使用"。也就是认为涉及法国尼斯别墅的相关书证系来自境外的证据材料,未经公证、认证等程序,不具有证据适格性,不能将其作为证据使用。办案机关依法收集的境外的证据材料,必须经过法院审查,在确保材料来源清楚、真实性能确认的情况下,才能作为证据使用。薄熙来案中,涉及法国尼斯别墅的相关书证是由办案机关依法从徐明境内住所调取或者由证人德维尔、姜丰向办案机关提供,来源清楚,取证手段合法,无须经过公证、认证等程序,且上述书证所证明的内容与薄谷开来、徐明等证人的证言及其他书证能够相互印证,足以确认其内容的真实性,因而具有证据的适格性,是可以作为定案根据的。

第二,关于纪委收集的证据材料的适格性问题。一审法庭调查中,公诉人将中纪委办理此案过程中薄熙来写的亲笔供词、自书材料等作为指控证据出示。法院也认可了检方的做法,并提出其根据是我国《刑事诉讼法》第48条关于"可以用于证明案件事实的材料,都是证据"的规定。

对于纪委调查案件所收集的证据材料可否在刑事诉讼中作为证据直接使用应当辩证分析,不能一概而论。根据刑事诉讼法的规定,行政机关在行政执法和查办案件过程中收集的物证、书证等实物证据材料,在刑事诉讼中可以作为证据使用,经法院审查后可以作为定案的根据。但收集的被调查人的供认、证人证言等言词证据材料,不得在刑事诉讼中作为证据使用,而应当由司法机关重新依法收集。上述立法规定中所指的行政机关显然是包括行政监察机关在内的,而行政监察机关与纪委在我国是合署办公的,

在查办案件时往往是作为一个整体出现，这是中国纪检监察体制的特色。因而由此可以逻辑地推断出，纪委调查案件收集的证据材料，如果属于物证、书证、电子数据等实物证据材料，在依法审查后是可以作为证据使用的；但对于被调查人的供认笔录、证人证言等言词性证据材料，在刑事诉讼中是不能直接作为证据使用的，而必须经过一定的程序进行转换或者由检察机关重新依法收集，否则就是于法无据，欠缺正当性。

事实上，在我国现阶段的刑事诉讼中，较为普遍的做法就是将纪委调查案件所收集的材料转换成为检察机关侦查取证的材料，纪委收集的言词证据材料一般不直接用于庭审中作为指控证据。因此，本案中公诉人将中纪委所收集的薄熙来的自书材料等直接作为指控证据在法庭出示并宣读的做法是欠妥的，法院对此种做法的认可也是不当的，有违《刑事诉讼法》的规定。

3.关于证据证明力问题

薄熙来案从被告及其辩护人提出的辩解和辩护意见看，主要涉及品格证据的证明力、利害关系证人证言的证明力、外围证据的证明力这三个方面的问题。

第一，关于品格证据的证明力问题。这涉及证人品格对其证言真实性的影响，以及对品格证据的排除或者采信问题。在一审庭审中，薄熙来多次指摘王立军“品质极其恶劣”“当场造谣”“做人的基本道德没有秉持”等，并认为把“这种人作为重要证人进行举证，有失法律公信力”。薄熙来认为王立军、关某某的品格有问题，进而对王立军、关某某证言的真实性表示质疑。

有违法、犯罪行为的人即污点证人作证，应当慎重对待其证言。这种对待，涉及证据法上的所谓品格证据问题。对此英美法系国家通过设立关联性规则——品格证据排除规则，从证据能力上规制品格证据的运用。而我国与大陆法系国家类似，由于实行专业法官审判而非陪审团审判，因此我国法律和司法解释没有设置较多的防止普通人偏见的证据规则。表现在品格证据的使用上，我国未对品格证据的使用作出明确规定，品格证据能否使用以及如何使用，基本是由法官根据经验法则判断该证据与案件事实的相关性作出认定。当然，在个案判断中，证人的身份及品格可能对法官心证形成影响，相比之下，人们总会更相信那些身份高（这一般是为社会或组织信任的一个表征）或品格高尚的人所说的话。法律实践中也允许弹劾证人品格，但通常须证明证人一贯不诚信，否则难以成为弹劾证言可靠性的有效证据。

第二，关于有利害冲突的证人所作证言的证明力问题。在一审庭审中，薄熙来提出了“不能排除证人徐明、唐肖林、王正刚、吴文康、王立军等人因被刑事追诉或者与薄存在重大利害冲突而推卸责任的可能性，其证言的真实性存在疑问”等辩解意见。王立军出庭作证时更是当庭声称其“不仅是证人，还是薄熙来案的被害人”。

在我国的司法实践中，判定证人证言可靠性与证明力，一个有规范依据且为实践所确认的规则，是利害关系规则。法律规定，对于“与被告人有亲属关系或者其他密切关

系的证人所作的有利被告人的证言,或者与被告人有利害冲突的证人所作的不利被告人的证言",应当慎重使用,有其他证据印证的,可以采信。具体到本案,王立军、徐明、王正刚等利害关系人的证言,绝大部分是不利于薄熙来的,但其证明的内容与在案其他证人证言、书证等能相互印证,形成了较为完整的证据链条,相反薄熙来及其辩护人对此所提质疑只是一种主观推测,没有事实依据。

第三,关于外围证据的证明力问题。薄熙来在一审庭审中进行证据答辩时多次提到"外围证据"的意见,认为公诉人出示的有关证据是外围证据,无法证明其有罪。例如,在对公诉人出示的唐肖林的证言进行质证时,薄熙来就表示:"公诉人提出的证词证言都是外围证言,绝大部分都是外围证据,与本案关系不大,不能证明我有罪,这只是行走的公文而已。"又如,在公诉人出示证明薄利用职务上的便利为唐肖林谋取利益的证据后,薄熙来又答辩称:"我认为这组证据、书证都是客观的,但这些证据和我犯罪关系不大,都属于外围证据,而且我做的批示都是例行公事。"

薄熙来所提的"外围证据"是指不能直接证明案件主要事实(即证实被告人实施了犯罪行为)的证据,也就是间接证据。尽管间接证据(外围证据)证明的方式具有推理性,证明关系具有间接性,而且有赖于若干间接证据相互组合,形成一个相互依赖、相互联系的证据体系,但丝毫不能否认其证明力,更不意味其不能作为定案的根据。案件中即使没有直接证据而仅有间接证据,但只要间接证据查证属实,并且间接证据之间形成了证据链条,达到排除合理怀疑、结论具有唯一性的程度,仍然可以认定被告人有罪。

4.关于非法证据排除问题

我国新《刑事诉讼法》及相关司法解释对"非法证据排除"问题作了较为全面而详细的规定,明确了非法证据排除的范围、程序和公、检、法三机关对排除非法证据的义务,并且还规定了启动非法证据排除程序的证据要求、证据合法性的证明责任、证明程度和非法证据排除的条件等内容。

在薄熙来案的审理中,薄熙来及其辩护人提出了"薄有关收受唐肖林贿赂及知晓徐明为薄谷开来母子支付费用的两份自书材料是在办案人员施加的不正当压力和诱导下违心所写,该两份自书材料及之后与此相关的供述和亲笔供词都属于《刑事诉讼法》第54条规定的非法证据,应当予以排除;或者属于《刑事诉讼法》第50条规定的'以威胁、引诱、欺骗以及其他非法方法收集'的证据,应当不予采信"的辩解和辩护意见。对此,一、二审法院均认为薄熙来及其辩护人的上述辩解意见不能成立,未予采纳。

在案件中,薄熙来及其辩护人所称的"受到办案人员的压力",若属实虽然也涉及精神方面的压力,但这种压力并非办案人员使用刑讯逼供或者其他使薄熙来精神上遭受剧烈痛苦的方法形成的,并不属于《刑事诉讼法》规定的"刑讯逼供等非法方法",不符合非法证据排除的条件。而且在案证据也表明,薄熙来本人亦承认本案不存在上述刑讯

逼供等非法取证的情形。[①]

5.关于“为他人谋取利益”问题

对于收受他人财物型的受贿，必须同时具备“为他人谋取利益”的要件，才构成受贿罪。如何正确理解和认定受贿罪构成要件中的“为他人谋取利益”，要注意以下两点：

一是“为他人谋取利益”既包括客观上实施了为他人谋取利益的行为或者已为他人谋取到了利益的情形，也包括承诺为他人谋取利益的情形。不能将“为他人谋取利益”狭窄地理解为已经为他人谋取到了利益。如果国家工作人员非法收受他人财物，没有利用职务便利为他人谋取利益或者不能证实其意图或准备为他人谋取利益的，不应以受贿论处。

二是“为他人谋取利益”中的“利益”，既包括正当利益也包括不正当利益，既包括物质性利益也包括非物质性利益，这是我国刑法规定、刑法理论与司法实践所明确认可的。就薄熙来案而言，也涉及对受贿罪构成要件中“为他人谋取利益”的理解和认定问题。首先，本案有经庭审查证属实的确实、充分的证据证明薄利用职务便利为徐明的实德集团等谋取了利益。也就是说，薄实施了利用职务便利为他人谋取利益的行为，而且也为他人谋取到了利益，如为实德集团收购大连万达、建设定点直升飞球项目、申报实德石化项目、列入成品油非国营贸易进行经营备案企业名单提供帮助等。

行为人为他人谋取的“利益”既可以是正当的利益也可以是不正当的利益。因为受贿罪的本质是权钱交易，只要行为人实施了权钱交易的行为，就算为请托人谋取的是正当利益，也不影响其受贿罪的成立。换言之，无论行为人是“贪赃枉法”还是“贪赃不枉法”，均不影响“为他人谋取利益”行为性质的认定，尽管这两种不同的情形在受贿罪成立的基础上对危害程度是有不同影响的。所以，薄熙来以“正常履行职责、公事公办”等为理由否认其行为的受贿性质不能成立。

此外，为他人谋取非物质利益亦不影响“为他人谋取利益”要件的成立。在一审庭审中，薄熙来与证人徐明当庭对质时，多次向徐明发问：“直升飞球、足球队赚钱了没有，大石化办成了没有？”试图以上述涉案项目并没有赚钱或者未获得实际经济利益来否认其为实德集团“谋取利益”。徐明在回答薄熙来的提问时亦表示，“没有实际经济利益，只是无形资产的提升”“对我们的品牌价值和无形资产有提升，大石化到现在还没有批准”等。应当说，对于直升飞球、足球队这些项目，尽管薄熙来并没有因其利用职务便利为实德集团谋取物质性的经济利益，但其却使徐明的实德集团获得了巨大的非物质性利益，具体表现为“品牌价值和无形资产的提升”，这也为日后实德集团的发展壮大奠定了基础。尽管在这些项目上，薄熙来利用职务便利为实德集团谋取更多的是非物质性的利益，但丝毫不影响其“为他人谋取利益”行为性质的认定，不能否认其犯受贿罪之权钱交易的本质。

---

① 赵秉志：《薄熙来案件审判的法理问题研究（上）》，载《法学杂志》2014 年第 3 期。

板块二:“受贿罪”的犯罪构成与认定、证人出庭及证人资格问题

薄熙来利用职务便利为实德集团谋取利益,明知并认可其妻薄谷开来、其子薄瓜瓜收受实德集团董事长徐明给予的财物折合人民币19337930.11元的事实。

1999年到2006年,被告人薄熙来利用担任大连市人民政府市长、中共大连市委书记、辽宁省人民政府省长、商务部部长等职务上的便利,接受实德集团董事长徐明的请托,为该公司收购大连万达足球俱乐部、建设定点直升飞球项目、申报大连双岛湾石化项目、列入商务部原油成品油非国营贸易进口经营备案企业名单等事宜提供帮助。

2000年,薄谷开来提出欲购买位于法国戛纳松树大道7号的枫丹·圣乔治别墅,徐明表示由他支付全部房款。为隐瞒薄家在国外购买房产事实并避税,薄谷开来委托其法国朋友帕特里克·亨利·德维尔(Monsieur Patrick Henri Devillers,以下简称德维尔)设计了一套复杂的以公司名义购买该别墅的方案,并成立了由其实际拥有并控制的罗素地产公司(Russell Properties S.A.)。同年11月7日,徐明指示实德集团下属企业赛德隆国际电器(中国)有限公司(以下简称赛德隆电器公司)利用虚假的进口合同向交通银行大连分行申请开立了金额为美元323万元的不可撤销跟单信用证,受益人为美国东方有限公司。同月29日,信用证项下的美元323万元经里昂信贷银行上海分行议付扣除费用后,汇至薄谷开来指定的罗素地产公司账户。2001年7月9日薄谷开来委托德维尔以罗素地产公司实际拥有并控制的枫丹·圣乔治房产公司的名义,使用上述款项中的欧元2318604.70元(折合人民币16249709.18元)购买了枫丹·圣乔治别墅。2002年的一天中午,被告人薄熙来回家时,遇到薄谷开来、徐明正在观看该别墅幻灯片,便共同观看。薄谷开来告知薄熙来该别墅系由徐明提供的资金所购买。

2004年至2012年,被告人薄熙来之子薄瓜瓜在国外读书期间,徐明为薄谷开来、薄瓜瓜及其亲友支付往返国内外的机票费用人民币1864630.80元、住宿费用人民币148424元、旅行费用美元102241元(折合人民币654056.13元)。2008年7月28日,应薄瓜瓜要求,徐明安排其公司员工以人民币85710元的价格购买了一辆“赛格威”牌电动平街车送给薄瓜瓜。2011年11月,薄谷开来以薄瓜瓜信用卡透支为由,安排薄熙来家勤务人员张晓军要求徐明为其还清信用卡所欠外币,并明确提出具体数额;同月25日,徐明委托其朋友王季倬花费人民币335400元兑换美元、英镑后,由薄熙来家勤务人员杨四堂将美元2万元、英镑17900元存入薄谷开来中国银行存折,剩余英镑交由张晓军保存。薄谷开来将徐明为薄瓜瓜在国外学习、生活等方面提供了资助的情况告知了薄熙来。

对于薄谷开来收受徐明购房款并在法国购买别墅,公诉机关出示了赛德隆电器公司向交通银行大连分行申请开具的《不可撤销跟单信用证申请书》及附随单据,美东公司开具的单据等书证，交通银行《关于大连分行信用证有关情况的说明》，东方汇理银行（中国）有限公司提供的《关于323万美元信用证有关情况的说明》及其相关资料，罗素地产公司的收支明细等书证，罗素地产公司的注册登记证明、收支明细、银行对账单、财务报表等资料，枫丹·圣乔治房产公司的《公司章程》、工商登记注册资料，枫丹·圣乔治别墅《出售合同》，劳埃德TSB银行与枫丹·圣乔治房产公司《商业贷款协议》等资料，罗素国际度假公司的工商登记注册资料、《公司章程》、会计报表、《贷款合同》、《预约合同》、《股份出售协议》等资料。特雷斯科信托公司收支明细，薄谷开来和德维尔致罗素地产公司董事的通知、声明，罗素地产公司与罗素国际度假公司的贷款协议及相关人员往来邮件等书证。

公诉机关出示了薄熙来对薄谷开来收受徐明购房款在法国购买别墅知情的证据：

1.最高人民检察院制作的说明及对薄谷开来、徐明的询问笔录：2013年2月6日。侦查人员在薄谷开来的电脑中提取了薄谷开来制作的枫丹·圣乔治别墅装修设计幻灯片（文件名为：Feeling Zen 和 Flowering Zen），后分别向薄谷开来、徐明播放了上述幻灯片。薄谷开来表示，侦查人员播放的幻灯片就是其在辽宁家里给徐明和薄熙来观看的幻灯片，均是其制作的。徐明表示，侦查人员播放的幻灯片就是2002年薄谷开来给其观看的那套法国房产的幻灯片。

2.证人薄谷开来的证言：……为装修和出租，其为别墅设计了两套幻灯片。2002年其回国带回家中为徐明播放时，薄熙来下班后一起观看。其告诉薄熙来这是由徐明出资为其在法国尼斯戛纳购买的房产，可以作为经营性物业对外出租，将来留给瓜瓜经营管理。薄熙来听后，对其想法表示支持。当时徐明在场。其未详细告知薄熙来其与德维尔设计的购买别墅的方案，但薄熙来对于徐明为其出资购买该别墅的情况是清楚的。薄熙来还问其这样做是否安全，其告诉薄熙来说别墅购买过程很复杂，且未以其家人名义购买，总体上很安全，让薄熙来放心……。

3.证人徐明的证言：……2002年8月的一天中午，薄谷开来在沈阳家中，给其播放法国别墅的幻灯片，薄熙来回家后也一起观看。薄谷开来对薄熙来说："这套法国的房产是以前我说的让徐明出资在法国尼斯购买的，作为经营性物业，将来留给瓜瓜，他就可以有稳定的收入了。"薄熙来习惯性地点了点头，其顺口说了一句："省长有时间去看看。"薄谷开来说："等弄好了再去看吧。"2004年7月左右，薄谷开来告知其房产一事已经办好，找机会让薄熙来去法国看看该套房产，还说最近薄熙来会为此事与其见面。不久后的一个晚上，薄熙来打电话让其到商务部，二人见面后在一楼停车场的过道上散步。薄熙来说："听说在尼斯买了经营性物业，这样他们就有了稳定的收入。这些事我都不知道，今后等瓜瓜长大以后让他处理这一个事情。"并强调对这件事一定要保密。任何时候他都不知道尼斯这套房产的事情，其当时表示"明白"……

薄熙来提出：证人徐明与薄谷开来证言中关于二人与薄熙来共同观看枫丹·圣乔

治别墅幻灯片情节的具体描述存在矛盾；徐明关于2004年薄熙来在商务部要求其对购买别墅一事保密的证言系孤证，且其对别墅的运作过程、产权关系、面积、价值等全部细节均不知晓，不能认定其对薄谷开来收受徐明钱款用于购买枫丹·圣乔治别墅一事知情。

问题1：被告人薄熙来对收受财物的过程和具体细节等不知情是否影响其主观之明知？如何看待薄熙来对其家庭成员收受徐明财物明知并认可就构成受贿罪？

辩护人提出：公诉机关出示的证明枫丹·圣乔治别墅购买过程的书证均来自境外，未经公证、认证手续，也无相关司法协助文件，书证的来源不明，且均系复印件，真实性不能确认。

问题2：来自境外的证据材料是否可以作为刑事证据使用？其证据的适格性如何判断？

公诉机关当庭出示了用于证明薄谷开来收受徐明给予的购房款，且薄熙来对此知情的证人薄谷开来、徐明等人的证言，枫丹·圣乔治别墅出售的合同书证，枫丹·圣乔治别墅照片，从薄谷开来电脑中提取的枫丹·圣乔治别墅的数码幻灯片，以及被告人薄熙来的供述、亲笔供词等证据，并当庭播放了询问薄谷开来的同步录音录像。

薄熙来及其辩护人在一审中就公诉机关的指控提出"证人薄谷开来有精神障碍，且其全部证言均形成于死刑缓期执行考验期内，可能是在某种特殊的压力下或者为了自身立功减刑而作出，影响其证言的真实"等辩解和辩护意见。一审宣判后，薄熙来不服一审判决，提出上诉，并再次提出了"薄谷开来系本案关键证人，但作证能力存疑，又未到庭接受质证，薄谷开来的证言不应采信作为定案根据"的上诉理由。

问题3：证人薄谷开来有没有证人资格及其要不要出庭作证？如何评价亲属作证却不出庭接受质证这一举证方式的证据法意义？如何看待相关的法律规定？

关键要点

1.我国刑事诉讼中证人出庭作证、证人资格与证言证明力；

2."明知并认可""特定关系人"共同受贿的理解和适用。

法理分析

1.关于证人出庭作证问题

按照我国《刑事诉讼法》的规定，证人有法定的作证义务；证人证言必须在法庭上经过控辩双方质证并且查实以后，才能作为定案的根据。薄熙来案审判中，就控辩双方有分歧的事实，法庭传唤了关键证人出庭作证，符合法律要求和诉讼需要，也保障了被告人的质证权。

争议较大的是指控证人薄谷开来要不要出庭作证问题。薄谷开来是被告人之妻，根据《刑事诉讼法》第188条第1款的规定，证人没有正当理由不出庭作证，法院可强制其出庭作证，但被告人的配偶、父母、子女除外。因此本案在薄谷开来向法庭明确表示拒绝到庭作证的情况下，其没有出庭是有法律依据的。

不过从比较研究的角度看，为维护亲情和家庭关系而设立的亲属免证权是一项为各国法治普遍确认的公民诉讼权利。但我国法律并没有免除亲属作证的义务，只是规定在庭审阶段可以免予强制到庭。这就带来一个问题，如何保障被告对不利证人质证的权利。在亲属证言直接涉及案件主要事实，而控辩双方有争议，如果其拒绝出庭接受询问和对质，势必会影响被告辩护权和质证权的行使，这既不利于保护被告的诉讼权利，也不利于案件事实的查清。因此在当下司法实践中，对于提供庭前证言却拒绝出庭作证和接受质证的亲属证人，对其证言的真实性应当谨慎把握，对其证言的证明作用应当谦抑评价。

2.关于“明知并认可”的问题

受贿罪是指国家工作人员利用职务上的便利，索取他人财物，或者非法收受他人财物并为他人谋取利益的行为。构成受贿罪，主观方面要求是直接故意，即行为人明知自己利用职务上的便利，索取他人财物，或者非法收受他人财物为他人谋取利益。一、二审裁判认定的事实是：薄熙来除了直接收受唐肖林给予的财物（折合人民币110.9万余元）外，还明知并认可其家庭成员收受徐明给予的财物（折合人民币19337930.11元）。如何看待薄对其家庭成员收受徐明财物明知并认可就构成受贿罪？

其一，薄熙来是否“明知并认可”？刑法意义上的“明知”即“明白知悉”。我国司法解释中，则经常使用“知道和应当知道”的解释与表述方式。所谓“知道”，是指根据现有证据能够确切判定被告知情，尤其是被告人承认或曾经承认知情而又有其他证据印证。所谓“应当知道”，则通常是指被告人不承认知情，但现有证据能够证明被告实际上知情。本案中，控方证明被告知情的基本方式是以直接证据证明，即以被告曾经作出的供述以及其他知情人证明及其相互印证来证明其知情。公诉方的这种证明方法，基于证据所明白显示的事实而不是基于情理性推断，在一定条件下，其证明的确实性、清晰性较高，避免了运用推论方法可能引起的质疑。

其二，薄明知并认可其家庭成员收受徐明的财物是否符合受贿罪的主观要件？答案是肯定的。因为在国家工作人员的家庭成员收受请托人财物的场合，国家工作人员主观上是否“明知并认可”是构成还是不构成受贿罪的关键。就薄熙来案来说，薄熙来及其家庭成员（妻与子）与徐明之间，在1999年至2012年长达十几年的时间里，双方已形成权钱交易的概括的、长期的意思联络即故意心态，即薄利用职务便利为徐明的实德公司谋取利益，徐明给予薄之妻、子和家庭以财物回报。对双方这种权钱交易的实质关系，双方均心知肚明，对此不仅有薄谷开来、徐明的证言证实，被告人薄熙来在其自书材料和亲笔供词中也有合乎情理的描述与认可。因此，只要薄熙来明知其家庭成员收受

的财物是徐明提供或者支付的并且认可,而不论其是否知晓其家庭成员所收受财物的过程或具体细节,也不管其是在事后知情还是事前知情或者事中知情,亦无须考虑其是否特意为此或者在某个特定的时间段利用职务便利为徐明谋取某个具体的利益,薄熙来都符合了受贿罪主观方面的构成要件,应以受贿论处。

3.关于"特定关系人"共同受贿问题

特定关系人是指与国家工作人员有近亲属、情妇(夫)以及其他共同利益关系的人。在薄熙来案中,薄谷开来、薄瓜瓜都是薄熙来的"特定关系人",公诉机关所指控的薄熙来受贿的犯罪事实中,大部分也是薄熙来通过其妻薄谷开来、其子薄瓜瓜收受徐明给予的财物(折合人民币 19337930.11 元)。这就涉及薄的"特定关系人"薄谷开来、薄瓜瓜是否构成受贿罪共犯的问题。其中,薄熙来被指控受贿最大的一笔即通过其妻薄谷开来收受徐明出资购买的法国尼斯别墅就是一例,对于薄谷开来收受徐明给予的购买尼斯别墅的资金,如果薄熙来不知情或者不认可,那么薄谷开来的行为性质则属于《刑法修正案(七)》增补规定的"利用影响力受贿罪",按照罪刑法定原则和刑法溯及力从旧兼从轻的原则,即不应以犯罪论处;但本案一、二审法院庭审查明的事实是:薄熙来利用职务便利为实德集团谋取利益,明知并认可薄谷开来、薄瓜瓜收受徐明给予的财物折合人民币 19337930.11 元(其中就包括薄谷开来收受徐明给予的购买尼斯别墅的购房款)。既然薄熙来利用职务便利为实德集团谋取利益,是明知并认可薄谷开来收受徐明所给予的财物的,那么按照相关《刑法》规定、司法解释和刑法理论,这种情况下薄熙来与薄谷开来应成立受贿罪的共犯,两人不仅有共同的受贿犯罪行为,而且主观上亦在收受徐明给予的购房款上达成了默契(意思联络),理应以受贿罪追究薄谷开来的刑事责任。

板块三:贪污罪的犯罪构成及认定

2000 年,在被告人薄熙来担任中共大连市委书记期间,大连市人民政府承担了一项上级单位涉密场所改造工程。该工程由薄熙来负责,时任大连市城乡规划土地局局长王正刚具体承办。2002 年 3 月工程完工后,该上级单位通知王正刚,决定向大连市人民政府拨款人民币 500 万元。王正刚遂就如何处理该款项向已调任辽宁省人民政府省长的薄熙来请示,薄熙来未明确表态。不久之后,王正刚再次就此事向薄熙来请示,并提出大连市有关领导及相关部门均不知晓该款,可将该款留给薄熙来补贴家用。薄熙来即将此事通过电话告知薄谷开来,让王正刚与薄谷开来商议处理。薄谷开来与王正刚商定,将该款转至与薄谷开来关系密切的昂道律师事务所主任赵东平处。后薄谷开来安排赵东平与王正刚办理转款事宜,并让赵东平为其代管。为掩人耳目,王正刚要求上级单位将 500 万元汇至承揽该改造工程的大连经济技术开发区艺声视听系统有限公司。2002 年 5 月至 2005 年 3 月,上述款项陆续汇至赵东平指定的其朋友李石生名下公司账户和昂道律师事务所账户。

1.证人王正刚的证言：2000年八九月，按照薄熙来的指示，其具体承办上级单位的涉密场所改造工程。2002年三四月份工程完工结算后，上级单位要拨付给大连市政府工程款人民币500万元。其便向时任辽宁省省长的薄熙来请示如何处理该款，薄熙来当时说没有想好，先考虑考虑再说。一周后，其感觉薄熙来第一次没有明确提出处理意见，就产生了一个想法，想试探一下薄熙来是不是对这个钱还有其他想法，同时也是为感谢薄熙来的提拔重用，其便向薄熙来提出，该工程账目已经处理完，这500万元来自上级单位，大连市没有其他人知情，很安全，薄瓜瓜在国外读书，薄谷开来陪读，开销很大，不如找一家公司以咨询费的名义把这笔钱转出来，留给薄熙来贴补家用。薄熙来表示同意并当即给薄谷开来打电话说："上级单位要转来一笔500万元的工程费用，正刚出了个主意，留给你用，你看怎么处理，等你回来后我让正刚找你。"后其得知薄谷开来回到沈阳，即到薄熙来家告诉薄谷开来，上级单位拨给大连市工程款500万元，大连市其他人员均不知晓，其已经向薄熙来汇报留给薄家贴补家用，并向薄谷开来提出可找一家咨询公司分笔提出。薄谷开来听后很平静地说，咨询公司就不用找了，直接找昂道律师事务所主任赵东平商量如何处理即可。后其按照与赵东平商定的办法，告知上级单位将500万元汇至具体负责施工的艺声视听公司账户，又让赵东平与艺声视听公司经理严志耕商量具体转款事宜。2005年上半年，严志耕打电话对其说500万元已全部转给了赵东平。

2.证人薄谷开来的证言：薄熙来任辽宁省省长期间，有一天对其说，王正刚要给其一笔钱，数额挺大，让其与王正刚直接商谈。后王正刚来到其沈阳的家中，说他负责的一项工程余出人民币500万元，薄熙来让把这笔钱给其。其便让王正刚与赵东平商量如何办理。随后其通知赵东平代为接收保管该款，并告诉薄熙来王正刚给的钱已经收下，由赵东平保管。

3.证人赵东平的证言：其与薄熙来系同学关系。昂道律师事务所是由薄谷开来开办的北京市开来律师事务所改制而来，其任该所主任。经薄谷开来介绍其认识了王正刚。2002年三四月份的一天，薄谷开来让其代为保管一笔钱，并让其与王正刚联系具体转款事宜。王正刚对其说薄熙来对他有恩，他的朋友严志耕有一笔工程款人民币500万元要给薄熙来补贴家用，先转入其律师事务所账户。王正刚让其与严志耕联系。为安全起见，其让严志耕先将部分款项汇至其同学李石生的公司账户。2002年5月23日至2005年3月17日，严志耕分六次向李石生名下的北京鉴知投资顾问有限公司（以下简称鉴知公司）和北京山河世纪广告有限公司（以下简称山河世纪公司）汇款4483602元，分四次向昂道律师事务所汇款516398元，共计500万元整。李石生用转账支票和现金将收到的款项全部转交于其。其收到全部款项后告知了薄谷开来。

被告人薄熙来及其辩护人提出：薄熙来没有贪污公款的主观故意，亦未参与实施任何侵吞公款行为，指控的贪污事实发生时，薄熙来系担任辽宁省人民政府省长一职，不

能直接决定、支配大连市的财政事务,故其不具有贪污的职务便利。

问题:如何理解与认定贪污案件中的“利用职务上的便利”?

关键要点

贪污罪、受贿罪中客观要件“利用职务上的便利”。

法理分析

从我国《刑法》第 382 条、第 385 条关于贪污罪、受贿罪的规定看,“利用职务上的便利”均是贪污罪、受贿罪客观方面的必备构成要件。何谓“利用职务上的便利”?根据可见,贪污罪与受贿罪中“利用职务上的便利”的含义是不同的,贪污罪中“利用职务上的便利”一般仅限于利用本人职务上主管、管理、经手公共财物的权力及方便条件;而受贿罪中的“利用职务上的便利”的范围更广,除了可以直接利用本人职务上行为为请托人谋取利益,索取或收受请托人财物外,还可以是通过其他国家工作人员的职务行为为请托人谋取不正当利益,索取或收受请托人财物。

具体到薄熙来案,就其“利用职务上的便利”而言,既有薄熙来直接利用本人职务行为的情形,如其亲自签批大连国际公司、徐明等提交的请示报告,从而完成相关请托事项;也有利用其他国家工作人员职务行为的情形,如薄熙来亲自出面给时任辽宁省副省长夏德仁或者相关部门“打招呼”为唐肖林及大连国际公司谋取利益等。上述这些薄熙来“利用职务上的便利”的情形相对清楚,争议不大,也比较容易认定。这里值得探讨的主要是以下两个问题:

其一,薄熙来给时任深圳市人民政府市长于幼军写信请其支持“大连大厦”建设,是否属于受贿罪构成要件中的“利用职务上的便利”?对此,薄熙来的辩护人在庭审中提出:“薄与时任深圳市人民政府市长的于幼军之间没有职务上的隶属、制约关系,其批请于幼军支持‘大连大厦’建设,没有利用职务上的便利。”尽管薄熙来当时作为大连市人民政府市长与时任深圳市人民政府市长的于幼军之间确实没有职务上的隶属、制约关系,但仍然不能否认薄熙来“利用职务上的便利”的实质。薄熙来之所以给于幼军写信请其支持“大连大厦”建设,也正是利用了其作为大连市人民政府市长这一职务或者地位上形成的便利条件。薄熙来与于幼军的关系是“有工作联系的不同单位的国家工作人员之间”。

其二,在侵占大连市人民政府承担的一项上级单位涉密场所改造工程的 500 万元工程款的问题上,薄熙来是否具有“利用职务上的便利”?对此,薄熙来的辩护人在一审庭审时提出:“指控的贪污事实发生时,薄熙来系担任辽宁省人民政府省长一职,不能直接决定、支配大连市的财务事务,故其不具有贪污的职务便利。”

薄熙来在其上诉理由中也表示:“其在涉案工程款拨付时已调任辽宁省省长,不再

兼任大连市的职务，且其亦非相关工程的负责人，没有贪污涉案工程款的职务便利。”但一、二审裁判对此予以了驳斥，主要理由有两点：一是薄熙来作为辽宁省人民政府省长，其职权覆盖辽宁省辖下的大连市，对大连市人民政府具有管理职权，故薄熙来具有管理、支配涉案款项的职务便利；二是薄熙来作为该涉案工程的原负责人，他当时对该工程仍负有特定的延续、管理职责，具有管理、支配涉案款项的职务便利。薄熙来对涉案款项的贪污有其特殊性，不同于一般的利用职务上主管、管理、经手公共财物的权力及方便条件直接侵吞公共财物，而是伙同王正刚并在王正刚的帮助下，由其妻最终非法占有此笔款项。

板块四：滥用职权罪的犯罪构成及认定

2011 年 11 月 13 日，薄谷开来及张晓军在重庆市丽景度假酒店投毒杀害英国公民尼尔·伍德。同月 15 日，尼尔·伍德被发现死亡。负责侦办该案的郭维国（时任重庆市公安局副局长，已判刑）、李阳（时任重庆市公安局刑警总队总队长，已判刑）、王鹏飞（时任重庆市渝北区副区长兼公安分局局长）、王智（时任重庆市公安局沙坪坝区分局副局长）为包庇薄谷开来，徇私枉法，使该案未被依法侦破。2012 年 1 月至 2 月，被告人薄熙来作为中共中央政治局委员兼中共重庆市委书记，在有关人员告知其薄谷开来涉嫌故意杀人后，以及在时任重庆市人民政府副市长的王立军叛逃前后，违反规定实施了一系列滥用职权行为。

2012 年 1 月 28 日晚，王立军将薄谷开来涉嫌投毒杀害尼尔·伍德一事告知被告人薄熙来。次日上午，薄熙来召集王立军、郭维国、吴文康（时任中共重庆市委副秘书长兼市委办公厅主任）谈话，斥责王立军诬陷薄谷开来，打了王立军一记耳光，并将杯子摔碎在地上。当晚，薄熙来得知“11·15”案件原侦查人员王智、王鹏飞根据王立军授意，以提交辞职信方式揭发薄谷开来涉嫌杀人后，根据薄谷开来的要求，安排吴文康对该二人进行调查。

1 月 29 日起，被告人薄熙来先后向重庆市委多名领导提议，免去王立军中共重庆市公安局党委书记、局长职务。在未报经公安部批准的情况下，薄熙来于 2 月 1 日下午主持召开中共重庆市委常委会议，决定免去王立军的中共重庆市公安局党委书记、局长职务。次日上午，按照薄熙来的要求，中共重庆市委组织部宣布了该决定。

2 月 6 日，王立军叛逃至美国驻成都总领事馆。次日凌晨，时任重庆市委常委、秘书长的翁杰明及吴文康等人到被告人薄熙来住处向其报告此事。在研究应对措施过程中，薄熙来纵容薄谷开来参与。薄谷开来提出可由医院出具诊断证明以表明王立军系因患精神疾病而叛逃，薄熙来对此表示同意。当日，薄谷开来和吴文康协调重庆市大坪医院出具了“王立军存在严重抑郁状态和抑郁重度发作”的虚假诊断证明。2 月 8 日上午，经薄熙来批准，重庆市有关部门对外发布了“据悉，王立军副市长因长期超负荷工

作,精神高度紧张,身体严重不适,经同意,现正在接受休假式的治疗”的虚假信息。

2月15日,在薄谷开来向重庆市公安局举报王鹏飞诬告陷害其杀人后,重庆市公安局按照被告人薄熙来的要求对王鹏飞进行审查并移送重庆市渝中区公安分局侦查。次日,渝中区公安分局以涉嫌诬告陷害为由对王鹏飞立案侦查,后决定对王鹏飞采取禁闭措施。2月17日,经薄熙来提议和批准,重庆市渝北区第十七届人民代表大会主席团会议取消了时任渝北区副区长王鹏飞继续作为该职务候选人的提名。

被告人薄熙来的上述行为,是导致“11·15”案件不能依法及时查处和王立军叛逃事件发生的重要原因,并造成特别恶劣的社会影响,致使国家和人民利益遭受重大损失。

1.安徽省合肥市中级人民法院(2012)合刑初字第00082、00083号刑事判决确认,2011年11月13日,薄谷开来和张晓军在重庆市丽景度假酒店将英国公民尼尔·伍德投毒杀害,二人因犯故意杀人罪被判刑;郭维国、李阳、王鹏飞、王智为包庇薄谷开来,在侦办该案过程中徇私枉法,均因犯徇私枉法罪被判刑。

2.证人王立军的证言:2012年1月28日晚,其向薄熙来汇报了薄谷开来和张晓军投毒杀害尼尔·伍德一事,薄熙来反复追问是谁干的,其都明确说是薄谷开来用氰化钾类毒药将尼尔·伍德杀害。次日上午,其被通知到市委1号楼,吴文康、郭维国也在场。薄熙来当面辱骂其诬告陷害薄谷开来并打了其脸部一拳,还将茶杯摔在地上,说“这就是我的态度,我让你们看看”。当天下午,其派人将王智、王鹏飞举报薄谷开来涉嫌杀害尼尔·伍德的“辞职信”送给薄熙来的秘书车辉。2月2日,其被违规免去市公安局局长职务,作为副市长也不再分管公安工作,加之身边的工作人员相继被调查,其认为自身处境危险,遂于同月6日下午进入美国驻成都总领事馆申请政治避难。

3.证人薄谷开来的证言:2012年1月29日早晨,薄熙来告知其1月28日王立军举报其杀害尼尔·伍德。其表示这都是王立军诬陷,尼尔·伍德是酒后猝死。薄熙来称当天要狠狠地批王立军。中午,薄熙来说他打了王立军一记耳光。后吴文康也告知其,薄熙来怒斥王立军,并打了王立军一个耳光,摔了一个杯子,且让吴文康和郭维国作见证人。当天晚上,吴文康拿来几封辞职信,称王鹏飞、王智举报其杀害了尼尔·伍德。其提出举报信系诬陷,并让吴文康调查王鹏飞、王智,薄熙来表示同意。2月2日,王智写悔过书向其赔罪,承认写辞职信是受王立军指使。7日凌晨,翁杰明、吴文康等人到其家中向薄熙来汇报王立军进入美领馆事件,其建议由医院出具证明,证实王立军系因精神存在问题而进入美领馆,薄熙来表示同意。当天中午,其让重庆市大坪医院出具了王立军在精神方面存在严重抑郁状态的诊断证明,其与吴文康看后将诊断证明的日期由2月7日修改为2月4日。吴文康、关海祥与王鹏飞谈话后,因王鹏飞不承认诬陷,其要求公安机关对王鹏飞立案审查。后公安机关对王鹏飞以诬告陷害罪立案审查。

问题:是否漏诉被告人薄熙来的包庇罪?包庇罪与滥用职权罪有何区别?

关键要点

包庇罪与滥用职权罪的区别。

法理分析

薄熙来为了保护薄谷开来不受追究，干预王立军和其他警察依法办案，促成王立军叛逃，构成滥用职权罪和包庇罪吗？滥用职权罪与包庇罪的界限是什么？首先，包庇罪中的“包庇”有特定的含义，并非泛指一般意义上的庇护行为。根据我国《刑法》第310条的规定，包庇罪是指明知是犯罪的人而作假证明以掩盖其犯罪事实的行为。诚然，薄熙来利用职权阻碍对薄谷开来涉嫌故意杀人案的重新调查，这在行为性质上既是其滥用职权的行为也是一种庇护犯罪的人的行为，但薄熙来并没有用作假证明的方式予以庇护，其行为不符合包庇罪客观方面的构成要件。其次，包庇罪的犯罪构成要求行为人主观方面必须明知是犯罪的人而进行包庇。而从本案查实的有关证据看，尽管有关人员曾向薄熙来汇报和揭发薄谷开来涉嫌故意杀人，但薄熙来一直不相信薄谷开来会故意杀人，薄谷开来也曾向薄熙来表示其并未故意杀人，相反认为是王立军基于个人目的诬陷薄谷开来，故不能认为是薄熙来明知是犯罪的人而予以包庇，所以也不符合包庇罪主观方面的构成要件，依法不应构成包庇罪。①

三、小　　结

薄熙来案件审判是一次公开、公正、透明、严肃的审判，树立了司法权威和司法公信，体现了程序正义与实体正义的诉讼理念，彰显了依法治国的法治精神，是我国推进依法治国进程中具有里程碑意义的标志性案件。其依法公开审判遵循了法治原则，符合现代法治的要求，让人民群众感受到了蓬勃的法治力量，必将更加坚定我国实行依法治国、建设社会主义法治国家的信心。依法公开审理薄熙来，标志着中国反腐败法律制度的成熟，具有彰显法治精神、普及法治教育、维护司法公信和推进法治进程等多重法治意义。

四、相关法律和司法解释

1.《中华人民共和国刑事诉讼法》

第193条第1款规定：“经人民法院通知，证人没有正当理由不出庭作证的，人民法院可以强制其到庭，但是被告人的配偶、父母、子女除外。”

① 赵秉志：《薄熙来案件审判的法理问题研究（下）》，载《法学杂志》2014年第4期。

第52条规定:“审判人员、检察人员、侦查人员必须依照法定程序,收集能够证实犯罪嫌疑人、被告人有罪或者无罪、犯罪情节轻重的各种证据。严禁刑讯逼供和以威胁、引诱、欺骗以及其他非法方法收集证据,不得强迫任何人证实自己有罪。”第56条规定:“采用刑讯逼供等非法方法收集的犯罪嫌疑人、被告人供述和采用暴力、威胁等非法方法收集的证人证言、被害人陈述,应当予以排除。”

第62条规定:“凡是知道案件情况的人,都有作证的义务。生理上、精神上有缺陷或者年幼,不能辨别是非、不能正确表达的人,不能作证人。”

第54条第2款规定:“行政机关在行政执法和查办案件过程中收集的物证、书证、视听资料、电子数据等证据材料,在刑事诉讼中可以作为证据使用。”

第55条第1款规定:“对一切案件的判处都要重证据,重调查研究,不轻信口供。只有被告人供述,没有其他证据的,不能认定被告人有罪和处以刑罚;没有被告人供述,证据确实、充分的,可以认定被告人有罪和处以刑罚。”

第234条规定:“第二审人民法院对于下列案件,应当组成合议庭,开庭审理:(1)被告人、自诉人及其法定代理人对第一审认定的事实、证据提出异议,可能影响定罪量刑的上诉案件;(2)被告人被判处死刑的上诉案件;(3)人民检察院抗诉的案件;(4)其他应当开庭审理的案件。

2.《中华人民共和国刑法》

第385条第1款规定:“国家工作人员利用职务上的便利,索取他人财物的,或者非法收受他人财物,为他人谋取利益的,是受贿罪。”

第386条规定:“对犯受贿罪的,根据受贿所得数额及情节,依照本法第383条的规定处罚。索贿的从重处罚。”

第388条规定:“国家工作人员利用本人职权或者地位形成的便利条件,通过其他国家工作人员职务上的行为,为请托人谋取不正当利益,索取请托人财物或者收受请托人财物的,以受贿论处。”

第382条第1款规定:“国家工作人员利用职务上的便利,侵吞、窃取、骗取或者以其他手段非法占有公共财物的,是贪污罪。”

第383条第1款第(1)项、第2款规定:“对犯贪污罪的,根据情节轻重,分别依照下列规定处罚:(1)个人贪污数额在十万元以上的,处十年以上有期徒刑或者无期徒刑,可以并处没收财产;情节特别严重的,处死刑,并处没收财产。对多次贪污未经处理的,按照累计贪污数额处罚。”

第397条第1款规定:“国家机关工作人员滥用职权或者玩忽职守,致使公共财产、国家和人民利益遭受重大损失的,处三年以下有期徒刑或者拘役;情节特别严重的,处三年以上七年以下有期徒刑。本法另有规定的,依照规定。”

第25条第1款:“共同犯罪是指二人以上共同故意犯罪。”

第61条规定："对于犯罪分子决定刑罚的时候，应当根据犯罪的事实、犯罪的性质、情节和对于社会的危害程度，依照本法的有关规定判处。"

2011年2月25日全国人大常委会通过的《刑法修正案(八)》第8条规定，在刑法第67条中增加一款作为第3款："犯罪嫌疑人虽不具有前两款规定的自首情节，但是如实供述自己罪行的，可以从轻处罚；因其如实供述自己罪行，避免特别严重后果发生的，可以减轻处罚。"

2009年2月28日全国人大常委会通过的《刑法修正案(七)》第13条规定，在刑法第388条后增加1条作为刑法第388条之一的"利用影响力受贿罪"，即"国家工作人员的近亲属或者其他与该国家工作人员关系密切的人，通过该国家工作人员职务上的行为，或者利用该国家工作人员职权或者地位形成的便利条件，通过其他国家工作人员职务上的行为，为请托人谋取不正当利益，索取请托人财物或者收受请托人财物，数额较大或者有其他较重情节的行为"。

3.《最高人民法院关于适用〈中华人民共和国刑事诉讼法〉的解释》

第83条规定："审查被告人供述和辩解，应当结合控辩双方提供的所有证据以及被告人的全部供述和辩解进行。被告人庭审中翻供，但不能合理说明翻供原因或者其辩解与全案证据矛盾，而其庭前供述与其他证据相互印证的，可以采信其庭前供述。被告人庭前供述和辩解存在反复，但庭审中供认，且与其他证据相互印证的，可以采信其庭审供述。"

第95条规定："使用肉刑或者变相肉刑，或者采用其他使被告人在肉体上或者精神上遭受剧烈疼痛或者痛苦的方法，迫使被告人违背意愿供述的，应当认定为《刑事诉讼法》第54条规定的'刑讯逼供等非法方法'。"

第109条规定："下列证据应当慎重使用，有其他证据印证的，可以采信：(1)生理上、精神上有缺陷，对案件事实的认知和表达存在一定困难，但尚未丧失正确认知、表达能力的被害人、证人和被告人所作的陈述、证言和供述；(2)与被告人有亲属关系或者其他密切关系的证人所作的有利被告人的证言，或者与被告人有利害冲突的证人所作的不利被告人的证言。"

第74条规定："对证人证言应当着重审查的内容包括：(1)证言的内容是否为证人直接感知；(2)证人作证时的年龄，认知、记忆和表达能力，生理和精神状态是否影响作证；(3)证人与案件当事人、案件处理结果有无利害关系；(4)询问证人是否个别进行；(5)询问笔录的制作、修改是否符合法律、有关规定，是否注明询问的起止时间和地点，首次询问时是否告知证人有关作证的权利义务和法律责任，证人对询问笔录是否核对确认；(6)询问未成年证人时，是否通知其法定代理人或者有关人员到场，其法定代理人或者有关人员是否到场；(7)证人证言有无以暴力、威胁等非法方法收集的情形；(8)证言之间以及与其他证据之间能否相互印证，有无矛盾。"

第405条第1款规定:“对来自境外的证据材料,人民法院应当对材料来源、提供人、提供时间以及提取人、提取时间等进行审查。经审查,能够证明案件事实且符合刑事诉讼法规定的,可以作为证据使用,但提供人或者我国与有关国家签订的双边条约对材料的使用范围有明确限制的除外;材料来源不明或者其真实性无法确认的,不得作为定案的根据。”该条第2款规定:“当事人及其辩护人、诉讼代理人提供来自境外的证据材料的,该证据材料应当经所在国公证机关证明,所在国中央外交主管机关或者其授权机关认证,并经我国驻该国使、领馆认证。”

第105条明确规定:“没有直接证据,但间接证据同时符合下列条件的,可以认定被告人有罪:(1)证据已经查证属实;(2)证据之间相互印证,不存在无法排除的矛盾和无法解释的疑问;(3)全案证据已经形成完整的证明体系;(4)根据证据认定案件事实足以排除合理怀疑,结论具有唯一性;(5)运用证据进行的推理符合逻辑和经验。”

4.2003年11月13日发布的《全国法院审理经济犯罪案件工作座谈会纪要》

“刑法第385条第1款规定的‘利用职务上的便利’,既包括利用本人职务上主管、负责、承办某项公共事务的职权,也包括利用职务上有隶属、制约关系的其他国家工作人员的职权。担任单位领导职务的国家工作人员通过不属自己主管的下级部门的国家工作人员的职务为他人谋取利益的,应当认定为‘利用职务上的便利’为他人谋取利益。”

“刑法第388条规定的‘利用本人职权或者地位形成的便利条件’,是指行为人与被其利用的国家工作人员之间在职务上虽然没有隶属、制约关系,但是行为人利用了本人职权或者地位产生的影响和一定的工作联系,如单位内不同部门的国家工作人员之间、上下级单位没有职务上隶属、制约关系的国家工作人员之间、有工作联系的不同单位的国家工作人员之间等。”

“为他人谋取利益包括承诺、实施和实现三个阶段的行为。只要具有其中一个阶段的行为,如国家工作人员收受他人财物时,根据他人提出的具体请托事项,承诺为他人谋取利益的,就具备了为他人谋取利益的要件。明知他人有具体请托事项而收受其财物的,视为承诺为他人谋取利益。”

5.1999年8月6日最高人民检察院颁布的《关于人民检察院直接受理立案侦查案件立案标准的规定(试行)》

“贪污罪中‘利用职务上的便利’是指利用职务上主管、管理、经手公共财物的权力及方便条件。受贿罪中‘利用职务上的便利’是指利用单人职务范围内的权力,即自己职务上主管、负责或者承办某项公共事务的职权及其所形成的便利条件。”

6.2007 年 7 月 8 日最高人民法院和最高人民检察院联合发布的《关于办理受贿刑事案件适用法律若干问题的意见》

第 11 条规定："本意见所称'特定关系人'，是指与国家工作人员有近亲属、情妇(夫)以及其他共同利益关系的人。"

7.2007 年 7 月 8 日最高人民法院、最高人民检察院《关于办理受贿刑事案件适用法律若干问题的意见》

第 7 条规定："国家工作人员利用职务上的便利为请托人谋取利益，授意请托人以本意见所列形式，将有关财物给予特定关系人的，以受贿论处。特定关系人与国家工作人员通谋，共同实施前款行为的，对特定关系人以受贿罪的共犯论处。特定关系人以外的其他人与国家工作人员通谋，由国家工作人员利用职务上的便利为请托人谋取利益，收受请托人财物后双方共同占有的，以受贿罪的共犯论处。"

8.2004 年 3 月 26 日最高人民法院发布的《关于被告人对行为性质的辩解是否影响自首成立问题的批复》

该批复规定："被告人对行为性质的辩解不影响自首的成立。"

9.1998 年 10 月 5 日我国签署的联合国《公民权利和政治权利国际公约》

第 14 条第 3 项规定："在判定对他提出的任何刑事指控时，人人完全平等地有资格享受以下的最低限度的保证：……不被强迫作不利于他自己的证言或强迫承认犯罪。"

参考文献

1.赵秉志：《薄熙来案件审判的法理问题研究(上)》，载《法学杂志》2014 年第 3 期。

2.赵秉志：《薄熙来案件审判的法理问题研究(下)》，载《法学杂志》2014 年第 4 期。

3.龙宗智：《薄熙来案审判中的若干证据法问题探析》，载《法学》2013 年第 10 期。

4.山东省济南市中级人民法院(2013)济刑二初字第 8 号《刑事判决书》，http://www.court.gov.cn/zgcpwsw/，下载日期：2018 年 3 月 13 日。

5.山东省高级人民法院(2013)鲁刑终字第 110 号《刑事裁定书》，http://www.court.gov.cn/zgcpwsw/，下载日期：2018 年 3 月 13 日。

6.阮齐林：《从薄熙来案件看高官贪贿案件的认定处罚》，载《人民法院报》2013 年 9 月 27 日第 2 版。

7.山东省济南市中级人民法院新浪官方微博关于薄熙来案件审判的"庭审现场"播报，http://e. weibo. com/ji － nanzhongyuan? page ＝ &pre _ page ＝ 2&end _ id ＝ 3637261201966977，下载日期：2018 年 3 月 13 日。

8.万毅：《从"薄熙来案"庭审看证据"战术"》，载《检察日报》2013 年 9 月 4 日第 3 版。

案例二

应某文受贿、挪用公款、国有公司人员滥用职权案

摘要：本案系一起值得探讨与研究的受贿、挪用公款、滥用职权案。该案涉及公诉机关直接追加起诉滥用职权罪的合法性、证人出庭、鉴定人出庭、非法证据排除、同步录音录像的审查、价格认证书的审查、被告人供述和辩解的采信等程序法、证据法问题，还存在受贿罪“利用职务上的便利”的认定、想象竞合犯的认定等实体法问题。对该等问题的分析探讨、理解适用不仅深具理论价值，更有益于司法实践。

一、引　　言

应某文原系福建省A县供电有限公司营销部主任。为满足公司考核的需要，该营销部内自设有小金库，由应某文与营销部职员共同管理。后因小金库管理问题，应某文被他人以涉嫌贪污为由举报至省电力公司。省电力公司核查后认为营销部的小金库存在短账问题，应某文不配合公司调查且无法全额补齐亏损。

省电力公司领导带着应某文到A县纪委配合调查，应某文在A县纪委双规前主动交代了收受他人钱财的部分受贿事实、挪用公款的主要事实，并检举揭发了他人的犯罪行为。A县纪委对应某文双规后将线索移交A县检察机关立案。

A县检察院反贪部门以应某文涉嫌犯“受贿、挪用公款”二罪进行立案侦查。侦查终结后，反贪部门以“受贿、挪用公款”二罪移送公诉部门审查起诉。

公诉部门审查后认为，应某文在担任福建省A县供电有限公司营销部主任期间，滥用职权，擅自减免企业电费和虚增电量等行为给公司造成了经济损失。公诉部门以此为由直接追加指控应某文的行为构成国有公司人员滥用职权罪，于2015年1月以应某文受贿92390元、挪用公款378800元、滥用职权致损失816752.46元三项罪名向A县人民法院提起公诉。

经过法庭审理，A县人民法院以事实不清，证据不足，且程序违法为由认定应某文

的行为不构成国有公司人员滥用职权罪，以“受贿、挪用公款”数罪并罚判处应某文有期徒刑 6 年（受贿罪 5 年、挪用公款罪 3 年）。对此判决结果，公诉机关以法院未认定滥用职权罪有误为由向福建省南平市中级人民法院提起抗诉。

经二审开庭审理，南平市中级人民法院于 2015 年 9 月底以“原判对公诉机关起诉书中关于原审被告人应某文犯国有公司人员滥用职权罪的指控，未作判决，违反了《刑事诉讼法》第 200 条，《最高人民法院关于适用〈刑事诉讼法〉的解释》第 241 条的规定；且认定的部分受贿犯罪，事实不清，证据不足”为由，裁定撤销原判，发回重审。

发回重审后，A 县人民法院另行组成合议庭审理此案，并于 2016 年 8 月作出判决认定被告人应某文的行为不构成国有公司人员滥用职权罪，仅以受贿罪和挪用公款罪对被告人予以数罪并罚，判处有期徒刑 2 年 3 个月（受贿罪 1 年 10 个月；挪用公款罪 7 个月）。随后，A 县人民检察院再次向南平市中级人民法院提起抗诉，南平市中级人民法院建议 A 县人民检察院撤回第二次抗诉。

二、案情内容与法理分析

板块一：受贿罪“利用职务之便”的认定、证人出庭作证、非法证据排除、同步录音录像的审查问题

事实一

被告人应某文利用担任国网福建省 A 县供电有限公司营销部主任之便，收受红旗电缆经销商康某贿赂款人民币 6000 元的事实。

2011 年 10 月间，被告人应某文通过关系介绍龙厦名都房地产水电安装工程总经理叶某购买红旗电缆经销商康某推销的“红旗”牌电缆。2011 年底的一天，被告人应某文在 A 县红旗电缆专卖店内，收受红旗电缆经销商康某贿赂的人民币 4000 元；2012 年 4 月的一天，应某文在 A 县红旗电缆专卖店内收受康某贿赂的人民币 2000 元。

1.证人康某的证言证明：其自 2009 年起便任职江西省红旗电缆福建区区域经理，在 2011 年 10 月份的一天，其一个朋友（应某文的同学）来 A 县玩，一起吃饭时认识了应某文，后其因常约应某文喝茶便与对方熟悉了起来。后其听说龙厦名都房地产正在进行商品房内线安装，对于低压电线的需求量非常大，于是其和同学黄某找到了龙厦名都的水电承包人叶某洽谈合作，但均未果。因应某文系 A 县供电公司营销部主任，其与叶总比较熟，于是其找到应某文帮忙。应某文出面介绍后，叶某找其采购了一批电缆。为了感谢应某文的帮忙，其于 2011 年底的一天，在 A 县武林路中段原香料厂外开设的门店与应某文喝茶聊天过程中，其拿出一个装有 4000 元的信封给应某文，应某文推辞一下

便收下。2012 年 4 月份的一天,在同样的门店里,其又拿出一个装有 2000 元的信封给应某文,应某文没说什么便收下了。

2.证人黄某的证言证明:其系康某同学,2010 年初到 2011 年底其有帮康某在 A 县经营销售红旗牌电缆。其在 2010 年四五月份时与龙厦名都项目的叶某谈了多次均未营销成功,后康某找应某文帮忙,依靠应某文其与康某卖了一些红旗牌电缆给龙厦名都。2011 年底的一天,其看到康某买了一些信封,当时康某说之前龙厦名都房地产公司的项目采用了其经营销售的红旗牌电缆,多亏应某文帮忙,使得其与康某有钱赚,为了表示感谢,要送礼给应某文,信封是拿来装钱的,大概有送三四千块,但具体数额记不清了。

3.证人叶某的证言证明:其自 2007 年起任浙江乔扬机电设备安装有限责任公司的法定代表人,2011 年起其公司有对 A 县龙厦名都房地产项目进行室内水电安装工程。2011 年八九月份,康某和黄某有向其推销红旗牌电缆,当时其只采购了一部分,2011 年 10 月份,应某文给其打电话说有朋友在卖红旗牌电缆,让其帮忙采购,其便答应了并又分两批采购了红旗牌电缆。其购买红旗牌电缆是因为应某文对其工作有予以支持,再加之老乡关系,故在价格、质量同等的情况下,其给应某文面子而采购了红旗牌电缆。

问题:应某文介绍叶某向康某采购红旗牌电缆,其仅起居间介绍作用,还是有利用职务上的便利?

就本案而言,被告人认为其收受康某的 6000 元并未利用职务上的便利,其对销售电缆一事仅起到居间介绍的作用。其一,在应某文没有介绍之前,康某与叶某之间就存在买卖红旗牌电缆的事实,在应某文介绍后,叶某只是多买了一部分,后因康某追讨货款急迫,叶某才停止向康某购买电缆,康某与叶某之间系正常的商业行为;其二,康某销售给叶某的电缆价格是市场合理价格,叶某也表示给面子是因为此前应某文对他的工作有过支持,且与应某文是老乡,并不是基于现在应某文的职务;其三,应某文所在的供电公司与叶某的公司无管理与被管理关系,叶某采购电缆的行为是一种纯粹的商业行为,该行为不受任何管理机关干涉,也与应某文任供电公司营销部主任一职无关。

对此,法院认为,康某与叶某的电缆销售是应某文介绍促成的,而叶某所在的龙厦名都房地产水电安装工程的用电属 A 县供电公司营销部管理,应某文是营销部主任,在该起收受贿赂中应某文虽然没有直接利用职务之便,但有利用其职务之影响,其行为仍符合受贿罪的构成要件。

关键要点

受贿罪中“利用职务上的便利”的认定标准。

法理分析

1.关于“利用职务上的便利”之“职务”的认定问题

“利用职务上的便利”从字面上理解，即利用了职务所形成的便利条件。司法实践中，认定收受贿赂的行为是否利用了职务上的便利，首先应剖析行为人是否存在可被利用的职务。此处的“职务”通常是指公职人员所享有的职权与承担的职责。若一国家工作人员基于自身法定的具体职权收受贿赂并为输送利益者牟利，其行为构成受贿罪无异议，但实践中对于国家工作人员的职权与职责规定难以巨细无靡，致使在是否存在职务之便的认定上易产生争议。理论界对“职务”的认定存在法定职权说与实际职权说之分，“法定职权说”认为是否利用职务上的便利应以法定的岗位职责为判断依据，从事公务活动的人员拥有什么权力，负有什么义务，一般由法律、法规和规章加以规定，不具有随意性。而“实际职权说”则认为，因我国公职人员实际掌握的权力比法律法规赋予的要大，如仅以法定的职责去认定“职务”，势必会有失偏颇。实践中，我们认为，受贿罪的利用职权既包括利用法定职权，也包括利用实际职权。

2.“利用职务上的便利”的表现形式

最高人民法院于 2003 年印发的《全国法院审理经济犯罪案件工作座谈会纪要》中明确，《刑法》第 385 条第 1 款规定的“利用职务上的便利”，既包括利用本人职务上主管、负责、承办某项公共事务的职权，也包括利用职务上有隶属、制约关系的其他国家工作人员的职权。实践中，其具体的表现形式包括以下几种：一是直接利用本人直接主管、经办和参与某种公共事务的职权。此处应对以下三种权力进行深入理解：主管权，即行为人有独立处理事务并直接作出行为的权力与能力，无须他人配合便可实现为请托人谋取利益；经办权，即虽无独立决策权，但行为人系某事务的具体经办人，对请托事项有建议与执行权；参与权，即在某事项需要集体决策时，行为人是参与共同决策者之一。就本案而言，应某文作为 A 县供电公司营销部主任，其主要负责公司经营管理、研究经营策略、制定市场发展方案、公司用电管理、市场开发、增供扩销、用电接洽、市场开放等。其虽对康某的电缆销售无直接的管理职能，但购买电缆方叶某承包的工程归属于其管理的范畴，康某正是利用了应某文直接主管辖区用电这一职权才对其发出请托事项。二是利用本人分管、主管的下属国家工作人员的职权。此类型中，处于上级的国家工作人员看似没有直接利用自己的职务为请托人谋利益，但由于其职务对下属、下级国家工作人员有直接、单向的制约性，下级国家工作人员的职务可以视为上级国家工作人员职务的延伸，亦认定为“利用职务上的便利”。三是利用不属于自己分管的下级部门国家工作人员的职权。此类型最典型的是通过命令、指示等方式，利用与自己无直接隶属关系的下级国家工作人员职务上的行为，为请托人谋利。四是利用本人处于上级领导机关的地位对下级部门形成的约束力。上级的特殊地位决定了行为人对该辖区范

围内的下级部门及其工作人员有一定制约力，行为人利用此制约关系为请托人谋利。

3.接受“感情投资”与利用职务上的便利收受贿赂的区分

对于“利用职务上的便利”的司法认定，我们既要防止对职务之便作出人为限缩，又要防止对其作出无限扩大。实践中，不乏有的国家工作人员在逢年过节或丧葬嫁娶时收受红包和礼金，但这仅是因其在日常工作中积累了良好的人脉和口碑。送礼者出于对方对自己工作的正常支持真心表达感激之情而送礼，收受礼金者亦未利用职务与地位形成的便利条件为他人谋取利益，不应完全排除此类纯粹的情感因素，如若一棍子打死，一律定罪，难免矫枉过正。事实上，“感情投资”与行受贿系性质不同的两种行为，虽其表现形式相似，实践中易混淆，但深入分析，亦可从以下几个方面予以判断：一是从收、送礼人的主体范围上看。行受贿双方一般是特定的，行贿人是有利益请托事项的人及其代理人，受贿人系具有一定职务且能基于职务便利为行贿人谋利的人，两者主体清晰。而感情投资主体并不明晰确定，存在一个利益群体发起，或者向多个讨好主体送礼的情形。二是从收、送礼人的关系上看。行受贿人不限于有上下级关系的人，也包括素不相识的人，此类人属于有事有利则交、重礼深交者。而感情投资一般送、收礼双方存在内部上下级行政隶属关系，或者存在同学、老乡、战友等关系，且双方交往时间较长。三是从请托事项上看。受贿中的送礼人请托事项大多明确具体，而感情投资多是表达感谢，并无明晰的请托事项。四是从送、收礼的财物价值上看。行受贿涉及的财物价值大多较大，与所请托的事项能谋取的利益正相关，而感情投资财物不大，处于一个正常、适当的人情交往的范畴。

本案中，应某文与电缆经销商康某经人介绍相识，康某基于应某文电力公司营销部主任的身份向其表达明确的请托事项，即希望应某文出面引荐叶某向其采购电缆。在叶某向其采购一批电缆后，其在普通的日子里，用信封分两次装 6000 元现金给应某文，而其证言中证明，款项系其对应某文帮助完成了其请托事项的感谢费，并非普通的感情投资。而叶某的证言亦证明，其采购红旗牌电缆部分基于应某文曾经在工作上对他给予了支持，而这支持与应某文营销部主任的职务密不可分。可见，康某送的 6000 元已超过了感情投资的范畴，应某文收受此笔款项利用了职务上的便利，构成受贿。

事实二

被告人应某文利用担任国网福建省 A 县供电有限公司营销部主任之便，收受某某项目部材料员卢某贿赂款人民币 40000 元，收受林某贿赂款人民币 3000 元及 1000 元购物卡的事实。

1.证人卢某的庭前证言证明：其自 2011 年 9 月起在浙江驰╳建设有限公司担任浙江驰╳建设有限公司某某项目部材料员，主要负责采购项目所需的材料及协助项目经理做对外协调工作。在其任职期间，因项目部缴纳的电费有误差，项目部需要向 A 县电

力公司补交260000元左右的电费，后其向应某文提出减免申请，应某文考虑到项目部资金困难，便作出了减免决定，共计减免了100000元左右电费。为此，其在2013年春节一天下午，到应某文办公室，将用纸包好的40000元给应某文以表感谢，应某文推辞了一下便收下了。

2.被告人的庭前供述证明：2013年1月上旬的一天下午，卢某到其办公室，说春节到了拜个年，感谢其在困难时期的照顾，然后从包里拿了一包用纸包好的东西放办公桌电脑旁边，其原以为是香烟，晚饭后回到办公室打开一看是4扎人民币，每扎10000元。

3.证人林某的庭前证言证明：其自2011年12月至今兼任A县光绿色食用开发有限公司财务，2013年6月A县供电公司的工作人员在其公司例行检查时发现电表互感器倍率搞错了，其公司少交了205000元的电费。其公司不愿缴纳该笔电费，遂与应某文多次协商，后电力公司营销部发了一份追补电量通知，其公司只需补交80200元电费。为表示感谢，其在2013年春节前到应某文办公室送了3000元现金和一张面值1000元的大森林超市提货卡。

问题1：被告人提出被疲劳审讯、诱供骗供，辩护人应当如何应对？如何审查同步录音录像？如何排除同步录音录像下形成的讯问笔录？

被告人应某文在庭前对该两起犯罪事实均供认不讳，但其当庭翻供，提出此前是在纪委和检察机关办案人员的威胁引诱、疲劳审讯下作出的不实供述。

问题2：证人卢某、林某为何当庭翻证？如何认定翻证解释的合理性？对该两人的证人证言应如何审查及采信？

证人卢某、林某庭前均陈述曾向应某文送钱，而开庭时又当庭翻证，陈述此前是在纪委和检察机关办案人员的引诱下作出的不实陈述。

关键要点

1.同步录音录像资料的移送与播放问题；

2.同步录音录像资料的审查问题；

3.证人出庭作证的效力问题。

法理分析

1.关于同步录音录像资料的移送与播放问题

在刑事诉讼法的修订过程中，关于同步录音录像是否应当随案移送的问题，共形成两种观点：其一认为，讯问录音录像中所记载的嫌疑人供述与辩解可以作为司法机关认定案件事实的依据，因此，应当在移送审查起诉时将讯问录音录像作为证据随案移送；其二则认为，讯问录音录像只是证明侦查人员讯问合法性的材料，无法作为认定案件实体事实的证据，无须所有案件都随案移送，只要在司法机关对讯问合法性存有怀疑时调

取即可。

鉴于讯问录音录像的功能主要在于证明讯问的合法性，《最高人民法院、最高人民检察院、公安部、国家安全部、司法部、全国人大常委会法制工作委员会关于实施刑事诉讼法若干问题的规定》第19条规定："人民检察院、人民法院可以根据需要调取讯问犯罪嫌疑人的录音或者录像，有关机关应当及时提供。"《人民检察院刑事诉讼规则（试行）》（以下简称《检察规则》）第73条规定："对于公安机关立案侦查的案件，存在下列情形之一的，人民检察院在审查逮捕、审查起诉和审判阶段，可以调取公安机关讯问犯罪嫌疑人的录音、录像，对证据收集的合法性以及犯罪嫌疑人、被告人供述的真实性进行审查：（一）认为讯问活动可能存在刑讯逼供等非法取证行为的；（二）犯罪嫌疑人、被告人或者辩护人提出犯罪嫌疑人、被告人供述系非法取得，并提供相关线索或者材料的；（三）犯罪嫌疑人、被告人对讯问活动合法性提出异议或者翻供，并提供相关线索或者材料的；（四）案情重大、疑难、复杂的。人民检察院直接受理立案侦查的案件，侦查部门移送审查逮捕、审查起诉时，应当将讯问录音、录像连同案卷材料一并移送审查。"《检察规则》第74条规定："对于提起公诉的案件，被告人及其辩护人提出审前供述系非法取得，并提供相关线索或者材料的，人民检察院可以将讯问录音、录像连同案卷材料一并移送人民法院。"《最高人民法院关于适用〈中华人民共和国刑事诉讼法〉的解释》第80条亦规定，在必要时，可以调取讯问过程的录音录像。

通过上述规定可以看出，讯问录音录像并不当然地作为证据随案移送法院进行审查质证，法院仅在必要时有权调取而已。而即便调取移送成功，也面临着播放难的问题。实践中多数情况下，辩护人无法在庭前查阅到同步录音录像，只能当庭观看，但考虑到庭审效率与诉讼资源等，也不可能当庭全部播放，而是选择性播放，这就导致庭审上同步录音录像的展示流于形式。此外，部分公诉人常以同步录音录像资料涉及国家秘密、个人隐私为由拒绝当庭播放，或者以资料存储存在技术性故障为由拒绝播放，导致移送问题解决后又面临播放难的问题。

本案中辩护人在会见时，被告人应某文对收受卢某、林某贿赂款明确予以否认，其提出检察机关将其整夜置于讯问室内进行疲劳审讯，纪委及检察机关人员均有对其威胁引诱，其迫于无奈才承认了该两起事实。为核实被告人所述事实的真实性、办案机关讯问的合法性、相关笔录的非法性，辩护人向法院书面申请查阅有关两起犯罪事实审讯时的同步录音录像，经过法院多次催促，检察机关终于在庭审前一天将审讯光盘移送法院。随后，法院通知辩护人到法院一同查阅了同步录音录像资料。

2.关于同步录音录像资料的审查问题

在司法活动中利用录音录像是我国司法改革的重要成果。刑事司法作为一项社会活动，需要与时俱进，尤其需要吸收科技和物质发展的成果。录音录像方式产生之后，在刑事司法活动中逐渐发挥了重大作用，已经被广泛运用于犯罪的侦查取证和证据的

固定、审查,法庭审判等活动中,那么同步录音录像的审查就是控辩审三方需要掌握的一项重要技能。同步录音录像是对讯问犯罪嫌疑人、被告人、证人等过程的全程同步记录,具有证明取证过程合法性、笔录内容真实性的功能。对于同步录音录像的审查,应围绕着取证合法性和笔录真实性进行形式审查与实质审查。

(1)同步录音录像的形式审查

《公安机关讯问犯罪嫌疑人录音录像工作规定》第 10 条规定:"录音录像应当自讯问开始时开始,至犯罪嫌疑人核对讯问笔录、签字捺指印后结束。讯问笔录记载的起止时间应当与讯问录音录像资料反映的起止时间一致。"第 11 条规定:"对讯问过程进行录音录像,应当对侦查人员、犯罪嫌疑人、其他在场人员、讯问场景和计时装置、温度计显示的信息进行全面摄录,图像应当显示犯罪嫌疑人正面中景。有条件的地方,可以通过画中画技术同步显示侦查人员正面画面。讯问过程中出示证据和犯罪嫌疑人辨认证据、核对笔录、签字捺指印的过程应当在画面中予以反映。"第 12 条规定:"讯问录音录像的图像应当清晰稳定,话音应当清楚可辨,能够真实反映讯问现场的原貌,全面记录讯问过程,并同步显示日期和 24 小时制时间信息。"

从以上条文可知,同步录音录像形式审查的重点在于图像、声音和时间。其一,对同步录音录像资料的画面进行审查。经过整合技术处理后的画面前后明显错位,无法对应,而仔细观察不难发现,画面中反映出的人物言行举止、表情等不具有连贯性。其二,对录像反映的记录时间进行审查。同步录音录像资料画面的时间是以秒为单位读取的,若出现剪切或修改,画面上体现的时间信息同样不具有连贯性。而录像记录时间的审查对于认定是否存在疲劳审讯更是有重要意义,对于该份讯问笔录的证据资格、证明力有直接的影响,也有助于非法证据的排出。其三,对记录的温度与湿度进行审查。根据同步录音录像制作规范来看,录像中应当显示讯问时实时的温度与湿度,在相对封闭的讯问室内,温度不会有较大波动,而湿度会因人员进出等发生较为明显的变化,若画面中湿度出现突变时,则不排除资料存在被技术性处理过的可能性。其四,对讯问场所布置的变化进行审查。《人民检察院讯问职务犯罪嫌疑人实行全程同步录音录像技术工作流程(试行)》中明确,同步录音录像需体现讯问场所的全景(包含场所布置、桌面摆设等),若画面中场所布置或相关财物摆设位置突变,则录音录像必然被剪辑或删除过。

(2)同步录音录像的实质审查

同步录音录像在符合上述形式要求后,还需要对其予以实质性审查,审查笔录与同步录音录像资料显示内容的一致性,审查取证行为的合法性等。

其一,审查笔录与同步录音录像资料内容的一致性。

《公安机关讯问犯罪嫌疑人录音录像工作规定》第 13 条规定:"在制作讯问笔录时,侦查人员可以对犯罪嫌疑人的供述进行概括,但涉及犯罪的时间、地点、作案手段、作案

工具、被害人情况、主观心态等案件关键事实的,讯问笔录记载的内容应当与讯问录音录像资料记录的犯罪嫌疑人供述一致。"同步录音录像资料内容与笔录所载内容是否一致,是否存在矛盾,笔录中是否存在遗漏未记的内容,尤其是有利于被告人的供述与辩解、证人证言,以及被告人向检察人员诉说此前在侦查阶段被刑讯逼供的情况等。此处所谓的资料内容与笔录内容一致,并非指两者在文字上高度一致,按前述规定,记录人员有权对供述进行概括,只要未改变原意即视为一致。但实践中部分笔录系人工记录,要求记录内容完全符合嫌疑人或被告人供述较为困难,此时允许两者存在合理的差异。对此,实务界有"比例标准说"与"严重不符说"两种界定标准的观点。前者主张按笔录与录音录像内容不同部分的比例多少来界定,不同部分超过50%的,则认定讯问笔录不真实;后者主张针对个案而定,如果两者内容严重不符则笔录不真实。但该两种界定标准在实践中存在难以把握的窘境,两个标准都是量化的标准,并非从实质性方面进行考量。若两者在案件关键性问题,如犯罪事实的陈述、行为实施的原因等存在实质性差异,即笔录非接受讯问或询问者真实意思表示,此时应当以同步录音录像资料为准。

其二,审查办案人员取证的合法性。

同步录音录像的重要功能之一就是证明办案主体取证过程的合法性,特别是证明是否存在刑讯逼供、威胁、引诱等违法取证行为。实践中,合法性审查一般包括:一是审查犯罪嫌疑人或被告人是否遭受刑讯逼供。随着各项办案程序规定的出台,尤其是有关排除非法证据规程的出台,案件的审讯日趋规范文明,侦查人员不会在镜头下放肆施以肉刑,但不排除会在录制前实施酷刑,或者在讯问过程中加以变相肉刑。是否有遭受刑讯逼供,需要结合犯罪嫌疑人或被告人的供述,全面审查其入看守所的体检检查笔录、现阶段身体状态、同监室人员证言、提讯证等。二是审查犯罪嫌疑人或被告人是否遭受威胁。实践中不乏有侦查人员在审讯时吓唬犯罪嫌疑人或被告人,"你要是不交代就把你老婆小孩都抓进来""你要是不配合就送回纪委办案点"等。审查同步录音录像时,重点观察办案人员有无存在指手画脚等粗暴动作,细听是否存在言语上的威胁,也可以从被讯问人的面部表情变化予以分析判断。三是审查犯罪嫌疑人或被告人是否遭受欺骗。讯问过程中侦查人员往往不由自主就会采用此手段,对于基于被欺骗而形成的笔录,在审查同步录音录像中应尤为注意,若侦查人员有对犯罪嫌疑人或被告人说"你配合好就给你取保"等,这就存在骗供的嫌疑。四是审查犯罪嫌疑人或被告人是否遭受引诱。若犯罪嫌疑人或被告人在录像中对答如流,犹如在背诵事前准备好的稿件,或者记录人员并没有敲打键盘或用笔记录,而是装模作样,或者侦查人员诱导性讯问,将其认定的事实嵌入问题中予以暗示,这就存在诱供的嫌疑。

就本案而言,辩护人与主审法官在庭前一同查阅了相关同步录音录像,从录像的画面来看,画面清晰连贯,被告人在录像中神情自若,其在签字之前有低头阅读笔录。从录音反映的情况来看,审讯人员语气正常,发问虽然存在一定的引导性,但尚不至于达

到诱供的程度，不存在有威胁的情况，且被告人的回答语气语态自然。至于被告人提出的被疲劳审讯，经审查同步录音录像，被告人确实被置于讯问室达 10 个小时，但中途审讯人员有几次送食物，也有让其在椅子上休息，并非不间断地高强度审讯，从此情况看，结合相关司法解释的规定，并非属于疲劳审讯。故，被告人未遭受刑讯逼供或者变相刑讯逼供，办案人员的取证方式合法。

3.关于证人庭审证言的采信问题

《刑事诉讼法》第 192 条规定："公诉人、当事人或者辩护人、诉讼代理人对证人证言有异议，且该证人证言对案件定罪量刑有重大影响，人民法院认为证人有必要出庭作证的，证人应当出庭作证。"最高人民法院《关于全面推进以审判为中心的刑事诉讼制度改革的实施意见》第 29 条规定："证人没有出庭作证，其庭前证言真实性无法确认的，不得作为定案的根据。证人当庭作出的证言与其庭前证言矛盾，证人能够作出合理解释，并与相关证据印证的，可以采信其庭审证言；不能作出合理解释，而其庭前证言与相关证据印证的，可以采信其庭前证言。"本案中，卢某、林某系认定应某文是否存在相关受贿事实的关键证人，庭审中该两人均有出庭作证，且均在庭审上提出未向应某文送钱，此前的证言系在办案人员的引诱下形成的。

(1)以引诱方式形成的证人证言

实践中，在部分案件中确实存在办案人员通过引诱的手段获取对被告人不利的证人证言，主要有以下几种形式：一是以物质利益引诱证人。如侦查人员允诺给证人一定的物质利益，答应证人只要作出有罪证言，就协助其实现原本难以实现的债权，使得证人在利益的驱动下作出了违心证言。二是以诉讼利益引诱证人。最常见的就是行受贿案件，从我国现有的刑法体系来看，行贿人一定程度上享有豁免权，即作为污点证人指控受贿人，可以因此免予被刑事追诉，此时行贿人为了自保往往会作出对被告人不利的证言。三是以情感利益引诱证人。常见的是侦查人员以不追究证人亲朋好友的刑事责任为诱饵，欺骗证人作出虚假证言。四是以精神利益引诱证人。如承诺不公开证人的某些隐私、给予证人人道主义待遇等。

(2)证人出庭作证的效力

面对证人庭前证言与庭审证言不同的情况，应当如何认定其庭审证言的效力，法院应当如何采信。在以审判为中心的刑事诉讼制度改革的当下，答案越发清晰，庭审实质化，就应当坚持以采信庭审证言为原则，采信庭前证言为例外，但庭审证言能否采信，还需审查证人的解释是否合理，与在案其他证据是否能相互印证。从诉讼制度的设计看，庭审证言是重心；从证据资源分布看，庭审证言中立性强；从证人心理作用看，证人在法庭上作证多出于自愿，少有掺杂外界因素；从案件效果来看，庭审证言较少出现伪证，证言可信度较高。但司法实践中，法庭对证人当庭证言的重视不够，大多仍以采信庭前证言为原则，采信当庭证言为例外。

就本案而言,卢某、林某在庭前均作出了被告人的有罪证言,庭审上被告人有翻供,两名证人同时翻证,其中证人卢某陈述其有向应某文行贿,但金额非 40000 元,而是 5000 元,证人林某当庭否认有送钱的事实,但承认有送 1000 元的购物卡,只是被应某文退回。但最终法院并未采信该两证人的庭审证言,原因有三:其一,两证人提出被诱供并未提供相关线索,而查看被告人审讯录像并未发现存在诱供情形;其二,就改变证言的原因,两证人的解释并不合理;其三,两证人庭前证言与被告人庭前供述在送款、收款的时间、地点等细节上相互印证,而庭审证言无其他证据得以印证。

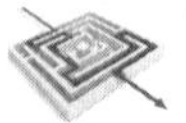

板块二:价格鉴定结论意见的审查、鉴定人出庭、滥用职权罪追加合理性与追加程序合法性问题

事实一

2011 年以来,被告人应某文在担任国网福建省 A 县供电有限公司营销部主任期间,滥用职权,擅自减免企业电费或虚增电量等,造成公司损失电费价值人民币 816752.46 元。

2014 年 10 月 14 日,A 县价格认证中心出具了 A 价鉴(2014)25 号《关于电费损失及受贿物品的价格鉴定结论意见书》,其中关于电费损失部分的鉴定结论是:①欧沪都市港湾房地产开发有限公司应交电费 593167.43 元,实际缴纳电费 489016.38 元,确认损失电费 104151.05 元;②A 县兴发硅业有限公司应交电费 512637.04 元,实际缴纳电费 430000 元,确认损失电费 82637.04 元;③荣华竹木制品有限公司应交电费 244704.82 元,实际缴纳电费 80000 元,确认损失电费 164704.82 元;④荣成房地产公司凤凰华府应交电费 277245.04 元,实际缴纳电费 211495.17 元,确认损失电费 65749.87 元;⑤A 县瑞成玻璃制品有限公司应交电费 386271.89 元,实际缴纳电费 278800 元,确认损失电费 107471.89 元;⑥福盛米业有限公司应交电费 52965.79 元,实际缴纳电费 20000 元,确认损失电费 32965.79 元;⑦2012 年 8 月间,以填补源翔硅业公司电费名义,虚增止马水电公司白水际、洪桥和瑞溪三个电站购电电量,虚增电费 769072 元,实际收回 510000 元,确认损失电费 259072 元。以上七项鉴定价格合计 816752.46 元。

问题 1:A 县价格认证中心有无鉴定电费损失的资质?

本案庭审公诉人当庭出示的证据中,对于国家利益受损,电费损失达 816752.46 元的主要依据便是价格鉴定结论意见书,A 县价格认证中心作为意见书的出具主体,其是否具备对电费损失的鉴定资质将直接影响到该份意见书的证明能力。

问题 2:价格认定结论的法律定性是什么(鉴定意见还是书证)?其在案件中的证明效力如何?

价格认证中心系各级政府价格主管部门依法设立的事业单位,其承担了各级司法、

行政及仲裁机构审理案件中涉及的各类财物价值鉴定，并负责与全国各级价格鉴证机构的直接联系。价格认证中心出具价格认定结论在证据分类中系鉴定意见还是书证，将直接影响其证据的审查方法，进而影响其证明效力。

关键要点

1.价格认证中心及其鉴定人员的资质审查；

2.价格认定结论的定性问题。

法理分析

1.关于价格认证中心及其相关鉴定人员资质审查问题

其一，A 县价格认证中心不具备对电费损失的鉴定资质。国家发展和改革委员会价格认证中心关于《价格认定行为规范》第 2 条规定："本规范所称价格认定，是指经有关国家机关提出，价格认定机构对纪检监察、司法、行政工作中所涉及的，价格不明或者价格有争议的，实行市场调节价的有形产品、无形资产和各类有偿服务进行价格确认的行为。"《福建省涉案物品价格鉴定操作规程》第 3 条亦对"涉案财产价格鉴定"作出了同等定义。可见，该两处规定明确价格认定系对有形和无形资产及服务价格进行确认的行为，而非确定损失价格的行为。每度电的价格已由政府确定，无须认证，而电费是否存在损失应当经过合法的审计机构进行公允性审查评定，而非适用价格认定的方法进行确定。

就本案而言，供电公司电费的回收及公司资金的转付等电力公司财务状况和经营状况反映出，对供电公司损失的认定，并非属于价格鉴定、价格认证活动的范畴。应当通过专项的司法会计鉴定才能准确客观反映相关电费损失。

其二，本案中两名价格鉴定人员缺乏相关价格鉴定的专业知识，不具备电费损失鉴定的鉴定资格与能力。本案在庭审中，经辩护人的申请，法院传唤了参与电费损失鉴定的鉴定人员出庭。辩护人在庭审上对鉴定人员就一个专业性问题进行发问，不料鉴定人员面对辩护人的第一个问题时便不知如何应对，随后辩护人仔细询问了出庭人员的教育背景、工作经历等，得知鉴定人员系财会出身，缺乏对电力系统、电费核算等问题的专业知识。对于鉴定依据，出庭人员陈述其与另一名价格鉴定人员主要依据检察机关提供的《国网福建 A 县供电有限公司未收回电费情况说明》作出了关于电费损失价格的鉴定结论。而在刑事证据法中，此类情况说明并非法定证据种类，其证明效力本已存在争议，据此出具的结论缺乏证明力。

2.关于价格认定书的定性问题

国家发改委出台的《价格鉴定行为规范》(2010 年)中明确指出，中华人民共和国行政区域内经当地编委批准、由各级政府价格主管部门依法设立的价格鉴证机构，对公安

机关、检察机关、审判机关和仲裁机构在办理各类案件中涉及的价格不明或价格有争议的涉案财物或其他标的进行价格鉴定的行为,适用本规范。在过去一段时期内,由价格认证中心出具的价格鉴定结论意见,因直接带有“鉴定”二字,且后附有认证机构及价格鉴定人员资质文件等,一直以来在刑事诉讼活动中被视作八类法定证据中的鉴定意见。因其被定性为鉴定意见,对其的证据审查标准便可直接参照鉴定意见的相关审查标准。

然而,随着相关新规的出台,价格认定书的定性逐渐发生了变化。国家发改委出台了《价格认定规定》(2015年),其中第2条规定,本规定所称价格认定,是指经有关国家机关提出,价格认定机构对纪检监察、司法、行政工作中所涉及的,价格不明或者价格有争议的,实行市场调节价的有形产品、无形资产和各类有偿服务进行价格确认的行为,而在《价格认定规定》基础上制定的《价格认定行为规范》(2016年)再次明确,价格认定是一种价格确认的行为,而非价格鉴定的行为。《价格鉴定行为规范》随着《价格认定行为规范》的出台同时失效。

如今司法实践中,已经出现价格认定书不再附价格认定机构资质文件及认定人员资质文件的现象,认定人员也不再签名,这已然从形式上与鉴定意见有所区别。“鉴定”到“认定”的转变,使得价格认定不再是司法鉴定(即便其与鉴定存在一些相似),而是行政确认,价格认定书不再是鉴定意见,而是行政确认的文本成果,属于公文书证。

本案因发生在《价格鉴定行为规范》有效期间,故A县价格认证中心出具的价格鉴定结论意见仍属于鉴定意见,对其审查应当适用鉴定意见的相关审查标准,从鉴定机构资质、鉴定人员资质、检材的齐全规范、鉴定方法的合理科学等方面全方位予以审查。

事实二

A县人民检察院反贪部门于2014年7月底以受贿罪、挪用公款罪对应某文刑事立案侦查,后A县人民检察院公诉部门于2015年1月底以受贿罪、挪用公款罪、国有公司人员滥用职权罪对应某文提起公诉。

本案中,A县检察院反贪部门以应某文涉嫌犯“受贿、挪用公款”二罪对应某文进行立案侦查,并移送公诉部门审查起诉。公诉部门审查后,认为应某文在担任福建省A县供电有限公司营销部主任期间,滥用职权,通过擅自减免企业电费和虚增电量等行为给公司造成了经济损失,直接追加指控应某文犯有国有公司人员滥用职权罪,并向法院提起公诉。经法庭审理,A县人民法院以事实不清,证据不足,且违反法定程序为由认定应某文的行为不构成国有公司人员滥用职权罪。后A县人民检察院二度抗诉,均未获法院支持。

关键要点

1.检察机关在审查起诉中发现遗漏罪行可否不经立案侦查直接提起公诉?

2.在审判阶段,法院能否变更指控罪名?

3.应某文是否同时构成受贿罪与国有公司人员滥用职权罪?

法理分析

1.关于公诉机关遗漏罪行的起诉问题

在本案中,A 县人民检察院认为,应某文涉嫌国有公司人员滥用职权案,事实清楚,证据确实、充分,符合起诉条件,可直接起诉,其法律依据为:其一,《刑事诉讼法》第 176 条规定:“人民检察院认为犯罪嫌疑人的犯罪事实已经查清,证据确实、充分,依法应当追究刑事责任的,应当作出起诉决定,按照审判管辖的规定,向人民法院提起公诉,并将案卷材料、证据移送人民法院。”其二,《人民检察院刑事诉讼规则(试行)》第 391 条规定:“人民检察院在办理公安机关移送起诉的案件中,发现遗漏罪行或者依法应当移送审查起诉同案犯罪嫌疑人的,应当要求公安机关补充移送审查起诉;对于犯罪事实清楚,证据确实、充分的,人民检察院也可以直接提起公诉。”其三,《人民检察院刑事诉讼规则(试行)》第 392 条规定:“人民检察院立案侦查时认为属于直接立案侦查的案件,在审查起诉阶段发现不属于人民检察院管辖,案件事实清楚、证据确实充分,符合起诉条件的,可以直接起诉;事实不清、证据不足的,应当及时移送有管辖权的机关办理。”

表面上看,检察机关对应某文关于国有公司人员滥用职权罪的追加起诉有充足的法律依据,但仔细研究程序法,不难发现,公诉机关关于此罪名的追加起诉程序违法。根据《刑事诉讼法》第 19 条规定:“刑事案件的侦查由公安机关进行,法律另有规定的除外。”法律并没有规定滥用职权罪可由检察机关侦查。而第 19 条第 2 款规定:“对于国家机关工作人员利用职权实施的其他重大的犯罪案件,需要由人民检察院直接受理的时候,经省级以上人民检察院决定,可以由人民检察院立案侦查。”本案既未经福建省人民检察院批准,也未见 A 县人民检察院关于应某文滥用职权罪的立案材料,此罪名尚未进入侦查阶段,直接起诉没有法律依据。此外,2012 年《刑事诉讼法》修订的指导思想是既要打击犯罪,又要保护人权。在此罪上侦查机关既未立案,未进行立案环节的权利告知,也未对该罪名展开讯问。公诉机关在追诉时未对追诉罪名向嫌疑人履行告知义务,且未对追诉罪名展开讯问,导致嫌疑人的知情权、自我辩护权及获得律师帮助权两次被剥夺。

本案系检察机关审查职务犯罪案件时发现遗漏应由公安机关立案侦查的相关罪行,检察机关在援引法律规定方面有失偏颇,其援引的法律规定均非本案所涉及的情形,其观点难以成立。对于在审查职务犯罪侦查部门移送审查起诉的案件过程中,发现遗漏应当由公安机关立案侦查的罪行,未经公安机关立案侦查,检察机关能否对遗漏罪行直接提起公诉的问题,最高人民法院、最高人民检察院、公安部、国家安全部、司法部、全国人大常委会法制工作委员会《关于刑事诉讼法实施中若干问题的规定》第 6 条已明

确规定:“公安机关侦查刑事案件涉及人民检察院管辖的贪污贿赂案件时,应当将贪污贿赂案件移送人民检察院;人民检察院侦查贪污贿赂案件涉及公安机关管辖的刑事案件,应当将属于公安机关管辖的刑事案件移送公安机关。”由此可见,对于检察机关侦查部门移送审查起诉的案件,在审查起诉中,发现遗漏应当由公安机关立案侦查的罪行,未经公安机关立案侦查,检察机关不能对遗漏罪行直接提起公诉。因此,在该案件中,福建省A县人民检察院无权直接对应某文以国有公司人员滥用职权罪提起公诉。

2.关于审判机关变更罪名的问题

对于在审判阶段,法院能否变更指控罪名的问题,《刑事诉讼法》并未作出明确的规定。仅有《最高人民法院关于执行〈中华人民共和国刑事诉讼法〉若干问题的解释》第176条及第178条做了相应的规定。第176条规定:“人民法院应当根据案件的具体情形,分别作出裁判:(1)起诉指控的事实清楚,证据确实、充分,依据法律认定被告人的罪名成立的,应当作出有罪判决;(2)起诉指控的事实清楚,证据确实、充分,指控的罪名与人民法院审理认定的罪名不一致的,应当作出有罪判决……”第178条规定:“人民法院在审理中发现新的事实,可能影响定罪的,应当建议人民检察院补充或变更起诉;人民检察院不同意的,人民法院应当就起诉指控的犯罪事实,依照本解释第176条的有关规定依法作出裁判。”由此可见,根据最高人民法院的司法解释,法院有权对公诉机关的指控罪名进行变更。

司法实践中,法院变更起诉罪名的模式共有以下四种:其一,单纯法律评价的变更。法院对起诉的事实不作变更,而是直接改变起诉书中指控的罪名。这种变更对被告人来说,可能意味着将面临更为严厉的刑罚判决。其二,指控事实依据的变更。法院在控辩双方以某一罪名是否构成的问题上经过调查、质证和辩论之后,单方面地判定被告人构成另一个未经起诉的罪名。换句话说,一审法院没有依据“同一事实”对被告人所实施的行为作出法律评价,而是在变更事实依据的基础上,变更了起诉罪名。在上诉或者抗诉后,二审法院仍然认为所认定的事实准确的情况下,也有权对被告人所实施的行为性质作出独立的法律评价,从而增加或者变更罪名。其三,指控事实依据的追加。法院在认可检察机关起诉罪名的情况下,将起诉书中与认定该罪名无关的另一新事实,补充为认定该罪名的事实依据。从表面上看,该做法还是属于法律评价变更的问题,但从单个罪名的认定依据而言,法院实际上已经将起诉书中所指控的事实从一项追加为两项。其四,指控罪名的合并、拆分和追加。法院不仅可以将若干个指控罪名合并为一个新的罪名,也可以将某一个指控罪名拆分或者追加为两个甚至三个新罪名。此类变更起诉罪名的情形的前提是:法院对检察机关所指控的事实基本上都给予了确认,只是在定罪的罪名上作出了新的独立法律评价。

3.关于受贿罪与国有公司人员滥用职权罪定一罪还是两罪的问题

本案起诉书中指控应某文构成受贿罪的同时还构成滥用职权罪,然而本案结合相

关案件事实进行法理分析可知，该两项罪名的指控不能同时成立。

(1)两项罪名同时成立的指控明显与法律规定相悖

其一，主体身份不符合两罪同时认定的先决条件。最高人民法院、最高人民检察院《关于办理渎职刑事案件具体应用法律若干问题的解释(一)》(以下简称"两高解释")第3条规定："国家机关工作人员实施渎职犯罪并收受贿赂，同时构成受贿罪的，除刑法另有规定外，以渎职犯罪和受贿罪数罪并罚。"此条文适用的主体是国家机关工作人员，而本案中应某文是国有公司人员，无法适用这一条文之规定。

其二，依法择一重罪处断更符合刑事立案精神。现行生效的最高人民法院、最高人民检察院《关于办理国家出资企业中职务犯罪具体应用法律若干问题的意见》(以下简称"两高意见")第4条规定："国有公司、企业人员实施刑法分则第3章第168条、第169条规定的渎职犯罪，同时收受贿赂构成受贿罪的，依照处罚较重的规定定罪处罚。"依此条文规定，本案中应某文渎职且受贿的行为不能同时构成两罪，只能择一重罪。

其三，依法应优先适用特殊法条。在法律适用上，"两高解释"和"两高意见"法律位阶相同，本身不存在效力大小之争，但两个司法解释针对的主体有别。本案应某文为特殊主体即国有公司人员，只能依"两高意见"的特别规定认定应某文的行为构成一罪而不构成两罪。

(2)两罪名同时成立的指控明显与法理相悖

其一，有失公允。起诉书将应某文收受贿赂后为他人减免电费的行为既作为受贿罪为他人谋取利益的要素进行评判，又作为滥用职权罪的构成要件进行评判，这是对一个行为进行了两次评判和处罚，明显有违刑法"禁止重复评价"的原则。

其二，有违法理。本案应某文的行为属于典型牵连犯罪，目的行为是收受贿赂，手段行为是减免电费，依刑法理论属法理上的数罪、处断的一罪，应择一重罪处罚。

最终，法院认为国有公司人员滥用职权罪依法应由公安机关立案侦查管辖，本案中并未对该罪名予以侦查，检察机关的公诉部门直接起诉的行为违反法定程序，且本案中应某文的行为依法不能同时构成受贿罪与国有公司人员滥用职权罪，故法院认定，被告人应某文犯国有公司人员滥用职权罪事实不清，证据不足，且程序违法，指控的该罪名不能成立。

值得注意的是，2016年4月18日开始施行的最高人民法院、最高人民检察院《关于办理贪污贿赂刑事案件适用法律若干问题的解释》第17条明确规定："国家工作人员利用职务上的便利，收受他人财物，为他人谋取利益，同时构成受贿罪和刑法分则第三章第三节、第九章规定的渎职犯罪的，除刑法另有规定外，以受贿罪和渎职犯罪数罪并罚。"可见，凡在本司法解释出台之后发生的类似案件，一律以受贿罪与国有公司人员滥用职权罪两罪论处，数罪并罚。

三、小　结

本案从最初的刑事立案侦查,到检察院公诉部门追加新罪名一审开庭检察机关抗诉、中院二审开庭、二审发回重审、到再次开庭前辩护人与法官查阅相关同步录音录像、庭审证人及鉴定人出庭,再到最后的判决,每一个阶段都涉及诸多实体与程序法律问题。本案审理时我国尚未正式步入以审判为中心的刑事司法体制改革阶段,但却很好地践行了当前我国大力推行的刑事司法改革精神,符合现代法治的要求,对其他刑案的审理将发挥一定的指导作用。

四、相关法律和司法解释

1.《中华人民共和国刑法》

第385条规定:"国家工作人员利用职务上的便利,索取他人财物的,或者非法收受他人财物,为他人谋取利益的,是受贿罪。国家工作人员在经济往来中,违反国家规定,收受各种名义的回扣、手续费,归个人所有的,以受贿论处。"

第272条第2款规定:"国有公司、企业或者其他国有单位中从事公务的人员和国有公司、企业或者其他国有单位委派到非国有公司、企业以及其他单位从事公务的人员有前款行为的,依照本法第三百八十四条的规定定罪处罚。"

第168条第1款规定:"国有公司、企业的工作人员,由于严重不负责任或者滥用职权,造成国有公司、企业破产或者严重损失,致使国家利益遭受重大损失的,处三年以下有期徒刑或者拘役;致使国家利益遭受特别重大损失的,处三年以上七年以下有期徒刑。"

2.《中华人民共和国刑事诉讼法》

第52条规定:"审判人员、检察人员、侦查人员必须依照法定程序,收集能够证实犯罪嫌疑人、被告人有罪或者无罪、犯罪情节轻重的各种证据。严禁刑讯逼供和以威胁、引诱、欺骗以及其他非法方法收集证据,不得强迫任何人证实自己有罪。必须保证一切与案件有关或者了解案情的公民,有客观地充分地提供证据的条件,除特殊情况外,可以吸收他们协助调查。"

第55条规定:"对一切案件的判处都要重证据,重调查研究,不轻信口供。只有被告人供述,没有其他证据的,不能认定被告人有罪和处以刑罚;没有被告人供述,证据确实、充分的,可以认定被告人有罪和处以刑罚。证据确实、充分,应当符合以下条件:(1)定罪量刑的事实都有证据证明;(2)据以定案的证据均经法定程序查证属实;(3)综合全案证据,对所认定事实已排除合理怀疑。"

第56条规定："采用刑讯逼供等非法方法收集的犯罪嫌疑人、被告人供述和采用暴力、威胁等非法方法收集的证人证言、被害人陈述，应当予以排除。收集物证、书证不符合法定程序，可能严重影响司法公正的，应当予以补正或者作出合理解释；不能补正或者作出合理解释的，对该证据应当予以排除。在侦查、审查起诉、审判时发现有应当排除的证据的，应当依法予以排除，不得作为起诉意见、起诉决定和判决的依据。"

第61条规定："证人证言必须在法庭上经过公诉人、被害人和被告人、辩护人双方质证并且查实以后，才能作为定案的根据。法庭查明证人有意作伪证或者隐匿罪证的时候，应当依法处理。"

3.《最高人民法院关于适用〈中华人民共和国刑事诉讼法〉的解释》

第78条规定："证人当庭作出的证言，经控辩双方质证、法庭查证属实的，应当作为定案的根据。证人当庭作出的证言与其庭前证言矛盾，证人能够作出合理解释，并有相关证据印证的，应当采信其庭审证言；不能作出合理解释，而其庭前证言有相关证据印证的，可以采信其庭前证言。经人民法院通知，证人没有正当理由拒绝出庭或者出庭后拒绝作证，法庭对其证言的真实性无法确认的，该证人证言不得作为定案的根据。"

第80条规定："对被告人供述和辩解应当着重审查以下内容：(1)讯问的时间、地点，讯问人的身份、人数以及讯问方式等是否符合法律、有关规定。(2)讯问笔录的制作、修改是否符合法律、有关规定，是否注明讯问的具体起止时间和地点，首次讯问时是否告知被告人相关权利和法律规定，被告人是否核对确认。(3)讯问未成年被告人时，是否通知其法定代理人或者有关人员到场，其法定代理人或者有关人员是否到场。(4)被告人的供述有无以刑讯逼供等非法方法收集的情形。(5)被告人的供述是否前后一致，有无反复以及出现反复的原因；被告人的所有供述和辩解是否均已随案移送。(6)被告人的辩解内容是否符合案情和常理，有无矛盾。(7)被告人的供述和辩解与同案被告人的供述和辩解以及其他证据能否相互印证，有无矛盾。必要时，可以调取讯问过程的录音录像、被告人进出看守所的健康检查记录、笔录，并结合录音录像、记录、笔录对上述内容进行审查。"

第83条规定："审查被告人供述和辩解，应当结合控辩双方提供的所有证据以及被告人的全部供述和辩解进行。被告人庭审中翻供，但不能合理说明翻供原因或者其辩解与全案证据矛盾，而其庭前供述与其他证据相互印证的，可以采信其庭前供述。被告人庭前供述和辩解存在反复，但庭审中供认，且与其他证据相互印证的，可以采信其庭审供述；被告人庭前供述和辩解存在反复，庭审中不供认，且无其他证据与庭前供述印证的，不得采信其庭前供述。"

第84条规定："对鉴定意见应当着重审查以下内容：(1)鉴定机构和鉴定人是否具有法定资质；(2)鉴定人是否存在应当回避的情形；(3)检材的来源、取得、保管、送检是否符合法律、有关规定，与相关提取笔录、扣押物品清单等记载的内容是否相符，检材是

否充足、可靠;(4)鉴定意见的形式要件是否完备,是否注明提起鉴定的事由、鉴定委托人、鉴定机构、鉴定要求、鉴定过程、鉴定方法、鉴定日期等相关内容,是否由鉴定机构加盖司法鉴定专用章并由鉴定人签名、盖章;(5)鉴定程序是否符合法律、有关规定;(6)鉴定的过程和方法是否符合相关专业的规范要求;(7)鉴定意见是否明确;(8)鉴定意见与案件待证事实有无关联;(9)鉴定意见与勘验、检查笔录及相关照片等其他证据是否矛盾;(10)鉴定意见是否依法及时告知相关人员,当事人对鉴定意见有无异议。"

第 85 条规定:"鉴定意见具有下列情形之一的,不得作为定案的根据:(1)鉴定机构不具备法定资质,或者鉴定事项超出该鉴定机构业务范围、技术条件的;(2)鉴定人不具备法定资质,不具有相关专业技术或者职称,或者违反回避规定的;(3)送检材料、样本来源不明,或者因污染不具备鉴定条件的;(4)鉴定对象与送检材料、样本不一致的;(5)鉴定程序违反规定的;(6)鉴定过程和方法不符合相关专业的规范要求的;(7)鉴定文书缺少签名、盖章的;(8)鉴定意见与案件待证事实没有关联的;(9)违反有关规定的其他情形。"

第 86 条第 1 款规定:"经人民法院通知,鉴定人拒不出庭作证的,鉴定意见不得作为定案的根据。"

第 104 条规定:"对证据的真实性,应当综合全案证据进行审查。对证据的证明力,应当根据具体情况,从证据与待证事实的关联程度、证据之间的联系等方面进行审查判断。证据之间具有内在联系,共同指向同一待证事实,不存在无法排除的矛盾和无法解释的疑问的,才能作为定案的根据。"

4.最高人民检察院《关于人民检察院直接受理立案侦查案件立案标准的规定(试行)》

受贿案件中,"利用职务上的便利",是指利用本人职务范围内的权力,即自己职务上主管、负责或者承办某项公共事务的职权及其所形成的便利条件。

参考文献

1.陈兴良:《受贿罪"利用职务上的便利"之探讨》,载《中国人民大学学报》1994 年第 1 期。

2.黄河、李品:《论法院变更起诉罪名的合理性及完善措施》,载《西南农业大学学报(社会科学版)》2010 年第 5 期。

3.孙国翔:《受贿罪"利用职务上的便利"新论》,载《法学论坛》2011 年第 6 期。

4.陈瑞华:《论被告人口供规则》,载《法学杂志》2012 年第 6 期。

5.杨宇冠:《侦查讯问录音录像制度研究》,载《中国刑事法杂志》2013 年第 9 期。

6.吴国章:《非法证据排除规则实务研究》,法律出版社 2017 年版。

7.最高人民法院刑事审判第一至五庭编:《刑事审判参考》2010 年第 6 集(总第 77

集)，法律出版社2011年版。

8.最高人民法院刑事审判第一至五庭编:《刑事审判参考》2013年第6集(总第95集)，法律出版社2014年版。

案例三
王某麟涉嫌走私普通货物案

摘要:本案系一起值得研究与探讨的涉外走私普通货物案。该案涉及刑事案件境外当事人国籍的认定、境外当事人委托境内辩护律师的手续办理、既效刑事判决认定事实的采信、刑事责任追诉时效、走私普通货物案件海关关税的核定、境外证据的审查与采信、单位犯罪与个人犯罪的认定、侦查机关撤销案件等程序法、证据法问题。对该等问题的分析研究有助于厘清涉外刑事案件的办理程序,对同类走私案件有一定的指导性。

一、引　　言

2007 年 2 月,厦门市人民检察院起诉指控:2004 年以来,被告人陈某珍与台湾人王某麟(另案处理)合伙在厦门经营进口石材的生意,由王某麟负责在境外组织货源、发货,陈某珍负责在厦门收货、委托代理、报关及结算各种费用。被告人陈某珍伙同王某麟以少报多进的方式,委托厦门多家进出口有限公司向厦门海关申报进口印度产花岗岩荒料石共计 7 票,经厦门海关关税部门核定,共计偷逃应缴税额 511274 元。

2007 年 5 月,厦门市中级人民法院作出一审判决,后被告人陈某珍不服,提出上诉。2008 年 4 月,福建省高级人民法院以事实不清为由,裁定撤销原判,发回重审。厦门市中级人民法院另行组成合议庭,于 2008 年 10 月作出判决,认定被告人陈某珍伙同王某麟(另案处理)共同走私花岗岩荒料石,偷逃应缴税额 373128.31 元,判处被告人陈某珍十年有期徒刑,并处罚金人民币五十五万元。

2017 年,台湾人王某麟以为追诉时效已过,通过山东青岛海关进入大陆时,被大陆相关部门予以扣留。随后,厦门市海关缉私部门对其取保候审。后王某麟委托律师处理此事。

因事隔十年之久,当事人委托律师时无法提供任何涉案材料,律师只能凭委托人的

简单陈述，结合对通过网络检索取得的判决书的解读，并根据当事人家属从境外提供的原贸易合同、船运提单及原始发票，提交了要求重新核税的律师意见书。

经与海关核税部门沟通，海关核税部门认为，2014 年 8 月 12 日最高人民法院、最高人民检察院联合发布了《关于办理走私刑事案件适用法律若干问题的解释》，对自然人及法人涉嫌走私定罪入刑的金额进行了调整，律师提交的重新核税申请有一定合理性。但鉴于生效判决已经执行完毕，且重新核税存在技术条件上的限制，海关核税部门最终对律师提出的重新核税申请未予以答复。

王某麟取保候审一年期满之后，海关部门对其解除取保候审，解除边控，并允许其自由往返大陆，但迟迟未予撤销案件。

二、案情内容与法理分析

板块一：境外当事人国籍的认定、境外当事人委托境内辩护人的手续办理问题

王某麟系台湾金╳贸易有限公司的负责人，陈某珍系其在中国大陆的合作伙伴。2004—2006 年期间，王某麟与陈某珍合伙经营进口石材业务，由王某麟负责在境外组织货源、发货，陈某珍负责在厦门收货、委托代理、报关及结算各种费用。陈某珍在与王某麟合作的同时，与李某、程某等人也存在着进口石材的合作关系。2006 年 4 月，陈某珍因涉嫌走私普通货物罪被厦门市海关缉私部门刑事立案侦查，其与王某麟、李某、程某等人合作的石材生意均存在以少报多进的形式偷逃税款。其中，陈某珍与王某麟合作部分，公诉机关认定偷逃应缴税款数额为人民币 511274 元。案发后，陈某珍、李某、程某等人到案，而王某麟因系台湾人，大陆侦查机关无法直接对身处境外的犯罪嫌疑人采取强制措施，故侦查机关对王某麟作出了“另案处理”的决定。厦门市中级人民法院于2008 年对陈某珍等人走私普通货物罪一案作出了生效判决，现该案已结案。王某麟于2017 年欲通过山东青岛关口入境，不料被当地海关采取了强制措施，后被厦门海关带回厦门，并对其以涉嫌走私普通货物罪进行刑事侦查。王某麟在办理取保候审后便第一时间委托辩护律师。

关键要点

1.境外当事人国籍的认定问题；

2.境外当事人委托境内辩护人的手续办理问题。

法理分析

1.关于境外当事人国籍的认定问题

境外当事人的国籍认定直接影响案件是否应当采用涉外程序。因靠近台湾,且随着对外交往及对台贸易的逐步扩大,厦门地区内台籍同胞涉及刑事犯罪的案件逐年增多,尤其涉台走私案件近些年呈现高发态势。由于两岸对走私犯罪的认定及处罚不同,许多台籍嫌疑人对大陆司法机关动辄采用羁押手段不理解,一旦被羁押,往往希望辩护律师尽可能采用一切手段为其取保候审。

实践中,许多台籍当事人出于业务的需要,往往持有多本护照,其中以加拿大、美国及南美护照居多。涉台或外籍当事人被公安机关抓获后,家属本人往往以多重国籍中最有利于嫌疑人的国籍提出要求,希望嫌疑人被认定为该国籍。本案中犯罪嫌疑人王某麟同时持有加拿大护照及台湾地区"护照",其要求被认定为加拿大国籍,以便办案机关按照涉外刑事案件程序办理,故本案是否使用涉外刑事案件审理程序及如何认定王某麟的国籍便成为需首要解决的问题。

(1)涉外刑事案件的范围及其案件管辖的特殊性

最高人民法院《关于适用〈中华人民共和国刑事诉讼法〉的解释》第 392 条规定,本解释所称的涉外刑事案件是指:(1)在中华人民共和国领域内,外国人犯罪的或者我国公民侵犯外国人合法权利的刑事案件;(2)符合刑法第七条、第十条规定情形的我国公民在中华人民共和国领域外犯罪的案件;(3)符合刑法第八条、第十条规定情形的外国人对中华人民共和国国家或者公民犯罪的案件;(4)符合刑法第九条规定情形的中华人民共和国在所承担国际条约义务范围内行使管辖权的案件。根据《刑事诉讼法》的规定,第一审涉外刑事案案件,除第 21 条至第 23 条规定的(危害国家安全、恐怖活动案件、可能判处无期徒刑或者死刑的案件及全省性、全国性重大刑事案件)案件以外,一律由基层人民法院管辖。当然,由于涉外刑事案件的敏感性及复杂性,中级人民法院可根据辖区内法院审判力量和案件分布情况等因素,确定辖区基层人民法院集中管辖第一审涉外刑事案件的类型。中级人民法院也可以根据案件需要依法提高审级进行审理,基层人民法院还可以主动请求移送中级人民法院管辖。

(2)本案不应适用涉外刑事案件办理程序

本案犯罪嫌疑人王某麟若只有台湾地区"护照",因台湾属中国不可分割的一部分,故案件肯定不属于涉外刑事案件。但因王某麟同时持有加拿大护照,其提出应认定其为加拿大国籍以便使用外籍嫌疑人的特殊程序规定等(如采取强制措施的审慎性、及时通报其国籍驻中国领事馆的义务及使领馆人员向被收押嫌疑人探视等法定权利),故对王某麟的国籍认定涉及多重国籍如何认定的问题。

首先,我国不承认双重国籍,根据国际惯例,对于国籍的积极冲突(包括双重国籍),

原始国籍政府对国籍享有优先管辖权。对持有多国护照的人，首先有权根据我国法律来确认其是否具有中国国籍或者是否已经丧失中国国籍。《国籍法》第 9 条规定："定居外国的中国公民，自愿加入或者取得外国国籍的，即自动丧失中国国籍。"也就是说自动丧失中国国籍必须同时具备两个条件：(1)中国公民定居国外；(2)自愿加入或取得外国国籍。如果仅仅是取得了外国的护照或绿卡而并未在该国定居，这不符合自动丧失中国国籍的法定条件。同时，《国籍法》第 15 条规定："受理国籍申请的机关，在国内为当地市、县公安局，在国外为中国外交代表机关和领事机关。"第 16 条规定："加入、退出和恢复中国国籍的申请，由中华人民共和国公安部审批。经批准的，由公安部发给证书。"因此，在不符合自动丧失中国国籍法定条件的前提下，此类人员在依据上述法律规定提出退出中国国籍的申请并获相关机关批准前，仍具有中国国籍。

其次，按照 2001 年 4 月外交部、最高人民法院、最高人民检察院、公安部、国家安全部、司法部联合召开的《关于处理涉外案件若干问题的规定》执行情况讨论会会议纪要，若被告人同时持有外国(甚至多国)有效护照和我国有效身份证件，应当以其入境时持有的证件为准。若被告人持《中华人民共和国旅行证》以我国台湾地区居民的身份入境，视为中国公民；若持外国护照入境的，以护照确定身份；若被告人多次入境的，以最后一次入境所持有效证件确定被告人身份。如对被告人的身份确有疑问的，由公安机关出入境管理部门协助予以查明，并通报同级人民政府外事部门。

本案已查明，王某麟在山东青岛入关时持有台湾地区"护照"入境，因此对王某麟涉嫌走私普通货物一案不适用涉外程序审理。

2.关于境外当事人委托境内辩护人的手续办理问题

根据《刑事诉讼法》第 34 条的规定，犯罪嫌疑人本人、法定代表人、监护人、近亲属可以委托辩护人。刑事诉讼中的近亲属是指夫、妻、父、母、子、女、同胞兄弟姊妹。目前有争议的是犯罪嫌疑人或被告人被羁押时，其近亲属以外的人可否代为委托辩护人。中华全国律协制定的《律师办理刑事案件规范》中明确规定，律师事务所可以接受嫌疑人本人及其亲友或家属的委托，指派本所律师担任辩护人。外国籍当事人可以自行委托律师辩护、代理诉讼，也可由其国籍国驻华使领馆代为委托律师辩护，且应当委托或者聘请具有中华人民共和国律师资格并依法取得执业证书的律师。外国籍当事人委托其近亲属或者监护人担任辩护人，符合刑事诉讼法及其有关司法解释规定的，人民法院应当允许。外国籍被告人的近亲属或者国籍国驻华使领馆代为办理委托辩护人事宜的，应当提供与该外国籍被告人的相关身份证明。

需要注意的是，在中华人民共和国外居住的外国人向中国律师或者中国公民邮寄授权委托书，或者邮寄其近亲属、其国籍国驻华使领馆代为办理委托事宜提供的相关身份关系证明文件，均应经该被告人国籍国的公证机关证明，由该国外交机构或者其授权机关审查，并经中国驻该国使领馆认证，才具有法律效力。当然，中国与该国之间有订

立特殊协定的除外。

本案因为王某麟未被羁押,其本人亲自委托辩护人处理案件在程序上不存在任何争议。若其在台的亲属代为委托律师,这程序较为复杂。若亲属不来中国大陆,在台湾邮寄授权委托书,则应向当地法院认证委托手续的真实性,然后交台湾海基会,再由海基会转交海协会,最后提交受托律师。若亲属本人亲自来大陆,则建议持台湾公证部门的亲属关系证明文件,然后到大陆的公证机关现场办理委托大陆律师的公证手续,这样程序比较完整。

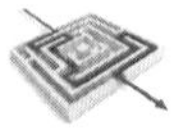

板块二:刑事案件的追诉时效、既效判决在刑案中的证据效力问题

本案中王某麟到案后提出辩解,该案已于 2008 年 10 月经厦门市中级人民法院判决结案,该判决早已生效,且相关被告人(陈某珍)已服刑完毕,现基于同一犯罪事实对其进行刑事追责时效已过。此外,先前判决中认定陈某珍伙同其以少报多进的方式,先后委托翰元公司、中海公司、千汇公司代理,向厦门海关申报进口印度产的"英国棕"、"红棕"花岗岩荒料石共计 7 票。经厦门海关关税部门核定,上述花岗岩荒料石共计偷逃应缴税额 373128.31 元。对此认定结果,王某麟对数额与定性均提出异议并补充提交相关证据以支持其辩解。那么,这就产生了一个新问题,既效判决中认定的事实是否一定是另案审理中的免证事实,是否一定会对另案的审理发生效力。

关键要点

1.刑事案件的追诉时效问题;

2.既效判决认定的事实在另案审理中的效力问题。

法理分析

1.关于刑事案件的追诉时效问题

《刑法》第 87 条规定:"犯罪经过下列期限不再追诉:(1)法定最高刑为不满五年有期徒刑的,经过五年;(2)法定最高刑为五年以上不满十年有期徒刑的,经过十年;(3)法定最高刑为十年以上有期徒刑的,经过十五年;(4)法定最高刑为无期徒刑、死刑的,经过二十年。如果二十年以后认为必须追诉的,须报请最高人民检察院核准。"就本案而言,走私普通货物罪法定最高刑为无期徒刑,故本案法定的追诉时效期限为 20 年。犯罪事实发生在 2004 年至 2006 年期间,案件于 2006 年刑事立案侦查,王某麟因无法到案被另案处理,2017 年王某麟入境,相隔时间尚未满 20 年,故侦查机关对其边控并采取强制措施合乎法律规定。

实践中,不少案件在是否过追诉时效的问题上存在较大争议,我国《刑法》第 89 条

第 1 款规定："追诉期限从犯罪之日起计算；犯罪行为有连续或者继续状态的，从犯罪行为终了之日起计算。"可见，该规定解决了追诉时效的起算时点问题，但《刑法》并未对追诉时效的终止计算时间节点予以规定，而在此问题上，理论界存在三种观点。第一种观点认为，追诉不只是起诉的意思，应包括侦查、起诉与审判的全过程，故追诉期限应从犯罪之日计算审判之日为止，即"审判之日"说；第二种观点认为，追诉时效应从犯罪之日计算至提起公诉之日为止，即"起诉之日"说；第三种观点认为，追诉时效应计算至刑事立案之日为止，即"立案之日"说。本文综合剖析追诉时效的本质、体系解释及司法实践状况，认为将刑事立案之日作为追诉时效的终止计算日期更妥。

其一，从文义解释的角度，"追诉"的内涵应当指依法提起追究刑事责任的诉讼，包括提起公诉或自诉，但就《刑法》第 87 条规定的"追诉"的规范而言，从刑法角度，将其作为追究刑事责任的实体要件之一尚不足以全面充分阐释其内涵。"追诉"应当兼具实体意义与程序意义，实体上指追究刑事责任，而程序上指司法机关依法立案、侦查、起诉、审判等一系列活动。故只要刑事立案之日尚在犯罪行为的追诉期限内，就不应认定有超过追诉时效。

其二，《刑法》第 88 条第 1 款规定："在人民检察院、公安机关、国家安全机关立案侦查或者在人民法院受理案件以后，逃避侦查或者审判的，不受追诉期限的限制。"可见，侦查机关立案系刑事追诉程序开始的标志，是国家行使刑罚权的标志，只要立案后嫌疑人有逃避侦查的行为，追诉期限便可无限期延长。

其三，追诉时效除有延长、中断等法定事由外，应为一个固定的时期。若将追诉时限终止之日限定为提起公诉(自诉)之日或审判之日，则当案件在提起公诉前或审判前司法人员肆意以补充侦查、重新鉴定等事由延长办理期限，将导致本可在追诉时效期限内完成的诉讼行为拖延至法定时限之外。可见，将刑事立案之日确定为追诉时效的终止计算之日，既符合追诉时效的本质要求，又契合司法实践的需要，应为相对稳妥合理的选择。

2.关于既效判决认定的事实在另案审理中的效力问题

厦门市中级人民法院于 2008 年 10 月作出的(2008)厦刑初字第 68 号刑事判决书载明，根据当时海关部门的关税核定，陈某珍伙同王某麟共同走私偷逃应缴税款数额达人民币 373128.31 元。在此情况下，若本案采信海关当时的核定结果，则本案无争议，但经辩护人仔细审查相关资料并查阅理解相关法律法规及司法解释，发现当时海关核税是采用价格磋商的方式进行，原审辩护人曾对此提出异议，认为应以正常真实的进口价格进行认定，但因当时案件审理中缺乏原始真实价格单据，辩护人提出的核定方式无可行性。王某麟到案后，其提交了当初涉案石材的所有货物购销合同、发票及银行电汇凭证等，在此情况下是否应当重新核税，还是直接以生效判决认定的偷逃税款数额作为定案依据，这就成了一个关键问题。

《人民检察院刑事诉讼规则(试行)》第437条规定:“在法庭审理中,下列事实不必提出证据进行证明:(1)为一般人共同知晓的常识性事实;(2)人民法院生效裁判所确认的并且未依审判监督程序重新审理的事实;(3)法律、法规的内容以及适用等属于审判人员履行职务所应当知晓的事实;(4)在法庭审理中不存在异议的程序事实;(5)法律规定的推定事实;(6)自然规律或者定律。”本案中,关于王某麟与陈某珍共同犯罪,且偷逃税款数额373128.31元的事实已经法院生效判决予以确认,且并未经审判监督程序重新审理,从法条上看,似乎该项事实属于免证事实,可以直接引入本案,但仔细分析程序法与证据法学,便会得出以下结论:人民法院生效裁判所确认的事实乃特殊公文书所载明之事实,并非免证事实。

其一,将刑事生效判决认定的事实作为免证事实有违刑事立法精神。《刑事诉讼法》第50条第3款规定:“证据必须经过查证属实,才能作为定案的根据。”可知,在我国刑事诉讼中,书证无论是公文文书还是私文书,均不当然具有实质的证据力。是否具有证据力需要法院经庭审举证质证、法庭调查并在此基础上综合判断。若将生效裁判书所确认之事实确定为免证事实,也即直接赋予生效裁判文书以实质证据力,无异于剥夺了受诉法院对该特殊公文书证内容之自由判断,一定程度上妨碍了受案法官对案件事实形成正确的心证,不利于法官作出正确的裁判。

其二,将刑事生效判决认定的事实作为免证事实将冲击另案被告人的辩护权。《刑法》的立法宗旨是惩治犯罪,保障人权,即便行为人确实罪大恶极,实施了违法犯罪的行为,但法律上仍然保障其基本的人权及相关的辩护权利。犯罪嫌疑人在案件审理中享有提出新证据、对在案证据提出异议、自我辩护等法定权利,若既效判决的预决事实当然地对关联案件的审理产生法律效力,可以直接被作为证据甚至定案依据使用,将会变相剥夺嫌疑人在该起犯罪事实上的辩护权,此与我国刑事司法理念背道而驰。

就本案而言,王某麟向侦查机关补充提供了新的证据材料,辩护人也向侦查机关提起了重新核税的申请,对此,侦查机关高度重视,并未直接以先前判决认定的关税数额作为本案的关税数额,而是重新审查新证据,充分保障了嫌疑人王某麟的诉讼权利。

板块三:涉案数额的认定(海关关税的核定)、境外证据的审查与采信问题

陈某珍走私普通货物案中,厦门市人民检察院指控其与王某麟共同犯罪部分涉及7票进口花岗岩荒料,共计偷逃应缴税额511274元。而海关核算偷逃应缴税额主要依据陈某珍自行制作的尺码单,对此,陈某珍在案件审理中提出辩解,其认为制作的尺码单不能真实反映每票石材实际的进口数量,不能作为核定走私税额的依据,故除海关实际查获部分外的指控事实不符合“证据确实、充分”的证明标准。而陈某珍的辩护人在庭审中提出,该案申报价格或海关磋商价格存在虚增,应以在案的成本利润核算表所载明

的货物购进价格作为实际成交价格并计核偷逃税额。对此，法院认为，当时在案的成本利润核算表所体现的货物购进价格缺乏相关对外付汇凭证予以印证，真实性难以确认，仅此并不足以认定涉案货物的实际成交价格。法院认为，以陈某珍自主申报价格或海关磋商价格为依据计算偷逃应缴税额，有事实基础及法律依据。最后，法院经审理查明，陈某珍与王某麟共同犯罪部分，偷逃应缴税额 373128.31 元。

关键要点

1.在王某麟补充提交相关证据的基础上，偷逃的应缴税额应当如何核算？

2.王某麟补充提交的材料作为境外证据，案件中应当如何审查与采信？

法理分析

1.关于涉案数额(偷逃应缴税额)的核算问题

2014 年最高人民法院、最高人民检察院《关于办理走私刑事案件适用法律若干问题的解释》第 16 条第 1 款规定："走私普通货物、物品，偷逃应缴税额在十万元以上不满五十万元的，应当认定为刑法第一百五十三条第一款规定的'偷逃应缴税额较大'"。第 24 条第 2 款规定："单位犯走私普通货物、物品罪，偷逃应缴税额在二十万元以上不满一百万元的，应当依照刑法第一百五十三条第二款的规定，对单位判处罚金，并对其直接负责的主管人员和其他直接责任人员，处三年以下有期徒刑或者拘役"。先前判决认定偷逃应缴数额为 373128.31 元，不管是个人犯罪还是单位犯罪，均已达到追诉标准，本案一旦认定此数额，王某麟将面临 3 年以下有期徒刑或拘役的刑事处罚。

王某麟到案后，其向侦查机关提交了案涉 7 票进口花岗岩荒料的成本损益表、对外付汇凭证等相关原始材料，这对于案件而言是新发现的核心证据，对涉案偷逃应缴税额的认定有直接的作用。我们认为，海关应当以王某麟新提交的证据为依据，对偷逃应缴税额进行重新核定。

(1)本案应依据涉案货物实际成交价格核定偷逃税额

《海关计核涉嫌走私的货物、物品偷逃税款暂行办法》(以下简称"暂行办法")第 16 条规定："涉嫌走私的货物能够确定成交价格的，其计税价格应当以该货物的成交价格为基础审核确定。"第 17 条规定："涉嫌走私的货物成交价格经审核不能确定的，其计税价格应当依次以下列价格为基础确定：1、海关所掌握的相同进口货物的正常成交价格；2、海关所掌握的类似进口货物的正常成交价格……6、按其他合理方法确定的价格。"从前述条文可以看出，只有在涉案货物的实际成交价格无法确定时才能依次按前述 1—6 小点价格确定核税价格。就本案而言，涉嫌走私的货物应有原始单证、汇款凭证等材料，能够确定成交价格，则应优先按照涉案货物的实际成交价格核定偷逃税额。

(2)原案海关偷逃税额的核定方法存在较大争议

其一，原案海关关税部门对计税单价价格及采购数量的认定缺乏事实依据。

单价计税价格认定有误。按《暂行办法》的规定，应将货物实际成交价格作为计税价格。原审在案的成本利润表已载明货物实际购进价格，且原审陈某珍辩护人也提出应当以成本利润表所载明的货物购进价格作为实际成交价格计核偷逃税额，但海关最终还是以磋商价格作为计税价格的单价并结合数量核定偷逃税额，使得计税价格在单价认定上缺乏客观性。

走私数量认定有误。陈某珍私下制作的尺码单所载明的石材进口数量与海关实际测量数量（指海关现场查获的第5、6票）结果不符，原审辩护人由此提出陈某珍私下制作的尺码单内容不真实，不应作为定案依据，但海关依旧参照陈某珍私下制作的尺码单上的数量核算走私数量，使得核算偷逃税额在数量认定上缺乏客观性。

由此可见，原案海关关税部门的核税方法缺乏事实基础，原案核算所得的偷逃税额并不能当然成为本案定罪量刑之依据。

其二，原案生效的判决书已认定原案海关核定的偷逃税额存在错误。

（2008）厦刑初字第68号生效判决书虽初步认可海关磋商价格为计税单价，但未认可陈某珍私下制作的尺码单所载明的采购数量，并最终在判决结果上对海关核定偷逃税额进行修正。由此可见，原案判决书也认为原案海关核定的偷逃税额存在错误。

原案判决“本院综合评判”部分称，“在案的成本利润核算表所体现的货物购进价格，缺乏相关对外付汇凭证予以印证，真实性难以确认，仅此并不足以认定涉案货物的实际成交价格。”可见，原案判决书认可原审辩护人提出的按照成交价格核定偷逃税额的计税方法，只是由于当时的证据不足，无法确定真实的成交价格，才按海关磋商价格核税。

原案判决书采信原审辩护人提出的关于陈某珍私下制作的尺码单数量不能作为定案依据的辩护意见，认为除海关现场查获的第5、6票应以海关实际查验数量与申报数量之间的差额认定走私数量外，其他未现场查获几票应以申报进口数量为实际进口数量的二分之一至三分之一，且就低以二分之一认定的方法认定走私数量。由此可见，原案判决书对参照陈某珍的尺码单数量认定走私数量是不予认可的。

综上所述，法院的生效判决书已认定原案海关核定的偷逃税额存在错误。

（3）王某麟提交的新证据足以认定涉案货物的实际成交价格及采购数量，依法应据此对本案的偷逃税额重新核定

原案因当时缺乏对外付汇凭证与成本利润核算表相印证，无法审核确定货物的实际成交价格，且原案因当时缺乏原始采购合同及发票，无法确定实际采购数量。现王某麟向侦查机关补充提交了涉案货物每票的原始采购合同、采购发票、银行对外付汇凭证及电汇证实书，足以证实涉案货物的实际成交价格与采购数量，给本案的重新核税提供了真实客观的依据。

故我们认为，本案应当严格遵循《暂行办法》第16条之规定，按照货物实际成交价格及采购数量对本案重新核定偷逃税额。若不重新进行偷逃税额核定，即便套用原案判决就低认定的裁判思路，本案的处理也无法达到事实清楚、证据充分、排除合理怀疑之裁判标准。

本案中，王某麟的辩护人在侦查机关获取到相关涉案原始凭证之后，向办案人员提交了一份《重新核定关税申请书》，详细论述了原案认定的偷逃应缴税额的不合理性，盼海关能启动重新核税的程序，重新认定涉案数额。对此，厦门市海关缉私局高度重视，与原案的经办人员沟通、与内部核税部门沟通，最终对本案不应以原案认定的偷逃应缴税额定性表示认可。

2.关于境外证据的审查与采信问题

在本案中，王某麟向侦查机关提供了从台湾带来的原贸易合同、船运提单、发票、对外付汇凭证等材料。此部分材料形成于台湾，属于境外证据，对该类型证据的审查与采信我国刑事法律法规并无相关规定，为此，需要我们从司法实践中予以探索和总结。

(1)境外证据审查的规定和审判实践

对于当事人、辩护人、诉讼代理人提供的在境外形成的证据如何审查与认定，我们认为可以借鉴民事诉讼程序中的相关规定。根据1991年《民事诉讼法》(2007年10月修正)第240条规定："在中华人民共和国领域内没有住所的外国人、无国籍人、外国企业和组织委托中华人民共和国律师或者其他人代理诉讼，从中华人民共和国境外寄交或托交的授权委托书，应当经所在国公证机关证明，并经中华人民共和国驻该国使领馆认证，或者履行中华人民共和国与该所在国订立的有关条约中规定的证明手续后，才具有效力。"该条款仅涉及外国人参加民事诉讼的授权委托书应当办理公证认证手续，但对于涉及案件事实的证据材料的审查认定未作规定。2000年4月1日施行的《最高人民法院关于民事诉讼证据的若干规定》(以下简称《民事证据规定》)第11条规定："当事人向人民法院提供的证据系在中华人民共和国境外形成的，该证据应当经所在国公证机关予以证明，并经中华人民共和国驻该国使领馆予以认证，或者履行中华人民共和国与该所在国订立的有关条约中的证明手续。当事人向人民法院提供的证据是在香港、澳门、台湾地区形成的，应当履行相关的证明手续。"该条款明确规定了境外证据应履行与授权委托书相同的公证认证手续。这是因为当证据形成在国外时，我国法院的司法权无法触及，对这些境外证据的调查又存在诸多的现实障碍，所以，有必要对这些境外证据本身施加程序或手续上的限制，以尽可能消除司法权地域性给民事诉讼带来的不利影响。同年10月1日施行的《最高人民法院关于行政诉讼证据若干问题的规定》第16条第1款规定："当事人向人民法院提供的在中华人民共和国领域外形成的证据，应当说明来源，经所在国公证机关证明，并经中华人民共和国驻该国使领馆认证，或者履行中华人民共和国与证据所在国订立的有关条约中规定的证明手续。"至此，我国司法

机关通过司法解释的方式规定了民事、行政审判中境外证据应当适用公证、认证证明的制度，该制度常被学者称为“境外证据公证证明制度（规则）”。

境外证据公证证明制度主要涉及两种方式：公证与认证。公证，是指公证机关对法律行为、有法律意义的文书和事实的真实性和合法性进行证明的活动。根据国家主权和平等原则，国家之间相互没有管辖权，因而发生于一国之内的公证事务应当由该国的公证机关公证证明，所以境外证明由所在国公证机关予以证明。认证，是指外交领事机关对公证文书上印章和签字的真实性进行证明的活动。因为一个国家有权进行公证的机关可能为数众多，他们所出具的公证文书如果不经过认证，对于外国而言极难辨其真伪，而经由外交或领事机关进行认证，则其真实性可以得到确认。即认证的目的在于使一国公证机关所制作的公证文书能为使用国有关当局确信和承认，其作用在于向文书使用国证实文书的真实性。不过，境外证据公证证明制度过于原则和生硬，存在诸多弊端：第一，未明确公证和认证程序是作为证据能力的要件，还是判断证明力的要件。第二，忽视了各国公证制度的差异。第三，履行证明手续的证据范围过于宽泛。中国民事诉讼法规定的一些证据形式，即使是用中国的《公证法》去衡量，亦难以操作，且对所有境外证据都要求公证显然是不太科学的。

鉴于境外证据公证证明制度理论上存在严重弊端，给案件审理设置了大量障碍，为此，近年来我国审判实践对该制度进行了纠正。2005 年 11 月《最高人民法院第二次全国涉外商事海事审判工作会议纪要》（以下简称《纪要》）第 39 条规定：“对当事人提供的在我国境外形成的证据，人民法院应根据不同情况分别作如下处理：(1)对证明诉讼主体资格的证据，应履行相关的公证、认证或者其他证明手续；(2)对其他证据，由提供证据的一方当事人选择是否办理相关的公证、认证或者其他证明手续，但人民法院认为确需办理的除外。对在我国境外形成的证据，不论是否已办理公证、认证或者其他证明手续，人民法院均应组织当事人进行质证，并结合当事人的质证意见进行审核认定。”2007 年最高人民法院民事审判第四庭在《涉外商事海事审判实务问题解答》（以下简称《解答》）第 16 条规定：“当事人向人民法院提供的证据系在我国领域外形成的，该证据应当经所在国公证机关予以证明，并经我国驻该国使领馆予以认证，或者履行我国与该所在国订立的有关条约中规定的证明手续。但如果其所在国与我国没有外交关系，则该证据应经与我国有外交关系的第三国驻该国使领馆认证，再转由我国驻该第三国使领馆认证。但是，对于用于国际流通的商业票据、我国驻外使领馆取得的证据材料、通过双边司法协助协定或者外交途径取得的证据材料以及当事人没有异议的证据材料，则无须办理公证、认证或者其他证明手续。”2007 年 1 月 11 日最高人民法院发布的《关于全面加强知识产权审判工作为建设创新型国家提供司法保障的意见》（以下简称《意见》）中对该问题亦有所涉及：“对于境外形成的公开出版物等可以直接初步确认其真实性的证据材料，除非对方当事人对其真实性能够提出有效质疑而举证方又不能有效反驳，无

需办理公证认证等证明手续。”通过上述《纪要》《解答》及《意见》的精神来看，公证认证手续仅是证明境外证据真实性的一种方式。境外证据的真实性还可以通过当事人质证等其他方式加以证明。

(2)境外证据审核和采信的刑事审判实践

对于中国司法机关通过刑事司法协助请求外国司法机关调查取得的证据，法院无须就该证据本身在程序及手续上进行限制，只要其具备了完整的证据属性，即可以认定。1998 年 6 月最高人民法院《关于执行〈中华人民共和国刑事诉讼法〉若干问题的解释》第 320 条第 3 款规定："在中华人民共和国领域外居住的外国人寄给中国律师或者中国公民的授权委托书，必须经所在国公证机关证明、所在国外交部或者其授权机关认证，并经中国驻该国使、领馆认证，才具有法律效力。但中国与该国之间有互免认证协定的除外。”该条款规定了外国人委托中国律师或公民参加刑事诉讼的授权委托书应当办理有关公证、认证手续，但并未明确用以证明案件事实的证据材料是否应当办理公证认证手续。有观点认为，《民事证据规定》第 11 条规定与《民事诉讼法》第 240 条规定基本相同，将授权委托书扩大到了证据。对境外证据的审查与采信可借鉴《民事证据规定》中的规定，同时，由于刑事诉讼的证明标准高于民事诉讼的证明标准，因此，在刑事诉讼过程中对于当事人向人民法院提供的在我国领域外形成的证据也应经所在国公证机关证明、所在国外交部或者其授权机关认证，并经我国驻该国使、领馆认证，这种观点不能成立。刑事、民事诉讼法有关授权委托书的相关规定均是审查诉讼代理人身份是否真实，其目的在于防止无权代理人代当事人出庭参加诉讼活动的情况，但该规定本身并非审查境外证据材料的法律依据。理由是：首先，授权委托书不是刑事、民事诉讼法规定的证据，只对诉讼过程产生程序上的影响，而不会像证据那样对案件实体产生影响。其次，证据具有不可替换性和重复性，不能撤回或更改，但授权委托书可由当事人在诉讼过程中随时撤销或更换。最后，授权委托书的性质是法律文书，将对一种法律文书的要求扩张到所有证据，并无逻辑和法律上的依据。

刑事诉讼中应区分证据适用公证认证程序。根据《刑事诉讼法》第 50 条第 2 款规定："证据包括：(1)物证；(2)书证；(3)证人证言；(4)被害人陈述；(5)犯罪嫌疑人、被告人供述和辩解；(6)鉴定意见；(7)勘验、检查、辨认、侦查实验等笔录；(8)视听资料、电子数据。”判断境外证据是否需要适用公证认证程序，既要维护我国的国家主权，也要根据不同的证据类型，从刑事诉讼的基本原则、证据合法性及真实性的判断标准等上位原则及制度出发，不应一概而论。境外证据通常使用涉外公证、领事认证的方式，其针对的仅是涉外书证，特别是公文书。公文书，是指外国有关权力机关颁布的具有明确法律意义的文书，如一国的法律条文、判决书、行政裁定书、政府函件、身份证明等，其形式上的真实性应当根据证据形成国的法律加以判定，我国法院囿于司法权的限制而无法判断文书的真伪，由证据形成国有关机关对公文书形式的真实性予以证明，有利于诉讼的便

捷和公正。书证以外的其他证据,有的因为无法公证认证,有的因为公证认证没有实际意义,而未必要求必须公证认证。

板块四:单位犯罪与个人犯罪的认定问题

先前判决认定陈某珍与王某麟系走私普通货物罪的共同犯罪,对此,陈某珍曾提出辩解,其认为其与王某麟并非个人犯罪,应当是台湾金×贸易有限公司的单位犯罪。在此问题上,原判决认为单位犯罪的辩解不能成立,理由有三:其一,涉案的7票货物,系王某麟和陈某珍以个人名义对外签订委托代理协议,而非以台湾金×贸易有限公司名义申报进口;其二,在案的报关单、代理协议等书证体现台湾金×贸易有限公司是该部分走私石材的境外代理商(即卖方),不能证实台湾金×贸易有限公司是该部分货物进口环节的货主;其三,从相关证人证言及王某麟、陈某珍个人银行账户查询明细证实,进口石材销售收入(包括非法所得)进入了陈某珍或王某麟的个人银行账户,无证据证实有关违法所得归台湾金×贸易有限公司所有。最终法院认定本案并非单位犯罪。然而,王某麟到案后,提交的证据有利于单位犯罪的认定,故本案究竟构成单位犯罪还是个人犯罪,再次引发争议。鉴于此,本文就相关内容进行梳理,帮助大家厘清犯罪主体的认定问题。

1.境外企业能否成为我国单位犯罪的主体

由于我国《刑法》未对境外企业能否成为我国单位犯罪主体做出明确的规定,因此,在刑事司法实践中该问题并未引起足够的关注和重视。这在一定程度上影响了刑事案件的正确处理。例如,有证据表明行为人只是受雇于境外企业而实施走私行为的,司法机关却以个人走私犯罪对行为人进行定罪量刑,对行为人而言,显然有失公平。针对这一问题,海关总署缉私局研究部门(侦法研字〔2001〕15号)曾在工作中指出两点:第一,有证据证明境外企业以公司身份从事或者参与走私犯罪活动且证明该公司的合法主体资格的,以单位犯罪追究境外公司的刑事责任;第二,侦查所获得的证据无法证明境外公司以单位身份从事或参与走私犯罪活动,或者无法证明境外公司合法资格的,以个人犯罪认定,追究行为人个人的刑事责任。由此可见,海关总署的这一工作意见肯定了境外企业可以成为我国刑法规定的单位犯罪的主体,予以追究刑事责任。但该意见并未形成司法实践中的统一惯例。

我国刑法典缺乏对单位这一犯罪主体资格条件的明文规定,按照最高人民法院司法解释规定,《刑法》第30条规定的"公司、企业、事业单位"既包括国有、集体所有的公司、企业、事业单位,包括依法设立的合资经营、合作经营和具有法人资格的独资、私营公司、企业、事业单位。这说明我国刑法规定的单位犯罪主体应该是符合我国法律规定的单位。

境外企业是依照外国法律成立的经济实体,具有独立的人格,是独立的责任能力主

体。这一点是各国法律承认法人可以成为犯罪主体的共同基础。根据我国《刑法》第6条之规定:“凡在中华人民共和国领域内犯罪的,除法律有特别规定的以外,适用本法。”由此可见,我国刑法的管辖原则之一为属地管辖。对于属地管辖原则,我国刑法采取了遍在地说,即行为实施地与结果发生地都是犯罪地,行为或结果有一项发生在本国领域内的,便适用我国刑法。据此,如果境外企业在我国实施犯罪,行为实施地和结果发生地都在我国境内时,从刑法的公平性和刑法待遇的平等性角度讲,应当依照我国刑法规定,追究其单位刑事责任,以维护国家主权与公民的利益。即便该涉案企业所在国法律不认为该行为是犯罪行为,其也不能依据其本国法律的规定要求免责。当然,值得注意的是,境外企业成立我国单位犯罪的前提条件是该企业符合我国《刑法》第30条的单位犯罪主体资格条件。即该境外企业的类型符合我国相关法律关于公司设立的规定时,才可以单位犯罪追究其刑事责任。

据此,在司法实践中,对于涉及境外企业的刑事案件,如果有充分证据证明系境外企业实施犯罪的,应对涉案公司追究刑事责任,具体行为人按照单位犯罪中的直接主管人员或直接责任人员追究刑事责任,引用刑法分则关于单位犯罪追究直接主管人员、直接责任人员刑事责任的有关条款予以追惩;如果无充分证据证明系境外企业以单位身份从事或参与犯罪活动的,或者无法证明境外企业具有合法资格的,便只能以个人犯罪予以定罪量刑。

2.单位犯罪主体所应具备的特征

如前所述,境外企业成立我国单位犯罪的前提条件是该企业符合我国《刑法》第30条的单位犯罪主体资格条件。为此,有必要探究成立单位犯罪主体所应具备的特征。归纳而言,在我国刑法理论中,单位犯罪主体应具备如下四大特征:

其一,合法性。单位的成立应当具有合法性。而对于合法性的论述,理论上存在两种不同的观点:一种观点认为,合法性体现在成立或设立的目的、程序、条件等方面,即合法性应当是实体合法与程序合法的统一。另一种观点认为,单位的法律主体资格根源于法律确认的拟制。一旦法律程序上的确认完成就体现为一种存续状态。非经法定程序宣告不得随意否定其主体资格以免除或规避法律责任,仍然应当视为单位犯罪论处。这种观点强调合法性是程序的合法。

对此,笔者认为,单位依据法定程序成立并依据法律规定的经营范围进行活动,是单位在各领域存在和活动的前提条件。在程序法和实体法规定中存在瑕疵都会影响单位行为的有效性。如果单位的行为是在这种存在瑕疵条件下实施的,单位的合法性应当被否定,行为应被认定为无效,自然也就不能成为刑法评价的主体。也就是说合法性是指单位成立的实体和程序合法,单位应当依照法律规定而成立,组织的设立合法,成立的程序符合法律、法规的规定。而且,最高人民法院发布的《关于审理单位犯罪案件具体应用法律有关问题的解释》里,即“对个人为进行违法犯罪活动而设立的公司、企

业、事业单位实施犯罪的,或者公司、企业、事业单位设立后,实施犯罪为主要活动的,不以单位犯罪论处"也说明,单位的法律程序合法而其主要活动为非法的单位,不以单位犯罪论处的。这也证明了,单位主体的合法性无论是从程序法上还是实体法上均是缺一不可的。

其二,组织性。组织性是单位的重要特征之一,是单位区别于自然人的重要特征。单位的组织性是作为社会主要主体的自然人组成的社会集合体,由一定数量的财产集合为基础组成的社会组织。这也是单位作为社会组织体区别于自然生命体的关键所在。

其三,意志独立性。意志独立性是单位独立承担刑事责任的重要根据。单位实施的各种行为,无论合法与否,应当依据单位的章程或者依法由其决策机构的组成人员决定并由其执行机构实施。单位的意志是由单位的决策机构作出的,区别于单位内部具体个人的意志,从而为单位的发展开拓空间、创造条件,独立地在社会经济活动中实现自身的利益,实现单位的设立目标。

其四,独立的财产。单位拥有独立的财产是单位意志独立性的必然要求和实现条件。单位的独立财产或者来自股东,可能来自主管单位或者国家财政,都属于单位的财产,且单位可以根据自己的意志依法使用该财产,任何其他组织和个人无权干涉。单位以其财产作为承担责任的条件。我国刑法中对于单位的处罚是以罚金为主要方式,是对单位能够实现的处罚方式,是单位能够独立承担的刑罚方式。独立的财产是单位犯罪承担刑事责任的物质基础。

就本案而言,台湾金×贸易有限公司系在台湾合法成立、具有独立的财产、拥有独立的意志、有完善的组织架构的法人,其可以成为单位犯罪的主体。对于先前判决指出涉案货物非以台湾金×贸易有限公司名义申报进口,且相关证人证言证明进口石材销售收入最终流入两人的个人银行账户,进而认定走私涉案7票货物系陈某珍和王某麟的个人犯罪行为。事实上,此结果系在缺乏原始采购合同及相关交易凭据,尤其在缺乏银行对外付汇凭证及电汇证实书的情况下认定的,对个人犯罪的定性是不妥的。王某麟提交的原始采购合同、采购发票、报关单、银行对外付汇凭证及电汇证实书等足以证明涉案货物系以台湾金×贸易有限公司名义采购、申报,采购款源于台湾金×贸易有限公司,销售收入归属于台湾金×贸易有限公司,故本案应属典型的单位犯罪。

板块五:侦查机关撤销案件的程序问题

本案中,王某麟到案后,厦门市海关缉私局便对其采取了取保候审的强制措施,2017年底,因取保候审一年期限届满,侦查机关并未对其刑事拘留,而是对其解除边控,允许其出境回台湾,但本案并未进行正式的撤案处理,虽案件当前状态与撤销并无两异。实践中,侦查阶段撤销案件存在诸多程序性问题,本文认为有必要对其进行梳理。

关键要点

1.侦查机关撤案行为是何种性质；

2.司法实践中侦查阶段撤案存在的问题。

法理分析

1.关于侦查机关撤案的性质问题

侦查阶段撤销案件，是指侦查机关在侦查过程中，依据《刑事诉讼法》的规定，对经过侦查后发现不应对犯罪嫌疑人追究刑事责任的案件所作出的一种终止诉讼程序的处理方式。对撤案性质的把握有助于侦查机关正确认识撤案权，进而合法规范行使撤案权。

(1)撤案权是一种实体上的定罪否定权。侦查过程中，若经反复侦查，仍无法证实存在犯罪，在案证据达不到刑案的定罪指控标准，则就应当推定嫌疑人无罪，此时就应当作出撤案的处理。虽然我国定罪权归属于法院，但定罪的否定权各司法机关均享有，如侦查机关的撤案权，检察机关的法定不起诉权。

(2)撤案程序属于阻断性程序。阻断性程序是指刑事诉讼中的某些程序设置是基于在某一阶段使诉讼活动无法继续进行下去之目的，而侦查阶段的撤案程序即为典型的阻断性程序。撤案的目的在于终结侦查活动，使嫌疑人从国家刑事追责中抽离解脱出来。

(3)撤案程序是对立案程序的否定。撤案程序归属于侦查程序，其依据侦查后所确定的事实，基于法定事由，将侦查机关此前作出的立案决定推翻。撤案程序的设置，是对立案程序的否定，撤案即解除国家对个人的追诉，此程序发挥了终止国家与个人刑事诉讼法律关系的重要诉讼职能。

2.实践中侦查阶段撤案存在的问题

司法实践中，由于不少侦查机关对撤案权的性质、撤案程序的性质尚无一个正确的认识，故在行使该项权利的过程中存在不少问题，该撤未撤、肆意乱撤的现象皆有。较为突出的是以下两方面：

(1)撤案权滥用。主要有以下几种情形：其一，应由检察机关不起诉，却退给侦查机关撤案。有的案件撤案决定是由检察机关在审查起诉阶段退回侦查机关后，由侦查机关作出的。若检察机关在审查起诉时认为需要终止诉讼，依据现行《刑事诉讼法》的规定应当作出不予起诉决定，而不应退回公安机关由公安机关做撤案处理。其二，撤案不及时。有的案件因证据不足导致对疑案久侦不撤，拖到好几年都不能终止诉讼。其三，撤案后缺乏救济。有的案件在侦查阶段便撤案，但当事人曾被采取过刑事强制措施，用人单位此迟迟不让其恢复工作，其也无法得到任何赔偿或补偿，侦查机关也不会出面为其提供帮助与救济。

(2)撤案程序异化。主要有以下几种情形：其一，程序规避。在司法实践中，有大量

普通的刑事案件久侦不结,在案证据不足,但又未进一步侦查获取到新证据,案件停滞在侦查阶段,不移送起诉,也不撤案,跟本案一样就"挂"在那里。其二,隐形程序危机。检察机关的公诉部门建议撤案,原本于法无据,但却逐渐成为基层检警机构欣然接受的结案方式,甚至此类撤案量远超检察机关的不起诉量。此种以撤案代替正式诉讼程序的做法,成为了影响实践的隐形程序。

三、小　　结

本案虽未走完整个刑事诉讼流程,且未见更多的案卷资料,但从有限的资料中仍可总结出以上诸多的法律程序、证据审查的问题。实践中,多数人对涉案案件的处理及程序并不熟悉,对境外当事人国籍的认定、境内律师委托手续的办理、境外证据的审查采信等,都是大家需要了解的。而本案对偷逃应缴税额的核定方法的梳理,将有助于走私类犯罪案件涉案数额的认定,对同类案件的办理有促进作用。

四、相关法律和司法解释

1.《中华人民共和国刑法》

第153条规定:"走私本法第251条、第152条、第347条规定以外的货物、物品的,根据情节轻重,分别依照下列规定处罚:(1)走私货物、物品偷逃应缴税额较大或者1年内曾因走私被给予2次行政处罚后又走私的,处3年以下有期徒刑或者拘役,并处偷逃应缴税额一倍以上5倍以下罚金。(2)走私货物、物品偷逃应缴税额巨大或者有其他严重情节的,处3年以上10年以下有期徒刑,并处偷逃应缴税额1倍以上5倍以下罚金。(3)走私货物、物品偷逃应缴税额特别巨大或者有其他特别严重情节的,处10年以上有期徒刑或者无期徒刑,并处偷逃应缴税额一倍以上5倍以下罚金或者没收财产。单位犯前款罪的,对单位判处罚金,并对其直接负责的主管人员和其他直接责任人员,处三年以下有期徒刑或者拘役;情节严重的,处3年以上10年以下有期徒刑;情节特别严重的,处十年以上有期徒刑。对多次走私未经处理的,按照累计走私货物、物品的偷逃应缴税额处罚。"

2.《中华人民共和国刑事诉讼法》

第16条规定:"有下列情形之一的,不追究刑事责任,已经追究的,应当撤销案件,或者不起诉,或者终止审理,或者宣告无罪:(1)情节显著轻微、危害不大,不认为是犯罪的;(2)犯罪已过追诉时效期限的;(3)经特赦令免除刑罚的;(4)依照刑法告诉才处理的犯罪,没有告诉或者撤回告诉的;(5)犯罪嫌疑人、被告人死亡的;(6)其他法律规定免予追究刑事责任的。"

第163条规定:"在侦查过程中,发现不应对犯罪嫌疑人追究刑事责任的,应当撤销

案件；犯罪嫌疑人已被逮捕的，应当立即释放，发给释放证明，并且通知原批准逮捕的人民检察院。”

第 50 条第 3 款规定：“证据必须经过查证属实，才能作为定案的根据。”

3.《最高人民法院关于适用〈中华人民共和国刑事诉讼法〉的解释》

第 392 条规定：“本解释所称的涉外刑事案件是指：(1)在中华人民共和国领域内，外国人犯罪的或者我国公民侵犯外国人合法权利的刑事案件；(2)符合刑法第七条、第十条规定情形的我国公民在中华人民共和国领域外犯罪的案件；(3)符合刑法第八条、第十条规定情形的外国人对中华人民共和国国家或者公民犯罪的案件；(4)符合刑法第九条规定情形的中华人民共和国在所承担国际条约义务范围内行使管辖权的案件。”

4.《最高人民法院、最高人民检察院关于办理走私刑事案件适用法律若干问题的解释》

第 16 条规定：走私普通货物、物品，偷逃应缴税额在 10 万元以上不满 50 万元的，应当认定为刑法第 153 条第 1 款规定的“偷逃应缴税额较大”；偷逃应缴税额在 50 万元以上不满 250 万元的，应当认定为“偷逃应缴税额巨大”；偷逃应缴税额在 250 万元以上的，应当认定为“偷逃应缴税额特别巨大”。

走私普通货物、物品，具有下列情形之一，偷逃应缴税额在 30 万元以上不满 50 万元的，应当认定为刑法第 153 条第 1 款规定的“其他严重情节”；偷逃应缴税额在 150 万元以上不满 250 万元的，应当认定为“其他特别严重情节”：(1)犯罪集团的首要分子；(2)使用特种车辆从事走私活动的；(3)为实施走私犯罪，向国家机关工作人员行贿的；(4)教唆、利用未成年人、孕妇等特殊人群走私的；(5)聚众阻挠缉私的。

第 24 条规定：“单位犯刑法第 151 条、第 152 条规定之罪，依照本解释规定的标准定罪处罚。单位犯走私普通货物、物品罪，偷逃应缴税额在 20 万元以上不满 100 万元的，应当依照刑法第 153 条第 2 款的规定，对单位判处罚金，并对其直接负责的主管人员和其他直接责任人员，处 3 年以下有期徒刑或者拘役；偷逃应缴税额在 100 万元以上不满 500 万元的，应当认定为‘情节严重’；偷逃应缴税额在 500 万元以上的，应当认定为‘情节特别严重’。”

参考文献

1.南英、高憬宏：《刑事审判方法》，法律出版社 2013 年版。

2.李国光：《〈最高人民法院关于民事诉讼证据的若干规定〉的理解和适用》，中国法制出版社 2002 年版。

3.最高人民法院刑事审判庭第一至五庭编：《刑事审判参考》2012 年第 1 集(总第 84 集)，法律出版社 2012 年版。

4.赵俊明：《境外企业能否成为我国单位犯罪主体——以走私犯罪案件为分析视域》，载《中国检察官》2008 年第 11 期。

5.占善刚:《我国刑事诉讼中免证事实之应有范围及其适用》,载《中国刑事法杂志》2009年10期。

6.陈烜:《论侦查阶段撤销案件的监督和制约机制》,载《华东政法大学学报》2009年第2期。

案例四

泰管实业公司、管甲、鹿乙骗取贷款、票据承兑罪案

摘要：在本案骗取贷款、票据承兑罪审理前后，相关受害单位就多笔关联的金融借款、票据承兑纠纷先后提起民事诉讼，其中涉及的刑民交叉法律问题在实务界和理论界均存在较大争议，如尚未提起诉讼的民事案件是否只能提起附带民事诉讼；刑民分立并行后，刑事犯罪的事实认定是否影响相关民事合同效力认定，先前生效的民事判决或民事调解书是否应予撤销；刑事涉案财物处置与民事执行内容重合时，该如何处理？同时，刑事审判中对区分骗取贷款、票据承兑罪与彼罪，犯罪情节上“造成直接经济损失”“造成重大损失”与“有其他严重情节”如何认定等问题，也存在认识误区和实务困惑。本案汇集的刑民交叉疑难之法律适用及骗取贷款、票据承兑罪之定罪量刑等问题的分析，具有一定的典型性和实践指引的意义。

一、引　　言

（一）基本案情简介

2012 年 9 月至 2013 年 7 月间，被告单位福建省泰管实业公司（以下简称泰管公司）及其法定代表人即被告人管甲，在被告人鹿乙（系另一家企业法定代表人、三家企业实际控制人）的帮助下，先后 10 次以提供虚假购销合同、增值税专用发票等手段，骗取农业银行 A 支行、光大银行 B 支行、工商银行 C 支行、兴业银行 D 分行的 8 笔贷款、2 笔票据承兑，金额共计人民币 1.18 亿元。骗取贷款后，被告单位泰管公司未按照申请的用途使用贷款，至案发时尚余近 1.05 亿元未偿还。

（二）审理过程及判决结果

被告单位泰管公司和被告人管甲、鹿乙骗取贷款、票据承兑一案，福建省长泰县公安局于 2015 年 9 月刑事立案，长泰县人民检察院于 2016 年 9 月提起公诉，同月，长泰县人民法院（以下简称长泰法院）受理此案。审理期间，因检察院申请补充侦查，被告人管

甲的辩护人申请调取新证据,长泰法院依法延期审理。经过庭前会议和两次开庭审理,并经审判委员会研究,2017 年 9 月长泰法院判决:被告单位泰管公司犯骗取贷款、票据承兑罪,判处四十万元罚金;被告人管甲犯骗取贷款、票据承兑罪,判处有期徒刑二年三个月,并处罚金二十万元;鹿乙犯骗取贷款、票据承兑罪,判处拘役四个月,缓刑六个月,并处罚金六万元;责令被告单位泰管公司依法退赃。三被告均未提起上诉,一审判决生效。

(三)相关民事判决

2014 年至 2015 年间,涉案银行就上述贷款中的 7 笔和 2 笔承兑汇票分别提起诉讼,案由为借款合同纠纷等,本金共计 9340 万元及利息,福建省漳州中级人民法院经审理对上述 9 起案件中的 7 起案件作出了判决,2 起案件进行了调解。判决和调解的结果均为:被告泰管公司应向原告(即案涉银行)偿还借款本金××元及利息××元(包括逾期复利、罚息),原告对被告泰管公司抵押的房地产在上述债务范围内享有优先受偿权,保证人对上述债务承担连带清偿责任。上述 9 起案件的民事裁判均在刑事案件受理前已生效。

2016 年 6 月,厦门×公司作为金融不良债权受让人,就其受让的不良贷款(标的额为 1160 万元)向长泰法院提起金融不良债权追偿权诉讼,并在本案审理期间撤回起诉。本案判决生效之后,2017 年 10 月原告(已变更为厦门 Y 公司)再次起诉,同年 11 月,长泰法院判决支持原告厦门 Y 公司诉讼请求,现该案判决已生效并进入执行程序。至此,案涉所有金融借款纠纷均已提起民事诉讼。

二、案情内容与法理分析

板块一:刑民交叉的法律问题分析

刑事判决查明事实节选:2012 年 9 月 28 日,被告单位泰管公司的法定代表人即被告人管甲制作了向某富公司购买阴极铜的虚假购销合同,被告人鹿乙明知该购销合同用于申请贷款,不存在真实交易背景,仍指使他人帮助被告人管甲在合同上盖章。2012 年 10 月 11 日,被告人管甲提供该虚假购销合同并以泰管公司的名义向农业银行 A 支行申请用途为购买原材料的流动资金借款 1000 万元。2012 年 10 月 15 日,双方签订编号为××576《流动资金借款合同》,农业银行 A 支行将流动资金借款 1000 万元以受托支付方式发放至案外人某富公司银行账户。之后,被告人管甲将该笔借款作为泰管公司办理某银行承兑汇票的保证金。2013 年 10 月 15 日,该笔借款到期后,泰管公司未予偿还。

相关民事判决查明的事实节选:编号为××576《流动资金借款合同》(借款本金人

民币 1000 万元)项下的担保合同是:(1)泰管公司与农业银行 A 支行签订编号为××089 的《最高额抵押合同》,担保的债权最高余额为人民币 3080 万元;(2)管甲与农业银行 A 支行签订编号为××920 的《最高额保证合同》,担保的债权最高余额为人民币 5000 万元;(3)某记公司、吴某、缪某与农业银行 A 支行签订编号为××166 的《最高额保证合同》,担保的债权最高余额为人民币 2100 元。经查,本案借款本金 1000 万元均在上述担保合同的担保余额范围内。

对应的民事判决认定的内容:农业银行 A 支行与泰管公司签订的《流动资金借款合同》,农业银行 A 支行与泰管公司签订的《最高额抵押合同》,农业银行 A 支行与管甲签订的《最高额保证合同》,农业银行 A 支行与某记公司、吴某、缪某签订的《最高额保证合同》均系当事人真实意思表示,且未违反国家法律、法规强制性规定,合同均合法有效,各方应全面履行各自的义务,农业银行 A 支行已按合同约定履行发放贷款等义务,泰管公司应依约履行还本付息义务……,本案所涉债权同时存在物的担保和保证担保,依据合同的约定,农业银行 A 支行可以就物的担保享有优先受偿权,也可以要求保证人承担保证责任……

基于被告单位泰管公司和被告人管甲、鹿乙骗取的 10 笔贷款、票据承兑在实行行为和作案方法上存在相似性,本文仅节选上述编号为××576《流动资金借款合同》项下的 1000 万元贷款的事实进行分析。因刑事案发时间较晚,案涉 9 笔贷款或票据承兑所引发的民事纠纷均先于刑事案件,提起民事诉讼,相关民事判决书或调解书均已生效,仅有一起纠纷在刑事侦查立案之后才提起诉讼。由此产生刑事案件和民事案件在涉案主体上重合,在法律事实和法律责任认定等方面存在交叉甚至不同的情形,其中涉及的刑民交叉法律问题值得探讨:

问题 1:刑民交叉案件是否必须遵循“先刑后民”的传统处理方法?

问题 2:刑事诉讼期间,尚未起诉的民事纠纷是否必须以附带民事诉讼的方式提起?

问题 3:刑民分立情形下,对违法犯罪的认定与民事案件中对借款合同的有效认定是否存在冲突?已生效的民事判决或民事调解是否应予撤销?

问题 4:刑事判决对涉案财物的处理与民事执行内容重合应如何处理?

关键要点

1.刑民交叉案件的处理机制应如何完善;

2.附带民事诉讼的适用范围分析与刑民交叉案件中关联民事诉讼的提起方式;

3.刑事违法性认定对案涉民事合同效力认定的影响;

4.刑事判决对涉案财物的处理与关联民事案件执行内容的衔接。

法理分析

1.刑民交叉案件处理机制分析

刑事案件与民事案件在法律性质上截然不同。一般情况下，该两类案件相对独立，并依据相应的诉讼法和实体法予以解决，但是现实生活错综复杂，某些案件当事人往往既涉及民事法律关系，又触犯刑事法律规定，因而，在关联案件处理上呈现相互交叉或牵连、影响的状态。虽然我国现行立法和司法解释对刑民交叉问题已有部分规定，但仍有诸多法律问题存在争议，实务中的处理方法也不尽统一，近年来，对“先刑后民”的传统处理方式，学术界及实务界也有诸多探讨。

(1)“先刑后民”传统处理方法应予反思。“先刑后民”是指在民事诉讼中发现涉嫌刑事犯罪时，应当在侦查机关对涉嫌刑事犯罪的事实查清后，由法院先对刑事犯罪进行审理，再就涉及的民事责任问题进行审理，或者由法院在审理刑事犯罪的同时，附带审理民事责任问题，在此之前，法院不应单独就其中的民事责任予以审理判决。① 这种处理方法在民事案件审理中涉及犯罪嫌疑等问题上往往体现为：

①刑事案件受理优先。一味要求被害人服从国家追诉需要，原则上禁止被害人先行提起民事赔偿的诉讼请求。

②刑事程序优先。当刑事诉讼法与民事诉讼法发生碰撞时，遵循刑事程序优先原则。

③刑事证据优先。刑事程序获得的证据可以在民事诉讼中适用，而民事诉讼不能推翻刑事裁判所采纳的证据和认定的事实。

④刑事裁判效力优先。刑事判决的效力优于民事裁判的效力。

这种处理方法虽然具有一定的合理性，但该理念在实践中异化出的“重刑轻民”倾向却极易造成对受害人合法权利救济的阻却，因此，先刑后民的理念应作适度修正，理由在于：一方面，在刑民交叉案件中，民事案件的事实认定并非总是取决于刑事案件的审理结果，有的刑事案件的事实认定也取决于民事裁判的结果，例如侵占罪、职务侵占罪和挪用资金罪等罪名的确定可能需以涉案财产权属的认定为前提，而对于动产、不动产权利归属则需先经过民事审判才能认定。另一方面，民事诉讼与刑事诉讼在制度设计和价值取向上并不相同，刑事证据“排除合理性怀疑”与民事证据“高度盖然性”的证明标准亦不同，刑法的谦抑性决定了某些在民事审判中可以认定的事实在刑事审判中却因证明标准不同而不能认定。因此，面对纷繁复杂的现实生活，一味坚持先刑后民的处理方式未必合理，也过于片面。在刑民交叉案件的处理机制上，应根据案件事实和审判规律来决定是“先刑后民”或“刑民并行”抑或是“先民后刑”。只有当刑事案件的结果影响甚至决定着民事案件的审理，才应遵循“先刑后民”的处理方法，待刑事案件审结后

---

① 江伟、范跃如：《刑民交叉案件处理机制研究》，载《法商研究》2005 年第 4 期。

再进行民事案件的审理。

(2)相关司法解释的梳理和解读。最高人民法院《关于在审理经济纠纷案件中涉及经济犯罪嫌疑若干问题的规定》(下称《审理经济纠纷的规定》)第 1 条规定:“同一公民、法人或者其他经济组织对当事人因不同事实分别涉及民事纠纷和涉嫌刑事犯罪的,民事案件与刑事案件应当分别审理。”第十条规定:“人民法院在审理经济纠纷案件中,发现与本案有牵连,但与本案不是同一法律关系的经济犯罪嫌疑线索、材料,应将犯罪嫌疑线索移送有关公安机关或检察机关查处,经济纠纷案件继续审理。”《最高人民法院、最高人民检察院、公安部关于办理非法集资刑事案件适用法律若干问题的意见》第 7 条规定也有类似的规定,[①]在判断民刑交叉案件的程序选择问题上,均明确了以是否属于“同一事实”作为处理民刑交叉案件的标准。对于分属不同事实的,可采用民刑分立并行的方式;属于同一事实的,则按先刑后民的方式进行,若已经进入审理阶段的,则可根据《中华人民共和国民事诉讼法》第 150 条第(5)项的规定,在刑事案件尚未审结前,中止审理。但在具体案件审理中,对于如何判断同一事实,如何认定民事案件或刑事案件审理必须以关联案件的审理结果为前提等问题,还应置身于具体法律关系中,结合相关法律规定进行分析判断。

2.尚未提起的民事诉讼是否应采取刑事附带民事诉讼方式

刑事附带民事诉讼制度是刑事诉讼中受害人损害赔偿救济的重要制度。通说认为,我国的附带民事诉讼是指公安司法机关在刑事诉讼过程中,解决被告人刑事责任的同时,附带解决因被告人的犯罪行为所造成的物质损失赔偿问题而进行的诉讼活动[②]。根据《刑事诉讼法》第一百零一条的规定,被害人因人身权利受到犯罪侵犯或者财物被犯罪分子毁坏而遭受物质损失的,有权在刑事诉讼过程中提起附带民事诉讼。最高人民法院《关于适用〈中华人民共和国刑事诉讼法〉的解释》第 138 条、第 142 条、第 143 条也分别对附带民事诉讼原告的范围和应当承担赔偿责任的附带民事诉讼被告人的范围进行了规定,但由于对“物质损失”和“应当承担赔偿责任的主体范围”在理解上存在争议,加之立法相对简略,对受案范围是有所限制还是大而全,附带民事诉讼能否承载日渐增多的赔偿需求和多样复杂的民事侵权诉讼等问题,实务中仍争议不断。

随着个案审判经验的积累,理论界与实务界普遍认为,刑事附带民事诉讼的受案范围不应大而全,而应有所限制。理由在于:一是刑事、民事法律制度彼此间个性大于共

---

① 该法条规定:“对于公安机关、人民检察院、人民法院正在侦查、起诉、审理的非法集资刑事案件,有关单位或者个人就同一事实向人民法院提起民事诉讼或者申请执行涉案财物的,人民法院应当不予受理,并将有关材料移送公安机关或者检察机关。人民法院在审理民事案件或者执行过程中,发现有非法集资犯罪嫌疑的,应当裁定驳回起诉或者中止执行,并及时将有关材料移送公安机关或者检察机关。公安机关、人民检察院、人民法院在侦查、起诉、审理非法集资刑事案件中,发现与人民法院正在审理的民事案件属同一事实,或者被申请执行的财物属于涉案财物的,应当及时通报相关人民法院。人民法院经审查认为确属涉嫌犯罪的,依照前款规定处理。”

② 陈光中主编:《刑事诉讼法》,北京大学出版社、高等教育出版社 2002 年版,第 211 页。

性,刑事、民事诉讼运行规律差异明显,混同适用易造成部门法律之间、部门法律内部的相互冲突,使司法部门无所适从。二是刑事附带民事诉讼,易造成刑事诉讼程序对民事诉讼程序的强制和挤压,使民事程序陷于虚无、紊乱之中,亦有失程序公正与安定。① 三是相比刑事法律制度,民法及民事诉讼制度对某些法律关系复杂、专业性强的民事纠纷或是法律关系不同但应予合并审理的民商事纠纷,在程序安排上可以较好地平衡诉讼公正和效率的需求,在实体权利保护上更为精细完善。例如,刑事诉讼在财产损失方面的救济仅是补偿性的。本案中,刑事判决对财产损失的支持范围就仅限于直接损失即贷款本金,而对利息和逾期利息等违约金则未予计入。而如果采用另行提起民事诉讼的方式,则可以使受害银行的民事权益得到更全面的保护。四是诉讼实务复杂而多元,涉及刑事案件的相关民事纠纷可能在案发前已先行起诉,若对类似案情的民事诉讼适用不同程序,则按附带民事诉讼程序处理的案件,与另行提起民事诉讼的案件将可能因适用法律不同或审判理念不同而出现同案不同判的情形。基于上述分析,在本案审理期间,对于相关的金融不良债权追偿纠纷起诉后,长泰法院并未要求当事人必须提起附带民事诉讼,而是在尊重当事人程序选择权的前提下,由其另行提起民事诉讼。

3.认定合同一方当事人违法犯罪是否对案涉民事合同效力产生影响

本案审理过程中,对于相关民事案件已认定有效的案涉借款合同、担保合同,是否因在刑事案件中认定合同一方当事人违法犯罪而归于无效等问题,争议较大,但经过多次论证后,合议庭最终确立的共识是本案仅认定合同一方当事人涉嫌违法犯罪,相关民事案件中的民事合同如果不存在《合同法》第五十二条规定的无效情形,则并不必然无效。理由分析如下:

(1)立法、司法解释在民事合同无效认定上的规定日益审慎。我国《合同法》第52条通过列举方式明确了合同无效的五种具体情形即:①一方以欺诈、胁迫的手段订立合同,损害国家利益;②恶意串通,损害国家、集体或者第三人利益;③以合法形式掩盖非法目的;④损害社会公共利益;⑤违反法律、行政法规的强制性规定。《最高人民法院关于适用〈中华人民共和国合同法〉若干问题的解释(一)》第4条则将《合同法》第52条第(5)项"违反法律、行政法规的强制性规定"限缩解释为:"合同法实施以后,人民法院确认合同无效,应当以全国人大及其常委会制定的法律和国务院制定的行政法规为依据,不得以地方性法规、行政规章为依据"。《最高人民法院关于适用〈中华人民共和国合同法〉若干问题的解释(二)》第14条又作了限定性规定,即《合同法》第52条第(5)项规定的"强制性规定"是指"效力性强制性规定"。上述《合同法》及其司法解释通过层层限缩,意在纠正实务中曾经存在的对违法合同不作区分一律宣告无效的做法。强制性规定虽代表国家意志,但"善意管制"有时反而阻却了本应发生的正当交易或不恰当地助

---

① 郭兰君:《修正与平衡:寻找契合的刑民连带诉讼制度》,载《司法体制改革与刑事法律适用研究——福建省法院第二十一届学术讨论会论文集》。

长了背信弃义行为，国家管制延伸至民事领域，是对私人自治的干预，这种国家权力的行使应当经过正当性之证成。

（2）从《民法通则》第58条到《民法总则》第143条的规定，立法机关和最高人民法院不遗余力地对合同效力认定的理念进行纠偏，日益倡导维护交易安全和保护无过错方合法权益的精神，正是基于契合经济发展的内在动因。① 实务中曾有一种观点，认为民事合同中只要有一方当事人行为涉嫌刑事违法，则应认定案涉合同无效。这种“违法即无效”观念的隐性影响就是将当事人一方行为的违法性与民事合同效力混同评价，却忽视了对善意相对方的权利保护和交易安全的维护。据此，一旦合同一方当事人违法构成犯罪就认定合同无效，则无过错方的权利救济就只能诉诸损失赔偿。而众所周知，损失赔偿的举证难度将远远大于按合同约定追究违约责任的举证难度。相反，如果认定合同有效，银行或其他金融机构可以依据合同关于违约责任的约定，制裁违法犯罪的合同相对人，其作为非违约方则不必饱受因合同被认定无效而难以举证证明己方损失之苦。因此，从维护交易安全和保护善意相对人的角度出发，审判实务中越来越倾向于认为案涉民事合同并不当然无效，这种实践经验也逐渐为立法或司法解释所吸收。2015年最高人民法院《关于审理民间借贷案件适用法律若干问题的规定》第13条规定：“借款人或者出借人的借贷行为涉嫌犯罪，或者已经生效的判决认定构成犯罪，当事人提起民事诉讼的，民间借贷合同并不当然无效。人民法院应当根据合同法第52条、本规定第14条之规定，认定民间借贷合同的效力”。该司法解释对刑民交叉情形下民事合同效力的认定做出了并不当然无效的规定，也表明最高人民法院在类似案件中对民事合同效力认定的审慎态度。

（3）对于合同效力进行判断和认定属于民商事审判的范围，判断和认定的标准应当是《合同法》《民法总则》等民事法律规范。对于民事合同效力的认定，民事法律体系中自有一套完整详细的制度设计和评价标准。骗取贷款、票据承兑罪和案涉民事合同的效力问题是两个不同的法律问题，其中涉及的事实方面即被告人的犯罪行为与双方订立合同的行为并不重合，法院虽认定被告泰管公司、管甲、鹿乙存在骗取贷款、票据承兑的主观故意，但在民事案件中，因借贷合同关系的另一方当事人即案涉银行，事先并不知晓被告单位和被告人的犯罪故意和行为，在订立合同当时案涉银行与被告人之间并不存在通谋。刑事案件侧重认定被告单位泰管公司、被告人管甲、鹿乙通过单方虚假行为骗取银行贷款所涉及的犯罪事实，而民事案件对合同效力评价的事实却主要基于包括银行在内的各方当事人在订立借款合同和担保合同时是否存在《合同法》规定的无效情形。因此，刑事案件的审理虽与民事案件的审理在事实上存在部分牵连，但因涉及的

① 郭兰君：《强制与自治的适度界分：“利益衡量分步论证法”之构想——兼议〈民法总则〉第143条与〈合同法〉第52条的法律适用》，载王利明主编：《判解研究》2017年第3辑（总第81辑），人民法院出版社2018年版。

事实并非同一事实,且法律关系和法律评价机制也不同,不宜采用先刑后民的处理方法,而应采用刑民分立的方法予以处理。

(4)在关联民事案件中,因贷款、票据承兑等合同均已成立,虽然作为合同一方的被告人具有骗取银行贷款之犯罪故意,但是作为合同相对方的银行,却是善意且不知情的。根据《合同法》第 54 条的规定,对于一方以欺诈手段使对方在违背真实意思的情况下订立合同,受欺诈方有权请求人民法院或仲裁机构变更或撤销。因此,案涉合同属于可变更或可撤销合同。合同订立后,如果被欺诈的银行等金融机构尚未发放贷款或对票据进行承兑,则其有权依据第 54 条的规定,主张撤销合同;若银行等金融机构已经发放贷款或对票据进行了承兑,则其既可以做出撤销合同的选择,也可以做出不予撤销合同的选择。因此,对案涉民事合同的效力并不能仅因合同当事人一方实施了涉嫌犯罪行为就轻易否定合同效力,而应从利益衡量的角度出发,依照相关法律法规对合同效力做出公平公正的判断。

综上所述,在案涉金融借款纠纷案件中,民事判决认定金融借款合同、票据承兑合法有效,与刑事判决被告单位以欺骗手段取得银行贷款、票据承兑系违法犯罪的认定,并不存在矛盾,也符合该类型案件刑民分立的司法理念。据此,先前已生效的民事判决并无再审纠错的必要。案涉民商事纠纷有两个案件虽以调解方式结案,但该调解书所确认的内容与民事判决内容并无差异,亦不必对已生效的民事调解书进行再审纠错。

4.刑事判决对涉案财物的处置与民事执行内容重合应如何处理

本案刑事判决因被告人涉及刑事违法犯罪必须依法对涉案财物进行处理,而先前生效的民事判决书或调解书也对相关民事责任做了生效判决或调解。这其中将出现刑事涉案财物处置与民事执行内容的衔接等问题,值得进一步讨论。

问题 1:刑事判决应如何处理涉案刑事犯罪所得?

问题 2:如何与已生效的民事判决、调解内容的执行进行衔接,使刑事判决主文在表述上与民事判决主文的执行内容互不矛盾?

关键要点

1.追缴、责令退赔与判处赔偿经济损失的区别;

2.追缴、责令退赔与退赃、没收的区别;

3.刑事判决主文的表述方法。

法理分析

1.追缴、责令退赔与判处赔偿经济损失的区别

依据《刑法》第 64 条规定,追缴或者责令退赔是强制犯罪分子将其违法所得的财物予以退回或者按价退赔、返还原主或者上缴国库的一种强制措施。而赔偿经济损失,是

指人民法院依法对犯罪分子判处刑罚的同时，根据犯罪分子给被害人造成的经济损失大小，判处被告人赔偿一定数额的金钱的处理方法。赔偿经济损失是非刑罚处理方法中的一种，也是实现民事赔偿责任的方式。所适用的法律既有实体法又有程序法，既可适用刑事实体法如《刑法》第36条规定，也可适用民事实体法如《民法通则》《民法总则》《侵权责任法》等的规定。

追缴、责令退赔与赔偿经济损失的主要区别是：追缴、责令退赔是法院依刑事诉讼职权主动行使。如盗窃罪案件中，法院追缴被告人盗取所得财物返还给被害人。赔偿经济损失一般是通过当事人提起附带民事诉讼来处理或另行提起民事诉讼的方式来实现，一般是由被害人或其法定代理人、近亲属提起。如在故意伤害罪案件中，可依据受害人人身损害情况、伤残等级、医疗费支出、误工时间和费用等具体案件事实，判处被告人赔偿被害人相应的经济损失。

2.追缴与责令退赔与退赃、没收的区别

当涉案赃款或者赃物尚在时，应当追回原物即为“追缴”。若原物已被处置或消耗的，应当责令被告人按价退赔即所谓“责令退赔”。追缴与责令退赔是法院依职权采取的强制性措施。退赃是相对犯罪分子而言，是指犯罪分子将犯罪所得的赃款、赃物，直接退还被害人或者上缴司法机关的行为。对追缴所得的赃款、赃物的处理则分两种情况：属于被害人的合法财产的，应当及时返还，如在诈骗罪案件中，对被害人合法所有的财产应予以退还，对不属于被害人合法财产的，则应当没收上缴国库。又如在毒品犯罪案件中，犯罪分子贩卖毒品所得的款物则应予没收。

3.刑事判决主文应如何表述

2013年10月，最高人民法院《关于适用刑法第六十四条有关问题的批复》规定：“被告人非法占有、处置被害人财产的，应当依法予以追缴或者责令退赔。据此，追缴或者责令退赔的具体内容应当在判决主文中写明。被害人提起附带民事诉讼，或者另行提起民事诉讼请求返还被非法占有、处置的财产的，人民法院不予受理。”

实务中，对于骗取贷款罪案件是否适用《刑法》第64条的规定，判决主文应如何表述有三种观点：第一种观点认为不适用该法条，也不在判决主文中表述。主要基于几点原因，一是认为不宜在刑事判决中一并处理，宜另案提起民事诉讼解决；二是被告人在刑事判决之前已清偿债务；三是被害人（权利人）已另案提起民事诉讼。第二种观点认为应适用该法条，作出判决追缴、退赔、返还的财产金额具体明确，刑事判决生效后即可依职权移送执行。这种处理方式对案件事实清楚、债权债务关系简单的案件较为适合，相关民事纠纷可以在刑事诉讼中一并解决，直接判处追缴返还、责令退赔。第三种观点认为应当适用该法条作出退赃的判决，但因在民事诉讼中，受害人已就涉案贷款本金、利息和案外人的担保责任提出诉讼请求，民事诉讼中可依法对主债务和从债务两种法律关系合并审理，并在判决主文中对贷款本金、利息及相应的担保责任做出判决。因

此,刑事判决主文表述“退赃”时应力求简约,为避免与民事判决相冲突,刑事判决可概括性表述为继续追缴、退赔,且不具体载明受偿权利人和具体金额。

本案判决采取上述的第三种情形,判决主文最后表述为“责令被告单位泰管公司等依法退赃”。主要基于以下几点考虑:首先,本案受害人银行作为权利人,仅主张以“合同之债”提起诉讼,而非选择以“侵权之债”为基础法律关系提起诉讼,相关民事案件调解书或判决书生效后,除了被告单位泰管公司之外,还有涉及几家提供担保的公司(包括被告人鹿乙实际控制的三家公司在内)或个人(包括被告人鹿乙在内)被判决对贷款本金及利息(包括复利罚息)承担连带偿还责任。而刑事判决仅涉及贷款本金部分,故刑事判决对涉案财物的处理不得与生效民事判决的主文相矛盾。其次,判决主文表述为“责令被告单位泰管公司等依法退赃”系为启动刑事追缴、退赃提供裁判依据,但仅做概括性表述,不具体写明退赃金额,是为了给尚未提起民事诉讼的权利人留有余地。

板块二:刑事审判的法律问题分析

本案中,被告人通过编造并提供虚假的购销合同、增值税专用发票、货物出库单、应收账款对账单、回执及确认函等材料,骗取银行与其签订国内保理业务合同、流动资金借款合同、商业汇票银行承兑合同等,取得贷款共计人民币1.18亿元。该事实认定在定罪量刑上有如下两个问题值得探讨。

问题1:本案犯罪行为应认定为骗取贷款罪还是贷款诈骗罪?

问题2:定罪量刑情节上如何理解“造成直接经济损失”“造成重大损失”与“有其他严重情节”以及“存疑有利于被告人原则”等问题?

关键要点

1.关于骗取贷款罪与贷款诈骗罪的区别;

2.骗取贷款罪几种犯罪情节和量刑情节的区别适用。

法理分析

1.定罪上注意区分此罪与彼罪

为了保护我国金融机构贷款的安全,弥补刑法对贷款欺诈严重行为打击不力的先天不足,《刑法修正案(六)》增设了骗取贷款、票据承兑、金融票证罪。该规定将骗取贷款行为纳入刑事制裁范围,降低了定罪门槛,放宽了适用难度。但上述罪名与贷款诈骗罪在犯罪客观要件上均体现为采用虚构事实、隐瞒真相等手段,骗取了银行或者其他金融机构的信任。在定罪上容易产生混淆,应加以区别。

骗取贷款罪与贷款诈骗罪的相似之处。骗取贷款、票据承兑、金融票证罪是指以欺骗手段取得银行或者其他金融机构贷款、票据承兑、信用证、保函等,给银行或者其他金

融机构造成重大损失或者有其他严重情节的行为。[①] 该罪的“以欺骗手段”通常表现为使用虚假的合同、使用虚假的证明文件、使用虚假的产权证明作为担保或者超出抵押物价值的重复担保等情形。而贷款诈骗罪是指以非法占有为目的，编造引进资金、项目等虚假理由、使用虚假的合同、使用虚假的证明文件、使用虚假的产权证明作担保、超出抵押物价值重复担保或者以其他方法，诈骗银行或者其他金融机构的贷款，数额较大的行为。[②]

骗取贷款罪与贷款诈骗罪的区别之处：

(1)从客体要件上看，骗取贷款、票据承兑罪应归类于破坏金融管理秩序罪，所保护的客体也是金融管理秩序。而贷款诈骗罪则属于金融诈骗罪，该罪侵犯的客体既包括国家金融管理制度，也包括银行或者其他金融机构对贷款的所有权。

(2)从主体要件上看，骗取贷款罪主体有两类：自然人和单位，而贷款诈骗罪主体是自然人。本案犯罪行为由被告单位泰管公司的法定代表人管甲决策、指挥，该公司数位财务人员、购销人员分工参与实施，所得贷款用于公司还债等，是典型的单位犯罪。被告单位被判处罚金，法定代表人管甲作为公司直接负责人被追究刑事责任，这是典型的法人单位骗取贷款犯罪，与贷款诈骗罪中自然人实施犯罪并被处罚在犯罪主体上存在明显区别。

(3)从主观要件上看，区分两罪的关键在于是否以非法占有为目的。根据《全国法院审理金融犯罪案件工作座谈纪要》的规定，对于行为人通过诈骗方法非法获取资金，造成数额较大的资金不能返还，如具有“非法获取资金后逃跑的”等七类情形的，可以认定为非法占有为目的。[③] 相对于贷款诈骗罪，本罪指向的不是银行或者其他金融机构对贷款的所有权，而是使用权，即在主观方面不具有“非法占有”的目的而是存在“滥用”的故意。实践中，认定是否具有非法占有为目的，应当坚持主客观相一致的原则，结合骗取贷款的目的和用途、单位的经营能力和经营状况、造成后果等方面具体案件具体分析。

本案中，泰管公司与F公司(法定代表人鹿乙)、M公司向银行贷款是互为联保的关系，由于M公司资金链断裂，欠银行贷款数亿元，泰管公司作为担保企业在代为偿还部分银行贷款后，也因自身经营不善，陷入财务危机，最终铤而走险骗取贷款。根据查明的事实，泰管公司贷款用途一是用于公司基本运转，二是用于支付其他到期银行贷款和

---

① 张军主编：《刑法分则及配套规定新释新解》，人民法院出版社2016年版，第579页。

② 张军主编：《刑法分则及配套规定新释新解》，人民法院出版社2016年版，第580～581页。

③ 《全国法院审理金融犯罪案件工作座谈纪要》第二部分第“(三)关于金融诈骗罪”中规定：……具有下列情形之一的，可以认定为具有非法占有的目的：(1)明知没有归还能力而大量骗取资金的；(2)非法获取资金后逃跑的；(3)肆意挥霍骗取资金的；(4)使用骗取的资金进行违法犯罪活动的；(5)抽逃、转移资金、隐匿财产，以逃避返还资金的；(6)隐匿、销毁账目，或者搞假破产、假倒闭，以逃避返还资金的；(7)其他非法占有资金、拒不返还的行为。但是，在处理具体案件的时候，对于有证据证明行为人不具有非法占有目的的，不能单纯以财产不能归还就按金融诈骗罪处罚。

债务。至2013年8月,泰管公司因无法经营而倒闭,停止支付贷款利息。其虽然在贷款资金使用上改变用途,但是没有证据证明其存在肆意挥霍骗取资金或抽逃、转移资金、隐匿财产以逃避返还资金或使用骗取的资金进行违法犯罪活动或在非法获取资金后逃跑等情形,且案涉贷款均相应办理了抵押担保或保证担保。因此,被告人主观上并无非法占有之目的。参照《全国法院审理金融犯罪案件工作座谈纪要》精神,对于因不具备贷款的条件而采取了欺骗手段获取贷款的被告人,案发时有能力履行还贷义务,或者案发时不能归还贷款是因为意志以外的原因,如因经营不善、被骗、市场风险等,不应以贷款诈骗罪定罪处罚。① 综合以上分析,本案应认定为骗取贷款罪。

2.骗取贷款罪定罪量刑情节的司法适用

《刑法》第五条规定:"刑罚的轻重,应当与犯罪分子所犯罪行和承担的刑事责任相适应。"定罪量刑是否公正,关键在于是否遵循罪责刑相适应原则。量刑时,应根据犯罪的轻重和刑事责任的大小决定刑事处罚的轻重,做到一罪一罚、数罪数罚、罪刑相称、罚当其罪。至于刑罚的轻重不仅要与犯罪的社会危害性相适应,更要与犯罪人的人身危险性相对应。前者是实现报应的正义要求,后者实现预防目的的合理要求。

(1)犯罪情节。《刑法》规定骗取贷款、票据承兑罪有两个量刑档次,其中,给银行造成重大损失或者有其他严重情节的,处三年以下有期徒刑、拘役、罚金;造成特别重大损失或者有其他特别严重情节的,处三年以上七年有期徒刑、罚金。审理中,曾有一种观点认为,被告人以欺骗手段骗取贷款、票据承兑共计人民币1.18亿元,至案发时尚余1.05亿元未偿还,既可以评价为"给银行或其他金融机构造成重大损失",也符合"有其他严重情节的"的规定,但该观点值得商榷。

首先,从立法精神上看,"给银行或其他金融机构造成重大损失"是一个客观标准,是指上述行为直接造成的损失,如贷款无法追回等。在本案中,被告人骗取贷款金额和造成直接经济损失虽远大于追诉标准,但因相关贷款还有抵押担保或保证担保,造成的直接经济损失到底有多少,尚无法做出精确的计算,仅以贷款逾期拖欠未还的数额来认定为"造成重大损失",显然依据不足。按照条文语义,"有其他严重情节"是指包括这一手段行为的严重性和骗取对象性质的严重性等。据此,本案被告人以提供虚假的购销合同、增值税专用发票等手段骗取4家银行10笔贷款和汇票承兑,可以认定为"有其他严重情节"。

其次,目前对骗取贷款给银行"造成特别重大损失或有其他特别严重情节的"的具

---

① 《全国法院审理金融犯罪案件工作座谈纪要》第二部分第"(三)关于金融诈骗罪"中规定:……2.贷款诈骗罪的认定和处理。贷款诈骗犯罪是目前案发较多的金融诈骗犯罪之一。审理贷款诈骗犯罪案件,应当注意以下两个问题:一是……;二是要严格区分贷款诈骗与贷款纠纷的界限。对于合法取得贷款后,没有按规定的用途使用贷款,到期没有归还贷款的,不能以贷款诈骗罪定罪处罚;对于确有证据证明行为人不具有非法占有的目的,因不具备贷款的条件而采取了欺骗手段获取贷款,案发时有能力履行还贷义务,或者案发时不能归还贷款是因为意志以外的原因,如因经营不善、被骗、市场风险等,不应以贷款诈骗罪定罪处罚。

体情形，刑法和相关司法解释等尚无明确规定。在实践中，典型案例的指导作用至关重要，可以起到规范、指导、评价、引领社会价值的作用。目前，最高人民法院的指导性案例中尚无骗取贷款罪案，但是，其他法院公布的典型案例，可作为类似案件参照。2017年8月，河南省开封市中级人民法院判决一起案件——河南裕达置业公司及高管、职员骗取贷款票据承兑案，①该案在综合犯罪情节、犯罪数额上认定“有其他严重情节”与本案极其类似，值得借鉴。再次，在本案诉讼中，公诉机关对本案究竟属于“有其他严重情节”或“有特别严重情节”存在争议时，提出“在法无明文规定的情况下，应当作出有利于被告人的认定”的理由。“两权相害取其轻”，本文虽赞同将本案犯罪情节认定为“有其他严重情节”，但认为不宜适用“存疑有利于被告人原则”。原因在于该原则仅适用于事实之疑问，而不适用于法律之存疑。罪疑唯轻原则系以作为刑事实体法适用前提的事实不清为基础，与刑事诉讼之证明不可分离。② 因此，应正确理解与适用“存疑有利于被告人原则”，按照罪刑法定原则，法无明文规定不为罪、法无明文规定不处罚。如前所述，本案在骗取贷款造成直接损失数额的事实认定上，因相关贷款均存在合法有效的抵押担保或保证担保，债务清偿程度尚未确定，不宜推定为“造成重大损失”，而应认定为“有其他严重情节”。对该法条的理解属于在刑法解释的语义范围之内，符合对刑事实体法之解释与涵摄应当由法院根据各自的规范，个性的观点和解释标准作出决定之理念。

最后，法条规定“造成重大损失”与“有其他严重情节”是并列关系，也不应对被告人骗取10笔贷款的全部犯罪事实作出“造成重大损失”与“有其他严重情节”的双重评价，否则既违反罪责刑相适应原则，也违反“禁止对同一犯罪事实重复评价”之处理原则。

(2)量刑情节。所谓量刑情节是指人民法院对犯罪分子量刑时，决定刑罚轻重或者免除刑罚的主客观事实依据。量刑情节有法定情节、酌定情节之分。所谓的法定情节是在刑法明文规定的，在量刑时适当予以适用的情节。酌定情节是指根据立法精神和相关规定并结合案件情况，在案件审理时灵活掌握和酌情适用的情节。首先，在法定情节上，被告单位及被告人管甲是主犯、有坦白等情节，被告人鹿乙系从犯、有自首情节。两被告人均系初犯、当庭自愿认罪、悔罪。根据法律规定，主犯、从犯、自首、坦白均属法定情节。本案中，被告人管甲在共同犯罪中起主要作用，系主犯，应按照其组织、指挥的全部罪行处罚，体现了对主犯处罚较为严厉，对其坦白则可以从轻处罚；被告人鹿乙在犯罪中起辅助作用，系从犯，应当从轻、减轻或者免除处罚，对自首情节则可以从轻、减轻处罚。其次，在酌定情节上，酌定从轻即减少基准刑的情节一般包括：当庭自愿认罪、退赃、退赔、积极赔偿经济损失、取得谅解、赔礼道歉、真诚悔罪，以及初犯、偶犯等。酌

① 《郭文贵实际控制的又一公司——河南裕达置业公司及高管、职员骗取贷款票据承兑案一审公开宣判》，http://www.xinhuanet.com/photo/2017－08/04/c_1121434429.htm，下载日期：2018年6月18日。

② 袁国何：《刑法解释中有利于被告人原则之证否》，载《政治与法律》2017年第6期。

定从重即增加基准刑的情节包括前科,对未成年人等弱势人员实施犯罪、在灾害期间等实施犯罪等情形。结合本案分析:本案两位被告人的酌定从轻处罚情节有初犯、悔罪,至于当庭自愿认罪已经被其自首、坦白吸收,故不重复评价。

综上所述,本案被告人具有法定情节、酌定情节,应予以从轻处罚,结合部分地区开展刑事案件认罪认罚从宽处理的规定,[①]长泰法院对被告单位判处罚金;对被告人管甲判处有期徒刑二年三个月、并处罚金;被告人鹿乙本被取保候审,但经审前调查评估,被告人鹿乙符合适用社区矫正的条件,长泰法院对其判处拘役,适用缓刑并处罚金。

在本案诉讼中,被告人的辩护律师提出,本案 9 笔贷款已经过人民法院作出民事判决或调解,且在相关民事案件中均认定借款合同合法有效,而移送的案卷中仅有 3 起民事判决、调解书,因此,向法院申请调取其余 6 笔贷款案件的法律文书。法庭在第一次庭审之后,合议庭也建议检察院补充侦查以下事实:被告单位泰管公司向农行申请承兑汇票 1000 万元,泰管公司在申请承兑汇票时是否有缴纳 300 万元保证金,贷款逾期后农业银行是否有扣划该款用于抵偿尚欠的贷款。检察院接到法院补充侦查意见书之后,退回公安机关补充侦查。

在辩方申请收集、调取证据和检察机关、公安机关补充侦查之后,法院决定在第二次开庭审理之前召开庭前会议。在庭前会议中,法院将补充侦查所收集、调取的证据,包括涉案的民事法律文书、银行催收通知、扣款结算单据、不良贷款转让协议、民事起诉状等证据进行展示,并充分听取控辩双方的意见。控辩双方对原来争议较大的事实在证据开示并核实后,初步达成共识,从而促进了第二次开庭的顺利进行。

2012 年修改后的刑事诉讼法增设了庭前会议制度,但如何运用该制度,审判实务中不断探索,学术界对其功能定位亦有不同看法,问题主要集中在:如何运用好庭前会议制度才能既推进庭审实质化又能保护被告人的合法权益?

关键要点

刑事审判模式下庭前会议的功能分析。

法理分析

庭前会议是庭前准备工作的内容之一,指的是审判人员在开庭审理之前召集控辩双方就开庭审理的程序事项及部分实体事项进行协商、沟通的活动。[②] 庭前会议并非庭前准备的必经阶段和不可或缺的程序,庭前会议的召开虽由审判人员决定,但须取得控辩双方的同意,庭前会议讨论事项采用协商、沟通的机制。继刑事诉讼法规定了庭前会议相关制度后,最高人民法院《关于适用〈中华人民共和国刑事诉讼法〉的解释》扩大了

① 《中华人民共和国刑事诉讼法》2018 年 10 月作出修订,增加了认罪认罚从宽制度的规定。

② 最高人民法院刑事审判第三庭编著:《刑事审判方法》,法律出版社 2015 年版,第 60 页。

庭前会议的功能，除解决程序性问题外，审判人员还可询问控辩双方对证据材料有无异议等。2018年1月试行的《人民法院办理刑事案件庭前会议规程（试行）》亦做了“庭前会议可以就审判相关的问题了解情况、听取意见，依法处理回避、出庭证人名单、非法证据排除等事项，组织控辩双方展示证据，归纳争议焦点，开展附带民事诉讼调解”的规定。通过庭前会议可以使审判人员了解到被告人、辩护人对案件事实和证据的意见，从而有助于避免形成片面意见，同时，控辩审三方通过庭前会议，能够对案件审理的复杂程度和庭审调查的范围和重点有较充分的了解，从而为庭审的召开做好充分准备。通过庭前会议还可以及时发现和排除一些可能妨碍庭审公正高效进行的因素，从而确保案件审理的持续、集中、迅速。[①]

从本案实际情况看，案涉民事纠纷较多，且先于本案提起民事诉讼，在刑民交叉方面，控辩双方对事实认定的争议较大，导致辩方对某些事实申请调查取证，法庭也要求检察机关补充侦查，造成庭审程序无法顺利推进。长泰法院从实际出发，通过举行庭前会议的方式，对补充侦查所收集、调取的证据进行展示，并充分听取控辩双方的意见。经过庭前会议，双方在以下方面达成共识：一是确认涉案9起民事判决、调解及1起撤诉的事实情况；二是确认第9笔贷款结算中，被告单位保证金300万元及利息5万元已抵扣，实际拖欠695万元，故检察院将该起犯罪事实指控骗取贷款1000万元变更为695万元；三是申请调取的新证据核实之后，被告人自愿认罪，请求从轻处罚。在庭前会议取得成果基础上，法院在第二次开庭时，对庭前会议达成意见的事项经向控辩双方核实之后，当庭予以确认，确保了庭审顺利推进，提高庭审质量和效率。通过庭前会议的证据展示与控辩双方的磋商，也可在查清事实的基础上，促使被告人的认罪并获得从宽处罚。因此，庭前会议程序也可为认罪认罚制度的运用提供运作平台，发挥推动诉讼进程的积极作用。

此外，鉴于本案涉及骗取贷款罪新类型以及刑民交叉等疑难问题，审理过程中，合议庭形成了两种评议意见。经办法官还通过提请刑事专业法官会议讨论分析，听取法院特聘咨询专家分析意见，并最终将案件提交审判委员会讨论。集思广益为合议庭在案件处理上提供了科学参考。专业法官会议制度在本轮司法改革中备受关注也推广较快，但有关专业法官会议的功能定位和人员构成，专业法官会议制度与合议庭制度、审判委员会制度的衔接问题，仍值得进一步探讨。

三、小　　结

刑民交叉案件涉及诉讼程序和实体处理等诸多疑难问题，“先刑后民”曾一度成为案件处理的优先原则，但在宽严相济的刑事政策和刑法谦抑性原则的指导下，实务中对

---

① 袁国何：《刑法解释中有利于被告人原则之证否》，载《政治与法律》2017年第6期。

“先刑后民”的理念不断修正，在办理案件时更为理性地看待民法与刑法的不同价值功能，并依个案具体情况，采用刑民并行、先刑后民、先民后刑等不同处理方法。本案的刑民交叉有其复杂性、典型性，可为最高人民法院《关于在民事案件审理中涉及犯罪嫌疑若干问题的规定》的起草，提供翔实的案例样本。同时，本案也是骗取贷款、票据承兑、金融票证罪的典型案例，在审理程序上、法律规范适用上进行了诸多探索，期待有抛砖引玉之作用。

四、相关法律和司法解释等

1.《中华人民共和国刑法》

第 36 条第 1 款:“由于犯罪行为而使被害人遭受经济损失的，对犯罪分子除依法给予刑事处罚外，并应根据情况判处赔偿经济损失。”

第 61 条规定:“对于犯罪分子决定刑罚的时候，应当根据犯罪的事实、犯罪的性质、情节和对于社会的危害程度，依照本法的有关规定判处。”

第 64 条规定:“犯罪分子违法所得的一切财物，应当予以追缴或者责令退赔;对被害人的合法财产，应当及时返还;违禁品和供犯罪所用的本人财物，应当予以没收。没收的财物和罚金，一律上缴国库，不得挪用和自行处理。”

第 175 条规定:“以欺骗手段取得银行或者其他金融机构贷款、票据承兑、信用证、保函等，给银行或者其他金融机构造成重大损失或者有其他严重情节的，处三年以下有期徒刑或者拘役，并处或者单处罚金;给银行或者其他金融机构造成特别重大损失或者有其他特别严重情节的，处三年以上七年以下有期徒刑，并处罚金。单位犯前款罪的，对单位判处罚金，并对其直接负责的主管人员和其他直接责任人员，依照前款的规定处罚。”

2.《中华人民共和国刑事诉讼法》(新修订 2018 年 10 月 26 日施行)

第 101 第 1 款规定:“被害人由于被告人的犯罪行为而遭受物质损失的，在刑事诉讼过程中，有权提起附带民事诉讼。被害人死亡或者丧失行为能力的，被害人的法定代理人、近亲属有权提起附带民事诉讼。”

第 187 条第 2 款规定:“在开庭以前，审判人员可以召集公诉人、当事人和辩护人、诉讼代理人，对回避、出庭证人名单、非法证据排除等与审判相关的问题，了解情况，听取意见。”

3.《中华人民共和国合同法》

第 52 条规定:“有下列情形之一的，合同无效:(1)一方以欺诈、胁迫的手段订立合同，损害国家利益;(2)恶意串通，损害国家、集体或者第三人利益;(3)以合法形式掩盖非法目的;(4)损害社会公共利益;(5)违反法律、行政法规的强制性规定。”

第 54 条第 2 款规定:“一方以欺诈、胁迫的手段或者乘人之危，使对方在违背真实

意思的情况下订立的合同，受损害方有权请求人民法院或者仲裁机构变更或者撤销。”

第122条规定：“因当事人一方的违约行为，侵害对方人身、财产权益的，受损害方有权选择依照本法要求其承担违约责任或者依照其他法律要求其承担侵权责任。”

4.《中华人民共和国民法总则》

第148条规定：“一方以欺诈手段，使对方在违背真实意思的情况下实施的民事法律行为，受欺诈方有权请求人民法院或者仲裁机构予以撤销。”

5.最高人民法院《关于适用〈中华人民共和国刑事诉讼法〉的解释》(2013年1月1日施行)

第138条第1款规定：“被害人因人身权利受到犯罪侵犯或者财物被犯罪分子毁坏而遭受物质损失的，有权在刑事诉讼过程中提起附带民事诉讼；被害人死亡或者丧失行为能力的，其法定代理人、近亲属有权提起附带民事诉讼。”

第139条规定：“被告人非法占有、处置被害人财产的，应当依法予以追缴或者责令退赔。被害人提起附带民事诉讼的，人民法院不予受理。追缴、退赔的情况，可以作为量刑情节考虑。”

第183条规定：“案件具有下列情形之一的，审判人员可以召开庭前会议：(1)当事人及其辩护人、诉讼代理人申请排除非法证据的；(2)证据材料较多、案情重大复杂的；(3)社会影响重大的；(4)需要召开庭前会议的其他情形。召开庭前会议，根据案件情况，可以通知被告人参加。”

6.最高人民法院《关于适用刑法第六十四条有关问题的批复》(2013年10月)摘录

根据刑法第64条和《最高人民法院关于适用〈中华人民共和国刑事诉讼法〉的解释》第138条、第139条的规定，被告人非法占有、处置被害人财产的，应当依法予以追缴或者责令退赔。据此，追缴或者责令退赔的具体内容，应当在判决主文中写明；其中，判决前已经发还被害人的财产，应当注明。被害人提起附带民事诉讼，或者另行提起民事诉讼请求返还被非法占有、处置的财产的，人民法院不予受理。

7.最高人民检察院、公安部《关于公安机关管辖的刑事案件立案追诉标准的规定(二)》(2010年5月)摘录

骗取贷款、票据承兑、金融票证案涉嫌下列情形之一的，应予立案追诉：(1)以欺骗手段取得贷款、票据承兑、信用证、保函等，数额在一百万元以上的；(2)以欺骗手段取得贷款、票据承兑、信用证、保函等，给银行或者其他金融机构造成直接经济损失数额在二十万元以上的；(3)……

8.最高人民法院《关于审理民间借贷案件适用法律若干问题的规定》(2015年)

第十三条：借款人或者出借人的借贷行为涉嫌犯罪，或者已经生效的判决认定构成犯罪，当事人提起民事诉讼的，民间借贷合同并不当然无效。人民法院应当根据合同法第五十二条、本规定第十四条之规定，认定民间借贷合同的效力。担保人以借款人或者

出借人的借贷行为涉嫌犯罪或者已经生效的判决认定构成犯罪为由,主张不承担民事责任的,人民法院应当依据民间借贷合同与担保合同的效力、当事人的过错程度,依法确定担保人的民事责任。

9.最高人民法院《关于贯彻宽严相济刑事政策的若干意见》(2010 年);

10.最高人民法院《关于常见犯罪的量刑指导意见》(2017 年);

11.最高人民法院、最高人民检察院等五机关制定《关于在部分地区开展刑事案件认罪认罚从宽制度试点工作的办法》(2016 年);

12.最高人民法院《人民法院办理刑事案件庭前会议规程(试行)》2018 年 1 月施行;

13.最高人民法院《全国法院审理金融犯罪案件工作座谈会纪要》(2001 年);

14.最高人民法院《关于在审理经济纠纷案件中涉及经济犯罪嫌疑若干问题的处理》(1998 年);

15.最高人民法院《关于在民事案件审理中涉及犯罪嫌疑若干问题的规定》(征求意见稿 2017 年 10 月)。

参考文献

1.朱军:《骗取贷款犯罪案件中的法律适用问题与思考》,载《中国刑警学院学报》2013 年第 3 期。

2.肖晚祥、肖伟琦:《非法占有为目的是区分骗取贷款罪和贷款诈骗罪的关键》,载《人民司法》(案例)2011 年第 16 期。

3.姚建龙主编:《刑法学总论》,北京大学出版社 2016 年版。

4.苏永钦:《私法自治中的经济理性》,中国人民大学出版社 2004 年版。

5.张军主编:《刑法〈总则〉及配套规定新释新解》,人民法院出版社 2017 年版。

6.吴冀原:《"存疑有利于被告人"原则的正确理解适用》,载《西南政法大学学报》2014 年 12 月第 16 卷。

7.钟瑞栋:《民法中的强制性规范》,厦门大学 2007 年博士学位论文。

8.南英、高憬宏主编,戴长林执行主编,最高人民法院刑事审判第三庭编著:《刑事审判方法》,法律出版社 2015 年版。

案例五
李路、陈娜票据诈骗案

摘要：本案例以一起真实发生的票据诈骗案件为蓝本，且是外地人跨地区作案，围绕经济犯罪案件刑事程序各环节，特别是监视居住的适用条件、存在的问题、犯罪嫌疑人权利保障与侦查机关侦查取证有效性如何平衡，本案例包括刑事侦查阶段、审查起诉阶段、一审判决、二审上诉及终审判决等诉讼全过程，涉及的证据及事实问题与争议，包括在有民事纠纷情况下如何准确认定经济犯罪，以及票据诈骗中票据权利的转移等。本案例对于有债权纠纷的前提下如何办理、审查经济犯罪具有参考意义。

一、引　　言

（一）南靖县伟天金属制品有限公司（下称伟天公司）、漳州市龙胜钢业有限公司（下称龙胜公司）案发时概况

曾清技任伟天公司法定代表人。陈玉娜任龙胜公司法人代表，李朋为实际经营人。（本案中的当事人均为化名）2013年，龙胜公司经营状况恶化，实际经营人李朋因欠下巨额债务，李朋及其所经营的其他企业资产均被冻结。伟天公司与龙胜公司于2013年5月20日签订价值1035万元的工矿产品订货合同，龙胜公司于2013年6月3日以向伟天公司支付货款名义，从漳州A支行办理了一张面额为1000万元的银行承兑汇票。

（二）犯罪嫌疑人李路与陈娜情况

1.李路，男，系厦门五缘投资有限公司股东。龙胜公司实际经营者李朋欠其公司2600万元。李朋以龙胜公司、漳州山川钢管制品有限公司（下称山川公司）等李朋实际控制的关联企业作不可撤销的全额担保。

2.陈娜，系南平人，厦门某贸易公司总经理，陈娜在李朋公司认识李路。

（三）陈娜、李路及伟天公司、龙胜公司票据纠纷过程

陈娜、李路得知龙胜公司出具一张巨额汇票要给伟天公司。两人遂商谈合谋拿到

该汇票贴现后,李路支付汇票贴现金额15%给陈娜作为佣金,李路为此书写一份委托书委托陈娜帮其向李朋讨回欠款。

因龙胜公司同时还欠福州人李云款项,于是将公司公章和法人章放置于李云处。李云在A支行待龙胜公司汇票出票手续办理完成还未交付伟天公司的情况下,当场拿走该汇票。

李路、陈娜在知道龙胜公司签发一张面额1000万元的汇票给伟天公司并被李云拿走的情况后,两人遂设局从李云手中强行拿走该汇票。随后,两被告人在伟天公司不同意在该汇票盖章背书转让的情况下,合谋伪造伟天公司的公章和法人章,并将"南靖伟天金属制品有限公司财务专用章"和"章丰印"图案提供给陈娜朋友吴强,由吴强找刻印的小贩伪造了"南靖伟天金属制品有限公司财务专用章"和"章丰印"。该1000万元的汇票被盖上伪造的伟天公司的财务专用章和法人章进行背书转让后,陈娜指使其公司员工肖军负责保管该汇票并帮忙办理贴现事宜。肖军在明知该汇票加盖的是伪造的伟天公司的财务专用章和法人章并背书的情况下,仍于2013年6月24日持该汇票与汇票贴现人戴燕月一起到泉州找汇票贴现中介人王彬,王彬将该汇票再次背书后到某银行B分行办理贴现手续。

2013年6月25日,该张1000万元面额的银行承兑汇票被贴现,贴现金额9341666.67元。王彬、戴燕月各向陈娜扣除541666.67元、500000元贴现费用,余下资金陈娜汇给李路470万元、给肖军5万元、吴强1万元、最后余下354万元由陈娜个人所有。

二、案情内容与法理分析

板块一:监视居住的适用问题及犯罪嫌疑人权利保障问题

南靖县公安局于2013年8月19日接到伟天公司的报案,称其公司一张千万巨额汇票被犯罪嫌疑人陈娜等人骗走。南靖县公安局于2013年9月5日依法传唤犯罪嫌疑人陈娜、李路到案,后于2013年9月6日采取刑事拘留措施。南靖县公安局于2013年9月30日提请南靖县检察院批准逮捕,南靖县检察院作出不予批准逮捕决定,理由是票据所有权是否转移未查清;龙胜公司法人李朋未到案,是否有委托李路处理汇票事实不清;被骗走的汇票如何加盖印章背书,未查清,事实不清。

南靖县检察院作出证据不足不予批准逮捕决定后要求南靖县公安局继续侦查取证。

南靖县公安局在收到南靖县检察院不予批捕决定书后,发现因不予逮捕,如果对犯罪嫌疑人陈娜、李路采取取保候审的话,陈娜、李路均不在南靖县,是否能随传随到?是

否存在无法继续侦查取证的情况？

经研究，南靖县公安局于 2013 年 10 月 14 日指定居所对犯罪嫌疑人陈娜、李路执行监视居住。因陈娜、李路系外地人，指定居所的地点为南靖县某宾馆，监视居住至 2013 年 10 月 18 日。

在一审开庭及一审判决后被告人上诉状辩称：南靖县公安局对陈娜、李路的监视居住没有合法依据。两被告人在监视居住期间，饮食不正常、通讯不正常，是变相的关押。

南靖县检察院公诉机关在庭审时提出：根据《刑事诉讼法》第 74 条规定，人民法院、人民检察院、公安机关对于符合逮捕条件，有下列情节之一的犯罪嫌疑人、被告人，可以监视居住，包括因为案件的特殊情况或者办理案件的需要，采取监视居住措施要更为适宜的。同时，根据《公安机关办理刑事案件程序规定》："对人民检察院决定不批准逮捕的犯罪嫌疑人，需要继续侦查，并且符合监视居住条件的，可以监视居住。"案件中，犯罪嫌疑人陈娜户籍地为福建省沙县人，住所地为厦门市；李路的户籍地及住所地均为厦门市思明区。南靖县公安局以"因为案件的特殊情况或者办理案件的需要，采取监视居住措施要更为适宜的"为由，同时适用公安部的例外规定，即"对人民检察院决定不批准逮捕的犯罪嫌疑人，需要继续侦查，并且符合监视居住条件的，可以监视居住"。因此，本案对李路、陈娜适用监视居住符合法律相关规定。

因此，该案在一审、二审法院对于被告人及其辩护律师提出的没有合法依据适用监视居住的辩护意见均不予以采纳。

 板块二：非法证据排除制度的运用

犯罪嫌疑人李路在案件移送到南靖县检察院后翻供，辩称：我于 14 日被带至南靖县某宾馆"监视居住"后，办案人员轮流对我看管，完全没有人身自由，没有足够休息时间，辩护人还多次要求公安机关告知监视居住地点，以便会见上诉人。在辩护人要求会见我时，办案人员又三番五次以各种理由搪塞，阻挠律师会见，直至上诉人再次被刑事拘留后，我的辩护人才得以会见。即犯罪嫌疑人提出其监视居住期间的人身自由、通讯、会见权利没有得到保障。

案件起诉至南靖县人民法院后，被告人及其律师提出非法证据排除。李路的辩护人在法院庭审前提出排除非法证据申请。被告人李路在庭前会议还提出：南靖县公安局对我监视居住实际是变相关押，且公安人员对我连续讯问，也没有保证我饮食、休息，我身体承受不了，并且欺骗其有罪供述后可释放，让我作出有罪供述内容不真实、不是我真实意见表示。

南靖县法院鉴于案件涉案金额较大、案件复杂，证据繁多且争议较大，且对证据收集的合法性有疑问，法庭据此启动证据合法性的调查程序。

南靖县人民检察院出庭公诉人员在庭前会议主要展示以下证据及相关材料：

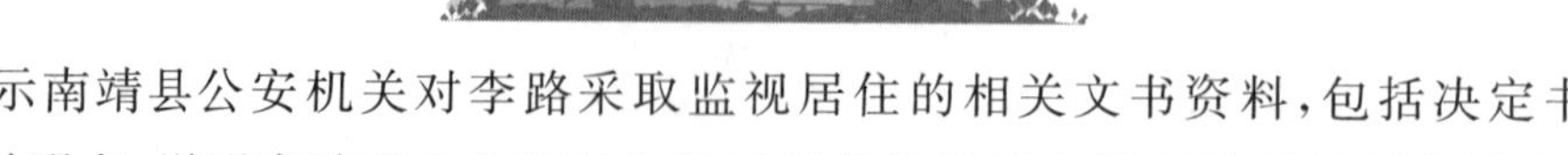

1.展示南靖县公安机关对李路采取监视居住的相关文书资料,包括决定书、告知书、情况说明书;说明南靖县公安局对县外无固定住所的李路采取监视居住符合法律规定,且有通知李路的家属,监视居住期间也充分保障其饮食、休息权利。

2.展示李路在监视居住开始及结束改变为刑事拘留时的身体体检情况表,证明李路体检各项指标无异常,无外伤情况。

3.展示了李路供述的背景情况。其除了在2013年10月18日某宾馆监视居住期间有罪供述外,在2013年10月19日南靖县看守所刑事拘留期间仍然有三次有罪供述。

4.展示了李路供述的同步录音录像及相关涉案人员的同步录音录像。经查,该份供述中注明了对该次讯问进行同步录音录像,法庭播放了该录音录像,发现录音录像的内容与讯问笔录内容相一致,讯问过程完整且录像中反映李路精神状态正常、思维清晰,语言表述流畅。该录音录像印证李路有罪供述收集的合法性。

《刑事诉讼法》第56条确立了非法证据排除规则,2017年6月27日,最高人民法院、最高人民检察院、公安部、国家安全部、司法部又联合发布《关于办理刑事案件严格排除非法证据若干问题的规定》,对于排除非法证据作出了较为详细和具体的细化规定。但在具体实践中,非法证据排除的适用范围仍存有争议。第1条规定:"严禁刑讯逼供和以威胁、引诱、欺骗以及其他方法收集证据,不得强迫任何人证实自己有罪。"即将以引诱、欺骗方法获取犯罪嫌疑人、被告人供述,纳入非法证据。但是如何界定侦查方法属于引诱、欺骗方法呢?从犯罪心理来看,绝大部分犯罪嫌疑人刚到案不可能或不情愿马上承认自己的犯罪行为,侦查人员必须从心理角度攻破,促使他们认罪,在这过程中一定程度地使用包括哄骗因素在内的审讯方法不可避免。如共同盗窃犯罪案件中侦查人员称共案犯已作了有罪供述、有罪证据已经找到、供认后可以取保等,是否属于引诱方法呢?笔者认为,对于是否存在引诱、欺骗的评判,应当从平衡犯罪嫌疑人利益与打击犯罪的利益出发,实行身体强制与心理强制区别对待的方法,并综合真实原则、合理性原则、适度原则予以判断,即遵循比较普遍的司法经验和社会经验。

同时,以其他非法方法收集证据,"其他非法方法"指的是什么,是否包括讯问方式以外的程序违法行为,如本案没有及时让辩护律师予以会见。实践中,违反法定程序讯问犯罪嫌疑人的主要情况有:没有保障犯罪嫌疑人的辩护权利,如讯问时没有告知委托辩护的权利、没有安排其与辩护人会见;没有做到未成年犯罪嫌疑人的特殊保护;应当同步录音录像而未同步录音录像等。犯罪嫌疑人依法享有辩护权是其基本权利,不得以任何借口限制、剥夺。因此,如在没有保障其辩护权利的情况下所取得的供述,建议应予以排除。

该案李路的律师在一审开庭时提出,其在当事人被"监视居住"后,多次要求公安机关告知当事人被"变相关押"的地点,即监视居住的地点,以便会见。但公安办案人员先是一直拒绝告知,后辩护人自行打听到地点并前往某宾馆,办案人员又三番五次以各种

理由推托，阻挠律师会见。律师并要求侦查人员出庭作证这一情况。

在庭审中，南靖县公安局侦查人员在出庭作证。办案人员主要证实监视居住执行情况及监视居住期间讯问笔录形成情况，并讲明向部门负责人反映律师要会见这一情况，根据《公安机关办理刑事案件程序规定》第116条规定："被监视居住人有正当理由要求离开住处或者指定的居所以及要求会见他人或者通信的，应当经负责执行的派出所或者办案部门负责人批准。"因监视居住时间短，只有几天，案件一直处在侦查取证过程中，且部门负责人一直出门在外。律师没有会见到当事人存在客观原因，而不是侦查人员刻意阻挠。

南靖县法院经审查，认为监视居住符合法律规定，且被告人供述的讯问时间、地点、讯问人身份、人数以及讯问形式符合相关法律规定，并经被讯问人核对签名确认，没有证据证实存在刑讯逼供或者威胁、引诱、欺骗等，不存在以刑讯逼供等非法方法收集的情形。

南靖县人民检察院指控：李路、陈娜为非法占有他人财物，伪造印章、冒用他人汇票，进行金融票据诈骗，骗取人民币1000万元，其行为均已触犯了《中华人民共和国刑法》第194条第1款第(3)项，应以票据诈骗罪追究其刑事责任。

针对上述的指控，公诉机关提供了伟天公司提供的证明，银行承兑汇票，李路与陈娜银行交易记录，证人陈玉平、郑秋芬、李诚刚、李云、章丰、黄纯斌等人的证言，被告人李路与陈娜的供述及对与票据承兑套现的吴强、戴燕月、王彬的供述与辩解。公诉机关认为李路、陈娜的行为触犯了《中华人民共和国刑法》第194条第1款第(3)项，均应当以票据诈骗罪追究刑事责任，要求法院予以判处。

板块三：票据诈骗的认定

2014年10月15日，南靖县人民法院组成合议庭，开庭审理了本案。

庭审中，李路、陈娜的律师均认为：(1)李路是出于追索合法债务，基于出票人李朋的委托，其再委托陈娜处理贴现涉案汇票，不具有非法占有他人财物的故意，是多方民事纠纷，而非刑事犯罪。(2)涉案的银行承兑汇票的出票行为没有完成，伟天公司并没有取得汇票，不享有该汇票的票据权利。涉案的汇票权利仍属于龙胜公司。(3)涉案银行承兑汇票并非基于真实交易基础而开具的，且伟天公司还没有取得该汇票，收款人伟天公司不享有票据权利。(4)指控李路所骗取的财物不是伟天公司交付的，而是办理贴现的浦发银行泉州分行，伟天公司不是本案票据诈骗犯罪的被害人。(5)李路所取得涉案票据项下的款项，属于民法规定的不当得利，已经全部退缴，伟天公司取得该款项属于不当得利的返还。

李路供述：龙胜公司尚欠其公司约2600万元。这些借款是李朋及他父亲李五三共同借的。2013年6月4日，李朋告诉其龙胜公司出票一张1000万元的汇票给伟天公

司,在办理完后被福州人李云抢走,并说龙胜公司的公章、营业执照等都在李云手里。李朋说这1000万元汇票贴现的资金归还伟天公司500多万元后,剩余的资金要用于偿还欠其公司的债务,并全权委托其跟李云交涉龙胜公司公章、执照等事。陈娜说她能帮其向李朋追讨欠款,但要收取20%的佣金,其答应了,并委托陈娜去办理此事。6月16日,陈娜说她已经和福州人李云说好了,福州人李云答应6月17日带1000万元的汇票、龙胜公司公章、营业执照到厦门陈娜的公司,陈娜说到时会通知他,叫他到时多带几个人将李云和龙胜公司的公章、营业执照、1000万元的汇票一起带走。当时其和陈娜商量决定向李云拿到汇票后,刻制伟天公司的公章和法人章用于贴现。由其负责提供伟天公司公章和法人章的内容给陈娜,陈娜负责找人刻制印章。其通过山川公司的财务人员得到了伟天公司印章的内容"南靖伟天金属有限公司财务专用章"和"章丰印",并通过发微信和打电话的方式将伟天公司印章的内容告知陈娜,由陈娜叫人去刻制印章。2013年6月17日13时许,陈娜发短信说福州方的人来了,叫其带人过去,还特别强调说要把肖军也一起带走。其就带了三个人到陈娜的公司,直接将陈娜和肖军带到其公司。在其公司,陈娜从包里倒出那张1000万元的银行承兑汇票和龙胜公司的公章等东西。

李路还供认,其和陈娜商谈银票贴现后资金分配的事,最后商定银票贴现后陈娜从中获取15%的佣金。因为这张1000万元的银行承兑汇票收款人是伟天公司,如果汇票要贴现必须要伟天公司盖章,但伟天公司不同意在该张银行承兑汇票上盖章,所以他们商定刻制伟天公司的公章和法人章来贴现该汇票。陈娜让其一起去找伟天公司财务陈玉平协商汇票的事,当天傍晚其和陈娜、肖军、陈子贤到陈玉平办公室讲银票解冻的事,具体是陈娜与陈玉平在交涉,最后没有谈成结果。后来陈娜找人去贴现该张1000万元的银行承兑汇票。6月25日至6月26日期间,陈娜在我办公室总共转账470万元到其建行账户内。因为李朋欠其公司2000多万元,其为了追回欠款,没有考虑太多其他后果,就和陈娜一起刻制伟天公司公章和法人章将该张汇票贴现。陈娜只给其470万元,陈娜说李朋尚欠其资金由她继续追讨,剩余资金由她处理。

陈娜的供述和辩解:2013年4月,山川公司的李朋要向其借1000万元作为银行开具承兑汇票保证金,当时其资金不足,就介绍李云借款1000万元给李朋。正因为李朋欠李云1000万元,所以才出现龙胜公司的公司章、法人章以及公司相关证件都质押给李云。2013年6月,李朋打电话说其公司1000万元的银行承兑汇票被福州人拿走,叫其赶紧到山川公司,其到山川公司才知道银行承兑汇票被李云拿走。因山川公司尚欠李路两千多万元,李路委托其全权处理,再说其听李路说李朋委托李路去贴现该张1000万元银行承兑汇票,李路委托其全权处理李路与山川公司债权债务的事,所以其才会与李路共同处理该银行承兑汇票。李云从银行拿走该银行承兑汇票后,多次主动打电话问其要怎么把这张票处理。2013年6月份的一天,李路写一张委托书给她,内容是委托

其帮李路向山川公司追讨欠款两千多万元，并承诺按讨回欠款20%作为报酬。李云从福州到厦门，打电话问其怎么才能将这张票贴现，其就说到其办公室谈这件事。之后，李云和另外一个人一同到其办公室，并将龙胜公司的公司章和法人章、公司营业执照以及该1000万元银行承兑汇票装在大信封内，其叫信封放在其办公桌上，然后，其发短信叫李路过来，约五分钟后李路带了三四个人赶到其办公室。李路一到其办公室后，问哪个是福州人，并说把那些东西拿走跟他一起到漳州处理这件事。李路叫李云一起去，李云不去，于是李路叫其把信封装进包内，叫其一同先到李路办公室等福州人一起去漳州，福州人没有跟去。在李路办公室，李路叫其不要将汇票带到漳州去，于是其将该汇票交给其公司主管肖军保管。当时，其拿到该汇票之后，汇票没有背书，收款人伟天公司又不肯背书，所以需要伪造伟天公司印章才能将汇票贴现。

对于伪造印章的经过，陈娜供述，为了汇票贴现，李路叫其私刻伟天公司的印章，李路还提供了伟天公司印章的文字、图记，用微信发给其，其转发给吴强，并请吴强帮忙私刻该印章，当天吴强把刻制好的两枚印章拿到其办公室交给其。其和李路刻制上述这两枚印章主要是要将龙胜公司出具给伟天公司的1000万元银行承兑汇票私自贴现。其将李朋的意思反馈给李路。事后，他们多次到伟天公司与陈玉平交涉条件，最后一次陈玉平提出要先将560万元汇入伟天公司，再办理贴现手续，李路表示同意。陈玉平表态其将汇票恢复正常后，只要将资金560万汇入伟天公司账户，就同意在该银票背面背书，这样银票就可以合法贴现。其有在场听到陈玉平、章丰都有打电话给银行姓李的行长，意思是该银行承兑汇票要开通并解除挂失。2013年6月21日，该银票恢复正常后，其与戴燕月电话联系，表明其有一张面额1000万元的银票，需要帮忙联系贴现。后在没有经过伟天公司的允许下私自将该银票贴现。其获取“南靖伟天金属有限公司财务专用章”和“章丰印”后，一直交由肖军保管，在去上海找贴票方的时候才使用，后该印章其在路上已经扔掉。在上海贴票的时候，肖军携带“南靖伟天金属有限公司财务专用章”和“章丰印”找贴票方，具体由贴票方加盖。因为李路很想要回李朋欠他的资金，其有途径可以将银票贴现，为了赚这张银票的钱，其才会与李路、肖军等人一起想办法把该银票贴现。所以该银票贴现后汇入其指定银行账户的资金是840万元。其转账470万元到李路指定的建行账户，转账5万元给肖军作为他帮忙处理该银票的跑腿费，剩余资金354万元归其个人所有。

对于同一案件事实，南靖县人民法院、漳州市中级人民法院终审判决情况作出不同的判定：

一审判决情况：南靖县人民检察院以李路、陈娜构成票据诈骗罪提起公诉，2014年12月18日南靖县人民法院以构成票据诈骗罪判处陈娜有期徒刑十一年并处罚金30万元、判处李路有期徒刑十年六个月并处罚金30万元。

二审终审判决情况：2015年9月14日，漳州市中级人民法院认为没有证据证实陈

娜、李路的非法占有的主观故意,不构成票据诈骗罪。而以在票据背书贴现过程中,李路、陈娜伪造伟天公司的印章行为,以伪造公司印章罪分别判处陈娜有期徒刑三年、李路二年。

两级法院对案件作出不同的定性,其关键在于票据诈骗是否要以非法占为目的?及以及如何认定被告人李路是否具有非法占有目的。

票据诈骗罪,《刑法》第 194 条第 1 款规定:有下列情形之一,进行金融票据诈骗活动,数额较大系票据诈骗,包括明知是伪造、变造的汇票、本票、支票而使用;明知是作废的汇票、本票、支票而使用的;冒用他人的汇票、本票、支票的;签发空头支票或者与其预留印签不符的支票,骗取财物的;汇票、本票的出票人签发无资金保证的汇票、本票或者在出票时作虚假记载,骗取财物的。该条文没有明确指出票据诈骗是否必须以非法占有为目的。在理论及实践中,是否要求行为人具有非法占有为目的,也存在争议。

一种意见认为,刑法明确有规定以非法占有为目的,应当以此为要件,没有明确规定的,只要行为人有实施《刑法》第 194 第 1 款规定的行为骗取财物,数额较大,即应当以票据诈骗罪追究刑事责任。而另一种观点认为,票据诈骗是诈骗罪分离出来的,既然是诈骗罪,应必须具有非法占有为目的。不管是普通的诈骗罪还是金融诈骗罪,都是目的犯,即使刑法条文没有具体写出来,但是并不意味着不需要具有非法占有为目的的主观要件。

本案一审法院审查认为:被告人李路不是该张汇票上记载的出票人、收款人、背书受让人或者该张汇票上记载的代理人,故其不是合法持票人。被告人李路追索合法债务应当通过合法途径,其伙同被告人陈娜采取非法向他人夺取汇票,并伪造印章冒用汇票上收款人的名义背书转让,然后将汇票贴现的非法手段,达到非法取得该汇票的贴现款项,其冒用他人的汇票行为事实清楚、证据确实,应以票据诈骗罪定罪处罚。但二审法院则观点相反,认为票据诈骗必须以非法占有为目的。

对于经济犯罪主观上是否具有非法占有为目的的如何判定。本案李路及其辩护律师均提出不具有非法占有为目的。李路供述:2013 年 6 月 4 日,李朋告诉其说龙胜公司出票一张 1000 万元的汇票给伟天公司,在办理完后被福州人李云抢走,并说龙胜公司的公章、营业执照等都在李云手里。李朋说这 1000 万元汇票贴现的资金归还伟天公司 500 多万元后,剩余的资金要用于偿还欠其公司的债务,并全权委托其跟李云交涉龙胜公司公章、执照等事。2013 年 6 月,李朋打电话说其公司 1000 万元的银行承兑汇票被福州人拿走,叫其赶紧到山川公司,其到山川公司才知道银行承兑汇票被李云拿走。

同案陈娜供述:因山川公司尚欠李路两千多万元,李路委托其全权处理,再说其听李路说李朋委托李路去贴现该张 1000 万元银行承兑汇票,李路委托其全权处理李路与山川公司债权债务的事,所以其才会与李路共同处理该银行承兑汇票。李云从银行拿走该银行承兑汇票后,多次主动打电话问其要怎么把这张票处理。2013 年 6 月份的一

天，李路写一张委托书给她，内容是委托其帮李路向山川公司追讨欠款两千多万元，并承诺按讨回欠款20%作为报酬。李云从福州到厦门，打电话问其怎么才能将这张票贴现，其就说到其办公室谈这件事。

被告人李路的辩护人提出被告人李路出于追索合法债务，基于李朋委托，其委托陈娜处理贴现涉案汇票，不具有非法占有他人财物的故意，是多方的民事纠纷，而非刑事犯罪的辩护意见。律师提供书证，包括：厦门市中级人民法院民事裁定书、被告人李路提交的(2013)厦民初字第762号民事判决书、借条、担保书，证明李朋于2013年4月25日向被告人李路借款3000万元，尚欠1437.81万元及利息。2014年3月3日经该法院判决由李朋归还，并由被告林天成、福建万诚塑业有限公司、福建东林家俱有限公司、漳州山川钢管制品有限公司承担连带清偿责任。

二审法院审查则认为李路和龙胜钢业李朋之间存在巨额的债务纠纷，李路是否有受李朋委托追讨汇票，以汇票款项抵扣欠款。如果有，李路主观上就没有非法占有的目的，银行没有财产损失，因该汇票尚未交付给收款人伟天公司，该票据权利还属于龙胜公司。而龙胜公司又与行为人李路有债务纠纷，因此，李路、陈娜利用伪造印章手段索要合法债务，不具有非法占有的主观故意，不构成票据诈骗罪。

在金融诈骗罪的刑法条文中，确实只对集资诈骗罪、信用卡诈骗罪等明确规定，必须以非法占有为目的，对票据诈骗确实没有明确规定，但并不是说票据诈骗犯罪不要求有非法占有为目的。应该说在信用卡诈骗及集资诈骗犯罪中，由于犯罪形态的特殊性，行为人有时恶意透支行为如透支用于经营后资不抵债导致无法归还等，并不一定具有非法占有为目的，因此，刑法条文才规定必须以“非法占有为目的”。而票据诈骗及其他金融诈骗犯罪中，行为人采取刑法规定的方式、手段进行金融诈骗的，一般可以表明行为人主观上具有非法占有为目的，刑法不必另行作出特别规定。其他犯罪如盗窃罪也是以非法占有为目的，但刑法条文并没有予以作出规定。因此，漳州市中级人民法院的终审判决，票据诈骗必须以非法占有为目的，而现有的证据不足以证实被告人李路具有非法占有他人财物的主观故意，不构成票据诈骗罪，该判决应该更为妥当。

法理分析

1.监视居住的适用条件，特别是指定居所监视居住如何合法适用？

监视居住是指人民法院、人民检察院、公安机关在刑事诉讼中限令犯罪嫌疑人、被告人在规定的期限内不得离开住处或者指定的居所，并对其行为加以监视、限制其人身自由的一种强制措施，包括住所型监视居住和指定居住所监视居住。监视居住在我国刑事案件办埋中适用率较低。如南靖县公安局2017年全年适用强制措施情况，其中刑事拘留158人，取保候审206人，监视居住仅24人。特别指定居所监视居住更少，仅有5人，指定居所监视居住主要适用于经济犯罪案件。住所型监视居住比较简单、易操作，

即犯罪嫌疑人的住所;而指定居所监视居住具有显著特性和独特的规定,实践中常引起的争议较大,什么情况下适用指定居所,是否会存在变相关押?常是刑事案件控辩的焦点。《刑事诉讼法》第74条规定5种情形可以监视居住。同时,《公安机关办理刑事案件程序规定》又作了补充。侦查机关除了不得建立专门的监视居住场所对犯罪嫌疑人变相羁押外,居住环境要能够保证可以用于合理常规的生活和休息,须在执行监视居住24小时内通知被执行人的家属,还必须保障其获聘请律师等相关权利。但指定居所监视居住的目的还是服务于侦查取证,因此,要有满足侦查取证所需的监视条件,对被监视居住人员采取必要的监督、看管、管束。在办案中,侦查机关要事先拟定指定居所监视居住执行方案细节,执勤法警、办案人员、同步录音录像技术人员、驻点医生、后勤保障等,各司其职,形成工作合力,规范执行细节。对犯罪嫌疑人的饮食结构、休息等提出明确要求,完善工作细节,通过填写《监视居住执行情况登记表》《被监视居住人员体检表》《被监视居住人员会见、通信审批、登记表》等,使监视居住执行规范化。另外,根据《人民检察院刑诉规则》第118条、第120条规定,由人民检察院侦查监督部门、公诉部门依法对指定居所监视居住的决定是否合法进行监督;由人民检察院监所检察部门依法对指定居所监视居住的执行活动是否合法实行监督。因此,在办案中,特别是在适用指定居所监视居住时,还可以主动要求检察机关予以监督,并形成监督情况反馈表。使监视居住场所合法化、执行程序规范化、监督常态化,以防止或消除可能存在的变相羁押、不当讯问等。

当前,指定居所监视居住措施多有诟病。主要原因是地点难以选择,目前经常选择住宿业经营场所,如酒店、宾馆,但适用过程中容易引导辩护律师以当事人权利未得到保障、封闭程度高等同于变相关押等抗辩。但指定居所监视居住仍有现实意义。从立法本意上看,是为了贯彻《刑事诉讼法》"尊重和保障人权"的理念,减少"逮捕"这一剥夺人身自由措施的适用,尽量使用非羁押手段,修复社会关系,减少社会矛盾。同时,监视居住严厉性又弱于逮捕,对于监视居住后撤销案件、不起诉的,目前尚无刑事赔偿的明确规定。指定居所监视居住后,如果犯罪不能构成,则可解除指定居所监视居住,其对犯罪嫌疑人造成的消极影响要小得多。因此,办案人员在决定和执行指定居所监视居住时,严格遵守相关规定,发挥得当,既能尊重和保障人权,又能打击犯罪。

2.非法证据排除程序的举证责任的分配问题

现阶段提起非法证据排除的方式有两种,一是司法机关依职权提起,司法机关在办案过程中,发现有应当排除的非法证据的,可以依职权提起排除。二是当事人及其辩护人、诉讼代理人有权申请人民法院启动非法证据排除程序。对于辩护人、诉讼代理人申请启动的非法证据排除程序,其应当负有初步的举证责任,必须提供相关线索或者材料。在实践中,一般法院会要求提交相应的非法据排除申请书。非法证据排除申请书内容应包括(1)请求事项:排除下列非法证据,被告人于××年××月××日××时×

×分的供述,卷宗××页至××页;(2)事实与理由:作为被告人A的辩护人,申请人认为被告人的具体哪几份供述不能作为本案判决的依据,应当依法予以排除。(3)被告人供述的排除非法证据理由及相关线索、材料。这部分内容是重点,主要提供侦查机关非法取证的相关线索,并说明具体情况,包括非法取证的时间、手段、结果,论述侦查人员采取刑讯逼供、疲劳审讯、言语诱供等非法方法收集的被告人供述系非法证据不应作为本案定罪的依据。(4)附律师针对被告人所做的会见笔录。

2010年《非法证据排除规则》规定了侦查人员在非法证据排除程序中的举证责任,侦查人员对于其取证行为合法性负有举证责任符合程序正义的要求。司法实践中,侦查人员有两种方式进行举证,一是提供书面说明材料,证实其取证合法,二是出庭说明情况。侦查人员出庭说明情况,比书面说明材料更具有说服力。侦查人员出庭,接受控辩双方询问,具有公开性、透明性,符合以审判为中心的诉讼观念,同时也倒逼侦查人员规范取证行为。侦查人员出庭时,一要注重转变观念,克服畏难心理;二要注意做好预案。在出庭前做好预案,充分了解讯问笔录内容、出入看守所的体检记录、原始的讯问同步录音录像材料等,提升语言组织能力、问题应变技巧。三要专业、客观、简洁、准确地向法庭说明情况,避免使用带有个人情绪、主观推测、模棱两可的言语。

3.经济犯罪中,非法占有为目的的认定问题?如何区分有经济纠纷情况下,经济犯罪与民事纠纷的界限?

经济犯罪中大多数犯罪,需要行为人具备“非法占有为目的”这个主观要件。非法占有为目的,应指行为人不是合法权利人,却将他人的财物作为自己的所有物,并对财物进行利用、处分。2000年9月《全国法院审理金融犯罪案件工作座谈会纪要》中对“金融诈骗罪中非法占有目的的认定”规定:“金融诈骗犯罪都是以非法占有为目的的犯罪。在司法实践中,认定是否具有非法占有为目的,应当坚持主客观相一致的原则,既要避免单纯根据损失结果客观归罪,也不能仅凭被告人自己的供述,而应当根据案件具体情况具体分析。”因此,对于“非法占有为目的”的认定,要在案件事实方法既存的基础上,结合行为人行为手段、方法上的虚假,赃款的去向进行间接客观推定予以认定。《最高人民法院关于充分发挥审判职能作用切实加强产权司法保护的意见》提出应严格区分经济纠纷与经济犯罪的界限,坚决防止把经济纠纷当作经济犯罪处理。该意见提出“经济纠纷和经济犯罪,一个是平等主体之间的纠纷,一个是严重侵害社会的行为,他们承担责任的方式也不一样,这两者如果不加以区分,会造成非常严重的后果。人民法院对于检察机关指控的犯罪,要严格审查、严格标准,要发挥审判最后一道防线的作用,坚决防止把经济纠纷认定为刑事犯罪,坚决防止造成冤错案件。”就其本案而言,本案行为人票据诈骗成立还是普通的民事经济纠纷呢。李路和龙胜钢业李朋之间存在巨额的债务纠纷,李路是否有受李朋委托追讨汇票,以汇票款项抵扣欠款,如果有,李路主观上就没有非法占有的目的,银行没有财产损失。因该汇票尚未交付给收款人伟天公司,因此该

票据权利还属于龙胜公司。而龙胜公司又与行为人李路有债务纠纷,因此,李路、陈娜利用伪造印章手段索要合法债务,不具有非法占有的主观故意,不构成票据诈骗罪。

三、思考和实践

1.思考题

(1)涉案汇票在漳州芗城区被抢走,后到泉州贴现,伟天公司向南靖县公安局报案,南靖县公安局予以立案,是否符合管辖规定?如果管辖有争议,南靖县公安局在立案时,可以采取什么方法,予以补全。

(2)根据《刑事诉讼法》和《公安机关办理刑事案件程序规定》,公安机关在对犯罪嫌疑人决定监视居住时,其程序是什么?

(3)检察机关作为法律监督机关如何对监视居住开展法律监督?

(4)如果你是办案侦查人员,在犯罪嫌疑人指定居所监视居住期间,如何做好讯问、侦查取证工作?

(5)辩护律师在当事人指定居所监视居住期间,是否可以会见当事人?

(6)南靖县公安局在对李路、陈娜刑拘后,检察院作出不批准逮捕情况下,又采取监视居住措施,后又转变为刑事拘留,是否符合现行刑事诉讼法的规定?

(7)不批准逮捕有几种情况?对于该案南靖检察院作出的不批准逮捕决定,侦查机关南靖县公安局该如何处理?

(8)根据《刑事诉讼法》规定,犯罪嫌疑人及辩护律师在法院审理阶段如何提出非法证据排除申请?申请书应具备几项内容?

(9)根据《刑事诉讼法》规定,法院如何启动非法证据排除程序,公诉机关又需要做哪些准备?

(10)侦查人员出庭作证有几种情形?如果你是案件侦查人员,犯罪嫌疑人指认你取证存在刑讯逼供,你该如何应对?

(11)二审法院处理一审刑事案件裁判方式主要有几种?其审查方式有几种?如果你是二审法官,收到被告人的上诉状后,该如何处理?

2.实践题

(1)如果你是本案李路的辩护律师,案件在南靖县法院一审审理阶段,你可以从几方面开展辩护工作?

(2)结合本案案情,在法院开庭审理前,为李路写一份非法证据排除申请书。

(3)针对检察院的起诉书,为李路写一份辩护词。

(4)根据案件情况,分析李路、陈娜两人行为是否构成票据诈骗罪?

3.实务运用

(1)经济犯罪案件地域管辖的适用

《刑事诉讼法》第25条规定，刑事案件由犯罪地的人民法院管辖。如果由被告人居住地的人民法院审判更为适宜的，可以由被告人居住地的人民法院管辖。其规定的内容简约，过于原则。随着经济案件犯罪形势和手法的日益变化，不同地域同级公安机关之间的横向管辖冲突日渐增多。管辖问题是侦查程序是否合法的首道关口，也常成为诉辩双方争议的焦点。实践中，在纵向的诉讼结构中，由于侦、诉、审对犯罪地认识不一，管辖冲突也频频出现，增加了侦、诉、审之间的内耗，遏制了打击经济犯罪的效率，不利于对经济犯罪受害人的保护。2017年出台的《最高人民检察院、公安部关于公安机关办理经济犯罪案件的若干规定》第二章，对经济犯罪案件的管辖作出了新规定，对地域管辖进行了扩张规定。犯罪地包括犯罪行为发生地和犯罪结果发生地。犯罪行为发生地，包括犯罪行为的实施地、以及预备地、开始地、途经地、结束地等与犯罪行为有关的地点。犯罪结果发生地，包括犯罪对象被侵害地、犯罪所得的实际取得地、藏匿地、转移地、使用地、销售地。经济犯罪的特殊性造成了实践中，如犯罪预备地或实际取得财产的犯罪结果地难以明确，即使侦查机关单方确认了，诉、审也很难达成共识，最后造成管辖争议。比如实际取得资金的犯罪结果地的认定上，目前经济犯罪中非法占有他人财产最终实现，经济活动常跨很多区域，如本案陈娜其将取得票据加盖伪造印章是在漳州实施，而票据在泉州贴现，资金则转到其在南平老家开立的银行账户，然后最终转账、取现则是在厦门，那么是否其所有途经地点均有管辖权呢？应该说最高人民检察院与公安部的新规定是予以肯定，但审判管辖则往往更为严格，因此，在这类案件中，对“实际取得财产的犯罪结果发生地”的理解容易产生很大的差异。但最高人民检察院与公安部的规定，扩大了经济犯罪地域管辖的覆盖面，有利于打击犯罪、保护被害人权益和节约诉讼资源。

(2)刑事案件法院审理阶段，非法证据排除阶段控、辩、审三方的角色和责任

当前，刑事案件审判中，非法证据排除申请呈上升趋势。2015年至2017年，南靖县法院共审结刑事案件1058件，其中申请非法证据排除的案件24件，占案件数的2.3%，申请后实际启动非法证据排除程序的案件16件。申请非法证据排除的证据类型主要还是集中在《刑事诉讼法》第54条规定的犯罪嫌疑人、被告人供述。

在实践中，如果被告人在法庭审理过程中，提出其在侦查阶段受到侦查人员的刑讯逼供或违法取证，被告人或辩护人是否应该负有举证责任？刑事案件法庭审理，主要证明责任由控方承担，但被告人提出非法证据排除也应当承担初涉的举证责任，主要是什么时间、以什么方式、受到什么人的刑讯逼供或违法取证，如果被告人全无任何举证责任，只凭一纸申请就可以启动非法证据排除，被告人轻易就提出非法证据排除申请，会给庭审造成障碍。同时，被告人提供相应的线索也才可让控方的举证及法庭调查更具有针对性，从而保障诉讼活动顺利进行。因此，辩方对非法证据排除申请应有初步举证

责任。李路一案在一审法院审理期间,辩护人履行其辩护职责。首先,提供一份辩护意见书,阐述根据在案证据所反映的事实,本案在性质上属于多重经济纠纷,不属于票据诈骗罪,在被害人伟天公司尚未享有涉案票据权利的情况下,李路通过其他方式获取该汇票下款项,客观上给被害人造成损失,但其行为仅属于民法规定中的"不当得利",不应以刑事追责。其次,辩护人于2014年8月22日向法院提交了四份申请书,包括《通知证人出庭申请书》《调取证据材料申请书》《鉴定申请书》《非法证据排除申请书》。在非法证据排除申请书中提出申请排除的笔录、原因。

在收到被告人非法证据排除申请之后的庭前会议中,公诉人如何应对及证明证据合法性。一方面,要积极配合法院启动非法证据排除调查程序,审查辩护人非法证据排除申请是否符合相关的规定;另一方面,应针对辩护人的申请认真履行控方的证明责任,侦查机关讯问地点、讯问方式、讯问笔录雷同等经常是非法取证争议的焦点。其一,对讯问地点,特别是看守所以外的讯问地点,要求侦查机关作出合理解释;其二,认真收集看守所提讯登记及收押体检材料,查看在所期间是否有其他因素引起的身体伤害情况;其三,认真审查同步录音录像是否具有完整性、合法性。观察犯罪嫌疑人在接受讯问时的身体状况、精神状态、语气语调、签字动作等,进而判断侦查机关是否存在非法取证情况。其四,认真审查多次讯问之间时间间隔,再次讯问是否存在引供、诱供等情况,即审查是否存在重复供述应予以排除的情况。如李路案件,公诉人员在庭前会议中,就辩护人提出的监视居住情况、监视居住期间的供述情况与其刑拘后入所的供述相一致,并相关的同步录音录像等证据材料证明公安机关证据收集的合法性。

法官在案件审理中,要对非法证据排除申请进行初步审查、再进行法庭调查。在非法证据排除程序的庭前会议中,法官只是主持者、召集者,参与的主体是控、辩双方,是控辩双方就非法证据排除自愿协商过程,法官不作实质性裁判。合议庭要根据在案其他证据认定案件事实,这样才能保障了被告人的权利,又彰显审判的公开、公正、公平。在本案件中,法庭根据李路及其辩护人的申请召开庭前会议,启动非法证据排除程序,检察机关也出具了情况说明证明取证的合法性,侦查人员后来也到庭说明案件证据侦查取证情况。后李路撤回非法证据排除申请。而对于辩护人提出的要求侦查人员出庭,法院经审查认为,理由成立,依法通知承办案件的3名公安机关侦查人员出庭。法庭在开庭审理首先认定李路在侦查阶段的有罪供述不属于"不能排除存在以非法方法收集证据情形"。

程序正义是实现实体正义的保障。如何建立符合中国国情及诉讼体制特色的非法证据排除规则,是当前推进以审判为中心的诉讼制度改革中的一个重要环节。最高人民法院、最高人民检察院、公安部、国家安全部、司法部先是联合发布《关于办理刑事案件严格排除非法证据若干问题的规定》,后最高人民法院又印发《人民法院办理刑事案件庭前会议规程(试行)》《人民法院办理刑事案件排除非法证据规程(试行)》和《人民法

院办理刑事案件第一审普通程序法庭调查规程(试行)》(简称“三项规程”),旨在于明确和细化庭前会议、非法证据排除、法庭调查等基本规程,从而有助于庭审实质化、控辩对抗实质化。因此,在刑事案件侦查、审查中,侦查机关、检察机关应更加注重按照裁判的要求和标准收集、固定、审查、运用证据。

四、小　　结

法律条文具有的概况性、不变性,而现实案例却是具体的、差异的,同时,司法个体办案人员甚至于不同层级司法机关由于认识、理解不同,对同一案件适用同一部法律,会作出不同的判断,是司法实践中的常态。李路、陈娜票据诈骗案件就是一件涉案数额巨大,又经法院两审,上、下级法院对案件定性截然不同的案件,终审被告人李路、陈娜的刑期也从十年以上改判至三年以下,前后判决结果差别巨大。管中窥豹,银行票据作为现行经济活动中经济支付的重要手段,经济往来结算广泛使用的重要信用工具,与银行票据相关的经济纠纷,不管是刑事还是民事,案件数量都将日益增多。而票据诈骗这种犯罪又常伴随着经济合同、债权债务纠纷,具有相当的复杂性,不同于其他诈骗行为,它常与合同纠纷、债务履行、民事欺诈等相互交织在一起,在司法实践中,难以认定厘清。本文就该案刑事侦查、起诉、法院审理过程中的遇到的诉讼程序以及票据诈骗认定中的主观目的、票据权利交付等实体问题进行解析,以期对司法人员处理类案具有借鉴意义。对案件定性、量刑存在认识的差异是客观存在,但我们相信司法从业人员专业性、务实性以及程序正义的理念是一致的。

五、相关法律和司法解释

1.《中华人民共和国刑事诉讼法》

第74条规定:“人民法院、人民检察院和公安机关对符合逮捕条件,有下列情形之一的犯罪嫌疑人、被告人,可以监视居住:(1)患有严重疾病、生活不能自理的;(2)怀孕或者正在哺乳自己婴儿的妇女;(3)系生活不能自理的人的唯一扶养人;(4)因为案件的特殊情况或者办理案件的需要,采取监视居住措施更为适宜的;(5)羁押期限届满,案件尚未办结,需要采取监视居住措施的。对符合取保候审条件,但犯罪嫌疑人、被告人不能提出保证人,也不交纳保证金的,可以监视居住。监视居住由公安机关执行。”

2.《中华人民共和国刑法》

第194条规定:“下列情形之一,进行金融票据诈骗活动,数额较大的,系票据诈骗罪。(1)明知是伪造、变造的汇票、本票、支票而使用的;(2)明知是作废的汇票、本票、支票而使用的;(3)冒用他人的汇票、本票、支票的;(4)签发空头支票或者与其预留印鉴不

符的支票,骗取财物的;(5)汇票、本票的出票人签发无资金保证的汇票、本票或者在出票时作虚假记载,骗取财物的。"

3.《公安机关办理刑事案件程序规定》

第105条规定:"公安机关对符合逮捕条件,有下列情形之一的犯罪嫌疑人,可以监视居住:因案件的特殊情况或者办理案件的需要,采取监视居住措施更为适宜的;羁押期限届满,案件尚未办结,需要采取监视居住措施的,同时还规定,对人民检察院决定不批准逮捕的犯罪嫌疑人,需要继续侦查,并且符合监视居住条件的,可以监视居住。"

第106条规定:"监视居住决定书应当向犯罪嫌疑人宣读,由犯罪嫌疑人签名、捺指印。"

第107条规定:"监视居住应当在犯罪嫌疑人、被告人住处执行;无固定住处的,可以在指定的居所执行。"指定的居所应当符合下列条件:(1)具备正常的生活、休息条件;(2)便于监视、管理;(3)保证安全。

第110条规定:"被监视居住人委托辩护律师,适用本规定第41条、第42条、第43条规定。"

第116条规定:"被监视居住人有正当理由要求离开住处或者指定的居所以及要求会见他人或者通信的,应当经负责执行的派出所或者办案部门负责人批准。"

4.最高人民法院、最高人民检察院、公安部国家安全部、司法部《关于办理刑事案件严格排除非法证据若干问题的规定》

第20条规定:"犯罪嫌疑人、被告人及其辩护人申请排除非法证据,应当提供涉嫌非法取证的人员、时间、地点、方式、内容等相关线索或者材料。"

第23条规定:"被告人及其辩护人申请排除非法证据,应当在开庭审理前提出,但在庭审期间发现相关线索或者材料等情形除外。人民法院应当在开庭审理前将申请书和相关线索或者材料的复制件送交人民检察院。"

第25条规定:"被告人及其辩护人在开庭审理前申请排除非法证据,按照法律规定提供相关线索或者材料的,人民法院应当召开庭前会议。人民检察院应当通过出示有关证据材料等方式,有针对性地对证据收集的合法性作出说明。人民法院可以核实情况,听取意见。"

参考文献

1.宋英辉等:《刑事诉讼法修改的历史梳理与阐释》,北京大学出版社2014年版,第55页。

2.谢菲:《我国指定居所监视居住问题研究》,载《湘潭大学》2013年第2期。

3.全国人大常委会法制工作委员会刑法室:《刑事诉讼法修改前后条文对照表》,人民法院出版社2012版,第23页。

4.全国人大常委会法制工作委员会刑法室:《刑事诉讼法解读》,中国法制出版社2013年版,第56页。

5.最高人民法院刑事审判一至五庭编:《刑事审判参考》,法律出版社2009年版,第94页。

案例六
林某某等信用卡诈骗案

摘要:信用卡现今可谓普遍使用,且随着网络技术日新月异,从以前的实体卡逐渐发展为虚拟卡、数字卡,并且通常情况下与手机里的支付宝、微信支付等软件绑定使用。信用卡诈骗案件的侦破难度很大,涉及问题也很多。比如,称之为“盗刷”,罪名却是信用卡诈骗,侦破此类案件往往需使用技术手段,刑事诉讼法虽有规定技侦手段,但取得的证据材料如何适用在实践中是个大问题。本文拟从介绍一系列伪卡盗刷案件的侦破过程入手,介绍在案件侦办中收集证据材料、抓捕犯罪嫌疑人、运用证据规则定罪方面遇到的问题,探讨信用卡的概念(含储蓄卡)、技术侦查取得的证据如何运用、电子证据的认定、对犯罪嫌疑人翻供如何判定其供述的真伪、附带民事诉讼(被害人是谁,侵犯的客体问题)等问题。

一、引　　言

2016 年 2 月,集美经侦大队陆续接到辖区侨英派出所移送的邵某某等人被信用卡诈骗案,集美经侦大队组织专门警力调取邵某某等 3 名被害人的银行卡交易明细,发现均在厦门市集美区某某鞋店(POS 机商户名称为“厦门市某超市”)刷卡消费过。经银联查询发现 3 名被害人的银行卡均在陕西省西安市被取现,其中被害人邵某某、黄某某的银行卡均是于 2016 年 2 月 28 日 23 时 40 分左右开始在招商银行西安高新支行被取现,而被害人邱某某的银行卡于 2016 年 2 月 29 日 00 时 30 左右开始在中国银行西安雁南一路支行被取现,前后时间间隔不超过 1 小时;另查,3 名被害人的银行卡分别被转账 5500 元、7000 元、43200 元至一张农业银行卡(户名孟某某),而后又转至一张工商银行卡(户名胡某某);而且 2016 年 2 月 26 日被害人黄某某、邵某某的银行卡分别被福州市鼓楼区某某电器、福州市某某超市的 POS 机进行余额查询,这两台 POS 机均属瑞银信福建分公司投放。大队初步判定这三起案件是同一伙犯罪嫌疑人所为,并立即报告分

局领导，分局领导对此高度重视，决定并案侦查，成立专案组，后陆续接受可串并案件六十余起。

根据专案组成员前期掌握的线索，一路侦查人员赴瑞银信福建分公司调查取证，发现福州市鼓楼区某电器、福州市台江区某超市的POS机的开户人员均名为曾某某；一路侦查员赴西安、哈尔滨调取相关银行卡的开户资料及相关交易明细和监控录像。同时，将采集到的相关数据及曾某某、孟某某、胡某某的手机号码立即交由集美分局网安队、集美技侦大队进行侦查。根据网安及技侦的数据发现曾某某、孟某某、胡某某三人名下的手机号码互有通联，初步判断三持机人即为本案的犯罪嫌疑人，下一步的工作重点在于明确犯罪嫌疑人的真实身份。

在技侦、网安部门的密切配合下，专案组再赴西安，通过缜密侦查、情报研判，确认取款人员的真实身份为赵某某，在当地派出所的配合下，专案组于2016年6月5日在白水县抓获犯罪嫌疑人赵某某，在其暂住处缴获写卡器、白卡、工商银行卡（卡号621××××　××416，户名胡某某）、赵某某作案时所穿的衣服等作案工具。

押解赵某某回厦门后，专案组成员顾不上休息，立即趁热打铁搜集相关情报信息，深入研判。根据赵某某的供述并结合其手机数据，专案组研判出赵某某的同伙“坚韧”的真实身份系李某某，并掌握了其活动轨迹及藏匿地点。同时，经分析，专案组认为某鞋店（POS机商户名称为“厦门市某超市”）的店主应不知情，即直接联系店主，店主证实POS机系向一名为林某某的男子购买。经进一步调查发现林某某的手机与李某某、曾某某均有联系。

2016年6月15日，在分局领导的指挥下，在分局网安队、特警大队及集美技侦大队的配合下，专案组在厦门市思明区某酒店926房间抓获犯罪嫌疑人李某某，在厦门市海沧区海沧大道××××号抓获犯罪嫌疑人林某某，并在酒店缴获李某某随身携带的作案工具：写卡器、白卡、加装提取信息设备的POS机等。

经查，2015年11月，犯罪嫌疑人林某某与犯罪嫌疑人李某某（已逮捕）在厦门市共谋窃取他人银行卡信息，由犯罪嫌疑人李某某提供改装好的POS机，犯罪嫌疑人林某某利用其POS机代理商的身份将改装好的POS机置于厦门市集美区某馆（商户号为“厦门市某超市”）。2016年2月下旬，犯罪嫌疑人林某某将已窃取好他人银行卡信息的POS机取出，交由犯罪嫌疑人李某某提取。犯罪嫌疑人李某某将提取出来的银行卡信息及密码发给犯罪嫌疑人赵某某。2016年2月23日、2月28日、2月29日，犯罪嫌疑人赵某某制作伪卡后在陕西省西安市邮储银行、招商银行、中国银行柜员机窃走被害人廖某某等人银行卡内存款共计人民币123400元；2016年4月24日，犯罪嫌疑人李某某制作伪造卡后在黑龙江省哈尔滨市建设银行、邮储银行、中信银行共计窃走被害人练某某银行卡内存款人民币88500元。

二、案情内容与法理分析

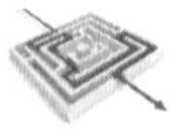

板块一:信用卡诈骗与盗窃、诈骗的区别,信用卡诈骗罪保护的法益(被害人的认定:持卡人还是银行)

2016 年 2 月 29 日,被害人邵某某报案称:2016 年 2 月 28 日,其卡号为 622××××××329 的建行储蓄卡被盗取 27016 元(含手续费),盗刷地不明。该银行卡由其随身携带,并未丢失或转借他人。报案时提供的证据有(1)622××× ×××329 的建设银行储蓄卡交易记录,(2)银行卡正反面复印件;

2016 年 2 月 29 日,被害人黄某某报案称:2016 年 2 月 28 日,其卡号为 622××××××082 的建行储蓄卡被盗刷 25300 元(手续费 216 元)。盗刷的地点是招商银行西安高新技术开发区支行(西安市高新路 25 号)000295OA3 取款机。报案时提供的证据有(1)622××× ×××082 的建设银行储蓄卡交易记录,(2)银行卡正反面复印件;

2016 年 2 月 29 日,被害人邱某某报案称:2016 年 2 月 28 日,其卡号为 622××××××519 的农行储蓄卡被盗刷人民币 63200 元(手续费 119 元)。盗刷地不详。报案时提供的证据有(1)622××× ×××519 的农行储蓄卡交易记录,(2)银行卡正反面复印件。

三起报案的发案时间如此接近,侦查人员认为有串并可能,立即办理相关法律手续调取三张储蓄卡的交易记录进行比对。发现:(1)三张储蓄卡均在陕西省西安市的银行柜员机上被取现转账;(2)三张储蓄卡均在同一家 POS 商户上交易过;(3)三张储蓄卡被分别转账不同金额进入同一张储蓄卡(卡号 622××× ×××672,户名孟某某),而后又转至一张工商银行卡(卡号 621××× ×××416,户名胡某某)。据此,可以初步判定,上述三起案件应系同一犯罪嫌疑人所为。

问题 1:储蓄卡是信用卡吗?

上述三名被害人报案称储蓄卡被盗刷后,公安机关立即受理并及时立案侦查,所立案名为“信用卡诈骗”。

问题 2:银行卡被盗刷,为何案名却是信用卡诈骗?

上述三名被害人在案发时人均在厦门,银行卡也随身携带,却被他人在异地取现转账,通常称这种情况为“盗刷”,但却以“×××被信用卡诈骗案”立案侦查。

问题 3:信用卡诈骗罪的客体是什么?

在获取三名被害人的储蓄卡均在陕西省西安市被取现转账的情况后,侦查人员赶赴西安市,调取了相关的监控录像。后三名被害人向人民法院提起民事诉讼,要求银行承担责任,法院判决支持。

关键要点

1.信用卡诈骗罪中关于“信用卡”的认定；

2.盗窃信用卡与窃取信用卡信息的区别；

3.信用卡诈骗罪的犯罪客体问题。

法理分析

1.关于刑法中信用卡的认定问题

信用卡(英语:Credit Card),又叫贷记卡,是一种非现金交易付款的方式,是简单的信贷服务。信用卡由银行或信用卡公司依照用户的信用度与财力发给持卡人,持卡人持信用卡消费时无须支付现金,待账单日(英语:Billing Date)时再进行还款。而储蓄卡是银行为储户提供金融服务所发行的一种金融交易卡,属于借记卡的一种,有磁条和芯片两种类型。它的主要功能是在联网ATM机和银行柜台存款、取款及在联网的POS上进行消费。储蓄卡主要作用是储蓄存款,持卡人通过银行建立的电子支付网络和卡片所具有的磁条读入和人工密码输入,可实现刷卡消费、ATM提现、转账、各类缴费等功能,通过卡片进行的费用支出等于储蓄账户余额的减少。二者在功能上是有区别的,但2004年12月29日《全国人大常委会关于〈中华人民共和国刑法〉有关信用卡规定的解释》解读:“刑法规定的‘信用卡’,是指由商业银行或者其他金融机构发行的具有消费支付、信用贷款、转账结算、存取现金等全部功能或者部分功能的电子支付卡。”本案中的储蓄卡系符合上述定义的电子支付卡,应属于刑法规定的“信用卡”。

2.关于盗窃罪与信用卡诈骗罪的认定问题

《中华人民共和国刑法》第196条规定:“有下列情形之一,进行信用卡诈骗活动,数额较大的,处五年以下有期徒刑或者拘役,并处二万元以上二十万元以下罚金;数额巨大或者有其他严重情节的,处五年以上十年以下有期徒刑,并处五万元以上五十万元以下罚金;数额特别巨大或者有其他特别严重情节的,处十年以上有期徒刑或者无期徒刑,并处五万元以上五十万元以下罚金或者没收财产:(1)使用伪造的信用卡,或者使用以虚假的身份证明骗领的信用卡的;(2)使用作废的信用卡的;(3)冒用他人信用卡的;(4)恶意透支的。前款所称恶意透支,是指持卡人以非法占有为目的,超过规定限额或者规定期限透支,并且经发卡银行催收后仍不归还的行为。盗窃信用卡并使用的,依照本法第264条的规定定罪处罚。”

根据2009年12月16日最高人民法院、最高人民检察院《关于办理妨害信用卡管理刑事案件具体应用法律若干问题的解释》2009年12月16日规定:“刑法第196条第1款第3项所称‘冒用他人信用卡’,包括以下情形:(1)拾得他人信用卡并使用的;(2)骗取他人信用卡并使用的;(3)窃取、收买、骗取或者以其他非法方式获取他人信用卡信息

资料,并通过互联网、通讯终端等使用的;(4)其他冒用他人信用卡的情形。”

那么,“盗刷”行为该认定何种罪名呢?卡在身上,钱在外地被取现或转账,通常的观念就是认为钱被偷了,但根据上述法律、司法解释的规定,确定的罪名是信用卡诈骗。那么,区别何在呢?“盗窃信用卡并使用”,被盗的对象应是信用卡本身,而“盗刷”,如本案,后经查证系被害人银行卡信息被窃取,再被他人制成伪卡,在异地取现或转账,符合“使用伪造的信用卡”这一特征,故定信用卡诈骗罪。但“盗窃信用卡并使用”定盗窃罪有待商榷,因为盗窃的信用卡本身价值达不到盗窃罪的追诉标准,关键是在后续的使用行为,而此时的使用行为就是一种冒用行为,针对的对象往往是银行的ATM机,与解释“拾得他人信用卡并使用”“骗取他人信用卡并使用”的冒用行为并无区别,单定盗窃罪似无必要。

3.关于信用卡诈骗罪的犯罪客体问题

“本罪的客体,是复杂客体,即国家对信用卡的管理制度和他人的财产所有权。”这里面的“他人”指的是谁,亦即被害人是谁?信用卡诈骗罪的犯罪对象是信用卡,但取走的是他人存在银行内的钱,那么谁被骗走了钱呢?通常认为,受骗人处分财产仍然符合以下基本构造:虚假行为——对方陷入认识错误——基于认识错误交付财产——行为人取得财产——被害人遭受损失。关键的问题在于报案人在案发时才发现财产被取现或转账,基于错误认识交付财产的并不是报案人,而是银行的柜员机,柜员机交付财产系根据银行卡的信息。这样,造成被害人与基于认识错误交付财产的“人”不一致。但能否认定金融机构为被害人呢?现行的法律法规没有明确的规定,实践中还是以卡主为被害人。但在卡主能证明取款人非本人的情况下,一般银行会根据保管责任赔偿卡主的损失。

板块二:各类证据的认定:电子证据、技侦证据、翻供的犯罪嫌疑人供述、作案工具的认定

厦门市集美区人民法院刑事判决书中表示:“经审理查明:2015年11月,被告人林某某与被告人李某某在厦门市共谋窃取他人银行卡信息,进而窃取他人银行账户内的钱款。而后,被告人李某某将经过改装的用于窃取他人银行卡信息的POS机提供给被告人林某某,被告人林某某利用其POS机代理商的身份将经过改装的POS机放至其代理的商户厦门市集美区某馆(商户号为“厦门市某超市”)和厦门市思明区某服饰店(商户号为“厦门市思明区某服饰店”)。2016年2月,被告人林某某将已记录廖某某等五十五名被害人的银行卡信息的二台POS机取回,通过邮寄等方式交由被告人李某某。被告人李某某伙同他人提取出被害人的银行卡信息及密码后,交由他人制作伪卡,而后其本人或通过他人以持伪卡盗刷、取款等方式窃取被害人银行账户内钱款。得手后,被告人李某某与林某某共同分赃。具体犯罪事实如下:(略)本院认为,被告人林某某、李某

某、赵某某以非法占有为目的，冒用他人信用卡进行信用卡诈骗活动，其中被告人林某某、李某某参与信用卡诈骗数额达人民币656822.35元，均数额特别巨大，被告人赵某某参与的信用卡诈骗数额达人民币211019.75元，数额巨大，三被告人的行为均构成了信用卡诈骗罪。”

本案系一起非典型经济犯罪类案件，因为经侦部门管辖的八十九种罪名，只有少部分在案发时不知道犯罪嫌疑人的真实身份，需要靠侦查才能确认犯罪嫌疑人真实身份的，尤其需要通过技术侦查措施。本案证据材料涵盖刑事诉讼法规定的八种证据。三名犯罪嫌疑人，林某某拒不认罪；李某某先是认罪，后翻供，在审查起诉阶段又认罪，但有部分非其所为的辩解；赵某某仅供认一起，其他均不认罪。一审判决后，三人均上诉，二审维持三人的罪名与量刑判决。

问题1:技术侦查措施搜集的材料在刑事诉讼中如何使用

通过调查取证，可以明确犯罪手法:犯罪嫌疑人将加装了模块的POS机放到商户中，被害人在商户的POS机上刷卡后其银行卡的账号、轨道、密码信息就会被模块提取，犯罪嫌疑人再通过后台扰乱POS机正常运作，使商户误以为POS机出故障要求修改或更换，后犯罪嫌疑人一伙将提取好银行卡信息的POS机换回，再通过相关技术将POS机里的银行卡信息提取出来发给负责取款的人员，取款人员使用写卡器将银行卡信息写入白卡中，持白卡到银行的ATM机取款或者直接网上刷卡消费掉。后侦查人员通过技术侦查措施查获犯罪嫌疑人真实身份并进行抓捕。

问题2:证明标准问题

本案证据材料涵盖《刑事诉讼法》规定的八种证据，如何确定这些证据达到《刑事诉讼法》所要求的“确实、充分”，对本案定罪量刑有重大意义。

问题3:作案工具的认定

侦查机关在抓捕林某某时，认为其驾驶的吉普型小客车系作案工具，予以扣押并随案移交，一审判决认定系作案工具，二审判决认为:“本案中并无证据证实林某某将其名下的小客车用于诈骗犯罪，原判将该车、钥匙及相关资料作为作案工具予以没收处理不当。”予以改判，作为财产没收。

关键要点

1.技术侦查证据应用问题；

2.事实清楚，证据确实充分的判明标准；

3.作案工具的认定标准。

法理分析

1.关于技术侦查取得的材料作为证据的应用问题

确定并案侦查后,侦查人员赶赴西安市、沈阳市、哈尔滨市、郑州市等地开展工作,调取了大量的证据,包含涉案银行卡被取现及转账的银行监控录像,但全部监控录像的取款人员都戴有帽子、口罩等遮挡物,难以识别脸部特征,这对明确犯罪嫌疑人的真实身份制造了巨大的障碍。由于此系列案具有严重的社会危害性,故侦查人员报批了技术侦查措施。通过技术侦查措施,明确了犯罪嫌疑人的真实身份。侦查人员在陕西省白水县抓获犯罪嫌疑人赵某某,在厦门市抓获犯罪嫌疑人李某某、林某某。林某某拒不认罪;李某某先是认罪,后翻供,在审查起诉阶段又认罪,但有部分非其所为的辩解;赵某某仅供认参与作案一起,其他均不认罪。《刑事诉讼法》规定:"对一切案件的判处都要重证据,重调查研究,不轻信口供。只有被告人供述,没有其他证据的,不能认定被告人有罪和处以刑罚;没有被告人供述,证据确实、充分的,可以认定被告人有罪和处以刑罚。"在上述犯罪嫌疑人的供述情况下,技术侦查措施取得的材料若是能作为证据使用,不管对于讯问工作的开展,还是对于证据链的完善,都有着重大意义。《刑事诉讼法》虽规定"依照本节规定采取侦查措施收集的材料在刑事诉讼中可以作为证据使用",但未明确具体的范围和条件,使得这个条款在司法实践中并未得到很好的运用。

2.关于证明标准问题

前述本案系非典型经济犯罪案件,因为大部分经济犯罪案件在案发时已经明确嫌疑人身份,嫌疑人到案后的辩解往往不会否认作案事实,而是会在作案动机、目的方面做解释,认为自己不是合同诈骗、不是职务侵占等,而是纠纷或是其他,但本案这种罪名的犯罪嫌疑人往往会否认自己的犯罪行为,做无罪辩解。一切都得靠证据说话。侦查人员在开展调查工作时,会先对案件有个预判,犯罪手法明确,被害人明确,涉案金额明确,最关键的问题就是犯罪嫌疑人是谁。本案有其特殊性,犯罪对象是银行卡信息,犯罪嫌疑人需要将加装了模块的POS机放到商户中,被害人在商户的POS机上刷卡后其银行卡的账号、轨道、密码信息就会被模块提取,犯罪嫌疑人再通过后台扰乱POS机正常运作,使商户误以为POS机出故障要求修改或更换,后犯罪嫌疑人将提取好银行卡信息的POS机换回,然后犯罪嫌疑人再把窃取到的这些信息,制作伪卡取现。

侦查取证工作围绕上述犯罪方式进行,收集到的主要证据有:

(1)物证:写卡器、白卡、iPhone6s Plus手机、西服上衣、皮衣、银行卡、手刷、写卡器、数据线、POS机、居民身份证、吉普型小客车等物品;

(2)证实POS机被改装的鉴定报告;

(3)书证:涉案POS机交易流水、被害人与嫌疑人持有的银行卡交易明细、快递单、酒店住宿记录等;

(4)证人王某军、曾某兵、柯某某等的证言;

(5)五十五名被害人的陈述;

(6)三名犯罪嫌疑人的供述与辩解;

(7)提取出微信等聊天记录的司法鉴定检验报告书

(8)到案经过、临时羁押凭证、情况说明等；

(9)犯罪嫌疑人户籍信息、前科情况说明。

刑事案件的证明责任由控诉方承担,《刑事诉讼法》规定的证明标准是“事实清楚,证据确实、充分”,认为应当符合以下条件:“(1)定罪量刑的事实都有证据证明;(2)据以定案的证据均经法定程序查证属实;(3)综合全案证据,对所认定事实已排除合理怀疑。”“两高三部”2010年出台的《关于办理死刑案件审查判断证据若干问题的规定》(以下简称《办理死刑案件证据规定》)第5条第3款规定:“办理死刑案件,对于以下事实的证明必须达到证据确实、充分:(1)被指控的犯罪事实的发生;(2)被告人实施了犯罪行为与被告人实施犯罪行为的时间、地点、手段、后果以及其他情节;(3)影响被告人定罪的身份情况;(4)被告人有刑事责任能力;(5)被告人的罪过;(6)是否共同犯罪及被告人在共同犯罪中的地位、作用;(7)对被告人从重处罚的事实。”

《办理死刑案件证据规定》第5条第2款规定:“证据确实、充分是指:(1)定罪量刑的事实都有证据证明;(2)每一个定案的证据均已经法定程序查证属实;(3)证据与证据之间、证据与案件事实之间不存在矛盾或者矛盾得以合理排除;(4)共同犯罪案件中,被告人的地位、作用均已查清;(5)根据证据认定案件事实的过程符合逻辑和经验规则,由证据得出的结论为唯一结论。”

上述法规虽系针对死刑案件做出规定,但对其他刑事案件也有指导意义。“案件事实清楚”,是指控诉方对于有关定罪量刑的事实均已查清楚;“证据确实、充分”是指据以定罪的每个证据都必须是客观真实的,而且具有关联性,有足够的证据能够证明案件事实。同时,还要考察在案证据形成的有罪事实是否能排除合理怀疑。达到这一标准的,可以认定被告人有罪;否则,就不能认定有罪。对共同犯罪案件也是如此。

结合同案被告人供述,通过关联分析和因果关系分析来重建犯罪事实,进而认定被告人有罪。整个证明过程主要包括三个步骤。首先要建立同案被告人(犯罪行为直接实施者)与犯罪行为之间的关联,这是整个证明和推理链条的前提。如果除同案被告人供述外,没有证据证明犯罪行为系同案被告人实施,同案被告人一旦翻供,全案事实的证明和推理就缺乏必要的前提。其次要建立同案被告人与被告人之间的关联,这种关联应当与犯罪行为直接相关。如果同案被告人与被告人并非熟人,就可以通过手机通话清单、网络聊天记录或者资金往来等非正常联系建立两者之间与犯罪行为直接相关的关联;如果同案被告人与被告人是熟人,就需要进一步甄别两者的联系是否正常,与犯罪行为是否直接相关。最后要明确被告人与被害人、犯罪事实是否存在利害关系。如果认定存在利害关系,建立在因果关系基础上的整个证明和推理链条就基本上完成。由于上述证明过程涉及较为复杂的推理,为避免推理结论存在其他可能性,应当允许被告人提出辩解。

根据证明标准,结合本案证据,分析如下:

(1)本案55名被害人的陈述,证明被盗刷事实的发生;只有发生了犯罪,才可能启动刑事诉讼程序。

(2)犯罪嫌疑人李某某到案后的供述,在侦查阶段后期有翻供,但在审查起诉阶段又能如实供述,对于其事先与犯罪嫌疑人林某某商定利用改装POS机提取他人银行卡信息后制作伪卡取款的犯罪事实供认不讳,其供述自己在犯罪过程中负责联络犯罪嫌疑人林某某及"精工"、转移POS机,起到承上启下作用,同时其还负责取款。犯罪嫌疑人林某某的供述与犯罪嫌疑人赵某关于李某某与林某某进行合作部分的供述、李某某与赵某某二人的QQ、微信聊天记录、POS机流水单、取款监控等能够相互印证,证实犯罪嫌疑人李某某的犯罪事实。

(3)犯罪嫌疑人林某某始终不认罪,但现有证据足以认定犯罪嫌疑人林某某参与了信用卡诈骗犯罪活动:

第一,犯罪嫌疑人李某某供述指证犯罪嫌疑人林某某有参与犯罪。李某某供述认识林某某的过程、犯罪的过程,结合公安机关调取到的快递单,能够印证犯罪嫌疑人李某某的供述。犯罪嫌疑人赵某某供述听李某某说在厦门有个合伙人在铺POS机,该合伙人帮李某某放了一台改装的POS机到一商户店内,该商户自己及哥哥的信用卡也被李某某盗取。虽然犯罪嫌疑人赵某某的供述是传来证据,但赵某某的供述的细节与查明的事实是一致的。经查,确有一商户从林某某处办理了一台商户为"某服饰店"的POS机,该POS机也发生了被盗刷的情况,该商户自己及哥哥(林某琼、林某金)均在该POS机上被盗刷。因此犯罪嫌疑人赵某某的供述能够从侧面印证犯罪嫌疑人李某某的供述,共同指向犯罪嫌疑人林某某参与犯罪。

第二,从犯罪嫌疑人林某某扣押的手机中,某司法鉴定所提取出一段林某某发给其妻子王某某的小视频,视频中是一名男子穿着内裤在酒店房间拆POS机,李某某供述这段视频里面的人系其本人,系林某某到酒店找其现场偷拍的视频。犯罪嫌疑人林某某辩解其于2015年夏天与李某某认识后没有再和李某某联系,直到被抓之前带李某某到湖里看了一次房子,就再没见过了。该视频恰好反驳犯罪嫌疑人林某某的辩解,能够反映林某某与李某某关系不一般,也能够证明林某某实际上主观是明知的。

第三,公安机关调取的由某公司出具的商户POS机交易流水单能够证实,本案55名被害人中,有53名被害人都在曾某某的"某超市"的POS机刷过,曾某某的证言证明因POS机出现故障让犯罪嫌疑人林某某更换过POS机,恰好这53名被害人均在开通POS机后至更换POS机期间在"某超市"POS机交易过。另外2名被害人林某琼、林某金是在"某服饰店"(林某琼自己的店)的POS机消费过,林某琼与林某某的微信聊天记录能够证实林某琼也找林某某更换过POS机。53名被害人均在同一台POS机消费过,证人张某某的证言证明该2台出现问题的POS机均出自林某某的代理,如此低概

率事件若非人为基本不可能发生，可以排除被害人是在其他 POS 机被盗取信息的怀疑，且犯罪嫌疑人李某某也供述其在厦门只有林某某一个合伙人，因此可以认定本案被害人的银行卡信息均系由犯罪嫌疑人林某某利用其 POS 机代理商身份和工作便利所盗取。

第四，现有证据足以认定犯罪嫌疑人赵某某参与了信用卡诈骗犯罪活动：

(1)犯罪嫌疑人李某某明确供述，犯罪嫌疑人赵某某是负责取款的人员，结合二人的聊天记录看，犯罪嫌疑人李某某通过 QQ 发送了大量银行卡的账号、密码、轨道等信息给赵某某，赵某某则发送了大量的银行卡余额、归属地查询的照片给李某某，且在聊天记录中赵某某发的“放心吧”“回去了统计下明天早上给你汇报”“我是按照 11 万回的”以及取来的钱的照片等内容能够证实赵某某有取款行为，犯罪嫌疑人李某某的供述与二人的聊天记录能够印证。

(2)作案工具能够有力证实犯罪嫌疑人赵某某的犯罪行为。犯罪嫌疑人赵某某被查获了白卡 9 张、写卡器 1 个、手刷 27 个，从这些物品的用途看，白卡就是用来制作伪卡的，可以通过写卡器往卡上写入银行卡信息，手刷即手机 POS 机，插在手机上即可实现刷卡消费、收单、查询、转账汇款等功能。从犯罪嫌疑人赵某某与犯罪嫌疑人李某某的 QQ 聊天记录看，李某某发给赵某某银行卡信息让赵某某查询余额，赵某某马上就能查出余额，说明赵某某手上有能够查询余额的如手刷等金融工具，犯罪嫌疑人李某某也供述赵某某会用手机 POS 机进行余额查询，并且制作伪卡取款，聊天记录中赵某某称“写好了出发”等，也反映其会制作伪卡。

 板块三：侦查阶段律师如何开展辩护工作

犯罪嫌疑人林某某、李某某从侦查阶段开始就有委托律师为辩护人，但在律师会见后，李某某的供述出现反复，直至审查起诉阶段再行认罪。

问题：律师在侦查阶段如何有效行使辩护权？

关键要点

律师在侦查阶段的辩护权。

法理分析

2012 年刑事诉讼法修订之前，律师在侦查阶段为犯罪嫌疑人只是提供法律服务，会见也受到限制，刑事诉讼法修订之后，明确了律师在侦查阶段可以为犯罪嫌疑人提供辩护，而且除几类犯罪之外，会见不受限制，还扩大了律师辩护的范围。《刑事诉讼法》第 38 条规定：“辩护律师在侦查期间可以为犯罪嫌疑人提供法律帮助，代理申诉、控告，申请变更强制措施，向侦查机关了解犯罪嫌疑人涉嫌的罪名和案件有关情况，提出意见。”

第 88 条规定:“人民检察院审查批准逮捕,可以询问证人等诉讼参与人,听取辩护律师的意见;辩护律师提出要求的,应当听取辩护律师的意见。”第 161 条规定:“在案件侦查终结前,辩护律师提出要求的,侦查机关应当听取辩护律师的意见,并记录在案。辩护律师提出书面意见的,应当附卷。”

《刑事诉讼法》虽然从规定上扩大了律师的辩护范围,但在侦查阶段,由于没有阅卷权,只有会见权,律师对案件的了解仅限于会见犯罪嫌疑人所得,从侦查机关处并不会得到多少有效信息,这就要求辩护律师要做到充分会见,根据犯罪嫌疑人的供述,结合所触犯罪名的犯罪构成要件,做出罪与非罪、此罪与彼罪的判断,向侦查机关提出有利于犯罪嫌疑人的意见。同时也要掌握当前的刑事政策,有助于对犯罪嫌疑人做出分析意见,供犯罪嫌疑人选择,以做到侦查阶段的有效辩护。如厦门市集美区人民法院、人民检察院、公安分局、司法局出台的《关于开展刑事案件认罪认罚从宽“321”机制的意见(试行)》第 2 条规定:“犯罪嫌疑人、被告人在刑事诉讼(侦查、审查起诉、审判)阶段认罪越早,从宽幅度越大:(1)犯罪嫌疑人在侦查阶段如实供述自己的罪行,可以减少基准刑的 30%以下,一般不超过 1 年……”

《刑事诉讼法》也赋予了律师在侦查阶段的调查权,但律师自行调查存在较高的风险,可以考虑将获知的可能证实犯罪嫌疑人无罪、罪轻的线索来源提交侦查机关,要求侦查机关调取,或向人民检察院侦查监督部门提出。

三、结　　语

随着现今的网络发展,银行卡关联手机 APP 即可使用,实践中又出现了“木马链接窃取银行卡信息”“骗取验证码”等新型信用卡诈骗方式,此类犯罪的侦破难度更大,现有的证明标准“事实清楚,证据确实、充分”概念性较强,不利实践操作,若能制定一个统一的刑事诉讼证据规则,针对每种罪名确定证明标准,对指导侦查,实现以审判为中心的诉讼体制改革具有实践意义。

四、相关法律和司法解释

1.《中华人民共和国刑法》

第 196 条规定:“有下列情形之一,进行信用卡诈骗活动,数额较大的,处 5 年以下有期徒刑或者拘役,并处 2 万元以上 20 万元以下罚金;数额巨大或者有其他严重情节的,处 5 年以上十年以下有期徒刑,并处 5 万元以上 50 万元以下罚金;数额特别巨大或者有其他特别严重情节的,处十年以上有期徒刑或者无期徒刑,并处 5 万元以上 50 万元以下罚金或者没收财产:(1)使用伪造的信用卡,或者使用以虚假的身份证明骗领的

信用卡的;(2)使用作废的信用卡的;(3)冒用他人信用卡的;(4)恶意透支的。前款所称恶意透支,是指持卡人以非法占有为目的,超过规定限额或者规定期限透支,并且经发卡银行催收后仍不归还的行为。盗窃信用卡并使用的,依照本法第364条的规定定罪处罚。"

2.《中华人民共和国刑事诉讼法》

第38条规定:"辩护律师在侦查期间可以为犯罪嫌疑人提供法律帮助;代理申诉、控告;申请变更强制措施;向侦查机关了解犯罪嫌疑人涉嫌的罪名和案件有关情况,提出意见"。

第55条规定:"对一切案件的判处都要重证据,重调查研究,不轻信口供。只有被告人供述,没有其他证据的,不能认定被告人有罪和处以刑罚;没有被告人供述,证据确实、充分的,可以认定被告人有罪和处以刑罚。证据确实、充分,应当符合以下条件:(1)定罪量刑的事实都有证据证明;(2)据以定案的证据均经法定程序查证属实;(3)综合全案证据,对所认定事实已排除合理怀疑。"

第88条规定:"人民检察院审查批准逮捕,可以询问证人等诉讼参与人,听取辩护律师的意见;辩护律师提出要求的,应当听取辩护律师的意见。"

第154条规定:"依照本节规定采取侦查措施收集的材料在刑事诉讼中可以作为证据使用。"

第161条规定:"在案件侦查终结前,辩护律师提出要求的,侦查机关应当听取辩护律师的意见,并记录在案。辩护律师提出书面意见的,应当附卷。"

3.2004年12月29日发布的《全国人大常委会关于〈中华人民共和国刑法〉有关信用卡规定的解释》规定:"刑法规定的'信用卡',是指由商业银行或者其他金融机构发行的具有消费支付、信用贷款、转账结算、存取现金等全部功能或者部分功能的电子支付卡。"

4.2009年12月16日发布的《关于办理妨害信用卡管理刑事案件具体应用法律若干问题的解释》规定:"刑法第196条第1款第3项所称'冒用他人信用卡',包括以下情形:(1)拾得他人信用卡并使用的;(2)骗取他人信用卡并使用的;(3)窃取、收买、骗取或者以其他非法方式获取他人信用卡信息资料,并通过互联网、通讯终端等使用的;(4)其他冒用他人信用卡的情形。"

5.厦门市集美区人民法院、人民检察院、公安分局、司法局出台的《关于开展刑事案件认罪认罚从宽"321"机制的意见(试行)》第2条规定:"犯罪嫌疑人、被告人在刑事诉讼(侦查、审查起诉、审判)阶段认罪越早,从宽幅度越大:(1)犯罪嫌疑人在侦查阶段如实供述自己的罪行,可以减少基准刑的30%以下,一般不超过一年,对犯罪嫌疑人做出分析意见,供犯罪嫌疑人选择,以做到侦查阶段的有效辩护。"

参考文献

1.高铭暄、马克昌:《刑法学》,北京大学出版社 2000 年版。

2.刘静坤:《如何审查判断和运用作为证据使用的同案被告人供述——以死刑案件办理为重点视角分析》,载《刑事审判参考》2014 年第 4 集(总第 99 集),法律出版社 2015 年版。

案例七
陈某某合同诈骗案

摘要：随着汽车文化在我国的逐渐兴起，租车出行日渐流行起来，但由于国内汽车租赁市场监管机制不够健全等原因，租车诈骗案屡屡发生。本案例以一起真实的租车诈骗案(合同诈骗罪)的侦办过程为序，探讨侦查机关受案初查、立案侦查、强制措施的采用、侦查终结中的一些程序问题，涉及的实体问题包括合同诈骗罪的认定(与经济纠纷的区别、与侵占罪的区分、与诈骗罪的区分)、非法占有的主观目的认定、被骗标的的市场价格鉴定的鉴定基准日问题，涉及的证据问题包括案件受理的证据规格、初查取得的证据是否具有证据能力、非法占有的证明标准等问题。

一、引　　言

2014年11月19日，被告人陈某某到被害单位厦门三某里汽车租赁有限公司营业部，与该公司签订汽车租赁合同后租用 部价值人民币65021元的“闽××××57”号小型汽车。2014年底，被告人陈某某因经济困难，无法偿还向他人所借的钱款，遂将该租用的小型汽车抵押给借款人毛某某。之后，被告人陈某某即停止支付该小型汽车的租赁费用，逃匿躲藏。

2014年12月23日，被告人陈某某到被害人林某某经营的位于厦门市集美区的“小某汽车租赁服务部”，与被害人签订汽车租赁合同后租用一部价值人民币88744元的“闽××××32”号小型汽车。2015年1月，被告人陈某某因经济困难，无法偿还向他人所借的钱款，遂将该租用的小型汽车抵押给借款人王某某。之后，被告人陈某某即拖欠支付该小型汽车的租赁费用，逃匿躲藏。

2016年10月8日，被告人陈某某主动到公安机关投案，如实供述了上列犯罪事实。案发后，“闽××××57”号小型汽车、“闽××××32”号小型汽车，已由被害单位、被害人自行找回。被告人陈某某现已取得被害单位、被害人的谅解。

上述事实,被告人陈某某及其辩护人在开庭审理过程中均无异议,并有书证汽车租赁借车凭证、机动车登记证、银行账户交易明细、谅解书与公安机关出具、制作的被告人常住人口基本信息、到案经过、情况说明、辨认笔录、证人刘某某、毛某某、王某某的证言、被害人林某某的陈述、价格鉴定结论书等证据予以证实,足以认定。

法院审理认为,被告人陈某某以非法占有为目的,在履行合同过程中,骗取他人财物,价值达人民币153765元,数额较大,其行为已构成合同诈骗罪。公诉机关指控的罪名成立。被告人陈某某自动投案,如实供述自己的罪行,系自首,且认罪认罚,对其依法可以从轻处罚;涉案车辆已被被害人、被害单位找回,且被告人陈某某已获得谅解,对其可以酌情从轻处罚。综上,对被告人陈某某可以依法适用缓刑。辩护人提出的对被告人陈某某从轻处罚并适用缓刑的相关辩护意见,理由充分,予以采纳;公诉机关提出的对被告人陈某某在有期徒刑六个月至一年之间处刑、并处罚金的量刑建议合理,予以采纳。据此,依照《中华人民共和国刑法》第224条、第67条第1款、第72条第1款、第3款之规定,判决如下:被告人陈某某犯合同诈骗罪,判处有期徒刑八个月,缓刑一年,并处罚金人民币一万五千元。(缓刑考验期限,自判决确定之日起计算。罚金已缴纳。)

二、案情内容与法理分析

板块一:受理初查与立案侦查、案件受理的证据规格、初查所获证据的证据能力问题

2015年2月4日,报案人李某某至厦门市公安局集美分局报案,称一自称陈某某的男子于2014年3月30日、11月13日至其经营的厦门李某某贸易有限公司,分别租走两部小轿车,至2014年11月23日止,后陈某某未归还车辆或是继续支付租金,2015年2月28日,厦门市公安局集美分局立案侦查。

2015年2月5日,报案人林某某至厦门市公安局集美分局报案,称一自称陈某某的男子于2014年12月23日至其经营的小某汽车租赁服务部,租走一部小轿车,租期一个月,租期届满后陈某某未归还车辆或是继续支付租金。2015年2月28日,厦门市公安局集美分局立案侦查。

2015年9月23日,报案人刘某某至厦门市公安局集美分局报案,称一自称陈某某的男子于2014年11月19日至其经营的厦门三某某汽车租赁有限公司,租走一部小轿车,租期一个月,但租期届满陈某某并未归还车辆或是继续支付租金。2015年9月24日,厦门市公安局集美分局立案侦查。

问题1:“有案必受?”是否有证据规格要求

报案人报案时提供的证据材料只有书证:

(1)厦门李某某贸易有限公司营业执照、汽车租赁合同、车辆登记证明信息各1份

证明:犯罪嫌疑人陈某某于2014年3月30日向厦门李某贸易有限公司租用闽××××65号小轿车,押金缴纳800元,约定租金每月5000元;2014年11月13日租用闽××××A7号小轿车,押金缴纳1000元,约定租金每月6800元。

(2)厦门三某里汽车租赁有限公司营业执照、汽车租赁合同、车辆登记证明信息

证明:犯罪嫌疑人陈某某于2014年11月19日向厦门三某里汽车租赁有限公司租用闽××××57号小轿车,押金缴纳4000元(含预缴租金2000元),约定租金每月4000元。

(3)汽车租赁合同、购车发票

证明:犯罪嫌疑人陈某某于2014年12月23日向被害人林某某租用闽××××32号小轿车,押金缴纳500元,约定租金每月4500元。

问题2:案件受理后,侦查机关能采取哪些调查措施,调查来的证据是否具有证据能力

侦查机关对上述三名报案人制作报案笔录,详细记载租车人身份情况、租车经过、租约内容、支付租金情况、联系不上租车人、寻车未果直至报案的经历,并制作辨认笔录让报案人确认租车人的真实身份。

问题3:案件受理后,有无立案期限、立案标准

第一个报案受理时间为2015年2月4日,2015年2月28日立案;第二个报案受理时间为2015年2月5日,2015年2月28日立案;第三个报案受理时间为2015年9月23日,2015年9月24日立案。

关键要点

1.受理案件是否需要有明确的证据规格?

2.受案后可以采取的调查措施有哪些、受案后调查取得的证据是否具有证据能力?

3.立案期限、立案标准问题。

法理分析

1.关于受案的证据规格问题

实践中,公安机关接受刑事案件的来源有以下几种:报案、控告、举报;侦查中发现;其他行政机关移交;法院在审理民事案件中发现有违法犯罪嫌疑的移送。正常的流程是,公安机关对报案开具报警登记回执,并立即受理案件,制作受案登记表,在规定的期限内做出立案或者不立案的决定。立案之前的审查过程被称之为受理,《刑事诉讼法》没有明确规定"受案程序",仅在第110条第3款规定:"公安机关、人民检察院或者人民法院对于报案、控告、举报,都应当接受。对于不属于自己管辖的,应当移送主管机关处

理,并且通知报案人、控告人、举报人;对于不属于自己管辖而又必须采取紧急措施的,应当先采取紧急措施,然后移送主管机关。"《公安机关办理刑事案件程序规定》(下称《程序规定》)第七章立案、撤案中把"受案"作为第一节,并制定了相应规定:第166条公安机关对于公民扭送、报案、控告、举报或者犯罪嫌疑人自动投案的,都应当立即接受,问明情况,并制作笔录,经核对无误后,由扭送人、报案人、控告人、举报人、自动投案人签名、捺指印。必要时,应当录音或者录像。第167条公安机关对扭送人、报案人、控告人、举报人、自动投案人提供的有关证据材料等应当登记,制作接受证据材料清单,并由扭送人、报案人、控告人、举报人、自动投案人签名。必要时,应当拍照或者录音、录像,并妥善保管。第168条公安机关接受案件时,应当制作受案登记表,并出具回执。

可见,"受案程序"在公安机关办理刑事案件的实践过程中已然是一个独立的程序了。但上述法律法规没有明确案件受理的条件和标准,而且从文义上看,只要是报案,就应当无条件受理,即"有案必受"。如果真是这样,受案的证据规格问题也就没有必要讨论了。

但《公安部关于改革完善受案立案制度的意见》的基本原则的第1点规定:"突出问题导向。聚焦人民群众反映强烈的报案不接、接案后不受案不立案、违法受案立案等问题,采取有效措施加以解决,切实提高受案立案工作效能。"这说明在实践中,并不一定是"有案必受",问题的症结点恰恰在于没有规定受案的条件和标准,未设定受案的证据规格。

《刑事诉讼法》规定,人民检察院在对诉讼活动实行法律监督中发现的司法工作人员利用职权实施的非法拘禁、刑讯逼供、非法搜查等侵犯公民权利、损害司法公正的犯罪,可以由人民检察院立案侦查。对于公安机关管辖的国家机关工作人员利用职权实施的重大犯罪案件,需要由人民检察院直接受理的时候,经省级以上人民检察院决定,可以由人民检察院立案侦查。《监察法》规定,监察委员会对所有公职人员职务违法、职务犯罪的情况进行监察。自诉案件,由人民法院直接受理。公安机关侦查其他刑事案件。《刑事诉讼法》又规定,公、检、法对不属于自己管辖的案件也应先行受理,再行移交。但又未规定具体的移交程序,这实质导致了"有案必受"的不可能。

公安机关办理的刑事案件,在内部主要又分为刑事犯罪侦查、经济犯罪侦查、治安类刑事犯罪侦查、交通类犯罪侦查,分别由不同的办案机构办理。与其他警种管辖的案件罪与非罪的界限相对分明不同,经侦部门管辖的经济犯罪案件罪与非罪的界限往往不易判明。经济生活日趋复杂,所以经济纠纷与经济犯罪具有某些外在相似性。而公安部又专门发文严禁公安部门插手经济纠纷,没有明确的受案标准往往会使公安办案部门陷入尴尬。以本案为例,如果只有第一名报案人,持公司营业执照、汽车租赁合同、车辆登记证明信息就来报案,这些证据仅能证明犯罪嫌疑人陈某某于2014年3月30日向厦门李某贸易有限公司租用闽××××65号小轿车,押金缴纳800元,约定租金每月

5000 元;2014 年 11 月 13 日租用闽××××A7 号小轿车,押金缴纳 1000 元,约定租金每月 6800 元。制作的报案笔录至多也只能详细记载租车人身份情况、租车经过、租约内容、支付租金情况、联系不上租车人、寻车未果直至报案的经历。缺少能证明关于犯罪嫌疑人非法占有的主观故意的证据、车辆被非法处置的证据。如果没有能证明犯罪嫌疑人非法占有的主观故意的证据,此报案事项也有两种可能:一是民事违约,租车人未按期支付租金,未按期归还车辆,应承担违约责任;二是构成侵占罪,租车人依租约合法占有车辆,但无正当理由拒不归还,但侵占是自诉案件,让公安机关先行受理再移交法院实践中无法操作。而本文案例最终能够受案的原因是:犯罪嫌疑人在前租车辆未还的情况下,多次多部租赁车辆,车辆总数达四部,且租期届满多时均未归还,能推断其具有非法占有的主观故意。故而受案,开展调查。

《刑事诉讼法》明确规定的立案程序、审查起诉程序、公诉程序等都有明确的证据标准或要求。立案是刑事诉讼的启动程序,不经立案程序就不能进入刑事诉讼阶段,侦查阶段的开始更无从谈起。实际上,从我国刑事诉讼法对立案的要求标准来看,不难得出我国刑事诉讼法中的立案标准偏高的结论。尤其是在社会矛盾纷繁、人际关系复杂,犯罪手段高超、隐秘,犯罪分子狡诈奸猾的今天,要求侦查人员在对案情没有任何掌握的情况下,只是对接收到的有关材料进行审查的情况下就马上得出"犯罪事实发生与否、需要追究刑事责任与否"的结论,显然不仅是缺乏可靠的事实基础而且也是不可能完成的。而受案程序作为事实上的刑事办案程序,理应有明确的证据规格,就是报案人报案时所提供的证据材料应该能产生"有犯罪事实发生"的合理怀疑,初步排除民事纠纷的可能,经过初查后,认定有"有犯罪事实发生,需要追究刑事责任,且属管辖",进而立案侦查。

2.关于受案后可以采取的调查措施有哪些、受案后调查取得的证据是否具有证据能力

《程序规定》第 171 条规定:"对于在审查中发现案件事实或线索不明的,必要时,经办案机关负责人批准,可以进行初查。初查过程中,公安机关可以依照有关法律和规定采取询问、查询、勘验、鉴定和调取证据材料等不限制被调查对象人身、财产权利的措施。"《刑事诉讼法》规定的侦查措施有:讯问犯罪嫌疑人;询问证人;勘验、检查;搜查;扣押物证、书证;鉴定;技术侦查措施;通缉。也就是说,公安机关受案后进行的初查措施与侦查措施最大的区别就在于不能限制被调查对象的人身和财产权利。

上述案件受案后,侦查机关遂开展调查。我国刑法理论通说对犯罪构成要件采取四要件说,即主体、主观方面、客体、客观方面。要调查一事项是否构成犯罪,也不可避免地要围绕这四方面开展调查。本案涉嫌的罪名是合同诈骗罪。《刑法》第 224 条规定:"有下列情形之一,以非法占有为目的,在签订、履行合同过程中,骗取对方当事人财物,数额较大的,处三年以下有期徒刑或者拘役,并处或者单处罚金;数额巨大或者有其

他严重情节的,处三年以上十年以下有期徒刑,并处罚金;数额特别巨大或者有其他特别严重情节的,处十年以上有期徒刑或者无期徒刑,并处罚金或者没收财产:(1)以虚构的单位或者冒用他人名义签订合同的;(2)以伪造、变造、作废的票据或者其他虚假的产权证明作担保的;(3)没有实际履行能力,以先履行小额合同或者部分履行合同的方法,诱骗对方当事人继续签订和履行合同的;(4)收受对方当事人给付的货物、货款、预付款或者担保财产后逃匿的;(5)以其他方法骗取对方当事人财物的。"

根据刑法对合同诈骗罪的描述,侦查机关在受理阶段能开展的调查工作有:1.主体方面。报案人提交了租车人在租车时提交的身份证复印件和驾驶证复印件,侦查人员核实租车人身份信息并制作辨认照片组织报案人辨认,明确租车人的真实身份,确认其户籍信息;2.客观方面。通过询问报案人、证人,初步了解租车人实施的租车行为整个过程;3.客体方面。收集被租车辆的基本信息、车辆日常用途、价值等;4.主观方面。掌握可疑信息,如车辆GPS是否被拆卸、租金止付的日期、租车人的去向、被租车可能被处置的方式等初步判断租车人是否具有非法占有的主观故意。在案件受理后,侦查人员的初查工作就是收集证据,以判明能否立案。

问题也随之而来。侦查人员在受理案件阶段收集的证据能否称之为证据,是否具有证据能力。所谓证据能力,又称为证据的合法性,是指证据能够转化为定案根据的法律资格。证据的证据能力主要由四个方面所组成:取证主体的合法性;证据表现形式的合法性;取证手段的合法性;法庭调查程序的合法性。

《刑事诉讼法》规定:"可以用于证明案件事实的材料,都是证据。"证据种类有:物证;书证;证人证言;被害人陈述;犯罪嫌疑人、被告人供述与辩解;鉴定意见;勘验、检查、辨认、侦查实验等笔录;视听资料、电子数据。从消极的层面上来说,一项证据要具有证据能力,必须不属于法定的证据禁止之范畴;从积极的角度来看,一项证据要具有证据能力,还必须具有合法的证据形式。

在上述案件受案阶段,一方面,只要侦查机关取证行为符合《刑事诉讼法》关于取证行为的相关规定,不存在违法取证的情形,取得的证据就不属于非法证据范畴;另一方面,作为取证主体的侦查员身份明确,是办案单位民警,具有合法性,取得的证据亦是依据证据的形式制作相应的证据,如制作被害人陈述、证人证言,结合上述关于证据能力的概念及组成因素来看,侦查人员在受理阶段依据相应法律法规取得的符合证据形式要件的证据,应具有证据能力,不需要另行转化。

3.立案期限、立案标准问题

《刑事诉讼法》仅规定对报案都应接受,迅速进行审查,对符合立案条件的应当立案。并未明确规定受案到立案的期限。程序规定也未明确。只有在《公安部关于改革完善受案立案制度的意见》《最高人民检察院公安部关于公安机关办理经济犯罪案件的若干规定》及之前的《公安机关办理经济犯罪案件的若干规定》中明确了受案的期限。

对普通刑事案件，立案审查期限可以延长至三十日，对经济犯罪案件，可延两次立案审查期限，每次可至三十日。也就是说，受案之后，最多也只能延至六十日就得立案。上述案件：第一个报案受理时间为 2015 年 2 月 4 日，2015 年 2 月 28 日立案；第二个报案受理时间为 2015 年 2 月 5 日，2015 年 2 月 28 日立案；第三个报案受理时间为 2015 年 9 月 23 日，2015 年 9 月 24 日立案。而在受案阶段，收集到的证据材料有：被害人陈述、证人证言、相关被租车辆的登记信息、租车人身份信息，仅凭上述证据材料能否立案，立案的标准是什么？

《刑事诉讼法》规定，认为有犯罪事实，需要追究刑事责任，且属管辖的，应当立案。按照上述在受案期间收集的证据材料，是否达到了立案标准，是否有犯罪事实，以及怎么判断，还是得根据构成要件符合性来判断。一起合同诈骗案，最关键的问题就是确定“非法占有的主观故意”，主观故意要通过客观行为展现，在找不到租车人的情况下，能否以“没有实际履行能力，以先履行小额合同或者部分履行合同的方法，诱骗对方当事人继续签订和履行合同的或是收受对方当事人给付的货物、货款、预付款或者担保财产后逃匿的”来判断租车人具有非法占有的主观故意呢？而在未能找到租车人取证、未发现被租车辆去向的情况下，要作出判断有一定难度。上述案件，如果只有一个报案人来报案，初步的证据材料与那些去法院起诉合同违约的民事案件有什么区别呢？上述案件能够受理立案的最关键因素就在于租车人在短时间内租赁了较多车辆（四部）、车辆的 GPS 都没有信号（有被拆卸可能）、租车人又联系不上，综合这些因素，立案侦查。还有一种尴尬的情况，就是案件受理后，在延长立案审查期限内，未能发现明确能证明“有犯罪事实发生”的证据，但也不能完全排除这个可能，该如何处理。《刑事诉讼法》没有明确规定，其他法律法规也没有规定。在司法实践中，不立案比立案更麻烦，因为不立案赋予报案人申请复议、提请检察院立案监督的权利，所以往往做立案处理，但在被控告对象未到案的情况下具体事实尚不能明确，不能轻易做出刑事拘留上网追逃的决定（这往往是报案人选择报案的最大原因），容易出现立而不侦的情况。《刑事诉讼法》在第 16 条规定了应当撤销案件的情形“情节显著轻微，危害不大，不认为是犯罪的”等，《程序规定》也专门规定了“撤案”一节，那么，立案这个程序的意义何在呢？通常认为，立案是刑事诉讼程序的开始，只有立案后才能采取侦查措施、强制措施，但在事实上已确认了受案程序，受案后的调查措施类同侦查措施，强制措施的采取在司法实践中亦需通过严格的审核，立案实际上只是起到统计案件数的作用，成为一个考核指标，即发案数的升降考核，但仅统计发案并不能体现侦查机关的工作量，因为受案数没纳入统计范围。如果把受案的条件和标准明确化，并把受案程序明确为刑事诉讼的开端，根据罪名分列立案标准，更能有效解决受案难、立案难的问题。

板块二:强制措施的采用

在第三起案件立案后,侦查机关根据之前收集的证据材料,在无法直接查找到犯罪嫌疑人陈某某的情况下,办理了刑事拘留手续,并将其上网追逃。犯罪嫌疑人陈某某于2016年10月8日投案自首,当日被刑事拘留,三日后变更强制措施为取保候审。有的车辆犯罪嫌疑人主动还回,有的车主找回,犯罪嫌疑人赔偿车主损失,取得谅解。

问题1:对犯罪嫌疑人陈某某应采取何种强制措施

侦查机关在无法直接向犯罪嫌疑人陈某某取证的情况下,根据刑事诉讼法的规定,办理了刑事拘留手续,并将其上网追逃。2016年10月8日犯罪嫌疑人投案自首,当日被刑事拘留,同年10月11日变更强制措施为取保候审。

问题2:刑事和解有无扩大适用范围的必要

本案中,犯罪嫌疑人陈某某到案后称所租车辆均已归还,其愿意向被害单位及被害人赔礼道歉并赔偿所造成的损失,以争取从宽处理。

关键要点

1.强制措施的适用标准

2.合同诈骗罪能否适用刑事和解

法理分析

1.关于刑事强制措施

刑事诉讼强制措施,是指公安机关、人民检察院和人民法院为了保证刑事诉讼的顺利进行,依法对刑事案件的犯罪嫌疑人、被告人的人身自由进行限制或剥夺的各种强制性方法。本案中,侦查机关对犯罪嫌疑人采取的刑事拘留依据的是《刑事诉讼法》第82条第2项“被害人或者在场亲眼看见的人指认他犯罪的”;第(四)项“犯罪后企图自杀、逃跑或者在逃的”的规定;那么,当犯罪嫌疑人陈某某到案后,能否变更强制措施呢?犯罪嫌疑人陈某某系自动投案,并如实供述,应当认定为自首;在立案侦查后,被租车辆有的由被害单位找回,有的被犯罪嫌疑人陈某某主动归还,侦查机关委托鉴定机构对四部车辆进行价格鉴定,闽××××65号小轿车、闽××××A7号小轿车共价值人民币147454元;闽××××57小轿车价值人民币65021元;闽××××32小轿车价值人民币88744元。犯罪嫌疑人陈某某之前系其所在村庄村民小组长,其有意向被害单位及被害人赔礼道歉并赔偿相应损失。《刑事诉讼法》第67条第1款第2项对可以取保候审的规定是“可能判处有期徒刑以上刑罚,采取取保候审不致发生社会危险性的”。综合判断,对犯罪嫌疑人陈某某取保候审是符合法律规定的,而且也具有较好的社会效果。如前所述,刑事诉讼强制措施的本质是保障诉讼程序的顺利进行。但因为强制措施本

身具有的轻重特质，采取何种强制措施本就体现了对加害人在侦查阶段的处理是宽还是严。强制措施的采用虽然不是对加害人在实体上的最终裁断，但它的采用与否往往会改变当事人的处境而影响到当事人的合法权益。趋利避害是人的本能，加害行为发生后，有悔过诚意的加害人最大的目标就是不被追究刑事责任，退而求其次也希望得到从轻、减轻的处罚效果，在这样的前提下，先避免被采取羁押型的强制措施就成为了加害人欲赔偿损失的最大动因；被害人在加害行为发生后，强烈的“报复”心理会因加害人的真诚悔罪而消减，作为理性、现实的人，如何尽快获得最好的赔偿是最现实的选择，如果加害人获得了“相对自由”，如被取保候审，反而有利于加害人调整心态，积极面对接下来的刑事诉讼程序，这样并不会消融了强制措施的程序保障本意，反而有利于诉讼的顺利开展。

2.关于刑事和解问题

《刑事诉讼法》规定刑事和解的案件范围是：(1)因民间纠纷引起，涉嫌刑法分则第四章、第五章规定的犯罪案件，可能判处三年有期徒刑以下刑罚的；可能判处七年有期徒刑以下刑罚的过失犯罪案件。(2)犯罪嫌疑人、被告人在五年以内曾经故意犯罪的，以及渎职犯罪案件，不适用和解程序。这样就只有刑法分则第四章、第五章规定的案件中只有职务侵占案(第 271 条第 1 款)、挪用资金案(第 272 条第 1 款)、挪用特定款物案(第 273 条)属于公安机关经侦部门管辖的案件。由此看来，本案不符合刑事和解的适用范围。但就公安机关经侦部门管辖的案件而言，应当有更多的案件纳入刑事和解的范围，主要是有具体被害人的经济犯罪案件。此类案件属复杂客体，加害人的行为不仅侵犯了被害人的财产权，还破坏了社会主义的市场经济秩序。综合前述考量刑事和解范围的因素，此类案件有明确具体的被害人，且在经济犯罪案件中适用刑事和解不致让公众产生强烈的负面感观。因为经济犯罪案件中加害人对被害人造成的损害是财产方面的损失，主观恶性相对而言较小，就算是按照传统刑罚的报应理念，加害人赔偿被害人并加以财产上的处罚也是“报应”的应有之意，公众对此类案件的评价标准取决于被害人的满意度，在加害人真诚悔罪，赔礼道歉并赔偿损失后，加害人无论是从精神上抑或物质上的伤害都得到了抚平，此时公众对案件处理结果的评价与被害人对案件处理结果的满意度是相一致，不致产生负面感观。

 板块三：侦查终结，移送审查起诉

犯罪嫌疑人陈某某到案后，供述确认从上述被害单位、被害人处租走四部小轿车，并分别将车抵押给他人借款。侦查人员根据犯罪嫌疑人的供述找到四名出借人，制作证人证言，确认陈某某系向他们借款，并将上述车辆分别抵押给他们的事实。

问题 1：关于本案的定罪问题？

犯罪嫌疑人陈某某签订租赁合同共租赁四部轿车，后向他人借款，并将上述四部车

辆抵押借款。

问题 2:如何判断具有非法占有的主观故意?

问题 3:非法占有的主观故意产生的时间对罪名有何影响?

关键要点

1.骗租行为是前行为,抵押行为是后行为,构成一罪或是数罪,罪名为何?

2.非法占有的主观故意如何判定?

3.非法占有的主观故意产生的时间节点不同对案件的影响。

法理分析

1.租车后的抵押行为能否单独定罪

犯罪嫌疑人陈某远以租车名义与被害单位及被害人签订汽车租赁合同,租赁了四部小轿车,犯罪嫌疑人陈某远将车辆租走后,为了借款,而将车辆抵押给他人,后未继续支付租车款也未归还借款。犯罪嫌疑人陈某远在主观上明知自己无还款能力还继续租赁车辆,并且逃匿躲藏,其行为构成合同诈骗罪。值得探讨的是,犯罪嫌疑人抵押借款的行为是否构成犯罪?在之前发生的租车诈骗案件中,犯罪嫌疑人租走车辆后,往往会伪造车辆的车辆登记证明、车辆行驶证、车主身份证,然后找到借款人,谎称车辆是自己的,向借款人抵押借款。在此情况下,行为人具有欺诈故意,基于此欺诈故意行为人虚构自己是车主的事实,让出借人产生了错误认识,出借人基于错误认识出借了款项,行为人取得借款,出借人受到损失。可见,此种押车借款行为可构成诈骗罪。与前述租车诈骗构成合同诈骗罪具有牵连关系,应择一重罪处理。但本案具有特殊性,就是犯罪嫌疑人在押车借款时并未伪造相关证件,出借人在借款时明知车辆非犯罪嫌疑人陈某远所有,在案证据不能证明出借人有被骗,也不能证明出借人明知车辆的出租来源而有掩饰、隐瞒犯罪所得之嫌,故后续的押车借款行为不能构成诈骗罪,借款金额不能计入犯罪数额。

2.非法占有的主观故意

合同诈骗罪和合同纠纷区别的关键点就在于行为人是否具有非法占有的主观故意,而主观故意只能通过客观行为或是行为人的表述体现。基于趋利避害的人的本性,一般情况下,行为人都会为自己的行为辩解,很少会直接承认自己有非法占有的主观故意。

一般而言,对行为人是否具有非法占有之目的,可以从以下几个方面进行分析:(1)行为人是否具有签订、履行合同的条件,是否创造虚假条件;(2)行为人在签订合同时有无履约能力;(3)行为人在签订和履行合同过程中有无诈骗行为;(4)行为人在签订合同后有无履行合同的实际行为;(5)行为人对取得财物的处置情况,是否有挥霍、挪用及携

款潜逃等行为。

本案犯罪嫌疑人陈某某在租车合同的履行过程中，隐瞒将车辆抵押给他人用于借款的事实，对汽车租赁公司实施了欺诈；明知自己因借款无法偿还已经无力继续支付租车费用，仍以续租为理由，要求汽车租赁公司将车辆继续租用给自己；在将车辆抵押后，即停止支付租金或拖欠支付租金，且逃匿躲藏。综上，犯罪嫌疑人陈某某在本案中，存在以下三种情况：①在履行合同过程中有诈骗行为；②在合同履行过程中，并未按照合同要求实际履行合同；③将车辆抵押后，随即逃匿躲藏。因此，应当认定犯罪嫌疑人陈某某对合同的标的物汽车具有非法占有的目的。

3.非法占有的主观故意产生的时间对案件的影响

经济犯罪有明确的追诉标准，合同诈骗罪也不例外。合同诈骗罪的追诉标准是人民币 20000 元，也就是说，被骗金额达人民币 20000 元即应立案追诉。如果是骗取货款的合同诈骗，涉案金额明确，但在一些骗取财物的合同诈骗犯罪中，还存在着对涉案财物进行估价也就是价格鉴定的问题。在进行价格鉴定时，需要明确鉴定基准日，也就是要确定犯罪发生的时间。对合同诈骗罪而言，明确非法占有的主观故意的产生时间，也就是确定犯罪发生的时间，具有实际意义，关系到涉案财物的市场价值。本案中，涉案财物的鉴定基准日选择的是租期届满之日，因为此时，犯罪嫌疑人未按约归还车辆，也未继续支付租金续租车辆，而是将车辆进行抵押借款，由此，可认定此时是其非法占有的主观故意产生的时间。

《刑法》第 270 条规定了将代管的他人财物非法占为己有的侵占罪。侵占罪与合同诈骗罪有相似之处，合同诈骗的罪状描述“签订、履行合同的过程中”，也就是说合同诈骗罪的非法占有的主观故意不仅可以产生在签订合同时，也可以产生在履行合同过程中，“履行合同过程中的合同诈骗罪”与变合法占有为非法占有的侵占罪就容易混淆。二种罪名涉及的财物取得方式都是合法，结果都是拒不交出财物，区分的关键还是在于主观故意的内容，合同诈骗罪的主观故意强调的是骗，就是说不管是在签订合同时，还是在履行合同时，行为人为了实现非法占有财物的目的，会采取各种手段去骗取合同相对方的信任，而侵占罪的行为人则无需其他故意，只要有拒不交还的行为即可。

板块四：补充侦查

案件移送审查起诉后，犯罪嫌疑人陈某某提出其租走两部车的那家公司知道其租车的用途是用于抵押借款，补充侦查后确认其说法。

问题 1：报案人同意的行为是否能排除犯罪嫌疑人合同诈骗？

问题 2：补充侦查能否起到引导侦查的作用？

关键要点

1.被害单位明知是否形成违法阻且事由？

2.补充侦查在司法实践中的作用?

法理分析

1.犯罪嫌疑人陈某某的供述与证人郑跃明的证言可以相互印证,经证实,陈某某将租用的车辆用于抵押借款一事,被害单位厦门李某贸易有限公司事先知情。因被害单位事先已经知道被租用车辆将用于抵押借款,其仍愿意继续履行车辆租赁合同,故犯罪嫌疑人陈某某并不存在欺骗行为。此外,承办人认为该事实证明被害单位愿意承担车辆可能无法正常取回的风险,根据民事行为自愿原则和风险自负原则,不应认为犯罪嫌疑人陈某某有非法占有的故意。

2.《公安机关办理刑事案件程序规定》专门规定"补充侦查"一节,以审判为中心的诉讼体制改革提出至今,并未实质改变侦查主导刑事诉讼的局面。因为案件的实质调查和全面调查都是在这一阶段完成的。《程序规定》第274条规定了侦查终结的条件:"侦查终结的案件,应当同时符合以下条件:(一)案件事实清楚;(二)证据确实、充分;(三)犯罪性质和罪名认定正确;(四)法律手续完备;(五)依法应当追究刑事责任。"对案件进行全面、实质调查的任务就落在了侦查人员头上,审查起诉和审判就成了对侦查成果的二次质量检查,起到的是质检把关作用。因此,侦查对起诉、审判就有着重大的、实质性的影响。审判中心论强调在整个刑事诉讼过程中,审判对决定被告人的刑事责任具有最终的决定作用,证据的质疑和质问都在法庭上进行,在庭审过程中贯彻直接言词原则,刑事诉讼过程中的侦查和起诉活动都要围绕审判阶段来展开,侦查和起诉对法院最终的判决不具有决定性作用,他们只是为审判服务的。从现行刑事诉讼法的设计来看,检察院代表国家走上法庭提起公诉,是审判程序的参与者,换句话说,以审判为中心,间接的要求就是公诉指导侦查。实践中,公诉指导侦查有三种方式:提前介入、补充侦查、自行侦查。运用的最多的就是补充侦查。但补充侦查由于其滞后性,发生在公安机关侦查终结,移送审查起诉后,检察院在审查起诉中发现的问题由于时间的流逝,或是侦查方向的不同,有时并不能得以很好的解决。以审判为中心的诉讼体制改革,必然要求各方面的配套完善,在现有司法实践中,补充侦查还可以发挥更大的作用。

三、小　　结

经济生活日益复杂,信用体系的缺失带来了大量的问题,一个事件,是经济纠纷抑或是犯罪,终归要依赖证据。构建完备的刑事证据体系,应当规范从受案到侦查终结各个环节的证据规格,压缩肆意的空间,以更好的彰显法治精神。

四、相关法律和司法解释

1.《中华人民共和国刑事诉讼法》

第67条规定:“人民法院、人民检察院和公安机关对有下列情形之一的犯罪嫌疑人、被告人,可以取保候审:(1)可能判处管制、拘役或者独立适用附加刑的;(2)可能判处有期徒刑以上刑罚,采取取保候审不致发生社会危险性的;(3)患有严重疾病、生活不能自理,怀孕或者正在哺乳自己婴儿的妇女,采取取保候审不致发生社会危险性的;(4)羁押期限届满,案件尚未办结,需要采取取保候审的。”

第81条规定:“对有证据证明有犯罪事实,可能判处徒刑以上刑罚的犯罪嫌疑人、被告人,采取取保候审尚不足以防止发生下列社会危险性的,应当予以逮捕:(1)可能实施新的犯罪的;(2)有危害国家安全、公共安全或者社会秩序的现实危险的;(3)可能毁灭、伪造证据,干扰证人作证或者串供的;(4)可能对被害人、举报人、控告人实施打击报复的;(5)企图自杀或者逃跑的。对有证据证明有犯罪事实,可能判处10年有期徒刑以上刑罚的,或者有证据证明有犯罪事实,可能判处徒刑以上刑罚,曾经故意犯罪或者身份不明的,应当予以逮捕。被取保候审、监视居住的犯罪嫌疑人、被告人违反取保候审、监视居住规定,情节严重的,可以予以逮捕。”

第82条规定:“公安机关对于现行犯或者重大嫌疑分子,如果有下列情形之一的,可以先行拘留:(1)正在预备犯罪、实行犯罪或者在犯罪后即时被发觉的;(2)被害人或者在场亲眼看见的人指认他犯罪的;(3)在身边或者住处发现有犯罪证据的;(4)犯罪后企图自杀、逃跑或者在逃的;(5)有毁灭、伪造证据或者串供可能的;(6)不讲真实姓名、住址,身份不明的;(7)有流窜作案、多次作案、结伙作案重大嫌疑的。”

第112条规定:“人民法院、人民检察院或者公安机关对于报案、控告、举报和自首的材料,应当按照管辖范围,迅速进行审查。”

2.《中华人民共和国刑法》

第224条规定:“有下列情形之一,以非法占有为目的,在签订、履行合同过程中,骗取对方当事人财物,数额较大的,处3年以下有期徒刑或者拘役,并处或者单处罚金;数额巨大或者有其他严重情节的,处3年以上10年以下有期徒刑,并处罚金;数额特别巨大或者有其他特别严重情节的,处10年以上有期徒刑或者无期徒刑,并处罚金或者没收财产:(1)以虚构的单位或者冒用他人名义签订合同的;(2)以伪造、变造、作废的票据或者其他虚假的产权证明作担保的;(3)没有实际履行能力,以先履行小额合同或者部分履行合同的方法,诱骗对方当事人继续签订和履行合同的;(4)收受对方当事人给付的货物、货款、预付款或者担保财产后逃匿的;(5)以其他方法骗取对方当事人财物的。”

第270条规定:“将代为保管的他人财物非法占为己有,数额较大,拒不退还的,处2

年以下有期徒刑、拘役或者罚金;数额巨大或者有其他严重情节的,处2年以上5年以下有期徒刑,并处罚金。将他人的遗忘物或者埋藏物非法占为己有,数额较大,拒不交出的,依照前款的规定处罚。本条罪,告诉的才处理。"

3.《公安机关办理刑事案件程序规定》

第171条规定:"对于在审查中发现案件事实或线索不明的,必要时,经办案机关负责人批准,可以进行初查。初查过程中,公安机关可以依照有关法律和规定采取询问、查询、勘验、鉴定和调取证据材料等不限制被调查对象人身、财产权利的措施。"

4.《人民检察院刑事诉讼规则(试行)》

第380条规定:"人民检察院认为犯罪事实不清、证据不足或者遗漏罪行、遗漏同案犯罪嫌疑人等情形需要补充侦查的,应当提出具体的书面意见,连同案卷材料一并退回公安机关补充侦查;人民检察院也可以自行侦查,必要时可以要求公安机关提供协助。"

参考文献

1.陈瑞华:《刑事证据法学》,北京大学出版社2012年版。

2.陈瑞华:《比较刑事诉讼法》,中国人民大学出版社2010年版。

3.吕萍:《刑事立案程序的独立性质疑》,载《法学研究》2002年第3期。

案例八
陈明假冒注册商标案

摘要：假冒注册商标罪是知识产权类犯罪中的常见罪名，假冒注册商标案件的办理通常涉及鉴定意见的采信、犯罪数额的认定等疑难问题。该案恰恰具有典型性，其囊括了此类案件办理实务中所有常见的审查难点，涉及实物证据鉴真规则的具体适用、被侵权企业出具鉴定意见的采信、非法经营数额认定规则、物价鉴定意见与商品质量鉴定意见的审查认定等实务问题。对这些问题的探讨有助于反思和规范类案办理，指导开展办案实务。

一、引　　言

2016年间，犯罪嫌疑人陈明在其经营的位于莆田市涵江区××镇××村××路兴旺鞋业有限公司厂房内组织工人生产假冒“阿迪达斯”牌“LA TRAINER”型号休闲鞋。2016年8月4日11时许，公安机关根据事先掌握的群众举报线索，在兴旺鞋业有限公司内当场查获假冒“阿迪达斯”牌休闲鞋共计1568双（部分鞋子鞋底粘有标签，标签上显示建议零售价格为829元），并抓获犯罪嫌疑人陈明。（本案中当事人均为化名）

2016年8月16日，经公安机关抽样送检，阿迪达斯体育（中国）有限公司（以下简称阿迪达斯公司）出具证明，证实涉案的1568双运动鞋不是阿迪达斯公司生产的商品，是假冒阿迪达斯公司注册商标的商品；正品同款或近似款型的型号为M19419，市场零售价格为829元，大宗商品采购价格为580每双。2016年8月20日，经公安机关抽样送检，中国检验认证集团福建有限公司出具鉴定意见，本案查获的“阿迪达斯”牌假冒鞋子耐折性能结果均不符合QB/T2955-2008标准要求，属伪劣商品。2016年8月22日，经莆田市涵江区价格认定局进行物价鉴定，涉案假冒“阿迪达斯”牌休闲鞋（数量：1568双，鞋款名称：“LA TRAINER”复古休闲版）的市场价格共计人民币799680元（每双单价510元）。

2016年9月2日,莆田市公安局涵江分局以犯罪嫌疑人陈明涉嫌假冒注册商标罪,移送莆田市涵江区人民检察院审查起诉。其间,莆田市涵江区人民检察院以事实不清、证据不足,退回莆田市公安局涵江分局补充侦查两次。补充侦查期间,莆田市公安局涵江分局委托莆田市涵江区价格认定局对涉案1049双假冒"阿迪达斯"牌休闲鞋重新鉴定,委托阿迪达斯公司对涉案1049双休闲鞋进行商标真伪鉴定。2016年10月15日,莆田市涵江区价格认定局第二次出具物价鉴定意见,认定涉案假冒"阿迪达斯"牌休闲鞋(数量:1049双,鞋款名称:"LA TRAINER"复古休闲版)的商品价值共计人民币48254元(每双单价46元)。2016年10月18日,阿迪达斯公司出具证明,证实涉案的1049双运动鞋不是阿迪达斯公司生产的商品,是假冒阿迪达斯公司注册商标的商品。

2017年4月13日,莆田市涵江区人民检察院经审查认为犯罪嫌疑人陈明的行为涉嫌假冒注册商标罪的事实不清、证据不足,依法作出不起诉决定。2017年4月25日,莆田市公安局涵江分局向莆田市涵江区人民检察院提出复议。2017年5月18日,莆田市涵江区人民检察院维持不起诉决定。

二、案情内容与法理分析

板块一:实物证据鉴真规则在办案实务中的运用问题

本案公安机关移送审查起诉时,认定涉案假冒"阿迪达斯"注册商标的侵权休闲鞋1568双,犯罪数额799680元。经审查,在案的扣押物品清单显示扣押假冒"阿迪达斯"牌"LA TRAINER"型号休闲鞋1568双,该扣押物品清单有犯罪嫌疑人陈明、见证人及民警签字确认,经核实确认签字均为本人签字。但在该扣押物品清单的扣押物品数量一栏中显示有更改痕迹,原填写数量为1049双,擦涂后更改为1568双,且该部分更改内容未见犯罪嫌疑人陈明捺印确认。同时,经审查,在民警侦讯犯罪嫌疑人陈明的所有笔录中,犯罪嫌疑人陈明均仅承认扣押在案的1049双休闲鞋是其组织工人制造,其对扣押清单上休闲鞋的数量有疑义。

民警:我们今天在你工厂到查获的"阿迪达斯"牌"LA TRAINER"型号休闲鞋是否都是你本人组织工人生产?

陈明:我承认,是我本人组织工人生产。

民警:经我们民警现场当面清点,共有"阿迪达斯"牌"LA TRAINER"型号休闲鞋1568双,此前已经向你确认1049双并制作了扣押笔录,随后我们民警又在工厂里屋发现12麻袋同样的鞋子,经清点共有519双,现在请你在这张新的扣押物品清单上签字确认。

陈明:(阅看扣押物品清单)。工厂里只有1049双鞋子,你们说的工厂里屋的鞋子

不是我的。

民警:陈明,你应当如实交代自己的犯罪事实,如果故意隐瞒事实,你将承担相应的法律后果(教育5分钟)。

陈明:…(沉默约1分钟)。

民警:现在请你仔细回忆,我们民警在你工厂里屋中搜到的519双“阿迪达斯”牌“LA TRAINER”型号休闲鞋是否也是你们工厂的?

陈明:不是。工厂里屋里面没有休闲鞋,只有你们刚才扣押的1049双休闲鞋是我组织工人生产的。

民警:那另外519双休闲鞋不是你组织工人生产的?

陈明:我不知道工厂里屋还有休闲鞋的事情。

民警:那我们民警在工厂里屋搜查到的519双休闲鞋你如何解释?

陈明:我不清楚。

……

问题1:公安民警侦查过程中制作的搜查笔录、扣押物品清单等“过程笔录”的证据功能?

公安机关在搜查场所、扣押涉案物品时,必须要依法制作搜查笔录、扣押物品清单,本案公安机关制作的扣押物品清单存在未经犯罪嫌疑人捺印确认的涂改痕迹。

问题2:搜查笔录、扣押物品清单等“过程笔录”中记载的内容该如何审查?

问题3:侦查机关对搜查笔录、扣押物品清单等“过程笔录”制作不规范的情况下,如何看待据此取得的物证等客观证据?该适用何种排除规则采信由此获得的客观证据?

问题4:适用实物证据鉴真规则后,本案无法确定519双休闲鞋的来源,该519双休闲鞋能否作为定案证据?

关键要点

1.搜查笔录、扣押物品清单等“过程笔录”的证据功能。

2.搜查笔录、扣押物品清单等“过程笔录”的审查要点。

3.“过程笔录”制作不规范的物证的排除规则。

4.无法确定来源的物证能否作为定案证据。

法理分析

1.搜查笔录、扣押物品清单等“过程笔录”的证据功能

司法实践中,收集实物证据所形成的勘验笔录、检查笔录、搜查笔录、扣押清单等,其证据功能在于见证从实物证据被发现到提取、收集、保管、移送、使用,直至在法庭上使用的全过程,因此又俗称“过程笔录”。“过程笔录”的证据功能在于充分说明实物证

据的来龙去脉,以及充分证明实物证据的同一性,保证实物证据没有发生外观、形态、数量的变化,这一过程又叫"实物证据的鉴真过程"。因此,"过程笔录"是特定侦查措施和实物证据之间建立因果关系的桥梁。这座桥梁一旦断裂,很可能导致实物证据的来源不清,进而影响实物证据的客观性、关联性和合法性。

2. 搜查笔录、扣押物品清单等"过程笔录"的审查要点

实务中,审查该类证据要看是否能形成一个动态完整的证据保管链条,关键要把握四个节点。一要审查来源的可靠性,即审查物证、书证、视听资料、电子数据来源是否可靠。来源不明的实物证据,一律不得作为定案的根据。二要审查搜集、提取过程是否具备完备性。即在搜查笔录、扣押清单中,应当完整反映在什么地方发现了证据,是怎么搜集的,什么人、什么时间、什么地点、用什么手段等信息,并证明证据提取、收集过程的完整性,不能产生合理怀疑。收集、提取经过记录不详,有重大合理疑问不能排除的,不得作为定案的根据。三要审查保全措施是否完善。在长达几个月的侦查过程中,实物证据应当保存在适宜和完善的环境中,防止因为保管不善导致实物证据的颜色、尺寸、外观、形状内容等发生重大变化。四要审查使用过程中是否确保了证据的同一性。在审查确定证据来源可靠、收集提取经过记录完备、保全完善的基础上,还要审查证据使用时是否具备同一性。特别是作为鉴定检材的实物证据,应当注意审查鉴定的检材来源是否清楚,以及检材使用方法是否符合规定等。

3.对"过程笔录"制作不规范的物证,应适用"可补正的排除"规则

"过程笔录"制作不规范的物证,例如非法搜查得来的物证,本质上是"毒树之果",域外有对"毒树之果"进行排除的证据规则。然而,囿于我国目前的司法现状,对"毒树之果"并未进行强制性排除,而是适用"可补正的排除"规则。《刑事诉讼法》第 56 条规定,收集物证、书证,不符合法定程序,可能严重影响司法公正的,应当予以补正或者作出合理解释;不能补正或者作出合理解释的,对该证据应当予以排除。即对于物证、书证收集不符合法定程序,可能影响司法公正的,只有在不能补正和作出合理解释的情况下,才予以排除。关于"可能严重影响司法公正",一般指两种情况,一是造成严重后果,例如非法取得的物证、书证有可能是伪造的,或者记载内容不实。二是手段严重违法,即如果收集实物证据的行为故意违反法定程序,并且侵犯了宪法规定的公民隐私权、财产权、通信自由权和通信秘密权等基本人权,就会被视为严重影响司法公正。

4.本案不能证明来源的 519 双休闲鞋不能作为定案的证据

(1)民警制作的扣押物品清单有更改痕迹,且犯罪嫌疑人陈明对扣押物品数量有异议,未在书证更改处进行捺印确认,经审查犯罪嫌疑人陈明笔录发现对扣押物品数量的更改内容有异议,不能排除该扣押物品清单反映的记载内容不实的可能,属于《刑事诉讼法》第 56 条"收集物证、书证,不符合法定程序,可能严重影响司法公正"的情形,办案机关应当要求侦查机关作出合理解释。

(2)经办案民警书面解释,初步反映情况为:2016 年 8 月 4 日 11 时许,民警在兴旺鞋业有限公司内的仓库里先当场查获一批假冒“阿迪达斯”牌休闲鞋,现场清单数量为 1049 双,犯罪嫌疑人陈明现场确认签字后,四位民警将该 1049 双休闲鞋及犯罪嫌疑人陈明带到办案区进行进一步调查,两位民警则在进一步搜查现场,后发现该公司厂房的里屋内还藏有部分假冒“阿迪达斯”牌“LA TRAINER”型号休闲鞋,遂立即将该批鞋子搬到警车上,并驱车到办案区进行清点,确认有 519 双。民警重新制作扣押物品清单,但犯罪嫌疑人陈明拒绝在民警重新制作的扣押物品清单上签字确认,称公司厂房内仅有涉案休闲鞋 1049 双。民警在原扣押物品清单上直接更改扣押物品数量为 1568 双并要求犯罪嫌疑人陈明在更改处捺印确认,遭犯罪嫌疑人陈明拒绝。

(3)本院退回补充侦查,进一步核实确认情况如下:

第一,2016 年 8 月 4 日当天,四位民警将该 1049 双休闲鞋及犯罪嫌疑人陈明带到办案区进行进一步调查后,留在现场的两位民警对公司厂房进行搜查时无其他见证人在场,且对该工厂厂房里屋进行的搜查属于无证搜查,整个搜查过程约 10 分钟,搜查过程中并未制作现场勘查笔录或搜查笔录等“过程笔录”,事后也未及时补充制作搜查证或搜查笔录。

第二,因当天情况紧急,留在现场进行搜查的两位民警并未事先佩戴执法记录仪即出警现场,无法提供反映搜查过程的录音录像情况。同时,两位参与搜查的民警均出具了搜查工作说明,反映以上搜查过程。

第三,两位民警在公司厂房里屋搜查到涉案休闲鞋后,放在警车上并带到办案区外的空地上进行清点,由于当天民警正在对犯罪嫌疑人陈明制作笔录,所以清点过程中犯罪嫌疑人陈明不在场,由于当天办案区内其他民警均出警或正在处理其他紧急事务,因此清点过程中也没有其他见证人在场。清点完毕后,两位民警将此前扣押的 1049 双休闲鞋以及该 519 双休闲鞋分别搬到财物管理室并办理了财物入库手续,有入库清单两份,一份显示入库“阿迪达斯”牌“LA TRAINER”型号休闲鞋 1049 双,一份显示入库“阿迪达斯”牌“LA TRAINER”型号休闲鞋 519 双。

综合以上情况,本案两位民警在搜查过程中发现并扣押的 519 双休闲鞋,从物证被发现到入库过程中,除两位民警自证外,没有现场勘查笔录、搜查笔录等任何“过程笔录”来辅助证实物证的来源、转移、清点、入库过程,没有相关见证人或者其他证人的证言能辅助证实这一过程,民警也没有制作反映搜查过程的录音录像资料,收集的物证亦被犯罪嫌疑人否认。因此,侦查机关对涉案扣押物品清单中物品数量栏更改的解释不具合理性,不能证明该 519 双休闲鞋的来源,该 519 双休闲鞋的物证应当予以排除,不能作为定案证据。

板块二:假冒注册商标案件中,被侵权企业出具的鉴定意见如何采信

公安机关于2016年8月10日对涉案的1568双假冒阿迪达斯注册商标的休闲鞋进行随机抽样,从1049双中抽取了8双,从519双中抽取了4双,该12双休闲鞋送往阿迪达斯公司,委托鉴定事项系该12双鞋子是否假冒阿迪达斯公司注册商标的商品。阿迪达斯公司于2016年8月16日出具证明,证实涉案的1568双休闲鞋不是阿迪达斯公司生产的商品,是假冒阿迪达斯公司注册商标的商品。该公司迄今为止并未授权莆田市涵江区梧塘镇漏头村原莆永路兴旺鞋业有限公司(当事人陈明)处生产、储存、销售标有阿迪达斯公司注册商标的商品。

同时,阿迪达斯公司又超出委托鉴定范围,出具了涉案假冒注册商标的商品的正品价格认定证明,称涉案被假冒阿迪达斯注册商标的休闲鞋正品同款或近似款型的型号为M19419,市场建议零售价格为829元,大宗商品采购建议价格为580每双。

问题1:阿迪达斯公司作为商标注册人,能否对商品标识进行真伪鉴定?因检材来源不明,鉴定意见能否采信?

公安机关为确定涉案休闲鞋系假冒阿迪达斯注册商标的商品,委托阿迪达斯公司对商标真伪进行鉴定。公安机关通过随机抽取检材送阿迪达斯公司鉴定,但因检材中包括部分来源不明的休闲鞋,故鉴定意见的准确性值得怀疑。

问题2:阿迪达斯公司作为商标注册人,而非物价管理部门,能否对被侵权商品的真品价格出具鉴定意见?

关键要点

1.公安机关能否委托商标所有人对商标真伪进行鉴定?

2.商标所有人对商品价格的鉴定意见能否采信?

法理分析

1.阿迪达斯公司作为商标注册人,可以对商品标识进行真伪鉴定,但原鉴定意见因检材来源不明不能采信

(1)商标注册人作为掌握专业知识的被害方,有权对商标标识进行真伪鉴别。假冒注册商标行为属于侵犯注册商标专用权行为的一种,刑法意义上的假冒注册商标行为仅限于特定商品使用的商标与注册商标核定使用的商品商标相同的情形。从法理上来看,关于涉案商标是否假冒注册商标的认定,理应由工商行政管理机关或与案件处理无利害关系的专业第三方出具鉴定意见,而不应由商标注册人出具鉴定意见。但是,囿于商标的真伪鉴定涉及专业判断,鉴别人员应当对辨认经营、使用的方法、与真品的差异

等基本情况进行专业化的说明，而商标注册人之外的鉴别人员对注册商标的熟悉程度往往并不如商标注册人。如果一味苛求商标标识的真伪鉴别要由商标注册人之外的机构或人员作出，则鉴定意见的作出将耗费较多的人力、物力和财力，其准确性也往往无法予以充分保证。据此，为了在公正与效率之间达致相对的平衡，求助商标注册人出具鉴定意见成为必然。国家工商行政管理总局商标局《关于鉴定使用注册商标的商品真伪问题的批复》(商标案〔1997〕458 号)规定："使用注册商标的商品真伪，应由该注册商标的合法使用人或者法定检验机构鉴定。在双方鉴定结论不一致的情况下，如果注册商标合法使用人能提供有效证据证明其结论是真实合法的，则应以注册商标合法使用人的鉴定结论为准。"《关于假冒注册商标商品及标识鉴定有关问题的批复》(商标案字〔2015〕第 172 号)规定："在查处商标违法行为过程中，工商行政管理机关可以委托商标注册人对涉嫌假冒注册商标商品及商标标识进行鉴定，出具书面鉴定意见，并承担相应的法律责任。被鉴定者无相反证据推翻该鉴定结论的，工商行政管理机关将该鉴定结论作为证据予以采纳。"这两个规定，在法律地位上确定了商标注册人有权对商标标识进行真伪鉴别。

(2)原鉴定意见因送检样本来源不明导致鉴定意见不能采信。本案被查扣的休闲鞋品牌、规格、包装无显著差异，具有同源性，公安机关遂采用简单随机抽样方法，随机抽取满足鉴别和复鉴所需数量的样品送检，抽样符合法定程序；本案为刑事案件，公安机关作为鉴定委托人，可以委托商标注册人阿迪达斯公司出具涉案休闲鞋是否属于假冒注册商标的商品的鉴定意见，送检符合法定程序；阿迪达斯公司出具的商品标识真伪的鉴定意见中，对鉴别经过、使用的方法、与真品的差异等基本情况均进行了详细说明，并盖有公司印章，承诺对鉴定意见承担法律责任，鉴定过程符合法定形式。但是，由于公安民警是从扣押的共计 1568 双休闲鞋中随机抽取送检样本，而现有证据又仅能认定该 1568 双休闲鞋中的 1049 双属犯罪嫌疑人陈明组织工人制造，无法排除民警随机抽取的样本中包含未能作为定案证据的 519 双休闲鞋的可能，故阿迪达斯公司出具的原鉴定意见因送检样本来源不明导致鉴定意见不能采信。

本案退回补充侦查期间，公安机关从扣押的 1049 双涉案休闲鞋中随机抽取 8 双样本后，重新送检，阿迪达斯公司出具新的鉴定意见，认定送检样本均系假冒阿迪达斯公司注册商标的商品。该份鉴定可以作为定案证据。

2.阿迪达斯公司作为商标注册人，对商品价格的认定意见不能作为定案证据

为规范价格认定行为，统一价格认定程序和方法，保障价格认定客观、公正，价格鉴定行为应由具备价格管理权限的部门依据有关价格管理规定依法进行。阿迪达斯公司作为商标注册人，一是从鉴定资质上看，其并非具备价格管理权限的法定部门，不符合物价鉴定的主体资质。二是从鉴定方法上看，价格认定方法中的"市场法"，是适用科学的价格认定方法和标准，严格依据有关价格管理规定进行。用"市场法"认定价格时，必

须通过市场调查,选择3个或者3个以上与价格认定标的相同或类似的可比实例或者参照物,分析比较价格认定标的与参照物之间的差异并进行调整,从而确定价格认定标的的市场价格。与此相比,商标注册人出具的商品市场价格认定意见,一般是直接将商品的市场零售标价认定为商品市场价格,并未考虑市场零售打折等客观因素,也并未进行市场实地调查,价格认定意见的科学性不足。三是从鉴定立场上看,价格鉴定应保持公正立场,确保鉴定意见不偏袒任何一方,而商标注册人作为案件被害方,其出具的价格认定意见很难自证客观公正立场。因此,为了确保物价鉴定意见的合法性、公正性和科学性,涉案物品的价格鉴定意见应当由法定部门依照法定标准和法定方法作出,本案商标注册人阿迪达斯公司出具的商品市场价格认定意见不能作为定案证据。

模块三:非法经营数额的认定规则及审查思路

根据最高人民法院、最高人民检察院《关于办理侵犯知识产权刑事案件具体应用法律若干问题的解释》第12条规定:“本解释所称‘非法经营数额’,是指行为人在实施侵权知识产权行为过程中,制造、储存、运输、销售侵权商品的价值。已销售的侵权商品的价值,按照实际销售的价格计算。制造、储存、运输和未销售的侵权商品的价值,按照标价或者已经查清的侵权商品的实际销售平均价格计算。侵权商品没有标价或者无法查清其实际销售价格的,按照被侵权商品的市场中间价格计算。”

法律规定的以上三种计算方法并非任选的,而是层层递进的,只有按照前种方法无法认定侵权商品的价格时,才适用后种方法进行计算。简言指,数额认定的采信顺序是:已销售价格——标价或实际销售平均价格(包括合同价等)——市场中间价。实务运用中,常见的难点及分歧点包括标价的审查认定、实际销售价格的审查认定以及实际销售平均价格的计算问题。

1.本案中,公安机关查获的假冒“阿迪达斯”牌“LA TRAINER”型号休闲鞋中,部分鞋子鞋底黏有标签,标签上显示建议零售价格为829元。

民警:我们扣押的假冒“阿迪达斯”牌“LA TRAINER”型号休闲鞋上,有部分黏有标签,这些标签是否你组织工人粘贴的?

陈明:是我组织工人粘贴的。

民警:那标签上面显示的“建议零售价格829元”是怎么确定的?

陈明:是我参照市面上正品的价格来确定的。

民警:上面标注的建议零售价格是否就是你实际卖出的价格?

陈明:不是,我实际销售这些鞋子的价格也就是每双四十几元,没有按照上面的标价来进行销售。

民警:那你既然实际上并不会按照标价来卖,为什么还要组织工人粘贴写有标价的标签?

陈明：主要是为了好卖，因为买鞋子的时候顾客会看标价，顾客看完标价后，我如果报比较低的价格，顾客心理上会比较好接受。

2.本案公安机关当场查获了假冒注册商标的休闲鞋及抓获了在现场的犯罪嫌疑人陈明。犯罪嫌疑人陈明在被抓后的第一份笔录中辩称该批休闲鞋系客户“阿六”委托生产，并同时提供标注签订合同日期(2016 年 3 月 31 日)、交货日期(2016 年 8 月 13 日)的订购合同一份，该份合同上显示订货人员“阿六”(1386097××××)，供货方佘方(1333851××××)，具体订货内容为：贝壳头白/黑/金配色 450 双；贝壳头白/蓝配色 600 双，单价均为 43 元，合计人民币 45150 元。随后的侦查过程中，公安机关根据犯罪嫌疑人陈明的辩解情况和提供的交易合同，向合同上显示的佘方、“阿六”调取证言，从而进一步核实确认犯罪嫌疑人陈明的辩解和提供的书面证据是否属实。

3.本案中针对被查获的该批共计 1049 双假冒注册商标的休闲鞋，犯罪嫌疑人陈明辩解是以每双 43 元销售给“阿六”。

民警：我们民警查获的这批鞋子你是仅销售给“阿六”一人?

陈明：是的，这批鞋子是他向我订货的，都是要交付给“阿六”的。

民警：那你平时是否还向其他人销售过与本案该批被查获鞋子相同的鞋子?

陈明：有零售过十双左右。

民警：那你把零售的情况说一下?

陈明：这批鞋子我总共生产了约 1100 双左右。生产出来后，我有拿十来双在街边摆摊卖给路人。我都是卖给一些过路的不认识的路人，他们逛街经过的时候看到我在摆摊，有的会过来看我这些鞋子，问我价格，我一般会先说一双 60 元，但是顾客都会讨价还价，所以最后我卖出去的几十双左右的鞋子都是按照不同的价格卖出去的，有的卖了 60 元，有的卖了 55 元，有的卖了 50 元，还有的 45 元也卖了，差不多每个价位都有卖出十双左右。

民警：具体哪些价钱分别卖了多少双你回忆下?

陈明：我确实记不清了。但我确定这四个价格中，每个价格我都至少卖出了两双。

民警：那你将这些鞋子具体卖给谁?

陈明：都是一些过路的顾客，我不认识他们，他们买完鞋子付完钱也走了，我没有留他们的联系方式。

民警：那他们付款的方式?

陈明：都是用现金付款的，多的我就找零钱给他们。

民警：没有顾客提出来用微信或者支付宝支付吗?

陈明：有，但我不会用微信和支付宝收付款，所以我都是让他们付现金，我记得有一两位年轻男子没带现金，想要用微信付款给我，我说我只收现金，不会用手机收款，然后他们就走了。

民警:你刚才说这些鞋子你卖给别人最低 45 元,最高 60 元,那为什么你要以 43 元每双卖给你所说的“阿六”?

陈明:因为他向我订购了 1000 双左右的鞋子,数量比较多,所以我愿意以更低的价格卖给他,这样我也能赚到钱,以后他也会可能再向我买。

问题 1:查扣的涉案休闲鞋中,部分贴有“建议零售价格 829 元”的标签,能否参照该价格直接认定犯罪数额?

问题 2:实际销售价格的递进式认定规则在办案实践中该具体如何把握?

问题 3:法律规定中的实际销售平均价格究竟是各个查明单价的简单平均还是权重平均?

关键要点

1.标价的审查认定思路。

2.实际销售价格的审查认定思路。

3.实际销售平均价格的计算问题。

法理分析

1.标价的审查认定

对于制造、储存、运输和未销售侵权商品的“非法经营数额”的认定,由于未实际销售,则按照非法经营数额认定规则,应当直接审查有无标价或者已查清的侵权商品的实际销售平均价格,若无标价或者实际销售平均价格的,则应当参照被侵权商品的市场中间价格计算非法经营数额。但问题是,如果侵权商品既有标价,又有已查清的实际销售平均价格,是要采信标价还是实际销售平均价格?法律对此并无进一步的细化规定,实务中的一般处理方法是跳过标价直接采信已查清的实际销售平均价格。因为从侵权商品非法经营数额的认定规则来看,将标价和实际销售平均价格进行并列规定,说明这里的标价是指市场上该侵权商品的正常标价,与该商品的实际销售价格应该相差不大。而在实践中,犯罪嫌疑人在制造或销售侵权商品时,常常出于促使消费者产生占便宜心理等考虑,参照被侵权商品的价格标价或人为制定一个虚高的标价,再通过打折销售等方式进行侵权商品的市场流通。此时,侵权商品的标价仅仅是犯罪嫌疑人销售或预售侵权商品的一种销售手段,并不能客观反映侵权商品的实际销售价格。因此,在同一个案件中,如果侵权商品既有标价,又存在已查清侵权商品的实际销售价格的情况下,一般不以标价来认定非法经营数额。但是,如果同一个案件中,不存在已查清侵权商品的实际销售价格,或者实际销售价格无法采信的情况下,侵权商品的标价在符合以下证据印证条件的情况下,可以例外地被采信,包括:一是犯罪嫌疑人稳定承认以标价原价或者标价的固定打折比例销售侵权商品;二是多名购买人员证实以标价或者标价的固定

打折比例购买侵权商品，犯罪嫌疑人不否认或无法提出可信辩解的；三是侵权商品标价与鉴定的市场中间价相比，标价金额较低且更加符合市场交易习惯的。这种情况下采信标价的理由是市场交易习惯中，除非是市场供不应求的特殊商品，否则交易不可能以高于标价的实际交易金额进行。

本案中，虽然查扣的假冒注册商标的鞋子中，部分黏有写着建议零售价格的标签，但犯罪嫌疑人陈明否认按照该建议零售价格进行销售，其辩解的在鞋子上粘贴写有建议零售价格标签的动机符合常理，再加上本案价格认定部门在调查市场后认定的被假冒注册商标的商品的正品市场销售单价也仅仅 510 元，远远低于 829 元的建议零售单价。因此，本案不应采信标价为犯罪数额。

2.实际销售价格的审查认定

实践中，如果侦查机关在查获案件时一并查获了与侵权商品相关的销售账本、销售发票、销售合同、提货单据等书面证据的，则侦查过程中一般会以这些当场查获的书面证据为基础证据，辅以犯罪嫌疑人的供述和销售对象的证言进行相互印证，进而认定侵权商品的实际销售价格。而如果没有一并查获书证，则需要通过收集犯罪嫌疑人供述、证人证言等言词证据来确定是否存在实际销售价格。实务中，在两种情况下，有可能根据言词证据的印证情况来确定实际销售价格，一种情况是根据犯罪嫌疑人的供述找到购买侵权商品的下家，同时下家的证言同犯罪嫌疑人供述一致；另一种情况是没有下家，但是案件中存在多名犯罪嫌疑人或者多名证人，在排除串供可能的前提下，各犯罪嫌疑人供述的销售价格基本一致并且得到仅提供劳务活动的打包工人等证人证言的证实。

3.实际销售平均价格的计算问题

由于实践中经常发生已销售的侵权商品实际销售价格和实际销售数量客观上存在难以查清的情况，以及已查清的侵权商品实际销售价格通常会存在一定幅度的浮动，所以司法解释中规定按照实际销售价格的“平均价格”来计算非法经营数额，契合了销售侵权商品犯罪行为的隐蔽性以及量多价低、量少价高的市场交易惯例。

但是，关于实际销售平均价格，究竟该通过何种具体方式计算平均数，实务中较为混乱，目前有三种不同的观点和做法，且都有相应的裁判案例予以支持确定。第一种观点认为，每次实际销售侵权商品的价格和数量必须相对固定才能计算实际销售平均价格。因为侵权商品有可能零售，也有可能批发销售，数量波动幅度和价格波动幅度均较大，如果机械采信这些波动幅度较大的价格来计算平均销售价格，则计算出的平均数也无法准确、客观地反映侵权商品的实际销售价格情况。据此，该观点认为，如果具体个案中，每次实际销售的数量和价格并不固定，则应当进行市场中间价鉴定并予以采信。第二种观点认为，如果具体个案中存在已查清的多个实际销售价格，则应当将这些查清的实际销售单价累加后除以单价的具体数量得出侵权商品的平均销售单价，这也是目

前司法实践中计算侵权商品实际销售价格时最常用的平均数计算方法。这里我们假定要计算的实际销售平均价格为 m，每次实际销售单价为 a、b、c、…，个案中有 n 个实际销售单价，那么计算公式就是 $m=(a+b+c+\cdots)/n$。持该观点的人认为，即使侵权商品的实际销售价格在一定的价格幅度内有波动，但是这恰恰反映了商品的市场运行规律，将这些分布在一定区间的销售单价囊括后计算商品单价，可以全面、完整考虑商品的价格波动情况。第三种观点认为，如果具体个案中存在已查清的多个实际销售价格，应当要结合侵权商品每次实际销售的数量和价格两个方面来权衡计算平均价格。因为在侵权商品的市场交易习惯中，零售和批发价格往往存在较高的价格差异，有时甚至相差悬殊。在充分考虑量多价低、量少价高的市场交易惯例的情况下，不能只考虑每次交易的数量情况而将各个销售单价进行简单累加后计算平均数，而应当将每次实际销售单价都视为在特定商品数量区间内的价格体现。这里我们假定要计算的实际销售平均价格为 m，每次实际销售单价为 a、b、c、…，每次实际销售数量为 x、y、z、…，那么计算公式就是 $m=(ax+by+cz+\cdots)/x+y+z+\cdots$。

虽然目前没有明确的司法解释或两高指导案例来规范侵权商品实际销售平均价格的计算方法，但是对比以上三种处理方式，我们不难看出第三种处理方法更加符合司法解释精神以及商品流通的市场规律。第一种处理方法确实指出了以少部分侵权商品的实际销售价格来认定全部侵权商品价格中存在的诸多不确定、不合理之处，因为实践中经常发生查获的侵权商品数量较多，而实际销售的侵权商品的数量仅占极少比例的情形，例如查扣一万双假冒注册商标的运动鞋，而仅能查清 60 双运动鞋的已销售价格，此时我们很难从 60 双运动鞋波动不稳的已销售价格中寻找得以形成内心确信的平均价格，因为人类天然地难以在数字中找到安全感，何况还要将这个内心无法确信的平均价格扩展适用到一万双运动鞋中。但是，该种处理方法人为地跳过了“非法经营数额”认定规则中层层递进的逻辑关系，而简单地求助于价格认定部门来进行非法经营数额的司法认定，与司法解释的规定明显相悖。而且，司法实践中由价格认定部门采用“市场法”鉴定出的侵权商品价格往往会高于个案中已经查清的侵权商品实际销售价格，这样处理的结果往往会让犯罪嫌疑人承受更严重的刑罚，在犯罪嫌疑人或辩护人提出质疑并以司法解释进行抗辩的情况下，该种处理方式往往得不到司法确认。第二种处理方法与第三种处理方法相比，明显忽视了市场交易惯例中商品交易数量影响商品交易价格的客观情况，虽然表面上看符合计算平均数的形式要件，且在每次实际销售数量大体相当的情况下，计算结果接近于第三种处理方式，但如果考虑大量批发和少量零售时销售数量和销售价格相差悬殊的情况，则计算结果会有极大差别。例如，假定已经查清的交易有三笔，分别是 1 双运动鞋卖了 100 元、10 双运动鞋卖了 800 元，100 双运动鞋卖了 6000 元，则按照第二种处理方法计算的实际销售平均价格是 80 元，而按照第三种处理方法计算的实际销售平均价格则仅约为 62 元。

结合本案，由于计算实际销售平均价格的前提是要有两个或者两个以上的已查清实际销售价格，而犯罪嫌疑人陈明虽然到案后提供了销售给“阿六”的单价43元，以及销售给路人的单价45元、50元、55元、60元，但是销售给路人的四个单价仅有犯罪嫌疑人陈明一人供述，没有证人证言或者书面证据材料予以佐证，无法查清。因此，本案不存在已经查清的多个实际销售价格，仅应重点审查销售给“阿六”的单价43元是否属实并决定是否采信。

板块四：非法经营数额认定规则与疑点利益归于被告原则的统一问题

本案中，犯罪嫌疑人陈明到后第一时间辩解涉案鞋子是卖给“阿六”，于2016年8月4日向侦查机关提供订货合同，内容如下：

表1　订货合同

型体	配色	数量(双)	单价(元)	合计(元)
贝壳头	白/黑/金	450	43	19350
贝壳头	白/蓝	600	43	25800
				合计45150

备注：一、品质要求：1.所有颜色、材料经客人确认后生产。2.保证成品鞋品质。整齐/清洁。3.包装要求不能发生乱色、错码现象。4.无开胶、无溢胶。二、付款方式：1.预付定金(注：空白)。2.出货付款。3.签订合同日期：16年3月31日(手写)。4.交货日期：16年8月13日(手写)。

订货方：阿六　　　　供货方：佘方

电话：1386097××××　　　　电话：1333851××××

本案中，鞋厂员工佘方(犯罪嫌疑人陈明小舅子)于2016年8月8日向侦查机关提供的订货合同，内容如下：

表2　订货合同

型体	配色	数量(双)	单价(元)	合计(元)
贝壳头	白/黑/金	560	43	24080
贝壳头	白/黑	480	43	20640
				合计44720

备注：一、品质要求：1.所有颜色、材料经客人确认后生产。2.保证成品鞋品质。整齐/清洁。3.包装要求不能发生乱色、错码现象。4.无开胶、无溢胶。二、付款方式：1.预

付定金壹万元。2.出货付款。3.签订合同日期:2016年3月31日。4.交货日期:2016年8月13日。

订货方:阿六(手签)　　　　　　　　　供货方:佘方(手签)

电话:1386097××××(手写)　　　　　电话:1333851××××(手写)

问题:该如何审查实际销售价格的客观性?本案中犯罪嫌疑人辩解的实际销售价格能否采信?

关键要点

实际销售价格的审查实务与本案证据采信。

法理分析

1.实际销售价格的审查实务问题

实务中,公安机关一般通过群众举报或者设卡检查发现制造、储存、运输假冒注册商标商品的案件,而在长期的侦查与反侦查博弈中,犯罪嫌疑人已经普遍知悉被抓获之后如果能够向司法机关提供侵权商品的实际销售价格的证据,则根据"非法经营数额"认定规则,司法机关会优先考虑实际销售价格是否属实,那么最终就有可能会作出利于犯罪嫌疑人的处理。因此,实践中多数此类案件的犯罪嫌疑人在到案后都会辩解涉案侵权商品存在较低的实际交易价格,并提供包括账本、出入库清单等可能记载销售价格的销售记录。而侦查机关对此类案件在移送审查起诉时,往往对犯罪嫌疑人辩解的较低的实际销售价格不予进行实质审查,而是通过进一步对涉案侵权商品进行市场中间价鉴定后,直接认定市场中间价为犯罪数额,将全案证据移送检察机关依法审查认定。如此,非法经营数额的实质审查和引导侦查工作在实践中基本由检察机关进行,而实践中最大的难点就在于如何在对实际销售价格的证据真实性、关联性审查的过程中,兼顾有效打击犯罪和贯彻"疑点利益归于被告"原则。

(1)人赃俱获时犯罪嫌疑人始终辩解有实际销售价格。侦查机关根据群众举报线索等情况查获侵权商品并当场抓获犯罪嫌疑人。第一种情况,犯罪嫌疑人到案后即辩解有实际销售价格,并且及时提供了证实实际销售价格的合同、销售账本等书面证据材料的。应当重点审查犯罪嫌疑人供述的具体交易事实能否与提供的书面证据材料显示的特定交易事实在交易时间、交易地点、交易对象、交易商品的品牌、数量、尺寸,以及交易价格上相互关联。如果犯罪嫌疑人供述和书面证据有重大矛盾,则关联性不能确认;如果关联性能够确认,那么应当向交易对象进一步确认交易真实性。在犯罪嫌疑人供述、交易对象证言和书面证据材料形成大致印证并排除合理怀疑的情况下,只要实际销售价格是在一个合理的市场交易价格区间内,应当认定实际销售事实成立。而如果交易对象的证言与犯罪嫌疑人供述和书面证据存在无法合理解释的疑点,则不能排除犯

罪嫌疑人辩解的实际交易和提供的书面证据属于为事先防范侦查准备的可能，一般不予采信。

(2)第一时间仅起获赃物，犯罪嫌疑人到案后辩解有实际销售价格。实践中，常有起获赃物时犯罪嫌疑人不在现场或者逃离现场的情况，而在案件立案后，犯罪嫌疑人主动投案或者被抓获归案，同时辩解起获赃物有实际销售价格。该种情况下，要从两个方面审查实际交易是否存在。一是单独审查犯罪嫌疑人辩解的实际交易能否形成完整、闭合，并且相互印证的证据锁链；二是以犯罪嫌疑人到案前固定的证据为参照，比对二者之间是否存在明显矛盾。如果犯罪嫌疑人辩解的实际交易情况与交易对方的证言、书面证据无法印证的，不予采信。如果能够相互印证，又无法确切证明有通串口供、伪造证据情况的，则应当比对犯罪嫌疑人到案后的证据与侦查机关在此前收集的证据之间是否存在明显矛盾。如果起获赃物时查扣的销售单据，以及第一时间制作的工人证言、司机证言、房东证言等旁证，与犯罪嫌疑人到案后辩解的实际交易间存在明显矛盾的，即使这些旁证人员在犯罪嫌疑人到案后集体或部分翻证，也应当采信初期证据，不采信实际销售价格，同时应移送线索查明相关人员妨害作证、虚假证言、伪造证据的事实。

(3)犯罪嫌疑人在诉讼中后期才辩解有实际销售价格。部分案件中，犯罪嫌疑人在人赃俱获后的侦查初期，并未辩解有实际销售价格，而是在侦查中后期才开始辩解有实际交易事实。此时，应当进行两方面的重点审查，一方面是要求犯罪嫌疑人对侦查前期未提出辩解的原因进行合理解释，如果犯罪嫌疑人无法对此作出合理解释，仅辩解“之前忘记了，现在经过仔细回忆才记起来”等情况的，则不应采信其中后期辩解；而如果犯罪嫌疑人辩解在侦查前期隐瞒事实是为了防止牵连交易对象罹受刑罚，或者辩解在侦查初期抱有侥幸或者观望心理，等待价格鉴定意见出来后再选择是否如实供述的，则应当通过第二方面的审查确认该辩解的客观性。这里要审查的内容不仅包括证据的实质审查，还包括犯罪嫌疑人被取保释放或辩护人介入后，对可能发生的串供嫌疑的排除。司法实践中，会出现在立案后即被采取取保候审强制措施的犯罪嫌疑人，以及经捕后羁押必要性审查由逮捕措施变更为取保候审措施的犯罪嫌疑人，在侦查中后期向侦查机关证明有交易事实的情况，以及犯罪嫌疑人被逮捕羁押的部分案件中，在辩护人介入后，犯罪嫌疑人才辩解有实际销售价格的情况。在这些情况之下，犯罪嫌疑人很可能通过指使证人作伪证或通过伪造证据来证明实际交易事实。此时，如果犯罪嫌疑人的辩解内容和交易对象的证言以及书面证据材料能够相互印证，而司法机关又无法确切查明证据变化是出于串供、证人作伪证或者伪造证据等原因的，则还是应当最大化贯彻“疑点利益归于被告原则”，采信犯罪嫌疑人的辩解内容。而如果司法机关能够基本查明证据变化是出于串供、证人作伪证或者伪造证据等原因的，则不仅不应当采信犯罪嫌疑人在诉讼中后期的辩解，还应当一并追究相关人员妨害作证、虚假证言、伪造证据的

法律责任。

(4)“幽灵抗辩”的审查。“幽灵抗辩”又称“海盗抗辩”,是指犯罪嫌疑人或被告人针对有罪指控提出难以查证的无罪或者罪轻辩解的情况。假冒注册商标案件中,到案后的犯罪嫌疑人基本都会辩解有实际销售事实,在案发后主动投案的犯罪嫌疑人,更是经常会在辩解有实际销售事实的同时提供相关联的书面证据。在我国长期职权主义诉讼模式的影响下,刑事被告人原则上不承担证明责任,审判人员普遍为了避免误判承担错案责任,选择保守采信“幽灵抗辩”,进而得出犯罪事实未完全排除“合理怀疑”的结论。但近年来,以审判为中心的司法语境逐渐形成,为了兼顾诉讼效率和公平,实务中已经默认对提出“幽灵抗辩”的犯罪嫌疑人,也需要提供可查证的相关证明线索,如果不能提供或者无合理事由拒绝提供的,则“幽灵抗辩”视为无效辩解。因此,办案人员要有效对抗“幽灵抗辩”,必须要通过合理运用刑事推定来分析和验证“幽灵抗辩”的客观性。一是违背常理或明显自相矛盾的“幽灵抗辩”应当直接排除。任何证据的审查认定,都必须符合逻辑经验法则。如果犯罪嫌疑人虽然辩解有交易事实,但交易内容本身自相矛盾,交易事实明显与交易习惯相悖,或者辩解的交易事实与起获的赃物在侵权商品的品牌、型号、尺码、数量等关键特征上存在无法作出合理解释之处,则应当直接不予采信辩解内容。二是犯罪嫌疑人辩解的交易内容虽然符合常理,且与起获赃物特征能够相互印证,但却刻意隐瞒或无法合理描述交易对象的身份信息,例如仅提供交易对象的性别、大致年龄和绰号等,导致侦查机关难以向交易对象查证的。这种情况下,要综合审查犯罪嫌疑人与交易对象是否有多次交易事实、交易方式是批发还是当街零售、交易对象所购买商品的去向、交易内容是否符合一般交易习惯等情况进行综合判断。如果犯罪嫌疑人的“幽灵抗辩”根据经验法则,在较高概率上能形成合理怀疑,办案人员则应当进一步引导侦查取证来验证抗辩的客观性;而如果犯罪嫌疑人的“幽灵抗辩”根据经验法则,未能形成合理怀疑的,则办案人员应当通过刑事推定找出其中的内在破绽,推动审判人员确信有罪或罪重的心证形成。

(5)综上,根据司法实践,一是犯罪嫌疑人提供的实际销售事实能得到交易相对方的印证,并且交易双方对具体交易细节的描述能相互印证,实际交易内容又不超出“经验法则”预测范围的,在该种情况下,排除犯罪嫌疑人在案发后有通串口供或伪造证据嫌疑,无论犯罪嫌疑人是在被抓获的第一时间辩解存在实际交易情况,还是在主动投案后辩解存在实际交易情况,均应当适用疑点利益归于被告原则,采信实际销售价格来认定非法经营数额。二是犯罪嫌疑人到案后虽然辩解有实际交易情况,但未能提供或者怠于提供交易相对方的基本信息,导致难以查证交易相对方的具体身份的,则不应认定有实际交易事实。三是如果根据犯罪嫌疑人供述的交易相对方信息,经取证后发现双方对合同约定内容和重要细节的描述相互矛盾或与涉案赃物特征明显不相符的,则不应当采信有实际交易事实。另外,考虑到诉讼效率和公正价值的平衡,对犯罪嫌疑人辩解的同一实际交易事实，犯罪嫌疑人只有一次抗辩权，不允许在司法机关查证抗辩内容不实后，犯罪嫌疑人又以“对交易相对方信息记忆混乱”等为由要求办案人员再去取证核实。

简言之，被抓第一时间辩解和提供证据，是否采信有实际销售事实不一定；投案后辩解又提供证据，但怠于提供交易相对方信息导致无法查清交易真实性的，不采信有实际销售事实；能提供交易相对方，双方所述交易内容能印证，且交易内容不违反经验法则的，无论被抓还是投案，采信有实际销售事实；提供了交易相对方，但经查证后发现证据内容本身矛盾或证据之间无法相互印证的，则认定犯罪嫌疑人辩解的特定交易事实不成立，同时不予核实再次抗辩内容。除这些情形外，其他情形下犯罪嫌疑人提供实际销售价格证据的，应当根据具体案件证据进行刑事推定和自由心证。

2.本案中，由于证据矛盾及无法排除串供或伪造证据嫌疑，不应认定犯罪嫌疑人辩解的实际销售价格

(1)从取证的时间维度出发，结合强制措施变化前后的证据变化情况，本案不能排除嫌疑人等有串供或伪造证据嫌疑。公安机关根据群众举报于2016年8月4日在兴旺鞋业有限公司厂房内当场查获涉案假冒休闲鞋并抓获犯罪嫌疑人陈明，当日对其刑事拘留。犯罪嫌疑人陈明到案当日笔录提出辩解称该批休闲鞋系客户“阿六”委托生产，并同时提供标注签订合同日期(2016年3月31日)、交货日期(2016年8月13日)的订购合同一份，该份合同上显示订货人员“阿六”(1386097××××)，供货方佘方(1333851××××)。民警于8月5日向鞋厂员工佘方(陈明小舅子)取证，佘方证实确实在2016年3月份为陈明接待一位客户并签订合同一份，收取定金1万元，同日辨认陈明出具的合同，确认不是其所签的那份合同。2016年8月8日，佘方提供其与“阿六”签订的订购合同，称是在办公室找了很久后找到。2016年8月15日(一星期后)，民警在莆田市第一看守所讯问陈明，陈明仍然坚称其原先向公安机关提供的订购合同是真实的，没有与“阿六”或者委托佘方与“阿六”签订其他合同。2016年8月19日(四天后)，犯罪嫌疑人陈明被取保候审。此后，涉案人员笔录内容开始趋同，趋同的事实是：犯罪嫌疑人陈明原先提供的合同是底稿，签订合同时犯罪嫌疑人陈明不在，遂指示佘方与“阿六”签订合同，该合同即为佘方所提供合同。

从上列取证的时间维度来看，在强制措施变化之前，在案证据基本可以判定犯罪嫌疑人陈明所提供的合同是预先准备的防抓捕式合同，与佘方证言相互矛盾，而在强制措施变化之后，案件证据逐渐趋同，最终演化为当事人所欲证实的先拟定合同底稿，后签订合同的事实。结合司法实践，上列证据变化情况不能排除犯罪嫌疑人串供或伪造证据嫌疑。

(2)证据本身的内容之间存在固有矛盾，且部分关键情节与常理相悖，不宜采信犯罪嫌疑人陈明及证人佘方所提供的合同

第一,犯罪嫌疑人陈明供述签订合同日期是2016年3月3日,但是两份订购合同上显示的签订合同日期均为2016年3月31日,不符合签订合同之一般惯例。

第二,侦查初期,犯罪嫌疑人陈明始终坚称其向公安机关提供的合同是实际合同,之所以没有"阿六"签名和摁手印,是因为余方与"阿六"签订合同时,"阿六"说有放定金就没有签名,且当天自己拿到了该合同和定金1万元。但余方所提供的合同却有"阿六"签名,且余方陈述当时合同是始终放在办公室里,自己之后所提供合同也是案发后才在办公室里找到的。

第三,两份合同中均有白/黑/金,白/黑两种配色鞋子,但是数量不同,检讯笔录中犯罪嫌疑人陈明称草拟合同与实际合同所协商的两种配色鞋子数量没有改变,之后的笔录又变为草拟合同时称配色数量可以签订正式合同时再改。

第四,关于两份合同中一致出现的"阿六"1386097××××号码的问题。犯罪嫌疑人陈明及同案人滕东均供述称当时滕东因为害怕随便写了一个号码。犯罪嫌疑人陈明供述其有联系过该号码,但是经查询该手机号码与犯罪嫌疑人陈明的手机号码之间并无通话记录。该手机号码的实际所有人陈超证实该手机号码从没停机关机过,也没有与犯罪嫌疑人陈明及余方的号码联系过。据此,犯罪嫌疑人陈明辩解的事后拨打该电话打不通显然不客观,应当是接通后并非"阿六"本人才符合常理。

第五,关于合同订立后为什么没有履行的辩解事由。滕东称在发现鞋子生产出来后,老家天气变冷,夏天的鞋子销不动,故放弃定金选择违约,但是双方既然没有相互联系,滕东又如何知道鞋子生产完了?

第六,关于犯罪嫌疑人陈明与滕东在案发前是否见过面的问题。犯罪嫌疑人陈明到案之初供述称"阿六"与其电话联系,之后与余方签订合同,自己未见过滕东,但犯罪嫌疑人陈明取保后,滕东到案时,双方言辞证据均称之前滕东拿样品鞋到厂里与陈明面谈过。

第七,除去上列六点矛盾不说,按照一般订购合同常理来看,由于订购的是鞋子,颜色尚且不论,但鞋子必然会有码号,若是正常订购生产鞋子,订购合同中必然应当显示所订购鞋子的各码号情况及各码号鞋子的数量,而在案两份合同都没有码号及数量约定。

(3)综合上述分析,现有证据无法认定犯罪嫌疑人陈明到案之初提供的合同的真实性,亦无法认定涉案人员余方所提供的合同的真实性。退一步讲,即使认定两份合同均为真实或其中一份为真实,在案合同与本案被查扣鞋子之间的证据关联性也无法确定。因此,现有证据不应认定涉案假冒休闲鞋存在合同价。

模块五:物价鉴定意见和商品质量鉴定意见的审查问题

由于涉案假冒休闲鞋尚未实际销售,不能以已销售实际价格认定非法经营数额。由于涉案合同未能查实真伪且未能与涉案鞋子建立证据关联,故不宜采信本案有合同

价等实际销售价格。据此，本案目前仅应根据市场中间价认定非法经营数额。2016年8月22日，莆田市涵江区价格认定局出具物价鉴定意见，认定涉案假冒“阿迪达斯”牌休闲鞋（数量：1568双，鞋款名称：“LA TRAINER”复古休闲版）的市场价格共计人民币799680元（每双单价510元）。2016年10月15日，莆田市涵江区价格认定局第二次出具物价鉴定意见，认定涉案假冒“阿迪达斯”牌休闲鞋（数量：1049双，鞋款名称：“LA TRAINER”复古休闲版）的商品价值共计人民币48254元（每双单价46元）。

民警：现在向你告知莆田市涵江区价格认定局于2016年8月22日出具的“涵价认[2016]265号”价格鉴定结论意见书，涉案假冒“阿迪达斯”牌休闲鞋（数量：1568双，鞋款名称：“LA TRAINER”复古休闲版）的市场价格共计人民币799680元，你是否有异议？

陈明：内容你们向我告知了，但我对这个鉴定价格有异议。

民警：你有何异议？

陈明：一是我只有生产1049双鞋子，但是这个鉴定意见鉴定了1568双。二是这个鉴定中鞋子的市场单价太高了，我被查获的那批鞋子是假冒的，根本不可能卖这么高的市场价格，最多不会超过80元每双。

民警：给你宣读一下鉴定过程，这个是价格认定局人员通过到市场上三家的阿迪达斯品牌专卖店询价后，计算出来的市场中间价格，你还是有疑义吗？

陈明：那我被查获的1049双鞋子的销售价格不可能按照专卖店的价格卖出去，因为这些鞋子不可能会进入专卖店去卖，消费者一看就知道是假冒的。

民警：那这些鞋子生产出来后预期要到哪里去卖？

陈明：我是卖给“阿六”，他没有经营阿迪达斯专卖店或者其他品牌鞋子的专卖店，我之前有问过他鞋子买完后要怎么处理，他说他打算通过摆摊方式在安福市场以一双几十元卖给过路的人。

民警：按你之前说的，这种鞋子你除了卖给“阿六”，还卖给十双左右给路人，你是否有告诉他们鞋子是假冒阿迪达斯品牌的？

陈明：这个我不说他们也知道，阿迪达斯正品的话大家都知道成本价都要几百元，他们花几十元找我买，我还要赚钱，我说是正品他们不可能相信，而且向我购买的人也可能知道我卖的是假冒阿迪达斯商标的鞋子，仍然低价向我购买的。

问题1：在以假卖假案件中，假冒注册商标的商品尚未实际销售且未能查实预售价时，非法经营数额应当根据假冒注册商标的商品价值作为计算依据，而不宜以被假冒的注册商标的商品价值作为计算依据。

问题2：该用何种鉴定方法对假冒注册商标的商品本身的价值进行鉴定？

问题3：行为人制造的假冒注册商标的商品同时也是伪劣商品时，该如何定性？

关键要点

1.以假卖假案件应当以侵权商品本身价值认定犯罪数额。

2.假冒注册商品的商品本身价值鉴定的方法问题。

3.假冒注册商标的商品同时也是伪劣商品的处理。

法理分析

1.以假卖假案件应当以侵权商品本身价值认定犯罪数额

在假冒注册商标的商品已经销售的情况下以其实际销售金额作为定案依据，实际销售金额以交易额计算，对此不会有争议。但是，在假冒注册商标的商品尚未实际销售且无法查清预售价的情况下，按照《关于办理侵犯知识产权刑事案件具体应用法律若干问题的解释》的规定，没有标价的，按照被侵权商品的市场中间价格计算。这一认定原则对于以假充真、销售伪而不劣的犯罪行为是可行的，因为从其犯罪的自然行为来看，消费者一般不会明知是假冒商品而购买，往往是当作被假冒的品牌商品而购买，支付的价格也往往与被假冒的品牌商品的价格相当，所以根据被侵权商品的价格计算是科学的。但是，对于以假卖假型销售行为，通过销售者销售的场所、方式等因素，消费者一般明知是假名牌，属于知假买假，不可能按照正品的价格支付对价。销售价格与正品价格之间会有很大差距，只有按照假冒的商品本身的价值计算才符合实际情况。如果按照正品即被假冒的商品的价格计算，则将严重背离客观实际。

本案犯罪嫌疑人陈明销售的休闲鞋都是假冒国际知名品牌，如果按照正品的价格计算，则一双鞋的价格就会数百元甚至近千元。在现实生活中，这些品牌的正品只有在大型商场或者专卖店才会有销售，而犯罪嫌疑人陈明所在工厂按照一般购买人员的日常经验，显然是不难推知该工厂没有被商家授权的合法生产资质。即便本案我们不采信在案人员言辞笔录所称的买卖双方是知假买卖假，我们也不难从常理推知，无论所欲购买本案被查获休闲鞋的人是谁，犯罪嫌疑人陈明的销售场所和销售方式决定了购买者从犯罪嫌疑人陈明处购买该批休闲鞋时必然知道这些休闲鞋是假冒名牌的，所支付的价格必然相当低廉，犯罪嫌疑人陈明也基本不可能按照正品价格来销售该批假冒休闲鞋。所以，本案在无法查清侵权商品的实际销售平均价格（合同价等）的情况下，也不宜按照被假冒注册商标的商品价值认定侵权商品的市场中间价格。换言之，本案合同价不能采信，同时莆田市涵江区价格认定局的鉴定意见也不能采信。

2.以本案个案为例，在以假卖假案件中，鉴定机关应当结合成本法和收益法来鉴定假冒注册商标的商品价值

如上所述，司法解释要求查明市场中间价来认定非法经营数额，那么价格鉴定部门按照司法解释的要求，就应当优先考虑用价格鉴定方法中的“市场法”来进行物价鉴定。

但是，由于假冒注册商标的商品是违法销售的，如果采用“市场法”来进行鉴定，价格鉴定部门很难通过市场调查找到3个或者3个以上与价格认定标的相同或类似的参照物。退一步讲，即使价格鉴定部门可以通过市场调查找到这样的参照物，但是这些参照物往往也是违法销售的，正如毒品、枪支等违禁销售的物品即使通过市场调查法有鉴定可能而不允许被进行物价鉴定一样，假冒注册商标的商品面临同样的操作问题。鉴定机构如果以违法参照物作为价格认定依据，得出鉴定意见的合法性也难免遭到诟病。在我们能够充分认识到这一问题后，就不难理解实务中侦查机关委托价格认定部门对假冒注册商标的商品进行市场中间价鉴定时，价格认定部门为什么认定的往往是被假冒的注册商标的商品价值。

既然不能用市场调查的方法来认定假冒注册商标的商品价值，那么在此类案件中，应当尝试用成本法结合收益法，来达到价格鉴定的目的。由于假冒注册商标的商品仍然是实行市场调节价格的，在正常生产经营情况下，价格应不低于生产企业的生产成本或者经销企业的进货成本，同时不超过国家规定的利润率或者进销差率，合理的价格应当接近该商品的行业生产评价成本加社会平均利润。由此，假冒注册商标的商品本身价值的鉴定可以由两个部分组成，一部分通过成本法重置成本并扣减商品因长期储存等原因导致的各种损耗来确定价格鉴定标的的残存成本，得出假冒注册商标的商品在价格鉴定基准日（被查获时）的残存成本；另一部分则是通过收益法计算价格鉴定标的未来预期收益比例。这里我们假定鉴定价值为m，鉴定标的残存成本价值为a，未来预期收益比例为x％，则m＝a(1＋x％)。

本案经过退回补充侦查，价格鉴定部门采纳结合成本法和收益法认定涉案物品价格的建议，以本案1049双假冒阿迪达斯注册商标的鞋子为价格鉴定标的，计算出每双单价为人民币46元，总价为48254元。

3.假冒注册商标的商品同时也是伪劣商品的处理

涉案假冒注册商标商品经公安机关抽样送检，中国检验认证集团福建有限公司于2016年8月20日出具鉴定意见，本案查获的“阿迪达斯”牌假冒鞋子耐折性能结果均不符合QB/T 2955－2008标准要求，属伪劣商品。

(1)若一行为同时触犯假冒注册商标罪和生产、销售伪劣商品罪的，构成想象竞合，应从一重罪处罚。在侵犯知识产权犯罪中，犯罪嫌疑人既可能通过假冒他人注册的商标来制造、销售伪劣商品，也可能通过制造、销售伪劣商品的行为来假冒注册商标的商品。实践中，如果犯罪嫌疑人通过掺杂、掺假、以次充好、以假充真或者以不合格商品冒充合格商品等方式生产、销售假冒注册商标的商品的，则一行为同时触犯了两个罪名，符合想象竞合犯的特征，应以重罪一罪处理。最高人民法院、最高人民检察《关于办理生产、销售伪劣商品刑事案件具体应用法律若干问题的解释》第十条规定：“实施生产、销售伪劣商品犯罪，同时构成侵犯知识产权、非法经营等其他犯罪的，依照处罚较重的

规定定罪处罚。”

(2)在“以假卖假”型生产、销售伪劣商品案件中,行为人的行为不构成生产、销售伪劣商品罪。很多案件中,假冒注册商标的商品同时也是伪劣商品的情况下,犯罪嫌疑人的行为并不必然构成假冒注册商标罪和生产、销售伪劣商品罪的想象竞合,而仅构成假冒注册商标罪一罪。

销售伪劣商品罪有四种法定行为方式,一是掺杂、掺假,即在所销售的商品中掺入杂质或者异物,降低或失去该商品应有的性能;二是以假充真,即以不具有某种性能的商品冒充具有该性能的商品;三是以次充好,即以低等级、低档次商品冒充高等级、高档次商品,或者以残次品、废旧零配件组合、拼装后冒充正品或新商品;四是以不合格商品冒充合格商品。这四种法定行为方式,显然前提都是要求犯罪嫌疑人主观上有“以假充真”“以次充好”或“以不合格冒充合格”的欺骗消费者的主观故意。但是,倘若犯罪嫌疑人制售伪劣商品时,对消费者坦诚相告,主观上没有欺骗消费者的故意,客观上也不标榜真品,而是公开“以假卖假”,那么消费者明知商品系假冒的而自主选择购买,属于“知假买假”,则犯罪嫌疑人的行为就不符合生产、销售伪劣商品罪的行为主观特征,不构成生产、销售伪劣商品罪。

本案中,犯罪嫌疑人陈明制售伪劣商品时主观上并没有欺骗消费者的故意,而是打算“以假卖假”,消费者最终也肯定是“知假买假”。因此,虽然其生产的假冒注册商标的商品经鉴定为伪劣商品,但该行为并不构成生产、销售伪劣商品罪,仅需考虑是否构成假冒注册商标罪。

三、小　　结

综合全案分析,由于经最终鉴定,涉案假冒阿迪达斯注册商标的休闲鞋每双单价仅为46元,而现有证据仅能认定公安机关查获的1049双休闲鞋(价值48254元)系犯罪嫌疑人陈明组织工人生产,无法认定犯罪嫌疑人陈明已售出休闲鞋的具体数量和具体交易价格。因此,全案证据无法认定涉案犯罪数额是否达到50000元的入罪标准(至少要认定1087双才达到50000元,目前仅能认定1049双),故犯罪嫌疑人陈明的行为涉嫌假冒注册商标的事实不清、证据不足,检察机关最终对犯罪嫌疑人陈明作不起诉处理,经公安机关复议后仍维持不起诉决定。

四、相关法律和司法解释

1.《中华人民共和国刑事诉讼法》

第56条第1款规定:“采用刑讯逼供等非法方法收集的犯罪嫌疑人、被告人供述和

采用暴力、威胁等非法方法收集的证人证言、被害人陈述，应当予以排除。收集物证、书证不符合法定程序，可能严重影响司法公正的，应当予以补正或者作出合理解释；不能补正或者作出合理解释的，对该证据应当予以排除。”

第175条第4款规定：“对于二次补充侦查的案件，人民检察院仍然认为证据不足，不符合起诉条件的，应当作出不起诉的决定。”

第179条规定：“对于公安机关移送起诉的案件，人民检察院决定不起诉的，应当将不起诉决定书送达公安机关。公安机关认为不起诉的决定有错误的时候，可以要求复议，如果意见不被接受，可以向上一级人民检察院提请复核。”

2.《中华人民共和国刑法》

第213条规定：“未经注册商标所有人许可，在同一种商品上使用与其注册商标相同的商标，情节严重的，处三年以下有期徒刑或者拘役，并处或者单处罚金；情节特别严重的，处三年以上七年以下有期徒刑，并处罚金。”

第140条规定：“生产者、销售者在商品中掺杂、掺假，以假充真，以次充好或者以不合格商品冒充合格商品，销售金额五万元以上不满二十万元的，处二年以下有期徒刑或者拘役，并处或者单处销售金额百分之五十以上二倍以下罚金；销售金额二十万元以上不满五十万元的，处二年以上七年以下有期徒刑，并处销售金额百分之五十以上二倍以下罚金；销售金额五十万元以上不满二百万元的，处七年以上有期徒刑，并处销售金额百分之五十以上二倍以下罚金；销售金额二百万元以上的，处十五年有期徒刑或者无期徒刑，并处销售金额百分之五十以上二倍以下罚金或者没收财产。”

第149条第2款规定：“生产、销售本节第一百四十一条至第一百四十八条所列产品，构成各该条规定的犯罪，同时又构成本节第一百四十条规定之罪的，依照处罚较重的规定定罪处罚。”

3.最高人民检察院、公安部《关于公安机关管辖的刑事案件立案追诉标准的规定(二)》

第69条规定：“未经注册商标所有人许可，在同一种商品上使用与其注册商标相同的商标，涉嫌下列情形之一的，应予立案追诉：(1)非法经营数额在五万元以上或者违法所得数额在三万元以上的；(2)假冒两种以上注册商标，非法经营数额在三万元以上或者违法所得数额在二万元以上的；(3)其他情节严重的情形。

4.最高人民法院、最高人民检察院《关于办理侵犯知识产权刑事案件具体应用法律若干问题的解释》

第12条规定：“本解释所称‘非法经营数额’，是指行为人在实施侵犯知识产权行为过程中，制造、储存、运输、销售侵权产品的价值。已销售的侵权产品的价值，按照实际销售的价格计算。制造、储存、运输和未销售的侵权产品的价值，按照标价或者已经查清的侵权产品的实际销售平均价格计算。侵权产品没有标价或者无法查清其实际销售

价格的,按照被侵权产品的市场中间价格计算。多次实施侵犯知识产权行为,未经行政处理或者刑事处罚的,非法经营数额、违法所得数额或者销售金额累计计算。本解释第三条所规定的'件',是指标有完整商标图样的一份标识。"

5.最高人民法院、最高人民检察院、公安部《关于办理侵犯知识产权刑事案件适用法律若干问题的意见》

(3)关于办理侵犯知识产权刑事案件的抽样取证问题和委托鉴定问题

公安机关在办理侵犯知识产权刑事案件时,可以根据工作需要抽样取证,或者商请同级行政执法部门、有关检验机构协助抽样取证。法律、法规对抽样机构或者抽样方法有规定的,应当委托规定的机构并按照规定方法抽取样品。

公安机关、人民检察院、人民法院在办理侵犯知识产权刑事案件时,对于需要鉴定的事项,应当委托国家认可的有鉴定资质的鉴定机构进行鉴定。

公安机关、人民检察院、人民法院应当对鉴定结论进行审查,听取权利人、犯罪嫌疑人、被告人对鉴定结论的意见,可以要求鉴定机构作出相应说明。

参考文献

1.陈瑞华:《实物证据的鉴真问题》,载《法学研究》2011年第5期。

2.白冰:《论实物证据的鉴真规则》,载《当代法学》2018年第1期。

3.刘品新:《电子证据的鉴真问题:基于快播案的反思》,载《中外法学》2017年第1期。

4.丁艺:《论证据鉴真的概念和构成要素》,载《法制博览》2018年第13期。

5.刘晓虎:《以假充真和以假卖假在定罪和销售金额认定上的区分》,载《人民司法》2011年第21期。

6.《如何区分销售假冒注册商标的商品罪与销售伪劣商品罪,以及如何认定"以假卖假"尚未销售情形下假冒注册商标商品的销售金额、非法经营数额和犯罪停止形态》,载最高人民法院刑事审判第至五庭编:《刑事审判参考》2011年第1集(总第78集),法律出版社2011年版。

7.《如何认定商标权利人出具的涉案商品真伪鉴定意见在刑事诉讼中的证据属性?》,载最高人民法院刑事第至五庭编:《刑事审判参考》,2013年第3集(总第92集),法律出版社2014年版。

案例九
被告人张福山、陈凯胜等五人抢劫、强奸案

摘要：本案涉及非法证据排除规则，特别是言词证据排非规则在审查实务中的具体运用问题，同时本案还涉及被告人零口供、余罪自首等常见难题的司法应对和破解。这些问题在司法实务中的处理往往较为复杂，既要明晰基本处理原则，又要具备分析研判事实证据的综合能力。通过本案个案的切入，具体分析和破解以上难题，希冀为实务人员在办案中提供一些借鉴和启发。

一、引　　言

2009年6月底，被告人王丽娜因工作琐事与其同事翁丽丽发生争执，遂教唆其老乡即被告人张福山伺机抢劫翁丽丽。（本案当事人均为化名）2009年7月6日，被告人张福山邀集好友即被告人陈章华、陈凯胜共同商议后，决定将被害人翁丽丽劫持到车辆上实施抢劫，并由被告人陈章华负责租赁车辆，由被告人陈凯胜准备刀具、绳索。2009年7月8日，被告人陈章华向其朋友即被告人刘明杰告知实际租车意图并提出让刘明杰租车，承诺事后给予其1000元的酬金，刘明杰同意后，同日用其身份向莆田市涵江区“行天下”租车行租赁一部轿车并交给被告人陈章华。2009年7月10日17时许，由被告人陈章华驾驶该租赁车辆运载张福山、陈凯胜，尾随被害人翁丽丽至其住处附近后，由张福山、陈凯胜二人下车并持刀将被害人翁丽丽挟持上车，后被告人一伙在车内抢走被害人翁丽丽随身挎包内的现金人民币4565元、华为牌手机一部。同日18时许，被告人一伙在福厦路边将被害人翁丽丽放下车，被告人陈章华、陈凯胜驱车逃离，被告人张福山下车继续尾随被害人翁丽丽至一路边树林，后亦乘坐车辆逃离。同日19时20分许，被告人陈章华将车辆归还被告人刘明杰并用手机支付宝支付1300元给被告人刘明杰，刘明杰随即将作案车辆归还租车行。同日20时40分许，被害人翁丽丽向莆田市公安局涵江分局报案称其于当晚被三名男子劫持上车后被抢走现金人民币4000余元及手机

一部,于当晚在福厦路边下车后,又被其中一名尾随其下车的男子持刀强奸。经司法鉴定,从被害人翁丽丽的阴道提取物中未能检出男性成分。

2014年3月26日晚,被告人张福山与朋友吴鹤等人在涵江区V8酒吧饮酒娱乐期间认识了在此上班的被害人李慧(1996年9月29日出生)。次日凌晨1时许,被告人张福山电话联系李慧,要求借用其身份证前往“威斯敏”酒店开房住宿。后李慧携带身份证来到酒店,并用自己的身份证帮被告人张福山登记了706房。随后,被告人张福山以自己醉酒为由,欺骗李慧将其送入706房间内。刚进入该房内,被告人张福山即将房门关上,后不顾李慧的反抗强行脱下其裙子、内裤后将其奸淫。

案发后,被告人刘明杰、陈章华、王丽娜均于2017年9月19日被公安机关抓获归案。被告人张福山于2017年9月20日被公安机关抓获归案。被告人陈凯胜逃至上海并化名“陈涛”在上海先后两次犯贩卖毒品罪被判刑,在上海市徐汇区看守所羁押期间,被告人陈胜凯于2017年10月8日向管教民警主动交代其真实身份并交代其所犯抢劫余罪,同年11月7日在该看守所再次向莆田市公安局涵江分局民警供述该抢劫余罪事实。

二、案情内容与法理分析

 板块一:非法证据排除权利的保障及非法证据排除申请的处理

开庭时,被告人刘明杰在公诉人宣读起诉书后,当庭否认明知陈凯胜要实施抢劫而帮其租车的事实。其称侦查人员针对该情节在讯问时曾对其实施刑讯逼供。

法官:你对起诉书指控的事实是否有异议?

刘明杰:我没有实施抢劫,我只是帮陈凯胜租车,我不知道他要开车去抢劫。

……

法庭讯问阶段,公诉人及法官发问。

公诉人:现在向你出示你在侦查机关中承认明知陈凯胜要抢劫而帮其租车的笔录,你在笔录中曾对该犯罪事实进行过有罪供述?

刘明杰:民警殴打我,逼我在笔录上签字的。

公诉人:为何我院在提审你时你没有反映这个情况?

刘明杰:你们提审我的时候我就否认知道陈凯胜要抢劫,你们不信,所以我认为你们也不可能会相信我被民警殴打。

公诉人:你说你被民警殴打,那你说下具体情况?

刘明杰:2017年9月21日11时许,一个姓刘的民警,大约40多岁,还有一个姓曾的民警,大约27、28岁那样,他们在讯问我时问我知不知道车子用途,我说不知道,后来

年纪较大的那个民警就扇了我一巴掌，我仍然不承认，他就拿了块硬纸板顶在我的胸前，然后用拳头捶了我胸口两下，后来还把我吊起来打，逼我在笔录中签字。

…

法官：本院在向你送达起诉书时已经向你告知应当在庭审前申请非法证据排除并提供相关线索和材料，你为何没有在庭审前提出申请？

刘明杰：我手上没有相关证明材料，我提出来你们也不会相信，所以当时我就没有说，想开庭的时候再说。

问题 1：法院如何保障被告人提出非法证据排除的权利？

问题 2.被告人于庭审前提出非法证据排除，应如何处理？

问题 3：被告人于庭审时提出非法证据排除，应如何处理？

关键要点

1.法院对被告人非法证据排除权利的保障。

2.申请人庭前申请非法证据排除的处理。

3.申请人庭审中申请排除非法证据的处理。

法理分析

1.法院对被告人非法证据排除权利的保障

非法证据排除程序涉及证据资格裁判问题，但是被告人的文化程度、工作背景各不相同，很多被告人对非法证据排除程序了解不多，有的甚至在庭前不知道该权利的具体内容和行使途径。因此，为了确保被告人在诉讼活动中能依法有效行使诉讼权利，人民法院在向被告人及其辩护人送达起诉书副本时，就应当告知被告人享有申请排除非法证据的权利。同时，为了避免被告人及其辩护人滥用诉讼权利导致司法资源的浪费和诉讼过于冗繁，被告人及其辩护人应当提供证明非法证据的线索和材料，供法院予以核实。这些线索和材料应当具有指向性，例如被告人提出自己在讯问过程中遭到侦查人员刑讯逼供的，应当要求其提供刑讯逼供的人员、时间、地点、方式等基本信息。如果刑讯逼供导致身体体表损伤的，应进一步问清是否有医院病历，以及在看守所入所体检时是否检查到该伤情，被告人在看守所是否向看管人员反映过该情况，同室其他羁押人员是否知情等。

2.申请人庭前申请非法证据排除的处理

非法证据往往很难通过庭审活动当庭审查判断，而需要调取诸多证据材料或者要求侦查人员作出合理解释。被告人或者辩护人如果当庭提出非法证据排除的，则庭审活动很可能会被迫中断，影响庭审效率。因此，法院在向被告人及其辩护人送达起诉书副本时，除了告知可以申请非法证据排除的权利，还应当告知排除非法证据的申请应当

在庭审前提出。对于申请人庭前提出非法证据排除申请,并且提供相关的线索和材料的,人民法院应当在开庭前及时将申请材料和相关的线索、材料送交检察机关,检察机关应当充分说明或取证证明证据收集的合法性。如果法院在听取检察机关意见后对证据收集的合法性仍然有疑问的,应当组织召开庭前会议,就非法证据排除等问题了解情况,听取意见。控辩双方在庭前会议中应当各自发表意见,并协商解决证据合法性的争议。如果双方达成一致意见的,被告人及其辩护人可以撤回非法证据排除的申请,检察机关也可以确认排除非法证据并承诺在庭审中不以该证据作为定案证据。如果双方无法达成一致意见,法院应当记载控辩双方的争议焦点,待正式庭审时引导控辩双方以该争议点作为庭审焦点,展开法庭举证、质证及辩论。

3.申请人庭审中申请排除非法证据的处理

如果法院在庭审前已经明确、及时告知被告人及其辩护人应当在庭前申请非法证据排除的,而被告人或辩护人仍然在庭审中才提出非法证据排除的,审判人员将会要求被告人或辩护人作出合理解释,被告人或辩护人应当作出合理解释。如果被告人或辩护人在庭审期间才发现相关线索或者材料的,法庭应当允许,并原则上应当在公诉人宣读起诉书之后,先行当庭调查。经法院审查确定特定的证据材料是非法证据的,应当依法予以排除,不再就该特定证据进行法庭调查。而如果特定的证据材料无法在法庭调查前进行审查判断,或者证据的合法性问题更适宜结合法庭调查情况予以综合审查的,法庭也可以在法庭调查结束前一并对非法证据排除审查进行调查判断。

如果被告人及其辩护人在庭审前就掌握相关线索或者材料,为对控方造成庭审突袭而有意拖延到庭审时才申请排除非法证据的。尽管刑事诉讼法并未明确禁止,但法庭可以对排除非法证据申请先行搁置,待法庭调查结束前再对申请进行审查。审查时应当先看被告人及其辩护人提供的相关线索或者材料对证据收集的合法性是否足以构成“合理怀疑”,再进一步决定是否就非法证据排除问题进行专门调查。如果被告人及其辩护人当庭申请排除非法证据时提供的线索内容模糊,无法查实,或者无法促使法庭对证据收集的合法性产生合理怀疑的,法庭应当当庭说明并驳回申请,除非被告人及其辩护人又提出新的线索或者材料,否则法庭不再审查特定的重复申请。

4.本案处理情况

本案经调取犯罪嫌疑人刘明杰的入所体表检查记录,其双手手腕处并未发现有吊打后留下的勒痕,两位侦查人员均对讯问过程书面说明未实施任何刑讯逼供手段,且提供了对应笔录的讯问过程同步录音录像资料。经审查录音录像资料,整个讯问过程中不存在刑讯逼供的情况,被告人刘明杰在被讯问时神情自然、对答清晰,其中还包括“我是出于朋友义气才这么做,我不知道这样会触犯法律,我又没有和他们一起去抢劫被害人”等关涉个人价值判断的内容。因此,笔录内容具备真实性。

板块二:言词证据排非规则的理解及实务运用问题

本案中,被告人张福山承认强奸翁丽丽的笔录存在诱供情况;被告人王丽娜的笔录体现其被超期羁押;被告人陈凯胜在公安机关办案区曾被刑讯逼供,且多份笔录内容雷同;被告人陈章华在被送至看守所羁押后曾被办案民警提出看守所制作了一份辨认笔录。

1.被告人张福山承认强奸翁丽丽的笔录存在诱供情况

张福山:我并没有强奸翁丽丽,我尾随她快 40 分钟后,逼她走进路边一片树林里后,我就跑出树林,然后搭了辆摩托车走了。

公诉人:那现在向你出示你在看守所中制作的一份笔录,你在该份笔录中明确供述你在尾随被害人翁丽丽一段时间后将其拖到路边树林里实施强奸行为。这份笔录你是否阅看并确认签字?

张福山:我有阅看和签字,但那是公安骗我签的。

公诉人:公安怎么骗你签字的?

张福山:公安当时给我看了一份鉴定报告,并且跟我说被害人内裤上检出了我的精液,然后就让我按照被害人说的情况承认。

公诉人:那你是否承认?

张福山:我当时没有承认,也没有否认。

公诉人:你当时看到的鉴定报告的具体内容?

张福山:好像是被害人翁丽丽内裤内侧提取到的精斑经什么检验,不排除是我留下的意思。

公诉人:那你是否签字确认知悉该鉴定报告?

张福山:没有,民警没有让我签字,只是告诉我这个情况。

公诉人:那这份笔录你是否阅看确认后签字?

张福山:我有签字,但我没有仔细看。

公诉人:你说你没有强奸被害人翁丽丽,那为何你明知公安笔录记载内容是你有罪的笔录,你还愿意在上面签字?

张福山:(沉默不语)

2.被告人王丽娜的笔录体现其被超期羁押

被告人王丽娜辩护人提出民警在被告人王丽娜被拘传 28 小时后才向其宣布刑拘,且被告人王丽娜的有罪供述是在其被超期羁押期间制作的,因此其有罪供述属非法证据,应当予以排除。经审查,被告人王丽娜的拘传证上有其本人签字确认,拘传时间为 2017 年 9 月 19 日 19 时至 2017 年 9 月 20 日 19 时,且民警于 2017 年 9 月 20 日 23 时对

被告人王丽娜宣布刑拘。经调取讯问过程同步录音录像资料,并综合审查讯问笔录内容,确认被告人王丽娜于9月19日21:16—22:48的笔录中否认指使张福山对翁丽丽实施抢劫,在9月20日18:16—20:32的笔录中承认指使张福山对翁丽丽实施抢劫。在9月20日18:16—20:32的认罪笔录中,通过同步录音录像可以看出被告人王丽娜在18:26—18:55期间即已完整供述指使张福山抢劫翁丽丽的犯罪事实。

3.被告人陈凯胜在公安机关办案区曾被刑讯逼供,且多份笔录内容雷同

经审查,本案被告人陈凯胜因拒不承认抢劫事实,于2017年9月19日在办案区遭看守的协警吊打,后在当日22:15—23:45作有罪供述,公安机关移送审查起诉时已排除该份有罪供述。但在2017年9月20日11:21—12:45、同日15:23—17:22,被告人陈凯胜均作有罪供述,且供述内容与2017年9月19日22:15—23:45的有罪供述雷同。被告人陈凯胜被送至看守所羁押后,民警对其制作的五份笔录及检察机关的检讯笔录中,被告人陈凯胜均作有罪供述,且笔录内容与之前基本一致。庭审中,被告人陈凯胜辩护人提出,由于被告人陈凯胜在侦查机关首次讯问笔录中遭刑讯逼供,故其之后多份与首份笔录内容雷同的笔录均属于重复性自白,应当依法予以排除。

问题1:民警出示其他案件中的鉴定意见,诱骗被告人张福山作出有罪供述的,该供述内容能否采信?

问题2:被告人王丽娜被超期羁押,该如何采信其供述内容?

问题3:被告人陈凯胜曾被刑讯逼供,此后制作的多份高度一致的有罪供述该如何采信?

关键要点

1.采用引诱、欺骗性手段收集的供述及审查思路。

2.采用超期羁押方法收集的言词证据及审查思路。

3.重复性供述的审查思路。

法理分析

言词证据排非规则,是指非法法定程序,以非法方法获取的言词证据,原则上不具有证据能力,不能为法庭采纳。《刑事诉讼法》第56条规定:“采用刑讯逼供等非法方法收集的犯罪嫌疑人、被告人供述和采用暴力、威胁等非法方法收集的证人证言、被害人陈述,应当予以排除。”据此,通过刑讯逼供、暴力威胁手段得来的言词证据一律排除,不可补正,不能补救。但是,在实务中,更多的言词证据是采用刑讯逼供、暴力威胁手段以外的其他非法方法获取的。这些非法方法获取的言词证据在办案实践中如何进行正确审查等,是办案人员所迫切需要明确的。

1.采用引诱、欺骗性手段收集的供述及审查思路

(1)实务标准。在侦查实务中,侦查机关难免要使用一些带有欺骗性质的策略方法,侦查人员在讯问被告人时不可能完全遵循实话实说的原则,必须隐瞒某些事实真相,甚至虚构某些事实。所以,在讯问中使用带有欺骗性质的策略方法,符合犯罪调查侦查活动的要求和规律。正是基于这些复杂情况的考虑,《刑事诉讼法》及相关司法解释并没有将"引诱、欺骗"一并作为强制性排除的内容。当然,带有引诱、欺骗性质的侦查方法也可能带来负面后果,如侦查人员使用不恰当的审讯圈套也可能超越人们的基本道德底线,甚至使无辜的人违心地承认自己并未实施的犯罪行为。因此,目前《刑事诉讼法》对采用"引诱、欺骗"取证方法获得的言词证据,适用"可裁量排除"的审查规则,即在司法实践中交由司法裁判者根据具体情况作出处理。对于一般的引诱和欺骗,归入侦查谋略的范畴,肯定其合法性;但对于那些以极端反人性的方法实施的引诱和欺骗,并且给犯罪嫌疑人、被告人基本人权造成重大损害的,则否定其行为的合法性,并排除其所获供述。

实务中,区分引诱性取供合法与否的标准,在于是否采取了以许诺法律不准许的利益等进行引诱,换言之,以许诺法律准许的利益等进行引诱,是合法的,而以许诺法律不准许的利益等进行引诱,则是违法的,其所获供述应予排除。而区分欺骗性取供合法与否的标准,则在于是否采取以伪造物证、书证等进行欺骗,换言之,只要未采取以伪造物证、书证等方法进行欺骗,就是合法的,而采取以伪造物证、书证等方法进行欺骗,则是违法侦查,其所获供述应予排除。除此之外,侦查人员采用"引诱、欺骗"性质的侦查方法时,不能欺骗未成年人,也不能造成公众良心的冲击、突破社会伦理底线。

(2)本案经向公安机关核实笔录制作情况,公安机关出具书面情况说明,称在该份笔录制作前,张福山拒不承认强奸翁丽丽的事实。在该份笔录制作过程中,民警出于侦查需要,确实有提供一份鉴定报告,但该份鉴定报告并非本案的鉴定报告。为了促使被告人张福山认罪,民警将该鉴定报告电子版简单修改后打印出来,在讯问时营造讯问氛围。张福山在看到该鉴定报告后,对被害人翁丽丽陈述的被强奸事实和细节均不再否认,讯问笔录制作之后被告人张福山有确认笔录内容并在笔录上签字。但是,民警之后几次在看守所再向张福山讯问时,张福山曾提出要看该份鉴定意见,民警未再提供,张福山遂又不认罪。因此,该份笔录是民警采用欺骗手段获取的,且采用向被告人出示伪造书证的方式实施欺骗行为,所获取的证据属于应当排除的非法证据,不应作为定案证据。

2.采用超期羁押方法收集的言词证据及审查思路

(1)实务标准。所谓"超期羁押",指对犯罪嫌疑人、被告人的羁押超过了法定期限。从法理上讲,羁押超过法定期限,当然地就构成对犯罪嫌疑人、被告人的非法拘禁。而采用非法拘禁等非法限制人身自由的方法收集的供述必须排除。但是,实务操作中还应当注意,被视为非法证据而予以排除的供述,是在非法拘禁等非法限制人身自由期间

所收集的供述,换句话说,非法拘禁等非法限制人身自由的违法行为与被告人的供述之间应当具有直接的因果关系,如果两者之间并无直接的因果关系,则供述不应排除。例如,侦查机关涉嫌对被告人实行超期羁押,但该嫌疑人的口供系在法定羁押期限内所作出,则侦查机关的超期羁押行为虽然违法,但所获供述并不构成非法证据,无需排除。

(2)本案中,虽然民警对被告人王丽娜超期拘传,属于超期羁押情形,但被告人王丽娜在法定羁押期限内作出了完整的有罪供述,其有罪供述可以作为定案证据。

3.重复性供述的审查思路

(1)实务标准。重复性供述的排除规则,是指采用刑讯逼供的方法使犯罪嫌疑人、被告人作出供述,之后犯罪嫌疑人、被告人受该刑讯逼供行为影响而作出的与该供述相同的重复性供述,应当一并排除。重复性供述排除规则意在以非法证据排除规则的继续效力为基点,排除因办案机关先前的违法取供行为而辐射产生的所有供述,即以先前的违法取供行为为"污染源",推定与该取供行为之间存在因果关系的所有供述都被辐射、污染而不具有证据能力。但该推定本身是可推翻的,如果先前的违法取供行为与重复性供述之间的因果关系,因为其他因素的介入而中断,使得重复性供述的自愿性得到了保证,那么在这种情况下,可以例外地承认供述的证据能力。侦查期间,根据控告、举报或者自己发现等,侦查机关确认或者不能排除以非法方法收集证据而更换侦查人员,其他侦查人员再次讯问时告知诉讼权利和认罪的法律后果,被告人自愿供述的,即只要变更了讯问主体,改由其他侦查人员来讯问,则供述即变为可采。

(2)本案中,被告人陈凯胜的首次讯问笔录系在民警刑讯下作出,应当依法予以排除。此后,同样的两位民警在将被告人陈凯胜送至看守所前,对被告人陈凯胜制作的两份讯问笔录,内容与首份讯问笔录雷同,不能排除被告人陈凯胜被刑讯下进行重复自白的可能,应当予以排除。但是,被告人陈凯胜被送至看守所后,其他民警及检察机关办案人员对其制作的共计六份笔录,被告人陈凯胜均作有罪供述,这六份笔录的讯问地点和讯问人员已经转变,虽然被告人陈凯胜的供述内容与之前高度一致,但不属于应当排除的重复性自白,可以作为定案证据。

模块三:被告人零口供下如何排除合理怀疑?

本案被告人张福山对强奸被害人李慧的犯罪事实始终予以否认,辩解性关系的发生并没有违背被害人李慧的意志。

问题1:被告人张福山矢口否认强奸事实的情况下,如何综合全案证据情况,通过证据印证关系来判断案件事实?

关键要点

被告人零口供下对待证事实合理怀疑的排除。

法理分析

对于被告人零口供的案件，重点是要通过正反两个方面进行审查，一是通过证据正面分析审查能否形成完整、闭合的证据锁链，并根据经验法则进行推敲印证；二是要根据被告人的辩解及辩护人的辩护意见等情况，反面审查全案证据能否针对辩解及辩护意见作出合理解释。在司法实践中，必须细致、完整地分析全案证据，才能准确做到证据印证和排除合理怀疑。

1.本案中是否存在暴力情节问题的证据情况

(1)从客观证据上无法体现暴力

①现场勘查笔录、现场照片证实经勘查现场未发现可疑痕迹物证或者财物损毁方面的物证。

②监控视频：无法证实在酒吧、出入酒店等存在暴力。

具体细节：2014 年 3 月 26 日 1:24，李慧下班出门口时不知看到什么，慌张跑回酒吧，1:25 张福山打着电话和朋友走出酒吧，之后李慧与张福山共三人在门口聊天，主要体现李慧与张福山较为愉快，二人均有不同程度的醉态，1:26，张福山用手摁拉李慧的脖子，带离门口(之后为监控之外)过一会儿张福山回来找朋友(李慧没出现)。之后二人离开。

2014 年 3 月 26 日威斯敏酒店门口台阶处，1:38:50，张福山和朋友来到该酒店，之后二人在台阶处聊天，又有一男子过来与二人聊天，1:54，李慧来到威斯敏酒店，与张福山一起进入酒店，办理手续，张福山朋友离开酒店(特别说明，李慧到酒店脚上穿着家居的拖鞋，其间办入住手续均是李慧办理，而张福山则走来走去)，1:58，二人一同走向电梯。2:54，李慧边打电话边离开威斯敏酒店(进入酒店时有穿黑短外套，出来则抱在手上)。3:24，张福山从威斯敏酒店离开。

③门诊病历，证实外阴未见明显伤痕症斑。

④被害人李慧照片：证实腿部有一红色痕迹(不明显)。

⑤张福山 7521(尾号，下同)、李慧 3307、林欣怡 1744 手机通话清单：

具体：李慧 3307 于 3 月 26 日 1:38、1:45、1:50、1:53 与张福山 7521 有联系，前三次系被叫(基站号码 10182)，第四次为主叫(基站号码为 10091)。1:53—2:53 期间，该手机无通话记录；2:53:46 主叫林欣怡 1744，时间达 40 秒。之后 2:55:55 主叫 1303085××××(说明：该电话与李慧通话频繁)，通话时间为 1 分 16 秒。3:14:54 主叫张福山 7521，通话 43 秒；3:47:00 主叫张福山 7521，通话 1 分 22 秒。

张福山 7521 除上述与李慧通话情况外，从其漫游地点分析其行踪，3 月 26 日直至 17:06:31 均在莆田，之后 17:23:14 到达福州，19:41:56—20:56 左右在宁德，21:35:54—22:49 在温州，3 月 27 日、28 日在上海，3 月 28 日 22:43 到达郑州。

(2)被告人与被害人的言词证据存在对抗

表 1

细节问题	被害人李慧陈述	被告人张福山供述	分　　析
认识过程	25日上班送错,被告人搭讪,二人聊了几句	酒吧喝酒时认识了一女服务员	证实二人是在李慧上班的酒吧
留电话	李慧要离开酒吧时,被告人走过来向李慧要号码,李留号码,被告人打了一个电话给她	离开酒吧时碰到该服务员,张福山因时间太晚没回家睡又没带身份证,刚好碰到该服务员要走,就向其借身份证,服务员说自己住在威斯敏酒店附近,张福山就决定在该酒店开房,张向其要电话,对方不给,后来一个开摩托车去接该女服务员的男子给张电话,并告诉张该女服务员叫小慧	对抗点: 谁留电话:是张福山要求后李慧自己留的,还是张福山所供述的另一骑摩托车接李的男子告诉张的。 证人林欣怡证实看到李慧被一男子纠缠,就要送李回家,后李把号码告诉该男子。 宜认定是李在张要求下留电话给张。
借身份证开房	被告人打电话给被李说在威斯敏开房没带身份证,让李借身份证给他开房,李同意并来到威斯敏为其开房,对方以喝醉为由让李送其上去	张到威斯敏酒店即打电话给小慧,让其带身份证帮他开房,小慧来了后其给了三百元让其开房,并送张到房间	对抗点: ①身份证问题:李陈述在其离开酒吧后,张打电话向其借身份证;张供述在酒吧门口即向李借身份证,后留了电话,到威斯敏酒店时打电话向李借身份证; ②开房细节:李陈述是张以喝醉为由,让李送上去;张供述是李主动送其到房间。 对于上述问题,被害人与被告人各执一词,且其他的证人如张朋友吴鹤证实没有听到二人说什么。在酒吧喝酒时张有问他们有没有身份证。可见到底是主动送上房间还是经要求送到房间,无法得到印证。

续表

细节问题	被害人李慧陈述	被告人张福山供述	分　　析
房间内是否强迫	进入房间后，房门被被告人关上，并强行推李到床上，并强行脱去李裙子、内衣裤、丝袜等衣物后与李发生性关系，李一直反抗。 审判阶段补充：我有喊救命也有大叫，但是没有人听到后来我就没有力气反抗了。 报案时我没有发现自己受伤，直到女民警检查我才发现大腿内侧有红斑，就是当天那名男子弄的。	进入房间后，张将门关上，并认为小慧愿意帮其开房并送其上来，就是有意跟其发生关系，就和小慧发生关系，整个过程小慧都没有反抗或不自愿	对抗点： 李陈述被强迫发生性关系，自己一直反抗，证实对方没有殴打自己，自己没有受伤；张供述其要与小慧发生关系，对方没有表示不自愿也没有反抗。 对于该问题：由于双方各执一词，无旁证可以证实房间发生的事情，虽然李案发后拍照发现腿部有一红色痕迹，但是否强迫时所致不可而知。
离开房间细节	之后趁对方不注意推开，套上裙子，内衣裤都没有穿，跑出房间后被告人光着身子追出来让其回去把房间的内裤拿走，李回到房间拿走内裤就离开房间。 审判阶段补充陈述：我就爬下床全身赤裸冲出房间，但跑错方向，该过道没有出口，后该男子也走到房门外，僵持几分钟那男子问李这样子怎么走，后李只好硬着头皮走回房间把手机和衣物都拿走，边走边把连衣裙套上，内裤也没有穿。	中间小慧接了一个电话就套上裙子（穿反了）捡起衣服要走，张光着身子跑出去想留住她，她说有事返回房间捡了内裤就离开了	对抗点： 李陈述趁对方不备推开对方后穿衣逃离，张光身出来让其回去拿内裤后李离开酒店；张供述小慧接了一个电话就直接套裙子走，其光身出来想留下她，被拒绝，后李回房间拿了内裤就离开了。 可以证实：①李离开时衣裙穿反，未着内衣裤；②李出房间，张光身追出，李返回房间拿了内裤后离开酒店。但无法证实李摆脱张之后逃离房间，还是自行离开。经提取的李的手机3307通话情况，可见李的手机在二人房间时间段内没有被叫记录。张的供述与书证不符。

(3)证人证言之间存在部分矛盾

本案共有三名证人,包括李慧的同居女性朋友戴丽丽及朋友林欣怡,以及被告人张福山的朋友吴鹤。证人吴鹤主要证实案发前其和张福山认识了推销酒的女服务员(被害人李慧),之后张福山和服务员在旁边说什么其不知道,之后张福山让其送他到威斯敏酒店,之后女的拿身份证过来,其看到二人走进酒店去开房。该证言较为客观,与被害人和被告人的言词证据并无矛盾,而证人戴丽丽与林欣怡对案发后的证言存在部分不一致。

①案发后接到电话的情况

戴丽丽证实其打电话给李慧问其在哪里,李慧回答在家楼下,其就和林欣怡到楼下接李慧。审判阶段补证:其没有给李慧打电话,是李慧主动打电话的。而林欣怡证实戴丽丽打电话给欣妍(即李慧),都没有人接,之后欣妍打电话,戴丽丽接了电话就跟林欣怡说欣妍出事了,让林欣怡一起下楼接欣妍。

该问题经审判阶段的补证已无矛盾,与书证也可以相互印证。

②看到李慧的情况

戴丽丽证实看到李慧只穿了一件白色的衣服,衣服还穿反了,头发乱乱的,走路走不稳,而且一直在哭。“我看到这个情况后就大概猜到发生什么事了。”审判阶段补证:李慧一直哭,一直不肯说到底发生了什么事情了,我跟林欣怡都觉得肯定是李慧被人强奸了;林欣怡证实看到李慧一直在哭,手里抱着自己的外套,还有丝袜什么的,我们就知道她出事了,回出租屋后不肯说后来才说被强奸了。

关于李慧到底有没有告诉二人自己被强奸的事情,二证人不能相互印证。但是对于李慧看起来很狼狈以及一直哭的情况可以相互印证。

③知道强奸事情后的反应

戴丽丽证实二人劝李慧报警,劝了很久李慧才被劝服。后来林欣怡开车带他们去威斯敏酒店,林欣怡打电话给那名男子,其上厕所回来后林欣怡让其用手机说李慧被强奸的事,即报警,审判阶段补证:我跟林欣怡将她接到楼上,看到她那个样子我们觉得她肯定被强奸了,林欣怡和我就劝她报警,最后我们带着她去报警;林欣怡证实欣妍最后才跟二人说了被强奸的事情,戴丽丽劝其报警,欣妍担心报案对自己名声不好,后林欣怡就用欣妍手机打电话给该名男子,问如何解决事情。对方让其去报案并挂了电话。之后欣妍打电话报案。

戴丽丽证实林欣怡开车送二人去威斯敏酒店后打电话,审判阶段补证林欣怡与其将李慧带到楼上劝李慧报案,林欣怡证实将李慧带上楼后劝李慧报案,林欣怡还用电话问被告人如何解决事情。

④证据情况归纳

从上述证据对比可见本案存在诸多对抗矛盾之处。其中,证实被告人张福山与被

害人李慧系自愿发生性关系的直接证据主要是被告人张福山的供述与辩解；证实被告人张福山系违背妇女意志强行与被害人李慧发生关系的直接证据主要有被害人李慧的陈述，以及证人戴丽丽、林欣怡的证言佐证。

中立的证据有：在案的客观证据以及证人吴鹤的证言。

2.本案证据正面分析及经验法则之印证

(1)本案证据正面分析

综合全案证据情况，关于性关系的发生是否违背妇女意志方面，被害人李慧的陈述与证人证言，还有其及时报案的证据，能证实房间内性关系的发生违背了被害人李慧的意志。

①性关系发生后，被害人立即找到好友林欣怡和戴丽丽，后在案发后及时报案，被害人与被告人一方之前并未有过矛盾纠纷，被害人在案发后第一时间陈述其被强奸事实客观性较强。

②被害人离开现场后的衣着及情绪表现能反映性关系的发生违背妇女意志。被害人李慧称其裙子反穿头发很乱地逃离现场，被害人在被强奸后第一时间看到的两个证人，一个是戴丽丽，其描述"看见李慧只穿了一件白色的衣服，衣服还穿反了，头发乱乱的，走路走不稳，而且一直在哭"，林欣怡描述"我们下楼后看到她一直在哭，手里抱着自己的外套，还有丝袜什么的，我们就知道她肯定出事了。"监控视频及其截图也可以明确被害人李慧进去和出去时的装扮明显不一样，上述人员所述的"李慧的连衣裙是反穿状态"描述客观。因此以生活常理就能推断，之前性关系的发生违背了妇女意志。

③本案被害人李慧在案发后及时向公安机关报警；证人林欣怡的证言间接印证李慧案发后衣服反穿、头发乱乱的，一直在哭的外在表现；被告人张福山印证"当时小慧朋友打电话给我时，我有听到小慧在旁边用哭腔跟她朋友说'不要再说了'"等情节。这些证据都加强了被害人陈述的客观性。二人素昧平生，之前也无恩怨关系，不存在金钱关系。二人发生性关系后，被害人李慧反穿衣服跑出去，被告人张福山赤身裸体追出去，其辩解是怕被害人敲诈，该辩解显然不具客观性，反而进一步印证了性关系发生的非自愿性。

④从被告人张福山和被害人李慧是第一次认识以及嫌疑人张福山住址很近但其却找号码与被害人联系要求其开房，能够体现其蓄意接近被害人的意图。另外，被害人报案及时；从监控来看，被害人反穿衣服跑出房间，被告人赤身裸体追出去；以及从朋友林欣怡及时打电话核实的这些细节来看，本案不存在因为金钱问题谈不拢敲诈或者事后敲诈嫌疑人张福山的情况，这些方面都有利于指控被告人张福山主观上有强奸的故意。但，如果把询问被害人李慧、证人戴丽丽时均无其他成年人在场的取证证据因不符合证据规格予以排除，则本案只剩间接证据，在无法补正的情况下，相当于只有被告人供述和证人林欣怡证言的间接印证，在此情况下仍可成立强奸罪。理由如下，有证人林欣怡

的间接印证;李慧案发后衣服反穿、头发乱乱,一直在哭的外在表现;二人在案发之前并不相识;双方力量悬殊较大;李慧在案发后及时向公安机关报警;被告人张福山印证“当时小慧朋友打电话给我时,我有听到小慧在旁边用哭腔跟她朋友说‘不要再说了’”等情节。现有证据印证本案存在违背被害人性意志的情节。现在被害人未到案,是不愿意来还是出于心虚无法查清,但被告人张福山已构成强奸罪。

⑤被害人并非卖淫女,若被告人将其身份预设成卖淫女,或者认为被害人愿意提供身份证帮忙开房送其到房间休息就是愿意发生性关系,那么属于非法定免责的认识错误,不影响强奸罪的构成,但是可以在量刑时予以综合考虑。

⑥既然被害人并非卖淫女,也不存在交易,发生性关系也无敲诈目的,从案发到案后该方面都可以排除。从监控录像、及时报案这一方面的客观行为,从证人林欣怡、戴丽丽证言的间接印证,以上证据足以证实案发当时被告人张福山违背妇女意志,强行与李慧发生性关系,其行为应当以强奸罪追究刑事责任。

(2)经验法则之印证

①从二人的关系来看,被害人李慧当天是与被告人张福山第一次认识,在被害人李慧借身份证帮助被告人张福山开房后,二人在事前、事中及事后均未提及金钱交易等问题,这些事实均可以得到二人言词证据包括被告人张福山在原审庭审时供述的印证,可以排除双方性交易的可能性。而且二人素昧平生,无其他恩怨矛盾,也无证据证实发生关系后,被害人立即带着其他人到酒店对其敲诈勒索。

②从案发后被害人的表现来看,被害人李慧在与被告人发生性关系后急急忙忙连裙子都穿反了,内衣裤都没有穿就离开酒店,证人戴丽丽、林欣怡均能够证实见到李慧时,李慧一直在哭,证人戴丽丽还证实李慧头发乱乱的,走路都走不稳。被告人张福山在笔录中也供述,接到电话时听到被害人带着哭腔叫打电话的人不要再说了。上述被害人的表现,能够证实其刚刚经历了一场变故,而从时间上看,该变故证实被告人张福山违背其意志强行与其发生性关系。

③从报案时间来看,虽然受案登记表上显示报案时间为 10 时许,但是根据查阅被害人李慧第一份询问笔录时间为 2014 年 3 月 26 日 5 时 50 分,符合被害人李慧、证人戴丽丽、林欣怡证实的经二证人极力劝说后前去报案的情况,也符合被害人所陈述的自己年纪小,报案怕影响名声的矛盾心理,而在时隔三小时后向公安机关报案,故被害人报案较为及时。

④从双方力量对比来看,被害人案发当时未满 18 周岁,从事的是正当的职业即酒吧的酒水推销员,社会阅历并不深,而被告人系 24 岁成年男性,略胖,在被告人张福山对被害人强行推、脱等强制力下,被害人李慧作为未成年人明显处于下风,可以说是个弱女子,在遭遇对方强制力下处于高度紧张害怕的情绪,在力量如此悬殊的情况下更无力剧烈反抗,而被对方强行脱去衣物并发生关系,同时也可以解释本案中被害人身体未

受伤，衣物未损坏的问题。

⑤从提取监控中被害人李慧的衣着来看，经查看威斯敏酒店门口监控，被害人李慧拿身份证来到酒店时内穿白色类似真丝睡衣的连衣裙，外着一短款黑外套，脚上穿一白色家居拖鞋，可以判断出被害人李慧因被告人张福山借身份证开房时只是临时外出，明显不是出于性交易目的或者“一夜情”目的的外出装束。且被害人李慧当时有男朋友，其外出时也告诉同住的戴丽丽以及临时过来做客的朋友林欣怡，自己到旁边的威斯敏酒店借身份证给一名男子，而非有意与对方要发生关系，且逗留时间达一个小时。

⑥从被告人张福山案发后的表现来看，在提取的被告人张福山的手机漫游地点分析其案发后的行踪可见，被告人案发当天下午即离开莆田，途径福州、宁德、温州，3月27日到达上海，3月28日有到达郑州，案发后立即离开作案地点符合作案后被告人逃避法律制裁的心理及行为特征，也侧面证实被告人张福山在案发后未及时归案，也未及时向侦查机关说明实际情况，反而逃离案发地点，直至案发后近三个月，才被公安机关在火车站抓获。

3.有关辩护意见及辩解的合理解释

(1)张福山并未违背妇女的意志的辩护意见

①被告人与被害人进入酒店房间后，被告人提出与被害人发生性关系，被害人并没有拒绝；在被告人将被害人推倒在房间的床上，将自己的身体压在她身上，用嘴巴亲她，并抚摸她的身体，之后脱其衣物并与之发生性关系，其间被害人没有不愿意或者反抗。

合理解释：进入房间后，被告人将房门关上，在房间里的过道上，被害人李慧要走但被拦住，被告人提出发生性关系，但被害人马上拒绝，后被告人将其强行推到房间内的床上。

在双方力量对比悬殊的情况下，被害人先是躺在床上扭动身体，用自己的脚想去踢被告人但踢不到，后被害人双手被抓住，并被强行脱去内裤和丝袜，之后被害人推被告人推不动，打其后背并言语要求停止，并且乘被告人脱上衣之际爬起来但被抓住并压住，之后被害人仍然有推被告人和打被告人后背和手臂的反抗行为，且扭动身体，直到没有力气反抗。

②根据监控录像截图显示，被告人张福山和被害人李某进出酒店电梯口时间可以推定二人在酒店房间逗留一个小时左右，本案案发时间系凌晨，被害人李某若有激烈的反抗或者大声的喊叫，住在酒店隔壁房间的人完全可以听见。被害人若不自愿，其完全有能力和条件呼救，但实际上却没有这样做。

合理解释：房间房门关上，为保证旅客正常休息，酒店房间本身有一定的隔音效果，房间内的喊叫隔壁房间未必听得到；没有证据证实案发当天隔壁房间是否有住人等；面对险情，不同的人会采取不同的方式来应对险情，被害人李慧当时是一位年仅17周岁的少女，涉世未深，其在被侵犯时第一反应和全部精力都是放在如何从肢体上直接摆脱

被告人的暴力行为上,基于当时在一个相对封闭的房间之内,周围没有其他目光所能及的人员出现时,其选择靠自己的力量摆脱反抗可以理解,不能苛求其必须要喊叫;被害人在房间内实际有喊救命等,但并不是每个女被害人都会有高音的嗓门,而且按照常理来说,一个人如果在肢体上极力挣脱外来侵犯,在上气不接下气的情况下,很难喊出正常状态下的高音。最后从本案来看,在当时的危险情境下,被害人也可能迫于当时的特殊压制情境不敢喊叫等。

(2)辩护律师提出:在李某离开酒店房间之后,并没有第一时间向酒店的工作人员求助,也没有及时向公安机关报案,也可以说明李某不是被强奸

合理解释:第一,不要忘记被害人是一位未满 18 周岁的少女,按照我们现在的角度来判断,被害人当时完全可以先找酒店工作人员,但是按照被害人当时的心理,是想赶紧第一时间逃离酒店,因为在你向酒店工作人员求救的同时,不要忘了被告人还在酒店内,被害人心理上难道不会恐惧,为什么苛求她必须向酒店工作人员求救。第二,作为一名女孩,尤其是未成年少女,受到性侵犯本身并不是什么光彩的事情,并不能苛求她因为自己隐私的事情向陌生第三人求救,相反的,向自己熟悉的人员反映情况或者找到自己熟悉的人,逃回自己熟悉的住处更加符合常理。第三,本案被害人李慧在 2:54 走出房间,在之后的 5:50 就在涵东派出所做了第一份笔录,已经是相对及时报案了,要注意的是,被害人在受到侵害后的心理是极度消极的,很难一下子平复情绪,且对于涉及自己隐私的犯罪事实,出于农村女孩的隐丑心理,在要不要报案之间犹豫不决是相当正常的,况且本案被害人之后在朋友的一再劝说之下选择报案,符合心理变化过程。

因此,从整个行为发生的全部过程及被害人的陈述,被告人的供述和辩解及证人证言来看,原审法院判决被告人违背妇女的意志,强行与妇女发生性行为,明显事实不清,证据不足。

(3)被告人没有使用暴力或胁迫手段的辩护意见

①被害人李某的病历证实,2014 年 3 月 26 日,经体检,李某的外阴未见明显伤痕症斑。同时被害人李某陈述,自己并没有遭到被告人张福山殴打,案发当天所穿丝袜(易坏衣物)等衣物也没有被撕坏。因此可以证实双方在发生性行为的时候,被害人李某实际上并没有反抗,更进一步证实被害人系自愿与被告人发生性关系的。

合理解释:被害人报案的时候女民警检查到其大腿内侧有一小块红斑,被害人称是被被告人强奸行为导致。虽然整个性关系发生过程中没有暴力殴打行为,但被告人采取身体上的优势强压硬按被害人就已经足以达到奸淫目的,不能因为本案没有殴打行为,就否认这种强压硬按行为不是强奸罪的暴力手段。强奸罪暴力行为只需达到压制被害人反抗即可,并不要求对被害人的身体造成伤害。

被害人李慧称衣物没有被撕坏,但是对于丝袜是否被撕坏被害人没有明确。二是在当时被害人被强行压在床上的情况下,内裤连同丝袜同时被脱掉,即使未发生丝袜破

损的情况，也应属于正常现象，不应据此否认暴力行为。

②被告人的供述与辩解以及被害人的陈述中均有提及双方发生性关系之后，被害人李某离开酒店房间又返回房间取东西这一情节。该情节可以证实案发当时，被害人的人身自由并未受到限制，被害人当时完全有条件、有能力进行反抗或者向他人求救。实际上，被害人并没有采取相关的行为措施同样证实被告人没有使用暴力胁迫或其他手段，足以使被害人处于不能反抗、不敢反抗、不知反抗的状态或利用妇女处于不知、无法反抗的状态，强行与被害人发生性关系。

合理解释：应该先看看被害人是如何离开房间的，被害人李慧原先称自己套起裙子就跑出来，且从客观情况来看，裙子是反穿的，后来称自己刚开始是全裸出去的，如果性关系的发生是顺顺当当的，被害人为什么不穿好衣物而选择迫不及待地想要逃离房间？此时被告人是全身赤裸追着出去，试问在当时的情况下，如果双方性关系的发生完全自愿进行，为什么两个出去房间的人都选择衣冠不整甚至全裸暴露在房间外面。

第二个关于返回房间取回自己东西的情节，不能说被害人愿意回房间拿走自己的东西就说明之前性关系的发生是自愿的，按照被害人原先说的，她是回去拿内裤，之后更正说是因为自己当时全裸不方便离开，只好硬着头皮进去拿回衣物。但是需要注意一个细节，无论是回房间拿内裤，还是全裸状态下的被害人回房间拿衣服，被害人都是迅速拿走，若房间内性关系的发生出于自愿，被害人完全可以在房间内关上房门把衣服完整穿好再出房间，为什么非要裙子反穿、把一些衣物拿在手上，匆匆离开房间？

(4)被告人关于被害人事先设套敲诈陷害被告人的辩解

被告人张福山辩解被害人李慧是为了陷害或者敲诈被告人而在事后故意报案。

合理解释：第一，从通话清单来看，在房间内没有任何电话接通的记录，性关系发生后被害人的第一个通话记录就是于2:53:46(40秒)主动呼叫林欣怡，这也得到被害人陈述的印证。也足以得知被告人辩解的被害人在房间内接了一个电话就马上套上裙子捡起衣服要走的情节不客观。

第二，被害人1831517××××的号码是重庆涪陵的号码，在莆田市属于漫游状态，且目前证据有被害人陈述及证人戴丽丽等证实该号码实际是停机状态，装卡而未使用，且该号码是中国移动号码，一般欠费后不出一两天即双停，也就是打都打不进来，何况漫游状态下接听还要收费。

第三，关于陌生号码经核实机主是汤美玲，女性，因此排除该多次通话联系人系被害人男友，因本案性关系发生前后始终没有特别明确提及钱的问题，被害人实际也并非卖淫女。因此，本案可以排除系设套敲诈钱财。如果本案是设套敲诈，那么至少应该还会有后续短信中提及钱财的问题，但被害人一方实际上是选择及时报案。

板块五:化名行为人因实施其他犯罪到案后如实交代真实身份信息及所犯余罪的,能否认定属余罪自首

2009年7月12日,被告人陈凯胜因本案抢劫行为被公安机关录入全国公安信息网络在逃人员信息数据库,被告人陈凯胜被列为刑拘在逃人员;后被告人陈凯胜化名王福来(自述2003年偷了王福来的身份证),因犯贩卖毒品罪,于2009年12月31日被上海市公安局静安分局刑事拘留,于2010年2月21日被上海市静安区人民法院判处有期徒刑一年六个月,并处罚金人民币四千元,于2011年6月29日刑满释放;又因犯贩卖毒品罪,于2012年4月24日被上海市公安局徐汇分局刑事拘留,同年9月14日被上海市徐汇区人民法院判处有期徒刑八年,剥夺政治权利二年,并处罚金人民币一万六千元。在上海市徐汇区看守所羁押期间,该"王福来"于2012年10月8日向管教民警主动交代其真实身份为陈凯胜,并交代其所犯抢劫余罪事实,同年11月7日在该看守所再次向莆田市公安局涵江分局民警供述该抢劫余罪事实。

2012年12月18日莆田市公安局涵江分局刑侦大队一中队分别发函上海市静安区人民法院、上海市徐汇区人民法院、上海市监狱管理局,请求查实罪犯"王福来"真实身份是否为陈凯胜。2014年6月10日莆田市公安局涵江分局刑侦大队发函安徽省淮南市公安局谢家集分局谢家集派出所,请求采集陈凯胜父亲陈某怀的血液样本,以便与"王福来"进行DNA比对,确定其真实身份;发函新疆生产建设兵团第八师监狱管理局狱政科,请求采集服刑犯"王福来"血液样本和十指纹卡,以便进行DNA比对。同月16日、25日,陈凯胜父亲陈某怀、安徽王福来本人证言均证实陈凯胜长期外逃并使用邻居王福来身份信息。2014年7月10日,DNA检验和亲缘鉴定意见证实陈某怀与"王福来"(自称陈凯胜)不排除具有单亲关系。

问题1:余罪自首是自首情形之一,讨论陈凯胜是否构成余罪自首的前提是什么?

问题2:对于余罪自首法定构成要件"司法机关"和"尚未掌握",该如何理解?

问题3:本案被告人陈凯胜化名出逃,因犯其他罪行被羁押期间供述本案事实的,能否认定余罪自首?

关键要点

1.余罪自首的讨论前提。

2.余罪自首相关法律规定的理解。

3.化名行为人因实施其他犯罪到案后如实交代真实身份信息及所犯余罪的,能否认定属余罪自首。

法理分析

1.本案讨论是否构成余罪自首的前提成立

余罪自首是自首情形之一，而犯罪嫌疑人或被告人如实供述罪行是所有自首情形认定的前提。主观上，被告人陈凯胜供述自己身份的同时已经意识到自己一旦供述真实身份，之前的抢劫行为将被追究刑事责任，客观上，被告人陈凯胜不仅供述了真实身份，也一并供述了之前参与抢劫的犯罪行为，且在之后的讯问笔录中也供认不讳，因此可以认定其对自己的抢劫犯罪行为属如实供述。

另外，被告人陈凯胜供述自己真实身份的动机据其自述一是几年逃匿生涯中心理压力大，想坦白以求心理排解，二是其父亲年老、儿子长大后因自己身份问题而未能正常报户口等，但被告人陈凯胜供述自己真实身份的动机不影响余罪自首的认定。

2.余罪自首相关法律规定的理解

最高人民法院《关于处理自首和立功具体应用法律若干问题的解释》第 2 条规定："根据刑法第 67 条第 2 款的规定，被采取强制措施的犯罪嫌疑人、被告人和正在服刑的罪犯，如实供述司法机关还未掌握的本人余罪的，以自首论。"再结合最高人民法院《关于处理自首和立功具体应用法律若干问题的意见》中关于"不同种罪行"的认定意见，余罪自首中如实供述司法机关尚未掌握的罪行，应当与司法机关已掌握的或者判决确定的罪行属不同种罪行，且与司法机关已掌握的犯罪不属于选择性罪名或者在法律、事实上密切关联的事实。本案被告人陈凯胜被通缉的抢劫罪行显然与其之后化名实施的贩卖毒品罪行属不同种罪行，因此只要能认定陈凯胜交代的本人抢劫罪行属司法机关尚未掌握的罪行，就应当认定其构成余罪自首。据此，需要对"司法机关尚未掌握"这一规范要件进行法律甄别并结合本案进行具体认定。

(1)"司法机关"的范围。如果犯罪嫌疑人后来归案的其他司法机关在对犯罪嫌疑人采取强制措施或者进行审判之当时，已经通过有关资料(如通缉令、协查通知、互传信息等)判断出或者怀疑到该犯罪嫌疑人还犯有余罪的，则应当认为犯罪嫌疑人所犯余罪已被该司法机关掌握，此时的"司法机关"就应当包括已实际了解犯罪嫌疑人所犯余罪的其他司法机关；反之，因犯罪嫌疑人又涉嫌他罪被直接办案机关以外的其他司法机关采取强制措施或审判，但是事先该其他司法机关并未获悉犯罪嫌疑人还犯有余罪的有关信息，或虽已获悉，但在对犯罪嫌疑人采取强制措施或进行审判当时并未意识或怀疑到该人就是还犯有余罪的犯罪嫌疑人时，就不能认为犯罪嫌疑人所犯余罪已被该司法机关掌握，此时的"司法机关"就不应当包括这些并未真正掌握犯罪人所犯余罪的司法机关。

(2)"尚未掌握"的理解。"尚未掌握"一般是指司法机关还未有一定的客观线索或证据合理怀疑被采取强制措施的犯罪嫌疑人、被告人和正在服刑的罪犯还犯有余罪。

根据《最高人民法院关于处理自首和立功若干具体问题的意见》第三点关于“司法机关还未掌握的本人余罪”和“不同种罪行”的具体认定的规定:“犯罪嫌疑人、被告人在被采取强制措施期间,向司法机关主动如实供述本人的余罪,该罪行能否认定为司法机关已掌握,应根据不同情形区别对待。如果该罪行已被通缉,一般应以该司法机关是否在通缉令发布范围内作出判断,不在通缉令发布范围内的,应当认定为还未掌握,在通缉令发布范围内的,应视为已掌握;如果该罪行已录入全国公安信息网络在逃人员信息数据库,应视为已掌握。如果该罪行未被通缉、也未录入全国公安信息网络在逃人员信息数据库,应以该司法机关是否已实际掌握该罪行为标准。”但需要指出的是,该条意见针对的是行为人身份信息明确的情形。如果行为人潜逃期间或者因犯新罪到案后为掩盖漏罪或者前科,长期使用化名或者自报虚假身份,即便该行为人被公安机关网上通缉,该余罪亦难以为司法机关所掌握。因此,对于行为人采用化名的情形,应当综合审查在案证据,结合公安机关侦查惯例等情况,具体分析司法机关有无掌握其余罪的条件与可能。对于行为人外逃后长期使用化名,司法机关对其真实身份的查证又无其他任何线索的,如果行为人因实施其他犯罪到案后如实交代真实身份信息及所犯余罪,可以认定构成余罪自首;如果司法机关有明确、清晰的查证身份线索,按照侦查惯例可以发现被告人真实身份的,则不宜认定行为人对余罪构成自首。

3.本案抢劫犯罪事实应认定属于司法机关尚未掌握的犯罪事实,被告人陈凯胜供认的行为构成余罪自首

(1)本案中被告人陈凯胜抢劫事实虽已被涵江公安机关掌握并于2009年7月12日即录入全国公安信息网络在逃人员信息数据库进行网上通缉,但涵江公安机关在2009年7月抢劫事实发生后搜集到的在案证据及掌握的相关线索均未能指向在逃的陈凯胜有化名“王福来”的情况。

(2)被告人陈凯胜于2010年、2012年两次因犯贩卖毒品罪被上海司法机关定罪处罚时均使用“王福来”虚假身份。在2012年10月8日被告人陈凯胜向上海公安机关主动供述其真实身份及所犯余罪以前,因陈凯胜网上刑拘材料中并未体现其有化名“王福来”,且陈凯胜与王福来两人并不具有特殊身份关系或事件关联,上海司法机关根据侦查惯例或正常的工作程序很难或几乎不可能通过比对查证来掌握其真实身份及其在涵江的抢劫罪行。

(3)从实证角度来看,被告人陈凯胜两次化名“王福来”犯贩卖毒品罪,但上海地方司法机关(包括公检法)均未发现,且两份生效判决中均认定被告人身份为“王福来”;涵江公安机关在被告人陈凯胜坦白身份前的多年时间内也都没能发现被告人陈凯胜化名“王福来”且早已被外地公安机关抓获。

(4)综上,被告人陈凯胜抢劫罪行发生后,涵江公安机关已经于2009年7月12日将被告人陈凯胜的抢劫犯罪事实录入了全国公安信息网络在逃人员信息数据库中,尽到

了必要的侦查管控义务；上海司法机关在多次审查中也尽到了必要的身份审查注意义务。客观上分析，之所以未能发现被告人陈凯胜真实身份，一是因为被告人陈凯胜所冒用的“王福来”身份系真实存在的公民身份，并非虚假的公民身份信息。而按照侦查惯例，公安机关一般只在发现行为人提供虚假身份信息时才会重点核查行为人真实身份，而如果行为人提供的是真实的公民身份信息，公安机关则一般会通过比对行为人长相、年龄等与公安网显示的照片、年龄等是否基本一致来进一步确认行为人身份。二是被告人陈凯胜实际长相、大致年龄等与“王福来”身份资料中的照片、年龄(陈凯胜1978年4月30日出生，而王福来1979年1月5日出生)等相仿而导致公安机关按照侦查惯例难以发现陈凯胜冒用“王福来”的身份。因此，本案司法机关没有掌握明确、清晰的查证身份线索，且按照侦查惯例未能发现被告人真实身份，故被告人陈凯胜被羁押在上海市徐汇区看守所期间如实供述真实身份及上海司法机关还未掌握的本人余罪，属于供述司法机关尚未掌握的余罪事实，其如实供认的行为构成余罪自首，且从其余罪自首动机来看，不属于恶意利用自首规避法律制裁。据此，本案抢劫犯罪事实应认定属于司法机关尚未掌握的犯罪事实，被告人陈凯胜供认的行为构成余罪自首。

三、小　　结

本案的办理涉及程序法和实体法中的诸多问题，例如对被告人当庭提出非法证据排除申请的具体处理，对诱骗性口供、超期羁押言词证据，以及被告人重复自白的具体审查思路和处理方法等，充分融汇了对法律规定的理解和实务经验的运用。在本案的办理中，针对某些特定事实的具体审查判断和证据分析，除了严格遵循证据裁判规则外，还进一步结合经验判断和刑事推理方法进行案件合理怀疑的排除，通过个案办理诠释对“案件事实清楚，证据确实、充分”的实务理解。

四、相关法律和司法解释

1.《中华人民共和国刑事诉讼法》

第187条第2款规定：“在开庭以前，审判人员可以召集公诉人、当事人和辩护人、诉讼代理人，对回避、出庭证人名单、非法证据排除等与审判相关的问题，了解情况，听取意见。”

2.《中华人民共和国刑法》

第67条第2款规定：“被采取强制措施的犯罪嫌疑人、被告人和正在服刑的罪犯，如实供述司法机关还未掌握的本人其他罪行的，以自首论。”

第236条第1款规定：“以暴力、胁迫或者其他手段强奸妇女的，处三年以上十年以

下有期徒刑。”

第263条规定:“以暴力、胁迫或者其他方法抢劫公私财物的,处三年以上十年以下有期徒刑,并处罚金;有下列情形之一的,处十年以上有期徒刑、无期徒刑或者死刑,并处罚金或者没收财产:(1)入户抢劫的;(2)在公共交通工具上抢劫的;(3)抢劫银行或者其他金融机构的;(4)多次抢劫或者抢劫数额巨大的;(5)抢劫致人重伤、死亡的;(6)冒充军警人员抢劫的;(7)持枪抢劫的;(8)抢劫军用物资或者抢险、救灾、救济物资的。”

3.《最高人民法院关于适用〈中华人民共和国刑事诉讼法〉的解释》

第97条规定:“人民法院向被告人及其辩护人送达起诉书副本时,应当告知其申请排除非法证据的,应当在开庭审理前提出,但在庭审期间才发现相关线索或者材料的除外。”

第98条规定:“开庭审理前,当事人及其辩护人、诉讼代理人申请人民法院排除非法证据的,人民法院应当在开庭前及时将申请书或者申请笔录及相关线索、材料的复制件送交人民检察院。”

第99条规定:“开庭审理前,当事人及其辩护人、诉讼代理人申请排除非法证据,人民法院经审查,对证据收集的合法性有疑问的,应当依照刑事诉讼法第一百八十二条第二款的规定召开庭前会议,就非法证据排除等问题了解情况,听取意见。人民检察院可以通过出示有关证据材料等方式,对证据收集的合法性加以说明。”

第100条规定:“法庭审理过程中,当事人及其辩护人、诉讼代理人申请排除非法证据的,法庭应当进行审查。经审查,对证据收集的合法性有疑问的,应当进行调查;没有疑问的,应当当庭说明情况和理由,继续法庭审理。当事人及其辩护人、诉讼代理人以相同理由再次申请排除非法证据的,法庭不再进行审查。对证据收集合法性的调查,根据具体情况,可以在当事人及其辩护人、诉讼代理人提出排除非法证据的申请后进行,也可以在法庭调查结束前一并进行。法庭审理过程中,当事人及其辩护人、诉讼代理人申请排除非法证据,人民法院经审查,不符合本解释第九十七条规定的,应当在法庭调查结束前一并进行审查,并决定是否进行证据收集合法性的调查。

4.《最高人民法院最高人民检察院公安部国家安全部司法部关于办理刑事案件严格排除非法证据若干问题的规定》

第1条规定:“严禁刑讯逼供和以威胁、引诱、欺骗以及其他非法方法收集证据,不得强迫任何人证实自己有罪。对一切案件的判处都要重证据,重调查研究,不轻信口供。”

第4条规定:“采用非法拘禁等非法限制人身自由的方法收集的犯罪嫌疑人、被告人供述,应当予以排除。”

第5条规定:“采用刑讯逼供方法使犯罪嫌疑人、被告人作出供述,之后犯罪嫌疑人、被告人受该刑讯逼供行为影响而作出的与该供述相同的重复性供述,应当一并排

除,但下列情形除外:(1)侦查期间,根据控告、举报或者自己发现等,侦查机关确认或者不能排除以非法方法收集证据而更换侦查人员,其他侦查人员再次讯问时告知诉讼权利和认罪的法律后果,犯罪嫌疑人自愿供述的;(2)审查逮捕、审查起诉和审判期间,检察人员、审判人员讯问时告知诉讼权利和认罪的法律后果,犯罪嫌疑人、被告人自愿供述的。"

第7条规定:"收集物证、书证不符合法定程序,可能严重影响司法公正的,应当予以补正或者作出合理解释;不能补正或者作出合理解释的,对有关证据应当予以排除。"

参考文献

1.陈光中、郭志媛:《非法证据排除规则实施若干问题研究——以实证调查为视角》,载《法学杂志》2014年第9期。

2.陈瑞华:《非法证据排除的中国模式》,载《中国法学》2010年第6期。

3.龙宗智:《中国法语境中的"排除合理怀疑"》,载《中外法学》2012年第6期。

4.何家弘:《刑事诉讼中证据调查的实证研究》,载《中外法学》2012年第1期。

5.樊崇义、吴光升:《审前非法证据排除程序:文本解读与制度展望》,载《中国刑事法杂志》2012年第1期。

6.董坤:《非法证据排除规则若干新问题释疑——以〈关于办理刑事案件严格排除非法证据若干问题的规定〉为分析场域》,载《兰州大学学报(社会科学版)》2018年第2期。

7.王彪:《中国非法证据排除规则的最新发展》,载《兰州大学学报(社会科学版)》2018年第2期。

案例十
陈某忠抢劫、抢夺案

摘要:本案例以一起飞车抢夺致人死亡典型案件为范本,对于如何把握被告人翻供情况下证据的审查判断这一司法实践中的难点具有典型意义。该案涉及言辞证据审查判断、被告人供述和辩解的采信、同一认定方法、补强证据规则、全案证据综合审查判断等证据法问题,以及转化型抢劫的类型、"飞车抢夺"转化型抢劫的规定和特点、间接故意致人死亡的死刑政策适用等实体法问题。对于这些问题的分析探讨,不仅具有一定的理论研究价值,而且也能助益于司法实践。

一、引　言

(一)被告人情况、案发时间地点情况

被告人陈某忠,男,1988 年 11 月 2 日出生,汉族,小学文化,农民,福建省龙海市海澄镇屿上村人。

本案三起犯罪事实均发生在福建省龙海市海澄镇二环路屿上村附近路段,时间为 21 时至 22 时许,被害人均为驾驶电动车、背有挎包的年轻女子。

(二)案件侦破、揭发过程

2013 年 6 月 26 日 22 时许,福建省龙海市 110 指挥中心先后接到群众报警称,在海澄镇二环路黎明村路口福×冷冻厂路段有摩托车摔倒,有人员受伤,怀疑是交通事故。该局出警后经现场勘验发现该案有异于正常交通事故,后于 2013 年 6 月 28 日立案并成立专案组进行侦查。专案组综合现场勘查及调查访问情况,分析推断被害人许某某系遭遇飞车抢夺。通过与辖区内类似的飞车抢夺案件进行并案侦查,专案组发现 2013 年 4 月 28 日 22 时许徐某某被抢夺案、2013 年 6 月 23 日 21 时许黄某某和卢某某被抢夺案,在案发时间段、案发地点、犯罪人的作案手段、作案人数均相似,分析推断三起案件为同一犯罪嫌疑人作案。另经专案组通过技术侦查确认,徐某某被抢夺案、黄某某和卢

某某被抢夺案的犯罪嫌疑人为陈某忠。据此专案组分析推断许某某被抢劫案陈某忠有重大作案嫌疑,经布控于2013年6月28日13时在海澄镇将陈某忠抓获归案。

（三）基本案情和审判结果

1.抢劫事实

（1）2013年6月26日22时许,被告人陈某忠驾驶电动车在龙海市海澄镇二环路屿上村怡×工业有限公司附近路段遇被害人许某某驾驶电动车经过,即驾车从右后侧追上,伸左手去抓被害人许某某的背包,用力拉断背包带并加大车速,致被害人许某某连车带人摔倒在地,陈某忠抢走背包后逃离现场。包内有一部三星GT－I9300i型手机及1262元,经鉴定三星手机价值为2466元。被害人许某某倒地受伤,经送医院抢救无效于同年6月30日死亡。经法医鉴定,被害人许某某系因头部撞击地面致急性重度颅脑损伤引起中枢性呼吸循环衰竭死亡。

（2）2013年4月28日22时许,被告人陈某忠驾驶电动车在龙海市海澄镇二环路屿上村怡×工业有限公司附近路段遇被害人徐某某驾驶电动车经过,即驾车从右后侧追上,抢走其挎包后逃离现场。被害人徐某某包内有一部三星GT－S5830i型手机及620元。经鉴定,三星手机价值为736元。

（3）2013年6月23日21时许,被告人陈某忠驾驶电动车在龙海市海澄镇二环路屿上村怡×工业有限公司附近路段遇被害人黄某某驾驶电动车载被害人卢某某经过,即驾车从右后侧追上,抢走被害人卢某某的挎包后逃离现场。被害人卢某某包内有一部三星SCH－I619型手机、一部诺基亚5250型手机及570元。经鉴定,三星手机价值为490元,诺基亚手机价值为510元。

2.审判结果

漳州市中级人民法院经审理认为,被告人陈某忠以非法占有为目的,在明知其驾驶车辆强行夺取他人财物会造成他人伤亡的后果,仍然驾驶车辆强行夺取他人财物折合人民币共计3728元,并放任造成他人死亡,其行为已经构成抢劫罪;陈某忠乘人不备,驾驶车辆抢夺他人财物,折合人民币共计2926元,数额较大,其行为又构成抢夺罪。陈某忠曾因犯抢夺罪被判处有期徒刑以上刑罚,刑罚执行完毕以后,在五年以内再犯应当判处有期徒刑以上刑罚之罪,系累犯,应当从重处罚。据此,依照法律规定判决被告人陈某忠犯抢劫罪,判处死刑,缓期二年执行,剥夺政治权利终身,并处没收个人全部财产;犯抢夺罪,判处有期徒刑一年二个月,并处罚金人民币5000元,数罪并罚,决定执行死刑,缓期二年执行,剥夺政治权利终身,并处没收个人全部财产。

一审宣判后,被告人陈某忠未提出上诉。福建省高级人民法院于2015年4月17日裁定核准对陈某忠的死缓判决。

二、案情内容与法理分析

从法院审判的角度看,本案中事实认定的重点是犯罪主体,认定的主要难点是陈某忠翻供后拒不认罪。除了陈某忠的有罪供述外,本案没有直接证据证明系其作案,也没有客观证据能够与陈某忠作同一认定。认定本案事实的重要突破口就是要综合全案证据,对陈某忠的供述进行正确的分析判断。在排除被告人陈某忠的有罪供述系通过刑讯逼供、诱供、指供等非法方式获取的前提下,其供述与现场勘验笔录、法医学文证材料审核意见书及其他证据相互吻合和印证,可排除一切合理怀疑,形成稳定的证明结构,得出具有唯一性的结论,应当认定案件证据确实、充分,能够有力地证实被告人陈某忠作案的犯罪事实。在客观认定事实的基础上,准确认定陈某忠构成转化型抢劫,综合考虑其犯罪行为、后果、情节和相关死刑政策适用,对其判处适当的刑罚。

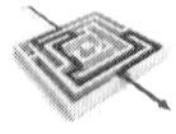

板块一:言词证据的认定、被告人供述的采信、翻供和辩解的审查判断

被告人陈某忠到案后的供述情况:

1.公安侦查阶段的供述和辩解

第一至六次供述:在龙海市公安局刑侦大队办案中心,时间分别为 2013 年 6 月 28 日至 29 日。此六次供述供认骑电动车三次抢夺他人财物的经过,供认最后一次抢夺时,被害人骑着电动车,听到被害人摔倒的声音。讯问过程均有同步录音录像。

第七至九次供述:在龙海市看守所,时间分别为 2013 年 6 月 30 日、7 月 26 日、8 月 2 日。供认三次飞车抢夺,最后一次抢夺听到被害人倒地的声音;第九次告知逮捕。

上述供述情况:2013 年 6 月 26 日晚上 9 点 46 分左右,其将妻子载到其小舅子欧阳某伟的配件店后骑电动车出去逛逛,从黎明路口出来,朝福×冷冻厂方向骑行。约 10 点六七分,当其骑车快到宽大光电厂时,也就是在二环路怡×工厂附近路段,看到一个年轻女子骑一辆电动车从其车边超过,其看她身上背着一只小背包,决定要抢她的背包。其加快车速到她车边,伸左手去抓她的背包,用力一拉然后往前加大车速,背包就被其抢走了。其车刚离开她的电动车两三米时,其听到身后“砰”的一声车子摔倒的声音,其很害怕不敢回头看,径直开电动车往前逃跑。到月边社路边其从路口拐进去,走社里路往屿上社方向再往虎拔头路方向开去,快到黎明村一号桥时,其将车停下来,开始搜抢来的背包。抢到的小背包为长方形,长度 25 厘米左右,高度 15 厘米左右,皮质,浅蓝色。这个包有盖,盖子上有设置一个可旋转的金色的锁。打开盖子后中间有一个拉链,包内只有一格。背包的背带差不多有 2.5 厘米宽,也是皮质的。搜包时,发现包内有钱、手机和纸张。其有数了一下,共抢得 1262 元现金,便将现金装在口袋里。手机是

触摸屏的，屏幕在4.3英寸左右，机身颜色有点花白，手机有一个粉红色的橡胶保护套。其要将手机关机时发现有设置屏幕锁，屏幕锁设置为绘图解锁方式。因手机设置屏幕锁其无法正常关机，其就将保护套拆下，将电池拆下，没再将电池和手机后盖装回，另外还把手机橡胶保护套反装在手机屏幕那边。搜包时其摸到包内还有一张复印纸，这张纸有对折，但没拿出来细看，不知内容。其将那部手机和电池等物照样放回抢来的背包里，拉上拉链，盖上盖子，旋转包锁将盖子锁上。搜完背包后其就启动电动车继续走，到黎明村一号桥时就在路边捡一只黑色塑料袋将背包装起来，随手扔进桥下的河道里。

第十次供述：在龙海市看守所，时间为2013年9月24日。第十次供认三次飞车抢夺过程，供认6月26日的飞车抢夺被害人财物，听到被害人摔倒的声音。但供述称，2013年6月26日晚其抢了那个女的，当时其抢她时，她没摔倒。其当时是有听到这个女青年摔倒的声音，但不是马上听到的，是其骑了一段距离（十来米，三四十秒）后才听到。其抢完后骑车离开的时速为三四十公里每小时。

第十一至十三次供述：时间为2014年1月7日、1月10日、3月19日。供述：2013年4月底和6月23日二次实施抢夺的事实属实。6月26日抢劫不属实。这是曾艺彬和一个其不认识的人做的。当时其骑电动车从黎明村路口出来拐进二环路，看到曾艺彬和一个不认识的人骑一部摩托车在其前面抢一个女的背包，其到现场时那两个人跑了，就顺手拿留在现场的包，也逃走。他们抢完后逃离现场，其才骑车去捡包。后其把包里的钱拿走，其他东西包括手机、皮包物品等其就扔在黎明一号桥的河边。对于先前供述2013年6月26日晚上系其抢包后又供述是曾艺彬等二人抢包，其辩解称不知道事情这么大，不知道摔倒的那个女子会伤得这么严重（即死亡）。其是被抓进来龙海市看守所一段时间后才知道该女子死亡的。

2.检察院审查批捕和审查起诉阶段的供述和辩解

龙海市检察院审查批捕阶段的供述：时间为2013年7月31日。供述：之前向公安机关所做供述属实，笔录有经过其核对签名。侦查人员没有存在刑讯逼供等非法方式对其进行讯问。其共抢夺三次。其中，第三次是2013年6月26日那晚的抢夺，其抢后刚离开二三米处时，就听到身后砰一声，车子摔倒的声音，当时很害怕不敢回头看，害怕被害人摔倒受伤，就驾车逃离现场。

龙海市检察院审查起诉阶段的供述：时间为2013年10月25日。供述：2013年4月28日、6月23日两次抢夺的事实属实，过程与之前供述的一致。2013年6月26日那晚那个女孩子的包不是其抢的，是曾艺彬（海澄内溪人，20多岁，通过其朋友"大头"知道的）骑一部黑色摩托车后载一男子，从那个骑电动车的女孩子右侧抢那女孩子的包，是坐后座男子用右手拉包。后那女子摔倒在地，包没被抢走，掉在她身边的地上，曾艺彬他们没停车走了。其当时骑电动车与他们对向行驶在旁边车道，距离大约10米远。他们离开后其骑电动车经过那摔倒女孩身边，掉头骑到她身边捡起地上的包，后骑车离

开。之后过程与其之前供述一致。之前承认是因当时没想到事情会这么严重,就想把事情揽下来,后发现事情严重了就想坦白。其没伙同曾艺彬共谋,是刚好碰上。

漳州市检察院审查起诉阶段的供述:时间为2013年11月15日。供述2013年6月23日这起抢夺属实,2013年4月28日和6月26日这两起不属实。2013年4月28日的抢夺案不是其实施的,抢夺来的手机是其向海澄内溪村小曾拿的。小曾大概二十三四岁,比其矮胖些,赌场内认识的。2013年接近"五一"的时候,其在海澄味精厂附近一座桥上碰到小曾,小曾说有一部黑色三星手机要卖,其说要买后就拿来用,没有付钱。2013年6月26日晚的抢劫案是曾艺彬载一个人从后面抢那个女的包,包掉在地上,其去捡起,后将包扔到黎明村一个桥下。

3.法院庭审阶段的供述和辩解

2014年8月6日庭审中,被告人陈某忠对指控的犯罪事实全部否认,称都不是其作案的。庭审中辩解:6月26日的抢劫案和4月28日、6月23日两起抢夺案都是曾艺彬作案的。6月23日晚、6月26日晚其看到曾艺彬与另一个人骑摩托车抢夺。6月26日晚其从案发现场经过,就捡起掉在地上的包后离开。6月26日晚其和其妻在海澄镇家里,没有骑其妻的电动车外出。

问题1:以被告人供述为代表的言辞证据有什么特点?对言辞证据如何进行审查判断?

问题2:陈某忠为何会翻供?如何对其供述进行分析和采信?在此方面讯问陈某忠的同步录音录像有何作用?对陈某忠的测谎材料如何把握?

问题3:陈某忠所提出的他人作案的辩解能否成立?如何审查判断?

关键要点

1.我国证据法中言辞证据的特点及审查判断规则。

2.对被告人供述的审查内容和审查方法。

3.对被告人翻供的审查判断。

法理分析

1.关于言词证据及其审查判断规则

在陈某忠案审理中,涉及对陈某忠供述的采信问题。在证据法上,根据证据的存在及表现形式的不同,可以分为言词证据和实物证据。被告人供述就属于言词证据,言词证据还包括被害人陈述、证人证言,广义上还包括鉴定意见。以被告人供述为代表的言词证据在刑事诉讼中具有突出特点:一是言词证据所承载的案件信息量最大,对案件事实的证明力最大。被告人供述、证人证言、被害人陈述,都是当事人、证人对其直接或间接感知的案件事实的陈述。它们与案件的相关性是最强的,可以提供大量的证据信息,尤其被告人供述，从犯罪前后的表现、主观意图、行为过程、犯罪结果它都提供，信息量是最大的。相反，有些物证、书证它提供的信息较小，相关性较弱。一个案件的直接证据往往是言词证据。因此，言词证据在证实案件事实方面有其自身优势。二是言词证据的来源稳定，不易灭失。言词证据是人的陈述，陈述的内容是其所感知的案件事实。当人直接或间接感知案件事实后，感知到的内容便被输入大脑的神经记忆中枢储存起来。这是由人的记忆生理规律所决定的，记忆的内容往往能够保存相当长的时间，而且感知时刺激越强烈，印象越深刻，记忆的时间也就越长。在有些案件中，侦查人员在案发后很久才找到证人，但证人仍能较为清晰地讲述案件的有关情况。三是言词证据容易受到影响而出现虚假或失真。从主观方面来看，言词证据的提供者与案件的利害关系可能促使其故意做出虚假陈述。与诉讼结果有直接利害关系的被告人、被害人，以及与案件有利害关系的证人，都可能做有利于自身的虚假陈述。与案件没有利害关系的证人，也可能由于个人的认识能力、道德品质或者心理倾向而做出失真的陈述，或者因为受到威胁、利诱而不如实陈述。从客观方面来看，言词证据的形成是一个相当复杂的过程，一般要经过感知、记忆、陈述三个阶段，在这三个阶段都可能因为各种客观因素的影响而出现失真，使言词证据在反映案件事实时出现偏差。四是言词证据的主观性强，具有可塑性和易变性，稳定性、可靠性较差。随着案情的发展、侦破过程的进展以及所处环境发生改变，当事人、证人特别是被告人的思想状况可能会发生较大变化，从而就同一事实做出不同的、甚至是完全相反的陈述，形成我们通常所说的“翻供”“翻证”。此外，在言词证据的形成过程中，也会受到侦查条件、侦查方向、侦查人员等方面的影响。正因为言词证据具有以上种种特点，对其审查难度大，需要在具体案件中仔细甄别，特别是被告人翻供的情形，要在具体个案中结合其他证据进行综合判断。

对于言词证据的审查判断，从大的方面主要把握好三大规则：一是程序、实体双重审查规则。实体性审查就是审查言词证据内容与案件的关联性，即言词证据的证明力。程序性审查，包含两个方面，一要审查言词证据的收集主体、收集程序、固定程序是否合法；二要审查言词证据是否经过当庭出示、举证、质证等严格的法庭调查程序。二是相互印证规则。相互印证规则既包括言词证据之间相互印证，又包括言词证据与其他证据的印证情况。三是社会经验规则。社会经验规则是在特定时空范围带有普遍性的规律和现象，办理刑事案件中大量存在需要运用社会经验规则进行推理的情况。典型运用包括被告人主观状态的推定、因果关系的推理等。对于被告人供述的审查，同样要注意运用这三大规则进行分析思考。

2.关于被告人供述和辩解的审查内容和审查方法

作为言词证据的代表，被告人供述和辩解也具有重要特点，一方面是对案件证明力大，另　方面是产生虚假供述的可能性较大，稳定性、可靠性也较差。根据刑事诉讼法和司法解释的规定，对被告人供述和辩解应当着重审查以下内容：(1)讯问的时间、地

点,讯问人的身份、人数以及讯问方式等是否符合法律、有关规定;(2)讯问笔录的制作、修改是否符合法律、有关规定,是否注明讯问的具体起止时间和地点,首次讯问时是否告知被告人相关权利和法律规定,被告人是否核对确认;(3)讯问未成年被告人时,是否通知其法定代理人或者有关人员到场,其法定代理人或者有关人员是否到场;(4)被告人的供述有无以刑讯逼供等非法方法收集的情形;(5)被告人的供述是否前后一致,有无反复以及出现反复的原因;被告人的所有供述和辩解是否均已随案移送;(6)被告人的辩解内容是否符合案情和常理,有无矛盾;(7)被告人的供述和辩解与同案被告人的供述和辩解以及其他证据能否相互印证,有无矛盾。

对被告人的供述与辩解的审查,在被告人推翻有罪供述的情况下就显得格外重要。从程序审查的角度分析:其一,可以通过审查供述时间和地点、与侦破案件的公安人员座谈、调取看守所入所健康检查表及入所谈话记录,或通过与被告人关押在一起的其他在押人员,了解被告人出入监室、被讯问前后的身体状态,从而侧面了解供述的合法性。一般而言,侦查初期由于嫌疑人心理上较为紊乱、对侦查机关掌握证据的情况不了解、对法律规定也相对不太清楚,因而容易交代罪行。而随着案情进展,各种干扰因素增加,特别是嫌疑人被押入看守所后易受"交叉感染",故通常初期的供述较后续阶段要真实。其二,在压力较小的场所作出的有罪供述因为更能保障供述者内心的自由状态而较少出现虚假的可能。比如在异地抓获嫌疑人后在异地作出的有罪供述,相比把嫌疑人带回办案的公安机关后所作的供述可能更可靠;在看守所作出的供述,比在刑侦大队或派出所作出的供述更可靠;检察机关获得的供述,比侦查机关获得的供述可能更可靠。其三,审查供述与获取其他证据的先后顺序。如果被告人供述在先,证人作证在后且经核实证人证言真实,则原来的有罪供述可靠;如果根据被告人供述提取了与案情具有关联性的隐蔽物证,则翻供就缺乏依据。从实体审查的角度分析,关键是从口供的内容上看是否暴露出行为的秘密性。虽然罪名总是有限的、确定的,但犯罪行为的内容千差万别,例如同是故意杀人,但行为过程却各有差异,通常仅为行为人自己所知,有些供述内容,尤其是事实细节,侦查人员根本编不出也诱不出,因而具有高度的秘密性。判断行为是否具有秘密性,则要看行为是否具备具体性、合理性与独占性。如果供述内容非常具体、合情合理,换了别人绝不可能知道得如此清楚而确切,则可认为该有罪供述暴露了行为的秘密性,是真实的供述。当然,要特别注意的是,对于供述中特殊的、比较隐蔽的细节,仍应尽量寻找相关的证据予以印证。另外,可以借鉴中国古代听讼的基本方式"五听"。通过观察被告人的言辞、表情、呼吸、听觉和眼神,利用事理、情理和逻辑进行判断,具有一定的心理学、审讯学和逻辑学依据,有其合理性,可以增加法官内心确信。本案庭审中,被告人全案翻供,但无论是回答公诉人讯问的问题,还是回答法官的问题,都经常低着头,不敢直视检察官、法官。可以推测,被告人在作虚假陈述及编造谎言的可能性是比较大的。

3.关于被告人翻供的审查要点

对于被告人供述前后不一致、出现反复的情况，要审查的要点是被告人供述不一致的内容、能否作出合理解释、翻供的时间节点、翻供的原因等。

对陈某忠所作的所有供述以及庭审供述进行梳理，可以发现其翻供分为三个阶段：第一阶段为第一至第十次供述、审查批捕阶段的供述（2013年6月28日到9月24日），第二阶段是第十一次供述到第十三次供述（2014年1月7日、1月10日、3月19日）、审查起诉阶段的供述，第三阶段是庭审供述。第一阶段中陈某忠对三次抢劫、抢夺案的犯罪事实供认不讳；第二阶段中陈某忠开始否认2013年6月26日抢劫案系其所为，称是曾艺彬等人所为；第三阶段陈某忠当庭否认其实施三次抢劫、抢夺，供述都是曾艺彬等人所为。

对陈某忠的翻供进行综合分析：第一，陈某忠翻供的时间节点特殊，其翻供后的供述非常可疑。从陈某忠翻供的脉络可以看出，其是从部分翻供到全部翻供。而正是在第一阶段最后一次供述即2013年9月24日第十次供述后，公安人员将关于被害人死亡原因的鉴定意见书送达给陈某忠，使其确定地知道了被害人的死讯及死亡原因。（据向公安经办人了解，当陈某忠得知被害人死亡后当时就懵了，神情愕然。）这之后，陈某忠就开始翻供其抢劫事实，称是曾艺彬和另一个人所为。第二，陈某忠翻供后对于案件事实情况无法作出合理解释，有悖于案情和常理。陈某忠对于曾艺彬和另一人为何拉扯抢夺他人背包，在背包掉在地上后却不拿包，无法解释；对于为何在得知6月26日被抢的被害人死亡后，马上推翻以前关于6月26日实施的抢劫事实的有罪供述无法解释。第三，陈某忠翻供后的供述前后不一，互相矛盾。庭审中，关于2013年6月26日的抢劫案，其首先辩解称曾艺彬给其打电话约其一起去吃点心，说抢了一个包，给其一部红色手机和二三百元现金；后来又辩解称6月26日晚上曾艺彬和另一个不认识的人实施抢劫，其有看到。关于6月23日的抢夺案，其首先辩称6月23日曾艺彬打电话叫其出来并给其手机、现金；后面又辩称，其与曾艺彬及那个人去石码赌博回来，跟6月26日的情况一样，也是后面那个人抢的。因此，其庭审辩解前后不一，并且与其通话记录（无曾艺彬或其号码）、其妻欧阳某君的证言等证据相互矛盾，无法自圆其说。第四，陈某忠翻供所称的曾艺彬其人并不存在，其谎言不攻自破。针对陈某忠翻供后所供述的曾艺彬（海澄内溪人，约23—24岁男性）作案这一线索，公安机关做了大量的补充侦查工作，证实确实不存在所谓的曾艺彬其人。一是根据陈某忠的供述，经查询相关公安网络及信息系统，未发现福建省龙海市海澄镇内溪村有姓名为曾艺彬的男性人员户籍信息。二是将海澄镇内溪村20—25岁男性照片共193张从户籍信息中调出，由陈某忠进行辨认，陈某忠未辨认出曾艺彬。三是将龙海市全市辖区内以“曾艺彬”姓名以及同音姓名登记且在1997年以前出生的人员共21人的照片从户籍信息中调出，由陈某忠进行辨认，陈某忠未辨认出曾艺彬。由此可见，所谓的曾艺彬其人并不存在，是陈某忠为摆脱

罪责、逃避法律追究而故意编造的。第五，陈某忠对于翻供原因并无令人信服的理由，其翻供无任何可采性。陈某忠庭审中辩解他之所以在侦查阶段初期做了有罪供述，是因为公安民警一直打他，对他刑讯逼供，但未能提供任何受到刑讯的证据或线索。

4.关于讯问录音录像对审查被告人翻供的作用

在刑事案件中，对于被告人翻供的审查，同步录音录像具有重要作用。本案中，陈某忠辩解公安人员曾打他，但同步录音录像显示他在公安办案中心做有罪供述时神情自然、表达清楚，没有受到任何暗示，无任何异常表现。特别是讯问过程中的一些细节，可以显示讯问氛围和其心理情况。如在接受讯问的桌子上放有一瓶矿泉水让他喝，如有一次讯问完毕后公安民警还问其是否还需要喝水，再如其对被告人权利义务告知书详细阅读了好几分钟，等等。而且，陈某忠在进入看守所之后仍然做了多次有罪供述，均有同步录音录像。另外，陈某忠在归案后第二天带侦查人员前去指认将抢得的背包扔弃的现场，该现场位于龙海市海澄镇“黎明村一号桥”，就在陈某忠的住所附近。根据陈某忠的指认，侦查人员在该桥下的草丛中发现了一只黑色塑料袋，打开后就发现了被害人许某某的背包及手机等物品。重要的是，在指认过程中，侦查人员又做了同步录音录像。在这一过程中，陈某忠在警车中主动指路，和民警交流自然、放松，到达现场后告知民警扔弃背包的方位并以手示意。该同步录音录像显示的提取物证情况与陈某忠此前所做的有罪供述能够相互印证，大大增强了法官对其作案的内心确信。

5.关于测谎材料的采信

在司法活动中，规范、科学的测谎检查在一定程度上可以促进案件及时、公正地处理，其作用正越来越被司法人员所认识。测谎技术最早起源于美国，如今已有 50 多个国家在应用和发展测谎技术，应用于刑事侦查、海关缉私、缉毒、招募雇员等较为广泛的领域。伴随科技的进步，测谎技术也不断发展和更新，除了多道生理参数测试，还发展了瞳孔、声音分析，脑电波测谎技术等。

测谎仪的测试结果不是独立的诉讼证据。刑事诉讼证据是能够反映案件真实情况的客观事实。刑事诉讼法所规定的七种证据都是与案件事实具有客观、直接的联系，即具有客观性和相关性。而测谎仪是对涉案人身体各种生物参量的测试，不是对案件事实本身的收集和鉴定。测谎仪的测试结果可以成为侦查的向导，但不宜作为定案的根据。在刑事侦查中，面对众多的嫌疑人，采用必要的测谎技术，可以相对缩小侦查范围，有利于赢得侦查时间，及时获取必要的证据，为采取必要的侦查措施提供有力的支持，但是，不宜将测谎仪的测试结果作为定案的根据，这是因为：第一，测谎仪的测试结果不是法定的诉讼证据。第二，如果允许把测谎结果作为定案的依据，势必影响司法人员对案件中的其他必要证据的收集，从而不利于案件的正确处理。第三，测谎仪的测试结果最终要落实到被测试者作出是否有罪的供述，即要以犯罪嫌疑人供述和辩解的形式体现出来，才有证据效力，才能增强司法人员的定案信心，从这种意义上说，测谎仪的测试

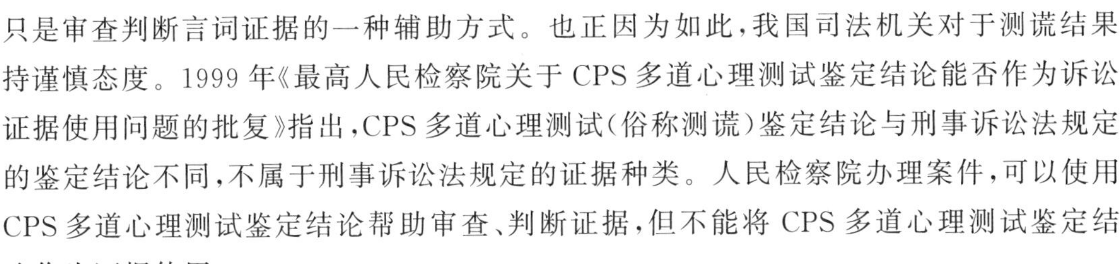

只是审查判断言词证据的一种辅助方式。也正因为如此，我国司法机关对于测谎结果持谨慎态度。1999年《最高人民检察院关于CPS多道心理测试鉴定结论能否作为诉讼证据使用问题的批复》指出，CPS多道心理测试（俗称测谎）鉴定结论与刑事诉讼法规定的鉴定结论不同，不属于刑事诉讼法规定的证据种类。人民检察院办理案件，可以使用CPS多道心理测试鉴定结论帮助审查、判断证据，但不能将CPS多道心理测试鉴定结论作为证据使用。

司法实践中，虽然测谎结论一般不能当作刑事证据使用，但不可否认，测谎结论在帮助审判人员审查证据，进一步调查核实证据，形成内心确信方面，还是有积极意义的。一旦测试结论排除受测试人作案，那么在其他证据不足的情况下，就很难认定被告人的犯罪事实。如果测试结论表明受测试人不能通过测试，那么还要尽可能获得新的证据，并结合全案证据进行认定。本案中，公诉机关向法院提供了一份陈某忠的测谎情况说明，采用多道心理测试系统对陈某忠进行测试，经综合分析认为陈某忠对于案件相关的三个问题心理压力反应异常，故测试结果不通过。虽然由于上述原因，该测谎情况说明不能作为证据使用，但是结合本案陈某忠翻供情况和庭审辩解情况，对于增强法官的心理确信仍有积极作用。

板块二：补强证据规则、同一认定方法、关键物证的证明力、全案证据体系的综合审查判断

本案抢劫事实部分的主要证据：

1.证人柯某辉、郑某城（报警者）的证言，证实2013年6月26日晚上10点多，在海澄二环路怡×工业园路段，看到一年轻女子躺在路面上，一辆枣红色电动车倒在路面上。

2.证人许某宗（被害人之兄）的证言，证实2013年6月26日晚10点多，被害人许某某骑电动车回公司。后经过案发路段时，看到其妹妹的电动车倒在路上，得知其妹妹已被送到漳州175医院抢救。6月30日其妹妹就去世了，2013年7月1日早上火化。其父亲无法接受妹妹的死亡，在不通知公安机关的情况下将其妹妹尸体火化。妹妹去其家时背一个背包，包内有部其花2600多元买给她的手机。她的手机是三星“盖世三”，白色，触摸屏的，有一个粉红色保护套。当晚她从包内拿出二份检测单给其看。她还在食品厂兼职。

3.证人许某奋（被害人父亲）的证言，证实被害人是其女儿以及被害人经抢救未好转后去世。其没让公安机关对尸体进行解剖，7月1日将尸体火化。

4.证人赖某燕（被害人之嫂）的证言，证实2013年6月26日晚被害人的衣着情况，及肩上斜挎着一只天蓝色的包，拿一部包有粉红色的手机壳的三星触摸屏手机。

5.证人曾某娟、康某红、陈某阳（被害人同事）的证言及辨认笔录，证实2013年6月

26日下午下班时,被害人借用太阳镜,骑一部酒红色电动车前往龙海市石码镇,斜背一浅蓝色小背包。小背包里面还放她平时使用的一部三星手机。背包是6月21日曾某娟和她到海澄西门一间"开心包包"店买的。她那部手机是三星盖世系列,白色的,带有粉红色保护壳,听她说是她哥今年四五月份买给她的,2500元,约有9成新。

6.证人欧阳某君(陈某忠之妻)的证言,证实2013年6月26日21时许,其和陈某忠从其父亲欧阳某聪的工场去海澄西环其弟弟欧阳某伟的店帮忙,陈某忠说还要出去,其让他带一份扁食回来。不久陈某忠买回扁食,说石码有人欠他钱,他要去石码拿钱,就打电话叫别人来载他。陈某忠从其弟欧阳某伟店出去不会超过21点30分,买扁食回来将近23点,其吃完扁食就带小孩睡觉了。陈某忠是骑黄色电动车出去的。

7.证人欧阳某伟(欧阳某君之弟)的证言,证实2013年6月26日晚18点多,其打电话给欧阳某君问他们夫妻晚上是否去其店里看店。2013年6月26日22点57分陈某忠打电话让其开汽车到石码拿东西,因当时其正和朋友喝酒,就让他等下再去。到了23点,陈某忠又打电话,其让他自己搭摩托车去。

8.证人欧阳某聪(陈某忠岳父)的证言,证实2013年6月26日晚陈某忠去其铝合金工场。

9.证人黄某伟(欧阳某君表弟)的证言,证实2013年6月26日晚23点,陈某忠用欧阳某君手机打其手机,要借其车子用。其叫陈某忠过来取车,把车钥匙给他。23点35分左右,陈某忠就把车还给其。

10.证人陈某红(陈某忠之姐)的证言,证实2013年6月28日11点多,陈某忠到其家,后准备叫他吃饭时他已走,后来才知被抓了。

11.证人洪某嗣、高某珊(龙海中医院医生、护士)的证言,均证实2013年6月26日22时24分时,接到群众电话报120急救,要求医院到海澄福×工厂前路段抢救一名摔倒在地上的女子。他们赶到现场时,该女子倒在地上,头部与地上接触地方有血迹,离该名女子几米远的地上倒着一辆电动车。他们马上将女子送往漳州175医院抢救,在路上也进行了输液和吸氧等急救措施。当时她已经昏迷不醒,呼吸很困难,后脑勺有渗血。该女子肩膀上有一截断裂的背包背带,浅蓝色的。

12.证人黄某(175医院医生)的证言,证实2013年6月26日晚,许某某被送到急诊进行抢救,后被转到神经外科手术,术后安排在ICU重症室由其负责后续治疗。后因她已无法自主呼吸,家属被动放弃治疗。

13.证人蔡某琼、郭某发、林某志(被害人同事)的证言,证实许某某在百家香等3家公司做兼职食品化验员。

14.调取证据通知书、调取证据清单、龙海市中医院120急救中心电话记录单、扣押决定书、解放军第175医院门诊病历、出院小结、住院收费清单,证实许某某于2013年6月26日22时24分由龙海市中医院接诊时,神志不清,双侧瞳孔等大等圆,直径约

4.0mm，对光反射迟钝，头枕部裂伤流血，病情危重。马上转到解放军第175医院抢救，诊断结果为脑挫裂伤、左侧额颞顶部急性硬膜下血肿、弥漫性脑肿胀、脑疝、继发性脑干损伤、外伤性蛛网膜下腔出血、右侧颞骨骨折、颅底骨折、头皮裂伤、头皮血肿、双肺挫伤、右侧锁骨骨折、全身多处软组织挫伤、左肾结石。2013年6月30日出院诊断结果除上述症状外，还有双侧大脑大面积脑梗死。

15.调取证据通知书、调取证据清单、死亡证明书、火化证，证实许某某于2013年6月30日死亡并于同年7月1日被火化。

16.手机通话记录，证实陈某忠2013年6月26日的通话情况。当天晚上，陈某忠与“坏”、阿杰、达明、欧阳某君等人通话；从22点24分左右开始陈某忠和欧阳某君通话三次；通话记录里面未出现一个叫曾艺彬的人给其电话。

17.扣押决定书、扣押清单，证实公安机关向欧阳某君扣押黄色新立电动车一辆，根据陈某忠的供述该车系抢劫许某某的作案车辆；扣押陈某忠人民币1159元，根据陈某忠的供述系许某某被抢劫的现金；2013年6月27日向曾某娟提取1只背包。

18.现场勘查笔录、现场照片，证实案发现场位于龙海市海澄镇二环路怡×工业有限公司路段；公安机关在现场提取到带子2段、烟蒂1个、血迹1处、拖鞋1只、脚踏垫1张、划痕3处、鞋印1处，现场勘验检查制图2张，照相20张。

19.现场勘查笔录、提取笔录、现场照片，证实公安机关提取陈某忠扔弃的背包的过程和现场情况。2013年6月29日，龙海市公安局民警根据陈某忠的供述和指认，组织人员对龙海市海澄镇二环路福×冷冻厂大门边的桥下河道进行打捞搜索但未发现可疑的背包及物品，于海澄镇“黎明村一号桥”下的河道里打捞到一只黑色塑料袋。袋内装有一只浅蓝色女式皮革质背包（左侧壁背包带缺失），包内有一部三星牌GT－I9300型手机、两份烘烤类糕点出厂检验报告表、两张微生物检验原始记录表、一副茶色太阳镜、二张银行卡。

20.法医学文证材料审核意见书，证实经法医分析认定，被害人头部撞击地面致急性重度颅脑损伤引起中枢性呼吸循环衰竭死亡。

21.漳州市公安局物证鉴定所漳公刑鉴DNA字[2013]462号DNA个体识别鉴定书，证实在现场地面上血迹为许某某所留。

22.龙海市价格认证中心龙价认字[2013]409号价格鉴定结论书，证实许某某被抢三星牌GT－I9300智能手机价值为2466元。

23.户籍证明，证实被害人许某某的身份情况。

24.龙海市公安局刑侦大队出具的情况说明，证实未发现龙海市海澄镇内溪村有陈某忠供述的曾艺彬其人。

25.公安机关出具的出警经过、抓获经过、破案报告，证实2013年6月26日22时许，龙海市公安局110指挥中心先后接群众报警称，在海澄镇二环路黎明村路口福×冷

冻厂附近路段有辆摩托车摔倒,有人受伤。该局民警出警后发现该案有异于正常交通事故,遂向110指挥中心反馈,后龙海市公安局刑侦大队出警到现场勘验,确认该案为刑事案件。通过侦查将该案与徐某某、黄某某被飞车抢夺两起案件并案侦查,通过技术手段侦查确认嫌疑人为陈某忠。经布控,于2013年6月28日将陈某忠抓获。

26.户籍证明、违法犯罪前科劣迹证明、刑事判决书、出所登记表,证实陈某忠的身份情况,其犯罪时已满十八周岁;2011年11月15日因犯抢夺罪被龙海市人民法院判处有期徒刑一年三个月,并处罚金3000元,2012年11月10日刑满释放。

27.被告人陈某忠的供述和辩解及辨认笔录(见上一部分)。

问题1:在案证据如何证实陈某忠作案的事实?司法证明的方法有哪些?本案要运用什么方法?

问题2:从上述证据情况可知,本案中证实陈某忠作案的直接证据只有陈某忠的有罪供述,根据陈某忠的供述和指认提取到被害人的背包、手机等物品。结合物证等现有证据,如何运用证据规则进行对有罪供述进行审查判断?

问题3:如何综合全案证据进行审查判断?如何把握"事实清楚,证据确实、充分"的证明标准?

关键要点

1.司法证明的方法和同一认定方法。

2.我国的补强证据规则及司法解释的相关规定(隐蔽性物证补强规则)。

3.全案证据的综合审查判断和刑事证明标准。

法理分析

1.关于司法证明的方法和同一认定方法

司法证明方法,即在司法活动中运用证据证明案件事实的方法,包括认识方法、思维方法、操作方法等诸多层面的方法。其中,同一认定方法是重要的司法证明方法。

司法证明的内容包括两方面:一是指控的犯罪事实是否确实发生,二是被指控者是否是作案人。前者属于事件同一认定,即判断所诉案件事实是否是确实是发生过的事实。后者属于人身同一认定,即判断被告人是否实施那个特定被诉行为的人。由此可见,司法证明的核心内容是人身同一认定和事件同一认定,即"人—事同一认定"。

同一认定贯穿于每一起案件的证明过程之中。其中,既有对整个案件的大同一认定,也有对某个案件事实要素的小同一认定和种属认定。而且案件中的大同一认定往往就是由多个小同一认定和种属认定组成的。在有些案件中,大同一认定可以直接由某些证据完成,而这些证据一般都属于直接证据。小同一认定和种属认定则一般都属于间接证据。作为直接证据的同一认定虽然价值较高,但是也不一定就能保证定案结

论的可靠性。例如,被告人的供述也属于直接证据,也需要同一认定,即判断其陈述的案件是否与确实发生的案件同一。一起案件的司法证明往往要由多个同一认定和种属认定来完成。这些同一认定和种属认定,或衔接,或并列,或辅佐,或印证,共同构成整个案件的"人—事同一认定"。司法证明的根本任务是识别案件特征,认定案件事实。而案件的事实特征都必须通过各种各样的证据才能反映到主体的认识活动之中。"人—事同一认定"就是要通过审查这些证据,看其是否正确、准确地反映了案件特征,然后再对这些特征的价值进行评断,看其能否达成"人—事同一"。由于"人—事同一认定"必须以案件的事实特征为基础,而认识这些特征的中介是各种证据,所以"人—事同一认定"的依据就主要是案件中的证据。

本案中,在作案现场、被害人尸体、物证上均未提取到能够与陈某忠作同一认定的客观证据,故除了陈某忠的供述外并无证据能够直接指向陈某忠作案。而对于陈某忠的有罪供述能否做出同一认定,则需要同通过其他证据查实的案件事实相比较,看是否吻合。因此,本案司法证明的总体思路是一方面审查物证、书证、证人证言、鉴定意见、现场勘验笔录、视听资料等证据,以完成对案件事实各个要素的小同一认定和种属认定,另一方面审查陈某忠有罪供述以完成对整个案件的大同一认定,两方面相互对照以完成本案的"人—事同一认定"。

2.我国的补强证据规则及司法解释的相关规定(隐蔽性物证补强规则)

补强证据规则是指为了保护被告人的权利,防止对案件事实的误认,对于某些证明力较为薄弱的证据,要求有其他证据予以证实才能作为定案依据的规则。补强证据的作用在于通过证据的相互印证作用而增强或担保主证据的证明力。由于主证据对于案件主要事实的证明具有决定作用,为了保证发现案件的真相,防止该证据为虚假证据,需要借助补强证据来印证主证据的证明力。补强证据规则在《刑事诉讼法》及司法解释均有体现。《刑事诉讼法》第 55 条规定:"对一切案件的判处都要重证据,重调查研究,不轻信口供。只有被告人供述,没有其他证据的,不能认定被告人有罪和处以刑罚;没有被告人供述,证据确实、充分的,可以认定被告人有罪和处以刑罚。"另外,2010 年最高人民法院《关于办理死刑案件审查判断证据若干问题的规定》第 34 条规定:"根据被告人的供述、指认提取到了隐蔽性很强的物证、书证,且与其他证明犯罪事实发生的证据互相印证,并排除串供、逼供、诱供等可能性的,可以认定有罪。"该规定充分肯定了隐蔽性很强的物证、书证对于被告人供述的重要补强作用和在与其他证据形成印证情况下对于犯罪事实的重要证明价值。

本案中,归案当天 6 月 28 日下午,陈某忠就带领侦查人员辨认其实施抢劫的位于海澄镇二环路的现场;第二天,陈某忠在做了五次有罪供述后,带领侦查人员指认其将 6 月 26 日晚抢得的背包扔弃的现场。该现场位于龙海市海澄镇"黎明村一号桥",就在陈某忠所居住的屿上村附近,其对周边环境非常熟悉。侦查人员经过搜索,在该桥下西南

侧的港道南边缘的草丛中发现了一只黑色塑料袋,打开后即发现了被害人许某某的浅蓝色背包及手机等物品。该背包装入黑色塑料袋,隐藏于河道草丛中,隐蔽性很强,若不是扔包者本人指认,根本无法提取到。而且,在此指认过程的同步录音录像中,陈某忠在到达现场前清楚地说出该桥的位置、特征及附近环境,引导侦查人员到达该桥,在桥上确定扔包位置和方向,神情自然,说话流利。因此该同步录音录像真实反映了陈某忠带领侦查人员找到隐蔽物证的整个过程,具有很高的可信度;所提取到的被害人的背包、手机等物品作为本案的重要物证,可以证实陈某忠到过案发现场并接触过被害人,是佐证陈某忠有罪供述的重要证据。此部分证据的形成过程是“先供后证”,而提取物证的过程和提取到的物证,均可以很好地印证被告人初期的供述,较为可靠。

3.关于全案证据的综合审查判断和刑事证明标准

对于全案证据的综合审查判断,是办案人员依据证据,凭借经验法则和逻辑推理,对犯罪嫌疑人、被告人是否实施犯罪以及量刑情节等案件事实进行综合认定的诉讼活动。根据我国刑事诉讼法及相关司法解释,结合刑事司法实践,司法人员对全案证据进行综合审查判断,需要遵守三方面的规则:一是坚持主观确信与客观真实相统一,二是坚持证据的数量与质量相结合;三是符合逻辑和经验规则。另外,我国司法解释对此作出初步规范,根据《最高人民法院关于适用〈中华人民共和国刑事诉讼法〉的解释》第104条的规定,全案证据的综合审查判断有两方面的内容:一是证据之间是否具有内在联系,各项证据是否共同指向同一待证事实,能否形成闭合的证据锁链;二是各项证据之间是否存在矛盾,若有矛盾是否可以被排除或者作出解释。全案证据同时符合上述条件,才能作为定案的根据。

司法证明需以证明标准为尺度,我国刑事案件的证明标准是案件事实清楚,证据确实、充分。近年来,我国刑事诉讼法及司法解释对此证明标准又进一步具体细化,增强其可操作性。根据2010年最高人民法院《关于办理死刑案件审查判断证据若干问题的规定》,证据确实、充分是指:(1)定罪量刑的事实都有证据证明;(2)每一个定案的证据均已经法定程序查证属实;(3)证据与证据之间、证据与案件事实之间不存在矛盾或者矛盾得以合理排除;(4)共同犯罪案件中,被告人的地位、作用均已查清;(5)根据证据认定案件事实的过程符合逻辑和经验规则,由证据得出的结论为唯一结论。

通过对全案证据的审查,可以还原案发事实过程,对于陈某忠作案形成内心确信。综合全案证据来分析:第一,陈某忠前期的有罪供述稳定,对作案细节的描述详细具体、真实可信。侦查阶段前期,陈某忠对于作案的对象、作案的地点和时间、抢包的手法和步骤、包中物品的处理、背包和手机的扔弃、驾驶摩托车途经路线、当晚手机通话情况等均作了详细的交代,若非其亲身经历不可能供述出如此丰富的细节,具有很强的具体性、合理性与独占性。第二,在案证据能够印证陈某忠所供述的具体作案过程和相关细节。例如,陈某忠供述驾驶摩托车抢被害人背包后听到车子摔倒在地上碰撞的声音但

未听到被害人的叫喊声，能够与法医学文证材料审核意见书中关于被害人因头部撞击地面致急性重度颅脑损伤引起中枢性呼吸循环衰竭死亡的分析意见相印证，也与现场勘验笔录中被害人所驾驶电动车情况相吻合。再如，陈某忠在带领公安民警指认物证前即供述所抢背包的颜色、形状、大小以及开锁、拉链、装饰物的特征，还有包中手机的电池被卸下、有一粉红色塑料保护套等细节，也与后来公安民警提取到的物证及相关情况高度吻合。又如，陈某忠能够说明背包的部分背带在其抢包时被拉断，掉在现场，该细节与现场勘验过程发现两段背包带子的情况相一致。因此，陈某忠有罪供述与现场勘验笔录、法医学文证材料审核意见书、通话记录等在案其他证据可以相互印证。第三，陈某忠带领公安民警查找到隐蔽性很强的物证，对于佐证陈某忠作案具有很强的证明力，大大加强了证据链条。本案虽未提取到与陈某忠作同一认定的客观证据，但物证及提取过程能够在很大程度加强证据链条上的薄弱环节，可以形成稳定的证明结构。陈某忠供述作案后，公安机关采取同步录音录像的方式，由陈某忠带领侦查人员查找到由其藏匿的背包、手机等隐蔽性很强的物证，系先供后证，不但验证了其有罪供述的真实性，也证明了其到过现场并接触被害人的事实。第四，陈某忠关于翻供原因的辩解以及翻供后的供述完全可以排除。一方面，在庭审中陈某忠辩解公安人员曾打他，对他刑讯逼供，但未能提供任何证据或线索，而且同步录音录像显示其在公安办案中心做有罪供述时神情自然、表达清楚，进入看守所之后仍然做了多次有罪供述。另一方面，陈某忠翻供后的供述前后不一、自相矛盾，并且与其辨认笔录、通话记录、其妻欧阳某君的证言等证据相互矛盾，无法自圆其说，无法采信。第五，本案的多项间接证据亦指向陈某忠作案。首先，陈某忠的妻子欧阳某君的证言证实陈某忠案发时具有作案时间，而且案发前离案发地距离不远。其次，陈某忠就居住在现场所在自然村，对作案现场环境熟悉，具备作案条件。案发现场就在其日常生活经常出入的范围之内，扔包地点也位于其所在的自然村附近。最后，陈某忠有驾驶摩托车对带包的年轻女子实施抢夺的前科，从作案手法、时机、对象上看，与本案均具有相似性。因此，综合来看，本案证据链条完整，全案证据经查证属实，证据之间无矛盾，共同指向陈某忠作案并证实具体犯罪过程和细节，能够得出陈某忠作案的唯一结论。

板块三：抢劫罪的定性、被告人量刑的综合考量

本案事实部分，陈某忠实施了 2013 年 4 月 28 日、6 月 23 日、6 月 26 日三起飞车抢夺。在这 3 起犯罪中，经过法院审理认定，陈某忠于 2013 年 4 月 28 日、6 月 23 日实施的行为构成抢夺罪，于 6 月 26 日实施的行为构成抢劫罪。

问题 1：如何对陈某忠飞车抢夺行为准确定性？

对于陈某忠的犯罪行为，法院认定其构成抢劫罪、抢夺罪，应予数罪并罚。陈某忠构成抢劫罪，且抢劫致人重伤、死亡的，依法应当判处十年以上有期徒刑、无期徒刑或者

死刑,并处罚金或者没收财产。而且,陈某忠于2011年11月15日因犯抢夺罪被龙海市人民法院判处有期徒刑一年三个月,并处罚金3000元,2012年11月10日刑满释放,后又实施本案犯罪,构成累犯情节,依法应当从重处罚。此外,陈某忠在开庭审理时拒不认罪,否认所有指控。

问题2:如何对陈某忠进行量刑?如何把握间接故意致人死亡的死刑政策适用?

关键要点

1.“飞车抢夺”转化型抢劫的规定和特点。

2.间接故意致人死亡的死刑政策适用。

法理分析

1.关于转化型抢劫和“飞车抢夺”转化型抢劫

抢劫罪是侵害公民人身和财产的常见犯罪,转化型抢劫是抢劫罪的特殊形式,其典型情况即根据《刑法》第269条所规定的盗窃、诈骗、抢夺转化为抢劫的情形。根据该条规定,犯盗窃、诈骗、抢夺罪,为窝藏赃物、抗拒抓捕或者毁灭罪证而当场使用暴力或者以暴力相威胁的,以抢劫罪定罪处罚。据此,构成此类转化型抢劫,需要具备三个要件:一是犯盗窃、诈骗、抢夺罪,是转化型抢劫的前提条件;二是为窝藏赃物、抗拒抓捕或者毁灭罪证,是转化型抢劫的主观条件;三是当场使用暴力或者以暴力相威胁,是转化型抢劫的客观条件。

而在抢夺罪转化为抢劫罪的具体情形中,除了前述情形外,“飞车抢夺”的转化型抢劫也是重要情况。对于利用行驶的车辆实施抢夺,是否构成抢劫罪,关键在于这种行为是否具有对人实施暴力或精神强制的性质,以及是否足以压制被害人的反抗。根据2005年《最高人民法院关于审理抢劫、抢夺刑事案件适用法律若干问题的意见》、2013年《最高人民法院、最高人民检察院关于办理抢夺刑事案件适用法律若干问题的解释》的规定,驾驶机动车、非机动车夺取他人财物,应当以抢劫罪定罪处罚的包括下面三种情形:一是夺取他人财物时因被害人不放手而强行夺取的;二是驾驶车辆逼挤、撞击或者强行逼倒他人夺取财物的;三是明知会致人伤亡仍然强行夺取并放任造成财物持有人轻伤以上后果的。从规定的内容来看,这三种被规定为抢劫罪的飞车抢夺情形,共同之处在于均是利用飞车作为对人身实施暴力的手段,通过实施人身暴力而取财,第一种情形中的强行夺取、第二种情形中的排除他人反抗、第三种情形中的造成他人伤亡的手段均是如此。

本案中,陈某忠以非法占有为目的,在明知其驾驶车辆强行夺取他人财物会造成他人伤亡的后果,仍然驾驶车辆强行夺取他人财物并放任造成他人死亡。其暴力抢包的行为作用于被害人,造成被害人死亡后果,符合抢劫罪的本质特征,应以抢劫罪对其定

罪处罚。

2.关于本案量刑考量和间接故意致人死亡的死刑政策适用

本案陈某忠分别构成抢劫、抢夺罪，应当数罪并罚，且抢劫致人死亡，依法应当判处十年以上有期徒刑直至死刑。而且，陈某忠系累犯，应当从重处罚。根据犯罪事实和情节，陈某忠没有从轻处罚的情节，应予严惩。一是构成累犯，未在监所好好改造，刑满释放后不久又以同样手段屡次作案，恶习难改，人身危险性大；二是当庭翻供所有罪行，毫无悔过之意，妄图侥幸逃脱法律制裁，否认所犯罪行，不肯进行赔偿，主观恶性深。论罪，陈某忠应当判处无期徒刑以上刑罚。综合本案犯罪事实、情节和证据情况，法院慎重研究后决定判处陈某忠死缓。原因：一是现有的证据尚不能达到死刑立即执行的证据标准，因为在证明被害人死因的证据上有薄弱之处。本案被害人没有当场死亡，而是在经过医院抢救后数日死亡，因家属自行将其火化导致本案证据没有法医学尸体检验鉴定书。二是本案被告人是转化型抢劫，其主观恶性与直接实施暴力抢劫的犯罪人还是有所区别的。对于被害人的死亡结果，其当时是持放任态度，并不积极追求，这从陈某忠供述其 6 月 26 日案发过后很害怕可以看出来，说明案发时他并不希望被害人死亡。

关于飞车抢夺致人伤亡的死刑政策方面，最高人民法院刑四庭庭长杨万明认为，对于飞车抢夺致人重伤、死亡，依照《最高人民法院关于审理抢劫、抢夺刑事案件适用法律若干问题的意见》以抢劫罪定罪的，在适用死刑时要有别于一般的抢劫致人重伤、死亡案件，相对来说，这类案件被告人的主观恶性要小一些，能不判死刑的就不判处死刑。因此，从当前国家的死刑政策看，对陈某忠判处死缓是比较审慎的。

三、小　结

本案案例的分析从证据法和实体法角度，对言辞证据审查判断、被告人供述和辩解的采信、同一认定方法、补强证据规则、全案证据综合审查判断，以及转化型抢劫和“飞车抢夺”转化型抢劫、间接故意致人死亡的死刑政策适用等问题展开探讨和研究。但案例的研究本身就是开放和富有生命力的，因此不同的观点和认识，同样是受欢迎的、有价值的。希望该案例的探讨有助于证据法上一些问题的进一步深入探讨。

四、相关法律和司法解释

1.《中华人民共和国刑事诉讼法》

第 55 条规定：“对一切案件的判处都要重证据，重调查研究，不轻信口供。只有被告人供述，没有其他证据的，不能认定被告人有罪和处以刑罚；没有被告人供述，证据确

实、充分的,可以认定被告人有罪和处以刑罚。证据确实、充分,应当符合以下条件:(1)定罪量刑的事实都有证据证明;(2)据以定案的证据均经法定程序查证属实;(3)综合全案证据,对所认定事实已排除合理怀疑。”

2.《最高人民法院关于适用〈中华人民共和国刑事诉讼法〉的解释》

第80条规定:“对被告人供述和辩解应当着重审查以下内容:(1)讯问的时间、地点,讯问人的身份、人数以及讯问方式等是否符合法律、有关规定;(2)讯问笔录的制作、修改是否符合法律、有关规定,是否注明讯问的具体起止时间和地点,首次讯问时是否告知被告人相关权利和法律规定,被告人是否核对确认;(3)讯问未成年被告人时,是否通知其法定代理人或者有关人员到场,其法定代理人或者有关人员是否到场;(4)被告人的供述有无以刑讯逼供等非法方法收集的情形;(5)被告人的供述是否前后一致,有无反复以及出现反复的原因;被告人的所有供述和辩解是否均已随案移送;(6)被告人的辩解内容是否符合案情和常理,有无矛盾;(7)被告人的供述和辩解与同案被告人的供述和辩解以及其他证据能否相互印证,有无矛盾。必要时,可以调取讯问过程的录音录像、被告人进出看守所的健康检查记录、笔录,并结合录音录像、记录、笔录对上述内容进行审查。”

第83条规定:“审查被告人供述和辩解,应当结合控辩双方提供的所有证据以及被告人的全部供述和辩解进行。被告人庭审中翻供,但不能合理说明翻供原因或者其辩解与全案证据矛盾,而其庭前供述与其他证据相互印证的,可以采信其庭前供述。被告人庭前供述和辩解存在反复,但庭审中供认,且与其他证据相互印证的,可以采信其庭审供述;被告人庭前供述和辩解存在反复,庭审中不供认,且无其他证据与庭前供述印证的,不得采信其庭前供述。”

第104条规定:“对证据的真实性,应当综合全案证据进行审查。对证据的证明力,应当根据具体情况,从证据与待证事实的关联程度、证据之间的联系等方面进行审查判断。证据之间具有内在联系,共同指向同一待证事实,不存在无法排除的矛盾和无法解释的疑问的,才能作为定案的根据。”

3.《最高人民检察院关于CPS多道心理测试鉴定结论能否作为诉讼证据使用问题的批复》

四川省人民检察院:你院川检发研〔1999〕20号《关于CPS多道心理测试鉴定结论能否作为诉讼证据使用的请示》收悉。经研究,批复如下:CPS多道心理测试(俗称测谎)鉴定结论与刑事诉讼法规定的鉴定结论不同,不属于刑事诉讼法规定的证据种类。人民检察院办理案件,可以使用CPS多道心理测试鉴定结论帮助审查、判断证据,但不能将CPS多道心理测试鉴定结论作为证据使用。

4.最高人民法院、最高人民检察院、公安部、国家安全部、司法部《关于办理死刑案件审查判断证据若干问题的规定》

第5条规定:“办理死刑案件,对被告人犯罪事实的认定,必须达到证据确实、充分。证据确实、充分是指:(1)定罪量刑的事实都有证据证明;(2)每一个定案的证据均已经法定程序查证属实;(3)证据与证据之间、证据与案件事实之间不存在矛盾或者矛盾得以合理排除;(4)共同犯罪案件中,被告人的地位、作用均已查清;(5)根据证据认定案件事实的过程符合逻辑和经验规则,由证据得出的结论为唯一结论。办理死刑案件,对于以下事实的证明必须达到证据确实、充分:(1)被指控的犯罪事实的发生;(2)被告人实施了犯罪行为与被告人实施犯罪行为的时间、地点、手段、后果以及其他情节;(3)影响被告人定罪的身份情况;(4)被告人有刑事责任能力;(5)被告人的罪过;(6)是否共同犯罪及被告人在共同犯罪中的地位、作用;(7)对被告人从重处罚的事实。”

第34条规定:“根据被告人的供述、指认提取到了隐蔽性很强的物证、书证,且与其他证明犯罪事实发生的证据互相印证,并排除串供、逼供、诱供等可能性的,可以认定有罪。”

5.《中华人民共和国刑法》

第263条规定:“以暴力、胁迫或者其他方法抢劫公私财物的,处三年以上十年以下有期徒刑,并处罚金;有下列情形之一的,处十年以上有期徒刑、无期徒刑或者死刑,并处罚金或者没收财产:(1)入户抢劫的;(2)在公共交通工具上抢劫的;(3)抢劫银行或者其他金融机构的;(4)多次抢劫或者抢劫数额巨大的;(5)抢劫致人重伤、死亡的;(6)冒充军警人员抢劫的;(7)持枪抢劫的;(8)抢劫军用物资或者抢险、救灾、救济物资的。”

第267条规定:“抢夺公私财物,数额较大的,处三年以下有期徒刑、拘役或者管制,并处或者单处罚金;数额巨大或者有其他严重情节的,处三年以上十年以下有期徒刑,并处罚金;数额特别巨大或者有其他特别严重情节的,处十年以上有期徒刑或者无期徒刑,并处罚金或者没收财产。”

第69条规定:“判决宣告以前一人犯数罪的,除判处死刑和无期徒刑的以外,应当在总和刑期以下、数刑中最高刑期以上,酌情决定执行的刑期,但是管制最高不能超过三年,拘役最高不能超过一年,有期徒刑最高不能超过二十年。如果数罪中有判处附加刑的,附加刑仍须执行。”

第65条规定:“被判处有期徒刑以上刑罚的犯罪分子,刑罚执行完毕或者赦免以后,在五年以内再犯应当判处有期徒刑以上刑罚之罪的,是累犯,应当从重处罚,但是过失犯罪除外。前款规定的期限,对于被假释的犯罪分子,从假释期满之日起计算。”

第57条规定:“对于被判处死刑、无期徒刑的犯罪分子,应当剥夺政治权利终身。在死刑缓期执行减为有期徒刑或者无期徒刑减为有期徒刑的时候,应当把附加剥夺政治权利的期限改为三年以上十年以下。”

第64条规定:“犯罪分子违法所得的一切财物,应当予以追缴或者责令退赔;对被害人的合法财产,应当及时返还;违禁品和供犯罪所用的本人财物,应当予以没收。没

收的财物和罚金,一律上缴国库,不得挪用和自行处理。”

6.2005年《最高人民法院关于审理抢劫、抢夺刑事案件适用法律若干问题的意见》

第11条规定:“驾驶机动车、非机动车夺取他人财物行为的定性。对于驾驶机动车、非机动车(以下简称‘驾驶车辆’)夺取他人财物的,一般以抢夺罪从重处罚。但具有下列情形之一,应当以抢劫罪定罪处罚:(1)驾驶车辆,逼挤、撞击或强行逼倒他人以排除他人反抗,乘机夺取财物的;(2)驾驶车辆强抢财物时,因被害人不放手而采取强拉硬拽方法劫取财物的;(3)行为人明知其驾驶车辆强行夺取他人财物的手段会造成他人伤亡的后果,仍然强行夺取并放任造成财物持有人轻伤以上后果的。”

7.2013年《最高人民法院、最高人民检察院关于办理抢夺刑事案件适用法律若干问题的解释》

第6条规定:“驾驶机动车、非机动车夺取他人财物,具有下列情形之一的,应当以抢劫罪定罪处罚:(1)夺取他人财物时因被害人不放手而强行夺取的;(2)驾驶车辆逼挤、撞击或者强行逼倒他人夺取财物的;(3)明知会致人伤亡仍然强行夺取并放任造成财物持有人轻伤以上后果的。”

参考文献

1.陈光中:《证据法学》,法律出版社2011年版。

2.何家宏、刘品新:《证据法学》,法律出版社2007年版。

3.樊崇义:《证据法学》,法律出版社2008年版。

4.杨锐、吴含中:《无客观证据与被告人作同一认定的证据分析》,载《人民司法》2014年第8期。

5.杨万明:《关于抢劫犯罪案件的死刑适用》,载最高人民法院编:《全国法院刑事审判实务手册》(高中级人民法院版)。

案例十一
王勇抢劫案

摘要：案例是宝贵的司法资源，从鲜活的案例中挖掘法理本义并依法作出公正裁断，是每一位司法工作者承担的重要职责。转化型抢劫犯罪一直是刑法界的热点难点，王勇抢劫案在转化型抢劫类型案件中具有典型性。该三起案件涉及盗窃转化为抢劫、既遂未遂状态、辨认笔录的证据效力、非法证据排除、行政执法证据与刑事司法证据的衔接、抢劫毒品的行为性质、多次抢劫以及自首认定等诸多刑事实体法和程序法问题，这些问题在刑事法理论上出现争鸣，在司法实务中存在分歧。以这些问题切入对案件进行研究探讨，有助于进一步廓清萦绕在司法者心中的层层迷雾，为正确处理类案的复杂疑难纷争提供可资借鉴的参考指引。

一、引　　言

2016年2月5日、2016年2月15日、2016年2月20日，被告人王勇（化名）单独或伙同他人分别实施了三次抢劫行为。其中，第一次为王勇窜至被害人吴某家中实施盗窃时被吴某发现，为抗拒抓捕将站在门外的吴某推倒受伤，并在逃跑过程中持锉刀对其进行威胁，后逃离现场；第二次为王勇与他人到卖淫女黄某、陈某租住的活动房处，持刀闯入房间内强行劫取被害人财物，后被公安民警抓获归案；第三次为王勇与他人以假装购买毒品方式，使用暴力手段强行抢走贩卖人张某的毒品并藏匿，后主动到公安机关投案。

二、案情内容与法理分析

板块一:转化型抢劫认定及其既、未遂形态、辨认笔录的证据效力判断

2016年2月5日10时30分许,被告人王勇窜至南靖县龙山镇被害人吴某家,用一把锉刀撬开房门及房内一木柜实施盗窃时,被随后回家的吴某发现。吴某站在门外叫喊抓贼,被告人王勇听到后从屋内窜出,将吴某推倒在地,欲逃跑时被吴某拦住,王勇拿一把锉刀威胁对方后逃窜。经南靖县公安局法医鉴定,被害人吴某肩部、臀部软组织挫伤,其损伤程度属于轻微伤。

1.被告人王勇的供述证实:2016年2月5日10时许,其骑摩托车沿着圣王庙前的小路行驶至一旧厝旁时,发现四周无人,且看见台阶旁一柴堆上放着大小两把铁制锉刀,顿时想入室偷点钱财。于是,其拿起这两把铁制锉刀,走到旧厝右侧一房屋前,用大锉刀撬开门锁,推开木门潜入室内。入门后,其观察房内的物品,认为台扇下的木柜内有贵重物品,就用大锉刀撬开柜锁后翻找财物。还没找到任何财物的时候,其突然听见房外有人喊捉贼,转头看见一个老人站在门口,于是便冲出房门,将其推倒后往外跑去启动摩托车,老人也追上来抓住摩托车。此时,其放在裤袋里的大锉刀掉在地上,其见状就拾起锉刀在老人面前比画。看到老人不敢靠近,其扔下摩托车向外跑去。

2.被害人吴某的陈述证明:2016年2月5日10时许,其回家靠近家门时,看见房门上的门锁被撬开,赶紧打开房门,看见一个男人在房内,一旁的柜子被撬开,地上散落着被翻乱的东西。其知道他是来偷东西的,赶紧向外面喊捉贼。那个男人冲了出来,用双手将其推倒在地上,朝大门外跑去。其爬起来紧跟着追去,看见他发动摩托车准备逃走,就跑上前将摩托车按倒。他下车后,身上掉下一根大把的铁制锉刀,他弯腰拾起锉刀要来戳其,其后退几步,对方便朝圣王庙方向逃跑。后来其清点发现,有6000多元现金和一枚金戒指被盗。

3.证人林某、郭某、吴某某的证言证实:2016年2月5日10时许,三人听见被害人吴某喊抓贼,然后看见一个男人从吴某住处往外边跑,现场捡到一把锉刀,后将锉刀交给赶来的民警。

问题1:入户盗窃被发现后,为抗拒抓捕以暴力相威胁的行为系一般抢劫还是入户抢劫?

本案中,王勇的入户盗窃行为是否转化为抢劫?假如转化为抢劫,属于抢劫罪的基本犯还是"入户抢劫"的加重犯?

问题2:转化型抢劫的既、未遂应如何认定?

王勇在逃跑过程中将吴某推倒致其轻微伤，虽然吴某称自己家中的现金和金戒指被盗，但是被告人王勇到案后不承认盗得财物，亦无其他证据印证被害人的陈述。那么，该起转化型抢劫案件的犯罪形态应如何认定？

问题3：辨认笔录中陪衬人员、见证人适格问题如何判断？

公安机关在侦查阶段分别组织被害人吴某以及证人林某、郭某、吴某某对被告人王勇进行辨认，该被害人及三名证人均辨认出被告人王勇。审查起诉阶段被告人王勇对辨认活动提出异议，认为陪衬的其他人员年龄较大，其很明显被辨认。同时，王勇认为辨认笔录的见证人系其认识的公安临时聘用人员，不具有见证人资格。对被告人提出的这两个问题如何处理？此辨认笔录证据效力如何？

关键要点

1.入户盗窃被发现后，为抗拒抓捕以暴力相威胁的行为认定。

2.转化型抢劫既遂、未遂的认定。

3.辨认笔录中陪衬人、见证人适格以及笔录的证据效力。

法理分析

1.关于入户盗窃转化为抢劫的行为认定问题

转化型抢劫由盗窃等先前行为与暴力或威胁的后续行为聚合转化所形成。现实中，入户盗窃转化抢劫的犯罪表现形式纷繁复杂，是构成一般抢劫还是入户抢劫，需要根据《刑法》第269条及相关司法解释进行把握，既要判断行为人实施的暴力是否发生在当场，还应结合其实施暴力或暴力威胁的后果与程度来认定。

首先，入户盗窃被发现后，针对户外的被害人实施的暴力及威胁行为不转化为“入户抢劫”。最高人民法院《关于审理抢劫、抢夺刑事案件适用法律若干问题的意见》第一条、第五条等规定，将实施暴力的地点作为区别是否构成“入户抢劫”的分界点，把“当场”的范围限定为“户内”，防止“入户抢劫”加重情节扩大化应用。本案中，王勇入户盗窃被发现后，为抗拒抓捕而实施的轻微暴力行为发生在户外，造成吴某轻微伤的结果亦在户外，其暴力及威胁行为对吴某形成严重侵害的紧迫性较户内而言已然降低，吴某实施呼救、获取救援、躲避侵害或者有效反抗的条件和机会大为增加。因此，该抢劫行为不符合转化“入户抢劫”的认定要件。

其次，入户盗窃转化为抢劫后，不应对实施暴力和威胁的行为重复评价，以“入户抢劫”加重情节再行处罚。入户盗窃被发现后，为抗拒抓捕而当场实施暴力或威胁行为，这里的“入户”是犯罪行为转化为抢劫罪的必备要件，已作为认定转化抢劫的定罪要素使用、评价。虽然吴某声称财物被盗，但王勇身上并无吴某所说的财物，其亦不承认盗有财物，按有利于被告人的原则，只能认定其未抢得财物。其使用暴力脱逃，未给位于

户外的吴某造成轻伤以上的严重人身伤害,认定为普通抢劫即可,即暴力行为以及“在户内盗窃”的特征已经作为构成抢劫犯罪的前提条件予以评价,不宜在量刑时作为“入户抢劫”的情节加重犯再次重复评价。

最后,认定入户盗窃未遂及使用轻微暴力的行为构成“入户抢劫”,会导致刑罚畸重。先基本犯后加重犯的逐级转化是转化型抢劫认定中必须遵循的一项重要规则,先构成独立成罪的基本犯是进一步适用情节加重犯的前提。王勇盗窃行为转化为抢劫罪的基本犯首先基于“入户”的情节,然后,其入户盗窃未取得财物以及实施轻微暴力致被害人轻微伤的行为在犯罪情节和危害程度上都不重,也没有进一步转化为加重犯的严重情节。若将该行为跳过抢劫罪的基本犯升格认定为“入户抢劫”的加重犯,在十年以上有期徒刑的幅度内量刑,将会架空三年到十年有期徒刑的法定刑幅度,难以准确、客观对应及评价不同轻重情节及危害程度的转化型抢劫行为。

综上,被告人王勇撬门入户盗窃被发现后,为抗拒抓捕在户外对被害人吴某实施轻微暴力,造成吴某轻微伤的后果,其行为构成转化型抢劫,应定性为抢劫罪,且按一般的抢劫罪定罪,不宜以“入户抢劫”论处。

2.关于转化型抢劫的既遂、未遂认定问题

根据抢劫罪的构成要件,盗窃、诈骗、抢夺行为构成转化型抢劫犯罪之后,并非一经转化就构成既遂,仍然存在认定既遂、未遂的问题。

首先,《刑法》第 269 条和相关司法解释规定了盗窃、诈骗、抢夺转化为抢劫的条件,但抢劫既遂并不是发生转化就能构成。《刑法》第 269 条的规定只是转化的定罪标准,2005 年最高人民法院《关于审理抢劫、抢夺刑事案件适用法律若干问题的意见》(以下简称《意见》)第 5 条也规定了认定转化抢劫的几种情况,在基本行为之后,若采取暴力或者暴力威胁的转化行为,符合抢劫罪的法定条件,即改变整体行为的定性。但是,这两条规定只是对转化型抢劫的罪行认定,转化行为也仅为犯罪情节的表现,并没有牵涉到犯罪形态。实际转化行为是否构成犯罪既遂,还要根据《意见》第 10 条的规定,结合该行为的犯罪形态作出进一步判断,而不是转化后即刻认定为抢劫既遂。

其次,从犯罪构成要件层面分析,转化型抢劫与一般抢劫同属抢劫罪,亦存在既遂和未遂状态的区分。《刑法》第 269 条规定的转化型抢劫罪并非盗窃、诈骗、抢夺等犯罪的机械叠加,转化型抢劫要求盗窃等先行犯罪行为和随后的暴力或暴力威胁行为相互衔接,形为整体连贯的犯罪过程。此时,先前行为作为整体行为的组成部分,自身不再具备独立的评判作用。在根据《刑法》第 263 条和第 269 条的规定对相应行为以抢劫罪定罪处罚以后,就应对有关行为作一体评价。因此,转化型抢劫行为与一般抢劫行为的犯罪构成要件实质上同源相通,也应当具有既遂和未遂的犯罪形态。

最后,转化型抢劫作为法律拟制的抢劫罪,其犯罪形态的判定标准应当适用一般抢劫的判定标准。根据《意见》第 10 条的规定,抢劫罪侵犯了公私财产所有权和被害人人身权的双重客体，只要满足劫取财物或造成他人轻伤以上后果的条件，即构成抢劫既遂；反之则属于抢劫未遂。转化型抢劫罪的罪质与普通抢劫罪一致，法定目的都为非法占有他人财物，应同样适用《意见》第 10 条的规定。实践中，确定犯罪行为是否与抢劫罪犯罪构成的全部要件相符合，应考察嫌疑人所实施的侵害行为以及该行为对客体侵害所达到的法定程度，即是否最终劫获财物或者致他人轻伤以上后果为判断既遂未遂的标准。

本案中，被告人王勇的入户盗窃行为转化为抢劫后，未实际取得财物，在抗拒抓捕过程中对被害人吴某造成的损害为轻微伤，故应认定为抢劫未遂。

3.关于辨认笔录的证据效力等问题

《最高人民法院关于适用〈中华人民共和国刑事诉讼法〉的解释》（以下简称《刑诉解释》）第 90 条从辨认活动的程序正当性和方法合法性等角度对辨认笔录的证据能力作出严格限制，凡是违反规定且不能作出说明或合理解释的辨认笔录，都不具有证据能力而被排除，不得作为认定案件事实的根据。

首先，辨认活动的陪衬对象因年龄较大不具有相似性，主体不适格。辨认中常用的方法是混杂辨认，根据《公安机关办理刑事案件程序规定》第 251 条第 1 款和《人民检察院刑事诉讼规则》第 260 条的规定，侦查机关在组织辨认时，应当将被辨认对象混杂于与其特征类似的无关客体中，由辨认人识别并予以确认。对陪衬对象的选择，须根据陪衬相似原则，选取若干位与辨认对象性别相同、年龄相当、穿着相仿、体貌特征相近、生理特征相似的人员。本案中，公安机关组织被害人和证人对被告人王勇进行辨认时，如果未遵守混杂辨认规则，在选择陪衬客体上缺乏相似度，将王勇混杂在与之相比年龄较大的其他陪衬对象中，就会容易暗示或诱导辨认人指认出被辨认对象，从而降低辨认结论的准确性和可靠性。

其次，辨认活动的见证人系公安临时聘用人员，不具有见证人资格。刑事见证人是受侦查机关邀请，以独立第三方的身份观察、证实和监督侦查活动的诉讼参与人。《刑诉解释》第 67 条明确规定了见证人资格的否定条件："（一）生理上、精神上有缺陷或者年幼，不具有相应辨别能力或者不能正确表达的人；（二）与案件有利害关系，可能影响案件公正处理的人；（三）行使勘验、检查、搜查、扣押等刑事诉讼职权的公安、司法机关的工作人员或者其聘用的人员。"可见，见证人除了要求具备完全行为能力，还要保证其中立态度。本案中，如果公安机关让临时聘用人员充当见证人，则违反了第 67 条关于"行使勘验、检查、搜查、扣押等刑事诉讼职权的公安、司法机关的工作人员或者其聘用的人员不得担任刑事诉讼活动的见证人"的规定，属于见证人身份不适格，将严重影响辨认结果的客观真实性。

最后，辨认笔录的审查、认定与排除是辨认结论证明效力的重要体现，主要包括辨认笔录的获取程序和外在形式的合法性等。如果辨认过程、方法以及笔录制作违反法

律、辨认规则、见证程序,欠缺程序合法性要件,必然致使笔录的合法、客观、关联程度大打折扣而无法转化为有效证据适用,可能会导致证据能力的丧失,不得作为定案根据。实践中,对辨认笔录证据效力的审查与认定,主要依据笔录的客观真实性、对案件事实的证明程度、侦查主体的主观意识以及侦查行为的违法形式等因素,综合其他在案证据进行审核判断后作出相应处理。

综上所述,公安机关组织辨认活动时,因王勇未被混杂在具有类似特征的陪衬对象之中,辨认过程由侦查机关聘用人员充当见证人,且未在辨认笔录中合理说明原因。在此情况下,该份辨认笔录因程序不正当应予排除,失去作为定案证据的资格。

板块二:"户"的认定、非法证据排除、行政执法中言词证据效力的判断

2016 年 2 月 15 日,被告人王勇、李杰(化名)合谋到南靖县山城镇卖淫女租住处抢劫财物。当晚 22 时 30 分许,被告人王勇、李杰到南靖县山城镇黄某、陈某租住处,二人均戴上口罩并各持一把西瓜刀,李杰持刀守在门口,王勇持刀闯入活动房内,对房间里的被害人黄某、陈某喊道:"把钱拿出来、不要大声叫!"后以持刀比画、用刀割断挎包带等方式,强行抢走黄某、陈某手机、现金等财物合计价值人民币 5820 元。

1.被告人王勇的供述证实:因之前曾到南靖县一卖淫场所嫖娼,该场所位置比较偏僻,2016 年 2 月中旬的一天,其与李杰经商量决定到南靖县的"卖淫场所"实施抢劫。2 月 15 日晚上 10 时许,二人来到南靖县山城镇一"卖淫场所",戴上准备好的口罩,由李杰持刀守在门口望风,由其持刀进入房内,对被害人黄某、陈某喊道:"把钱拿出来,不要大声叫!"后以持刀比画、用刀割断挎包带等方式,抢得被害人的包和手机后逃窜,所劫财物在逃跑路上被二人分赃。

2.被告人李杰的供述印证了王勇抢劫被害人钱财的供述。

3.被害人黄某、陈某的陈述证实:2016 年 2 月 15 日 22 时 30 分左右,二人在其租住的房间内待客卖淫,突然一名年轻男子冲进来,另一名男子戴白色口罩站在门口处。进门的男子将刀架在陈某脖子上,边威胁边抢其肩包,接着抢黄某的挎包和手机。抢完后,两名男子就跑走了,平时两人均在该租房内起居生活,只要有嫖客上门,两人均可接客,一般晚上 8 点至 12 点客人较多。

问题 1:居住和卖淫双重功能兼具的房间,能否认定为《刑法》意义上的"户"?

本案中,被告人王勇实施抢劫的地点为卖淫女黄某、陈某租住的租房内,该房间兼有被害人日常生活起居及非法从事卖淫活动两种功能,能否认定为《刑法》意义上的"户"?

问题 2:公安机关在行政执法中收集的言词证据能否在刑事案件中作为证据使用?

审查起诉阶段,被告人王勇对公安机关提供的被害人黄某、陈某的笔录提出异议,认为该笔录系公安机关在对两被害人进行行政处罚时所制作的询问笔录，不具有《刑法》意义上的言辞证据效力。

问题3:“不能排除以非法方法收集证据”的情形应当怎样认定?

被告人王勇在庭审中提出在侦查阶段被公安机关以威胁恐吓、疲劳审讯、精神折磨等其他非法方法进行刑讯逼供，应当如何处理？庭审中如何开展证据收集合法性的调查程序？

关键要点

1.《刑法》意义上“户”的范畴以及兼有生活起居与卖淫两种功能的租住房的认定。

2.行政执法证据与刑事司法证据的衔接及采用。

3.非法证据排除中“不能排除以非法方法收集证据”的认定。

法理分析

1.关于《刑法》意义上“户”的范畴及司法实务中的认定

“入户抢劫”是《刑法》第263条抢劫罪的一项加重情形，准确理解“户”成为正确适用“入户抢劫”的前提。最高人民法院《关于审理抢劫案件具体应用法律若干问题的解释》和《意见》对“入户抢劫”中“户”的范围及特征作出解释。“户”作为公民的私人场所，承载了“居住生活”的私密性特征和与“外界相对隔离”的封闭性特征。本案中，被告人王勇进入被害人黄某、陈某的租房内实施抢劫，该房屋兼具居住和卖淫双重功能，能否认定为《刑法》意义上的“户”，王勇的行为认定构成一般抢劫还是入户抢劫，应综合其非法侵入该房屋时的营业时间和场所功能等具体情况分析断定。

一方面，从营业时间来看，黄某、陈某租住房屋的居住功能在从事卖淫期间已丧失。“户”的认定是对被害人生活状态和房屋用途的客观评判，而认定“户”的标准之一是看被告人实施抢劫行为时，被害人的房屋主要用于家庭生活还是生产经营、临时居住等活动。本案被害人黄某、陈某的陈述证实，位于南靖县山城镇山苑村某号的房屋系二人承租，用于日常居住及从事卖淫活动，两人在实施卖淫期间无固定的“营业”与“歇业”时间，嫖客随时都可以上门，日常生活起居与从事非法活动的时间和界限并不明确。此时，该房屋就丧失“居住生活”的基本功能并转化为从事非法经营活动，其私密性和排他性特征难以与普通民宅等量齐观。

另一方面，从场所功能来看，黄某、陈某租住的房屋在从事卖淫期间具有一定的开放性。根据南靖县公安局制作的现场勘验、检查笔录证实，案发现场的钢筋混凝土搭建的单层建筑，分成三个房间，每间房内只有一张床和一些生活用品，卖淫区域和生活区域相混杂。当被害人日常生活时，该房屋在地理空间上就具有封闭性，相对隔离于外界；当被害人实施卖淫、面向社会公众招揽嫖客时，就意味着主动将房屋向陌生嫖客开

放,不特定的多数人能够随时轻易获准进入被害人房屋,该房屋与开放性的经营活动场所一样,未与外界有效隔离,封闭性遭到削弱。

综上所述,被害人黄某、陈某在从事卖淫活动过程中,其租住房屋的居住功能转换成经营功能,原有的私密性和封闭性特征变更为开放性特征,因此不属于《刑法》意义上的"户"。被告人王勇侵入出租房时,被害人正在房内等待嫖客上门进行性交易,其以暴力或暴力相威胁方法强行劫取被害人财物,应认定为一般抢劫。

2.关于行政执法证据与刑事司法证据的衔接及采用

证据的衔接与转化是行政执法与刑事司法衔接的重要环节。《刑事诉讼法》第54条第2款以及最高人民法院《刑诉解释》第65条第1款,对行政执法证据直接作为刑事诉讼证据的类型作出了限定,而在行政执法阶段收集的言词类证据,应当经转化后方可在刑事诉讼中作为证据使用。

第一,言词证据重新收集和转化符合刑事诉讼的理念要求。公安机关兼具行政执法权和刑事侦查权两项职权,其在不同阶段履行公职行为所依循的权力渊源并不相同。在行政执法阶段,公安人员依据《治安管理处罚法》查办卖淫嫖娼等治安行政类案件、调查处罚行政相对人的行为基于行政权。当案件进入刑事司法程序,侦查人员调查案件是侦查权的体现,据以定案的证据必须由具有刑事侦查权的主体依法收集并经庭审质证。据此,不能因其主体权力的双重性,对行政执法阶段收集的证据材料不加区别直接使用。

第二,言词证据重新收集与制作符合刑事诉讼的程序要求。言词证据具有较强的主观性和易变性,行政执法机关依据行政法律法规取证的程序、证明对象、法律后果等要求较为宽松,严格程度不如刑事诉讼阶段。刑事诉讼中犯罪事实的构成要件判断、刑事责任承担的确定等规定,都对指控证据提出更高更严格的条件。对行政执法阶段收集的言词证据,侦查人员必须依照《刑事诉讼法》规定的程序和方法再次询问、重新收集,让当事人在更为严格的刑事诉讼权利义务和责任要求下提供,才能切实保证其具有较强的可信性。

第三,言词证据重新收集与制作符合刑事诉讼的证明要求。言词证据反映的事实与案件真实情况是否相符,不仅取决于陈述人认识、感受、表达事物的准确性,还取决于取证人对陈述情况的准确理解以及证据收集方式、程序的规范程度。囿于自身感知、判断、记忆和表述等主观能力限制或受涉案利害关系等外界客观因素影响,作证主体可能会对案情产生认知偏差、表达失实、陈述虚假的情况,使得行政执法阶段言词证据的客观性、稳定性和确定性较差,证明力较弱,有必要通过重新转化,达到刑事诉讼对证据"确实、充分"的证明标准要求。

本案中,公安机关按照《治安管理处罚法》对卖淫女黄某、陈某进行行政处罚时制作的询问笔录,不得直接作为刑事诉讼的证据使用,应由公安机关在刑事诉讼阶段依法传

唤黄某、陈某，重新收集、提取、制作其陈述并经法庭查证属实，方可作为定案根据。但若出现被取证人意外死亡、下落不明等原因导致无法重新取证的，该言词证据可经审查后暂时转化，但要在庭审时与其他证据相互印证才能作为刑事证据使用。

3.关于非法证据排除中“不能排除以非法方法收集证据”的认定

作为诉讼核心的证据是认定案件事实的基础，其合法性证明是奠定案件公正处理的基石。目前，关于非法证据排除的程序主要见诸《刑事诉讼法》第56条至第60条、《刑诉解释》第95条、第100条至第103条以及最高人民法院、最高人民检察院、公安部、国家安全部、司法部《关于办理刑事案件排除非法证据若干问题的规定》《关于办理刑事案件严格排除非法证据若干问题的规定》等。随着法治的不断发展和完善，侦查人员调查取证行为更加文明规范，但仍存在以威胁恐吓、疲劳审讯、精神折磨等较为隐蔽的方式变相逼取被告人供述的情形。针对被告人王勇提出的非法证据排除申请，应从以下两方面进行分析。

在“不能排除以非法方法收集证据”情形的认定方式上，《刑事诉讼法》第60条对证据合法性设定了较高的证明标准，确认是否属于非法取证的情形，需要把握两项重点。一是从取证时间、地点、人员、方式、内容入手，根据被告人提供的确切线索或证据材料，审查是否存在讯问笔录供述细节与其他证据不寻常地高度吻合，是否存在反复翻供、前后供述无缘由截然不同，是否存在非法限制人身自由、违法使用戒具、采取变相肉刑等情形。二是结合同步录音录像进行判断，囿于现实中设备、技术、方法等主客观因素的影响，很难苛求侦查机关做到录音录像与讯问笔录完全无差。可是，若在审查中发现录音录像的内容与笔录记载不符、时间长短与笔录存在出入、讯问时间处于深夜、讯问地点在法定羁押场所之外、视频关键段不清晰以及出现剪辑等异常情况，就应当结合其他证据进行认真审查。

在证据收集合法性调查程序的开展上，证据收集合法性争议涉及证据能力问题，需要在庭审阶段通过专门程序展开调查核实并作出处理。调查以先行当庭调查为原则、法庭调查结束前调查为例外，法官应结合讯问同步录音录像以及供述所在地点的背景情况，重点审查王勇在侦查阶段的有罪供述，审查公安机关提交的书面说明以及检察机关出示的提讯登记、王勇入所体检记录、采取强制措施法律文书等证据，根据检察机关的提请通知侦查人员或其他人员出庭作证，并组织公诉人、被告人及辩护人对证据收集的合法性进行质证、辩论。最后，法官根据调查结果确认是否存在“以非法方法收集证据”的情形，当庭作出是否排除有关证据的决定。

综上，法庭在庭审中根据被告人王勇的申请启动非法证据排除程序，经当庭播放侦查机关全程同步录音录像、侦查人员出庭作证、调取入所体检记录等，均无证据证实王勇被公安机关以威胁恐吓、疲劳审讯、精神折磨等其他非法方法进行刑讯逼供，故应认定王勇在侦查阶段的有罪供述系合法收集，不属于“不能排除存在以非法方法收集证

据”的情形,对该证据不予排除,可作为本案的定案根据。

板块三:抢劫毒品的行为性质、多次抢劫的认定、自首认定

2016 年 2 月 20 日凌晨,被告人王勇与李杰在南靖县山城镇 801KTV 唱歌时,得知张某有 2 公斤毒品氯胺酮,要以每公斤人民币 7.5 万元的价格出售,两被告人即商量以假装购买的方式叫张某将毒品带来南靖,到时将毒品抢来吸食。次日 17 时许,王勇与李杰到山城镇与张某见面,由王勇假装买家要购买氯胺酮,其尝试毒品后表示毒品纯度不够,双方取消交易。王勇带张某步行至城关村新民路开山祖庙附近时,见机会较好即暗示李杰动手。李杰伸手去抢张某装有氯胺酮的背包,张某挣脱并试图逃走,王勇见状上前拽住张某,将张某压倒在地,强行将背包抢走,两被告人一起逃离现场。抢到毒品后,李杰与王勇将氯胺酮藏匿。经鉴定,两被告人抢到的白色粉末状物品中含有氯胺酮成分,重 1979.6 克。被告人李杰于抢劫当日被抓获归案,后被告人王勇主动到公安机关投案。

1.被告人王勇的供述证实:2016 年 2 月 20 日凌晨 3 时许,其与李杰在南靖县山城镇 801KTV 唱歌时,得知张某有 2 公斤“K 粉”欲出售,1 公斤卖 7.5 万元,二人便商量将毒品抢来吸食。其假装买家与张某联系好验货时间和地点,于次日下午 5 时许与李杰到山城镇新中山路“D 调”休闲吧与张某见面。其尝试张某从双肩包拿出的一小包“K 粉”后,以纯度不够为由取消交易,后二人带张某走到城关村新民路开山祖庙附近的小巷时,见四周无人,其就眨眼暗示李杰动手。李杰会意,伸手去抢张某右肩上装“K 粉”的包,张某挣脱后试图逃跑。其就上前拽住张某的衣服将他压倒在地上并按住他的双手,强拉硬拽抢走双肩包。抢到包后,其与李杰往小巷里逃窜并甩开张某的追赶。后二人跑到三下村一处无人居住的房子,将抢到的“K 粉”藏在右侧墙角堆放砖头的地方。

2.被告人李杰的供述、证人张某的证言印证了王勇关于抢劫毒品及藏匿的供述。

问题 1:毒品是否属于刑法意义上的财物?抢劫毒品应如何定罪量刑?

本案中,被告人王勇所抢劫的毒品是否属于《刑法》意义上的财物?其抢劫毒品的犯罪行为应如何定罪量刑?

问题 2:如何认定多次抢劫?

被告人王勇于 2016 年 2 月份共实施了三次抢劫行为,其中,第一次未遂,后两次既遂,是否构成《刑法》第 263 条规定的“多次抢劫”?

问题 3:主动到案之初拒不供认是否构成自首?

被告人王勇实施抢劫毒品的犯罪行为后主动投案,但是在刚开始拒不供认其所犯的罪行,在此情况下,是否构成自首?

关键要点

1.抢劫毒品行为的定罪量刑。

2.抢劫罪中“多次抢劫”的认定。

3.自首中“如实供述自己的罪行”的理解与认定。

法理分析

1.关于抢劫毒品行为的定罪量刑

首先，毒品不属于《刑法》意义上的财物。抢劫罪的犯罪对象仅限于财物，实施暴力强行劫取他人毒品是否侵犯毒品持有人的财产权，要看毒品是否属于被法律认可的财物。根据《刑法》第91条、第92条等规定，财物体现了《刑法》所保护的财产所有权关系，包括公共财产和公民私人所有财产，具有合法性特征。财物还能够产生财产性质的利益，体现价值性特征。虽然毒品有非法的市场交易价格，持有者通常会斥资购买吸食或贩卖，但是，由于毒品属于法律明令禁止持有或流通的违禁品，不能合法交易。因此，其财物性质并不被法律所认可。

其次，抢劫毒品并持有的行为应认定为抢劫罪一罪。虽然毒品不属于法律认可的财物范畴，却不意味着能够任意购买或持有，更禁止以盗窃、抢夺、抢劫等犯罪手段占有，抢劫毒品的行为仍要依据《刑法》及司法解释定罪处罚。最高人民法院《意见》第7条和《全国部分法院审理毒品犯罪案件工作座谈会纪要》，明确将抢劫毒品行为定性为抢劫罪。本案中，被告人王勇实行暴力将张某压制在地上，使其无法反抗并抢走毒品的行为符合抢劫罪的构成要件无疑，而王勇实施抢劫毒品行为后藏匿即持有的行为，是抢劫行为的必然延伸，其侵害后果并非实施新的犯罪行为所导致，没有侵犯新的法益，属于事后不可罚行为。若将该持有行为再认定为非法持有毒品罪，就会对同一行为重复评价两次，出现抢劫毒品既遂构成两罪的错误情形。因此，王勇以非法占有为目的，采用暴力方式强行劫取他人持有的毒品氯胺酮，依法应以抢劫罪追究其刑事责任。

最后，抢劫毒品以毒品数量作为决定刑罚轻重的重要情节。依循法理而言，犯罪的严重程度决定刑罚的严厉程度。毒品作为不易简单度量的特殊物品，在对与其相关犯罪进行量刑时，应客观合理评断其数量对刑罚的影响，准确做到罚当其罪、罪刑均衡。根据《意见》和《全国部分法院审理毒品犯罪案件工作座谈会纪要》的规定，以暴力、胁迫或者其他方法抢劫毒品的，以实际数量和情节轻重作为量刑情节考虑。本案中，被告人王勇抢劫毒品没有造成人员伤亡的后果，也没有其他情节恶劣的行为，从罪刑法定原则和罪责刑相适应原则出发，对被告人的量刑应以抢劫的毒品数量（氯胺酮1979.6克）为基础，在抢劫罪的法定刑基准上参考非法持有毒品罪和走私、贩卖、运输、制造毒品罪的法定刑，根据全案犯罪事实、性质、情节和对社会的危害程度，并综合考虑案件各种法定、酌定量刑情节进行量刑。

2.关于“多次抢劫”的认定

抢劫罪的完成形态与未完成形态共存一直是认定“多次抢劫”的难点。“多次抢劫”

是否要求每次抢劫行为均需达到犯罪既遂形态，理论界和实务界素有争议。实质上，犯罪形态与犯罪次数紧密相连，进而影响犯罪行为的认定。抢劫罪基本犯的法定刑基于犯罪既遂形态设置，“多次抢劫”也应当以法定次数的抢劫均达到犯罪既遂为条件，预备、未遂、中止等未完成形态的抢劫行为不构成“多次抢劫”中法定次数的“一次”。

一方面，根据《刑法》第 263 条的规定，“多次抢劫”与入户抢劫、在公共交通工具上抢劫、持枪抢劫等行为，同属于抢劫罪的加重处罚情节。《意见》第 3 条对“多次抢劫”作出界定，要求“多次抢劫”中的每次均需构成犯罪，次数至少为三次。“入罪者，举轻以名重。”“多次抢劫”的社会危害性远大于普通抢劫，才适用加重处罚的规定，这就必然需要一定数量的抢劫构成犯罪并认定为既遂，才能将抢劫罪基本犯与加重犯的法定刑相互衔接。而且，抢劫罪的未完成形态与完成形态在社会损害程度上存在差异，若法定次数的抢劫行为中涵括未完成形态，不管完成形态与未完成形态的数次抢劫行为如何组合，其社会危害性都会比多次抢劫全部既遂要小很多，难以达到适用加重法定刑的程度。

另一方面，从刑事责任层面分析，犯罪行为的责任承担以及刑量确定，与该行为的完成状态及危害程度联系密切。刑事犯罪基本犯的法定刑以其既遂状态为基点进行构建，《刑法》第 263 条设置了抢劫罪既遂形态的法定刑，基本犯为三年以上有期徒刑，加重犯则为十年以上有期徒刑，二者存在位阶关系。为了更好地对应这一位阶关系，应当明确“多次抢劫”中法定数量的抢劫次数都达到既遂。此外，刑罚轻重应当与所犯罪行和承担的刑事责任相适应。抢劫罪完成形态被处于的刑罚要比未完成形态大很多，如果把“多次抢劫”中法定次数的犯罪形态理解为既包括既遂，又包括未完成形态，并加重刑罚，明显违背罪刑相适应原则。

因此，在现行立法模式中，应当对“多次抢劫”中法定次数的犯罪形态作出严格限制解释，将预备、未遂和中止等形态排除，仅限于既遂形态，即“多次抢劫”中至少三次达到既遂，才能以抢劫罪的情节加重犯论处。本案中，被告人王勇一共实施了三次抢劫，其中，第一次未遂，后两次既遂，故其三次抢劫行为不构成“多次抢劫”，不适用抢劫罪的加重处罚规定。

3.关于自首中“如实供述自己的罪行”的理解与认定

自首是我国刑罚裁量制度中一项重要、法定的从宽处罚情节，本题的研究焦点是王勇自动投案后，在侦查阶段刚开始拒不认罪、后来才如实供述的行为能否认定为具有自首情节。《刑法》第 67 条自首中的“如实供述”，与自动投案的时间节点以及投案人的主客观情况紧密相关。

关于自动投案的时间节点方面，根据《最高人民法院关于处理自首和立功具体应用法律若干问题的解释》第 1 条第(2)项规定，“如实供述”犯罪事实具体表现为两类：第一类是犯罪嫌疑人到案后，在首次接受讯问时向司法机关主动交代其主要犯罪事实；第二类是犯罪嫌疑人一开始如实供述主要犯罪事实，后却翻供，但在一审判决前又如实供述。不过，该条规定主要指向的是嫌疑人如实供述后翻供的情形，并不必然推衍出“一审判决前”就为“如实供述”的时间节点。最高人民法院《关于处理自首和立功若干具体问题的意见》第 2 条将“司法机关掌握犯罪嫌疑人主要犯罪事实之前”确定为“如实供述自己罪行”的要件之一，因此，判断犯罪嫌疑人是否“如实供述”主要犯罪事实的时间节点，应以此条规定为标准设置，并对自首进行认定。

关于投案人的主客观情况方面，“如实供述”主要犯罪事实的认定要探究嫌疑人的主观心态以及具体案件的客观实情，结合在案现有证据进行判断。由于主客观原因的限制，犯罪嫌疑人不一定会在首次接受讯问时就供述主要犯罪事实，或供述的犯罪事实可能在某些方面有所偏差、隐瞒。其于后续讯问中，通过思考、回忆以及在其他证据的提示下补充完善供述内容，体现其将自己交付法律制裁的自愿性和主动性，并对查明案件事实起关键作用，则可以认定为自首。但是，如果行为人开始拒不承认犯罪，待公安机关收集取证确定其有重大嫌疑时才如实供述，证明其缺乏认罪悔罪的真实诚意，存在逃避罪责的侥幸心理，则不能认定为自首。

本案中，被告人王勇到案伊始未就其全部三起抢劫犯罪事实作如实供述，且未能在公安机关掌握其主要犯罪事实前，及时、主动、如实交代所犯罪行，而是待公安机关通过外围调查取证，根据其他线索取得决定性证据，已掌握其主要犯罪事实后，其才作如实供述，显然不符合“及时”的时机条件，不能认定其构成自首，可以构成坦白。

4.审判结果

南靖县人民法院审理认为，2016 年 2 月 5 日，被告人王勇以非法占有为目的，入户实施盗窃，被发现后在户外为抗拒抓捕，当场以暴力相威胁，其行为已构成抢劫罪。鉴于被告人王勇未劫取财物，又未造成他人轻伤以上人身伤害，系抢劫未遂，依法可以对其减轻处罚。2016 年 2 月 5 日被告人王勇的抢劫行为虽发生在黄某、陈某住处，但该房屋系黄某、陈某的卖淫场所且在黄某、陈某从事卖淫活动过程中，该租住房屋的居住功能转换成经营功能，不具备“户”的场所特征和功能特征，其行为构成一般抢劫而非入户抢劫。2016 年 2 月 20 日，被告人王勇以非法占有为目的，以毒品为对象暴力实施抢劫，参照《意见》关于“以毒品、假币、淫秽物品等违禁品为对象，实施抢劫的，以抢劫罪定罪；抢劫的违禁品作为量刑情节予以考虑”的规定，被告人王勇的行为构成抢劫罪，但不计犯罪数额，抢劫毒品的数量作为量刑情节予以考虑。因被告人王勇的行为均不属于《刑法》第 263 条第(1)至第(8)项规定的情形，其法定刑应确定为 3 年以上 10 年以下有期徒刑，并处罚金，根据王勇犯罪的性质、情节和对社会的危害程度，判处被告人王勇有期徒刑九年并处罚金人民币 12000 元。一审宣判后，被告人王勇未提出上诉，公诉机关亦未提起抗诉，该判决已发生法律效力。

三、小　　结

维护公平正义乃法律之使命,服务社会生活乃法律之生命。当今社会生活千变万化,法律不该只是抽象枯燥的条文,法律的执行亦不能简单机械地将条文和案件对号入座,而应运用法治思维和法治方式,通过对现实问题的有效化解以及对社会秩序的积极保障,努力实现法律与案件、法理与生活的高度统一。在运用法律对案件事实和证据进行审查判断、运用法理对案件争议和分歧进行深层解析的过程中,每一个鲜活案件的消解都生动展现了检察官的智慧,也为司法同仁提供了有益参考。王勇抢劫案的诸多复杂法律问题及其认定处理,回应了法学理论关切和司法实务需要,充分体现法律理性和法治精神,对实践中司法人员办理类案具有重要指导意义。

四、相关法律和司法解释

1.《中华人民共和国刑事诉讼法》

第50条第2款规定:"证据包括:(1)物证;(2)书证;(3)证人证言;(4)被害人陈述;(5)犯罪嫌疑人、被告人供述和辩解;(6)鉴定意见;(7)勘验、检查、辨认、侦查实验等笔录;(8)视听资料、电子数据。"

第56条规定:"采用刑讯逼供等非法方法收集的犯罪嫌疑人、被告人供述和采用暴力、威胁等非法方法收集的证人证言、被害人陈述,应当予以排除。收集物证、书证不符合法定程序,可能严重影响司法公正的,应当予以补正或者作出合理解释;不能补正或者作出合理解释的,对该证据应当予以排除。"

第54条第2款规定:"行政机关在行政执法和查办案件过程中收集的物证、书证、视听资料、电子数据等证据材料,在刑事诉讼中可以作为证据使用。"

第56条第1款规定:"采用刑讯逼供等非法方法收集的犯罪嫌疑人、被告人供述和采用暴力、威胁等非法方法收集的证人证言、被害人陈述,应当予以排除。收集物证、书证不符合法定程序,可能严重影响司法公正的,应当予以补正或者作出合理解释;不能补正或者作出合理解释的,对该证据应当予以排除。"

第58条规定:"法庭审理过程中,审判人员认为可能存在本法第五十四条规定的以非法方法收集证据情形的,应当对证据收集的合法性进行法庭调查。当事人及其辩护人、诉讼代理人有权申请人民法院对以非法方法收集的证据依法予以排除。申请排除以非法方法收集的证据的,应当提供相关线索或者材料。"

第60条规定:"对于经过法庭审理,确认或者不能排除存在本法第五十四条规定的以非法方法收集证据情形的,对有关证据应当予以排除。"

2.《中华人民共和国刑法》

第23条第1款规定:“已经着手实行犯罪,由于犯罪分子意志以外的原因而未得逞的,是犯罪未遂。”

第67条第1款规定:“犯罪以后自动投案,如实供述自己的罪行的,是自首。”

第263条规定:“以暴力、胁迫或者其他方法抢劫公私财物的,处三年以上十年以下有期徒刑,并处罚金;有下列情形之一的,处十年以上有期徒刑、无期徒刑或者死刑,并处罚金或者没收财产:(1)入户抢劫的;(2)在公共交通工具上抢劫的;(3)抢劫银行或者其他金融机构的;(4)多次抢劫或者抢劫数额巨大的;(5)抢劫致人重伤、死亡的;(6)冒充军警人员抢劫的;(7)持枪抢劫的;(8)抢劫军用物资或者抢险、救灾、救济物资的。”

第269条规定:“犯盗窃、诈骗、抢夺罪,为窝藏赃物、抗拒抓捕或者毁灭罪证而当场使用暴力或者以暴力相威胁的,依照本法第二百六十三条的规定定罪处罚。”

3.2000年11月17日最高人民法院印发的《关于审理抢劫案件具体应用法律若干问题的解释》

第1条规定:“刑法第263条第1项规定的入户抢劫是指为实施抢劫行为而进入他人住宅生活的与外界相对隔离的住所,包括封闭的院落、牧民的帐篷、渔民作为家庭生活场所的渔船、为生活租用的房屋等进行抢劫的行为。对于入户盗窃,因被发现而当场使用暴力或者以暴力相威胁的行为,应当认定为入户抢劫。”

4.2005年6月8日最高人民法院印发的《关于审理抢劫、抢夺刑事案件适用法律若干问题的意见》(简称《抢劫解释》)

一、关于“入户抢劫”的认定

根据《抢劫解释》第1条的规定,认定“入户抢劫”时,应当注意以下三个问题:一是“户”的范围。“户”在这里是指住所,其特征表现为供他人家庭生活和与外界相对隔离两个方面,前者为功能特征,后者为场所特征。一般情况下,集体宿舍、旅店宾馆、临时搭建工棚等不应认定为“户”,但在特定情况下,如果确实具有上述两个特征的,也可以认定为“户”。二是“入户”目的的非法性。进入他人住所须以实施抢劫等犯罪为目的。抢劫行为虽然发生在户内,但行为人不以实施抢劫等犯罪为目的进入他人住所,而是在户内临时起意实施抢劫的,不属于“入户抢劫”。三是暴力或者暴力胁迫行为必须发生在户内。入户实施盗窃被发现,行为人为窝藏赃物、抗拒抓捕或者毁灭罪证而当场使用暴力或者以暴力相威胁的,如果暴力或者暴力胁迫行为发生在户内,可以认定为“入户抢劫”;如果发生在户外,不能认定为“入户抢劫”。

……

三、关于“多次抢劫”的认定

刑法第263条第4项中的“多次抢劫”是指抢劫三次以上。对于“多次”的认定,应以行为人实施的每一次抢劫行为均已构成犯罪为前提,综合考虑犯罪故意的产生、犯罪

行为实施的时间、地点等因素，客观分析、认定。

……

五、关于转化抢劫的认定

行为人实施盗窃、诈骗、抢夺行为，未达到“数额较大”，为窝藏赃物、抗拒抓捕或者毁灭罪证当场使用暴力或者以暴力相威胁，情节较轻、危害不大的，一般不以犯罪论处；但具有下列情节之一的，可依照刑法第二百六十九条的规定，以抢劫罪定罪处罚：(1)盗窃、诈骗、抢夺接近“数额较大”标准的；(2)入户或在公共交通工具上盗窃、诈骗、抢夺后在户外或交通工具外实施上述行为的；(3)使用暴力致人轻微伤以上后果的；(4)使用凶器或以凶器相威胁的；(5)具有其他严重情节的。

……

七、关于抢劫特定财物行为的定性

以毒品、假币、淫秽物品等违禁品为对象，实施抢劫的，以抢劫罪定罪；抢劫的违禁品数量作为量刑情节予以考虑。抢劫违禁品后又以违禁品实施其他犯罪的，应以抢劫罪与具体实施的其他犯罪实行数罪并罚。

……

十、抢劫罪的既遂、未遂的认定

抢劫罪侵犯的是复杂客体，既侵犯财产权利又侵犯人身权利，具备劫取财物或者造成他人轻伤以上后果两者之一的，均属抢劫既遂；既未劫取财物，又未造成他人人身伤害后果的，属抢劫未遂。

5.2012年12月20日最高人民法院印发的《最高人民法院关于适用〈中华人民共和国刑事诉讼法〉的解释》

第65条规定：“行政机关在行政执法和查办案件过程中收集的物证、书证、视听资料、电子数据等证据材料，在刑事诉讼中可以作为证据使用；经法庭查证属实，且收集程序符合有关法律、行政法规规定的，可以作为定案的根据。根据法律、行政法规规定行使国家行政管理职权的组织，在行政执法和查办案件过程中收集的证据材料，视为行政机关收集的证据材料。”

第67条规定：“下列人员不得担任刑事诉讼活动的见证人：(1)生理上、精神上有缺陷或者年幼，不具有相应辨别能力或者不能正确表达的人；(2)与案件有利害关系，可能影响案件公正处理的人；(3)行使勘验、检查、搜查、扣押等刑事诉讼职权的公安、司法机关的工作人员或者其聘用的人员。由于客观原因无法由符合条件的人员担任见证人的，应当在笔录材料中注明情况，并对相关活动进行录像。”

第90条规定：“辨认笔录具有下列情形之一的，不得作为定案的根据：(1)辨认不是在侦查人员主持下进行的；(2)辨认前使辨认人见到辨认对象的；(3)辨认活动没有个别进行的；(4)辨认对象没有混杂在具有类似特征的其他对象中，或供辨认的对象数量不

符合规定的；(5)辨认中给辨认人明显暗示或者明显有指认嫌疑的；(6)违反有关规定、不能确定辨认笔录真实性的其他情形。”

第95条规定：“使用肉刑或者变相肉刑，或者采用其他使被告人在肉体上或者精神上遭受剧烈疼痛或者痛苦的方法，迫使被告人违背意愿供述的，应当认定为《刑事诉讼法》第五十四条规定的‘刑讯逼供等非法方法’。”

6.2012年12月13日公安部印发的《公安机关办理刑事案件程序规定》

第251条规定：“辨认时，应当将辨认对象混杂在特征相类似的其他对象中，不得给辨认人任何暗示。”

7.2012年11月22日最高人民检察院印发的《人民检察院刑事诉讼规则(试行)》

第260条第1款规定：“辨认时，应当将辨认对象混杂在其他对象中，不得给辨认人任何暗示。”

8.2008年12月1日最高人民法院印发的《全国部分法院审理毒品犯罪案件工作座谈会纪要》

“盗窃、抢夺、抢劫毒品的，应当分别以盗窃罪、抢夺罪或者抢劫罪定罪，但不计犯罪数额，根据情节轻重予以定罪量刑。盗窃、抢夺、抢劫毒品后又实施其他毒品犯罪的，对盗窃罪、抢夺罪、抢劫罪和所犯的具体毒品犯罪分别定罪，依法数罪并罚。”

9.1998年4月6日最高人民法院印发的《最高人民法院关于处理自首和立功具体应用法律若干问题的解释》

第1条规定：“根据刑法第67条第1款的规定，犯罪以后自动投案，如实供述自己的罪行的，是自首。如实供述自己的罪行，是指犯罪嫌疑人自动投案后，如实交代自己的主要犯罪事实。犯罪嫌疑人自动投案并如实供述自己的罪行后又翻供的，不能认定为自首，但在一审判决前又能如实供述的，应认定为自首。”

10.2010年12月22日最高人民法院印发的《关于处理自首和立功若干具体问题的意见》

二、关于“如实供述自己的罪行”的具体认定

《解释》第一条第(二)项规定如实供述自己的罪行，除供述自己的主要犯罪事实外，还应包括姓名、年龄、职业、住址、前科等情况。

犯罪嫌疑人自动投案时虽然没有交代自己的主要犯罪事实，但在司法机关掌握其主要犯罪事实之前主动交代的，应认定为如实供述自己的罪行。

11.2017年6月20日最高人民法院、最高人民检察院、公安部、国家安全部、司法部印发的《关于办理刑事案件严格排除非法证据若干问题的规定》

第2条规定：“采取殴打、违法使用戒具等暴力方法或者变相肉刑的恶劣手段，使犯罪嫌疑人、被告人遭受难以忍受的痛苦而违背意愿作出的供述，应当予以排除。”

第3条规定：“采用以暴力或者严重损害本人及其近亲属合法权益等进行威胁的方

法,使犯罪嫌疑人、被告人遭受难以忍受的痛苦而违背意愿作出的供述,应当予以排除。”

第4条规定:“采用非法拘禁等非法限制人身自由的方法收集的犯罪嫌疑人、被告人供述,应当予以排除。”

第31条规定:“公诉人对证据收集的合法性加以证明,可以出示讯问笔录、提讯登记、体检记录、采取强制措施或者侦查措施的法律文书、侦查终结前对讯问合法性的核查材料等证据材料,有针对性地播放讯问录音录像,提请法庭通知侦查人员或者其他人员出庭说明情况。公诉人、被告人及其辩护人可以对证据收集的合法性进行质证、辩论。”

第30条规定:“庭审期间,法庭决定对证据收集的合法性进行调查的,应当先行当庭调查。但为防止庭审过分迟延,也可以在法庭调查结束前进行调查。”

第33条第1款规定:“法庭对证据收集的合法性进行调查后,应当当庭作出是否排除有关证据的决定。”

第34条第1款规定:“经法庭审理,确认存在本规定所规定的以非法方法收集证据情形的,对有关证据应当予以排除。”

参考文献

1.赵秉志:《〈刑法修正案(八)〉理解与适用》,中国法制出版社2011年版。

2.郭百顺,张啸崎:《对户外被害人实施暴力威胁的认定》,载《人民法院报》2016年8月18日第7版。

3.柴国娥,杜瑞娜:《转化型抢劫罪及其既遂与未遂标准的认定》,载《中国检察官》2017年第11期。

4.宋维彬:《论刑事辨认笔录的证据能力》,载《当代法学》2017年第2期。

5.安滢:《刑法中的入户研究》,吉林大学2015年刑法学专业硕士学位论文。

6.刘丹丹:《行政执法收集的言词证据转化后方可作为刑事证据》,载《检察日报》2016年4月25日第3版。

7.万春,吴孟栓,高翼飞:《〈关于办理刑事案件严格排除非法证据若干问题的规定〉理解与适用》,载《人民检察》2017年第14期。

8.卢建平,赵康:《“多次抢劫”中“抢劫”的犯罪形态》,载《人民检察》2016年第1期。

9.郝川,马媛玲:《抢劫毒品行为的定性与定量分析》,载《重庆理工大学学报(社会科学版)》2015年第7期。

10.韩希慧:《自动投案未及时如实供述的不能认定为自首》,载《人民法院报》2014年1月23日第7版。

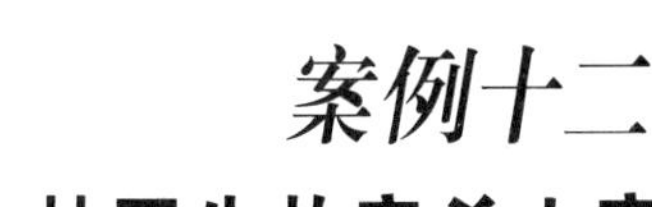

案例十二
林再生故意杀人案

摘要:本文选取了一起因婚恋纠纷引起的故意杀人的案例,案例中被告人曾被确诊为患有抑郁症,案件涉及被告人刑事责任能力的认定。本文提出了如何认定被告人的刑事责任能力?故意杀人案件中介入医疗救治因素要如何处理?死刑、死缓、死缓限制减刑的适用条件?通过研究本案例,可为学术研究提供案例素材,也可为初入刑辩领域的律师提供办理死刑案件的辩护思路。

一、引　言

(一)案件背景、起因

2011 年底,林再生在滨海市打工时认识何金兰,并与何金兰发展为情侣关系。(本案当事人均为化名)2012 年 11 月份,何金兰怀孕,但何金兰不顾林再生及其家人的反对,执意流产。2013 年上半年,林再生与何金兰间经常因为琐事吵架,何金兰认为林再生与其性格不合,不适合继续相处下去,便向林再生提出分手。此后,林再生患上抑郁症,数次尝试自杀。林再生认为自己深爱着何金兰,其对何金兰百般关心,却仍挽回不了何金兰的感情,还遭到何金兰冷漠地对待,这令林再生内心痛苦,使其因爱生恨。其间,林再生自杀未遂后,曾目睹了其姐姐林悦华为其伤心、难过的场景,遂产生了“通过杀死何金兰弟弟何金兴来报复何金兰”的想法。

此后,林再生多次通过打电话、发短信、QQ 等方式,试图联系何金兰。但何金兰仍对林再生不理不睬。2013 年 10 月底,林再生曾发短信给何金兰说:“你弟弟带着黑书包,骑着小小的自行车,坐垫的还调那么高”“你弟弟!开玩”等信息。

(二)案件发展过程

2013 年 11 月 26 日中午大约 11 时许,林再生来到 A 镇中学附近的彩虹公园,等待何金兴的出现。中午放学后,何金兴步行途经彩虹公园广场时,被林再生叫住,说有事

情找何金兴帮忙,要何金兴将其姐姐何金兰的电话号码告诉他,二人因此发生口角,林再生情绪激动。行至彩虹公园角落时,林再生见四周无人,便用右手臂夹住何金兴的脖子,用右手拉住何金兴的左手,将何金兴拖至公园广场边一座房子后的水沟旁,两人互相拉扯,均摔倒在地。此后,何金兴在挣扎反抗过程中掉进了水沟,面对着林再生站在水沟里,林再生随即双手掐住何金兴的脖子,直至何金兴失去意识后倒进水沟内(后经法医鉴定何金兴的死因为:颈部受外力压迫,造成呼吸道受阻,大脑缺氧,在昏迷状态下入水,吸入溺液,造成溺液堵塞呼吸道,最终窒息死亡)。

因害怕被人发现,林再生从附近折了几片香蕉叶盖住何金兴的身体,便离开现场。随后,林再生打电话将其杀人之事告知其姐姐林爱华,经林爱华劝说,林再生打电话向公安机关投案自首,并返回事发现场,等待警方前来处理。

二、案情内容与法理分析

1.被告人多次自残自杀,曾被确诊患有抑郁症

2013 年 6 月份,林再生与何金兰分手后,林再生一直处于抑郁状态,情绪低落。分手后的一晚,林再生在其居住的宿舍内,尝试割腕自杀,后被赶到的林悦华夫妇、何金兰送到医院抢救。何金兰经林悦华劝说,重新尝试跟林再生相处。

2013 年 9 月份,何金兰再次提出分手,林再生无法接受,在滨海市某网吧内,尝试服用大量安眠药自杀,后来被人发现并报警,警察将其送至医院抢救。

2013 年 10 月中旬,在何金兰居住的宿舍,林再生当着何金兰的面,尝试割腕自杀,但何金兰对其不予理睬,在恢复理智后林再生自行前往医院包扎伤口。

2013 年 10 月下旬,林再生曾因一时情绪激动,冲到马路中间,想被车撞死,但没有被撞到。此后,林再生回到湖州老家修养,其间因家中的外甥林晨光一直哭闹,令其心情烦躁,其便冲进房间抱起外甥就要往窗外扔,还好及时被其母亲拦住。但事后,林再生表示并不知道当时自己在做什么。

林再生自杀未遂后,其家人分别于 2013 年 7 月、9 月,将林再生带至滨海市欣健医院、中山医院的相关精神疾病科室,进行诊治医疗,均被确诊患有“抑郁症”。

2.精神病司法鉴定的相关情况

2014 年 1 月 23 日,滨海市市欣健医院司法鉴定所对林再生进行精神病司法鉴定(侦查机关于 2013 年 12 月 4 日接收了林再生亲属林悦华提交的病历资料,并于同年 12 月 6 日书面聘请司法鉴定所对林再生进行精神病司法鉴定)。司法鉴定所根据讯问笔录、被鉴定人姐姐林悦华的反映、医院的就诊病例、出院记录以及看守所的“情况说明”等资料,对林再生进行精神检查、体格检查、心理测验及其他检查。

司法鉴定所认为,林再生符合《国际疾病分类—精神与行为障碍分类》(ICD—10)中

的“边缘型人格障碍”[F60.31]，不符合“抑郁症”的典型特征。并认为，林再生目前理解其因杀人被抓，理解其行为的性质及法律后果等，故评定为具有受审能力。因此，司法鉴定所的鉴定意见为：边缘型人格障碍，评定其作案时具有完全刑事责任能力，目前具有受审能力。

3.被羁押于看守所期间的相关情况

据看守所出具的“情况说明”记载，“林再生在押期间能认真学习和遵守监规，与同监室在押人员和睦相处，配合管教做好其他人员的思想工作，服从管教，表现良好，一日生活起居正常。”

据讯问过程的同步录音录像来看，在2014年1月8日侦查机关对林再生进行讯问时，林再生主动向办案人员展示其佩戴有脚镣，原因是其在监室里面急起来乱砸东西，自述当时产生无法控制的幻想，想要伤害同监室在押人员。此后，在同年2月13日的讯问过程中，林再生还补充道其不仅在看守所内戴了一个月的脚镣，还在“老虎凳上被绑了三天”。

据林再生供述，其在被刑拘之后的三四个月里，经常会在监室内打人、摔东西、自伤自残，甚至有一次还试图袭击管教民警。后经管教民警的多次心理辅导，才慢慢有些好转，基本能控制住自己，但偶尔睡觉时心里仍会很难受，会幻想一些比较极端的事情。

问题1：我国对于被告人的刑事责任能力是如何认定的？本案中，被告人是否具备完全刑事责任能力？

责任能力的根据是指辨认能力与控制能力。如果有辨认能力与控制能力，则有责任能力；如果无辨认能力与控制能力，则无责任能力。辨认能力，是指对于事物性质的辨别能力，即行为人是否存在认识能力。控制能力，是指对于自己行为的支配能力，即行为人是否存在意志能力。对于刑事责任能力的成立来说，辨认能力与控制能力缺一不可。

因此，无责任能力具体来说有三种情况：

其一，辨认能力与控制能力同时丧失，辨认能力是前提，只有正确地对事物性质，尤其是事物的法律性质作出判断，才能有效地控制自己的行为，使之合乎法律规定。

其二，只有辨认能力而无控制能力，是指行为人能够认识到一定行为之不可为，而难以控制从而为之。在这种情况下，行为人应视为无责任能力。

其三，没有辨认能力而有控制能力，是指行为人没有认识到一定行为之不可为，而在控制能力的支配下为之。在这种情况下，行为人同样应视为无责任能力。而在林再生故意杀人案中，不能排除林再生在作案时处于精神状况异常、控制能力下降的状态。

本案中的被告人林再生可能不具备完全刑事责任能力。

首先，在案证据显示林再生与何金兰分手后，曾多次自残自伤。其家人在察觉到林再生精神异常后，于2013年7月10日将其带至欣健医院就诊，经检查后被诊断为“抑郁

症”。其后经过数次治疗,精神状况并未恢复正常。除了有自伤自杀行为外,林再生还伴有突然无端攻击家人——差点将其外甥从窗口扔出的“扩大性自杀”行为:根据林再生本人在二审庭审过程中的当庭供述,以及其家属的证言,在 2013 年 10 月份,林再生曾因其外甥哭闹,突然失去自我行为控制能力,并意图将其外甥扔出窗外,后被其母亲及时劝阻。

其次,根据讯问林再生的同步录音录像显示,林再生在被羁押于××县看守所期间,仍时有出现幻觉,发生自残、毁物等行为。本人还强调,其甚至曾在看守所内与管教民警发生冲突,企图殴打民警。因此被看守所采取捆绑、佩戴脚镣等强制性管理措施。在 2014 年 1 月 8 日侦查机关对林再生进行讯问时,林再生主动向办案人员展示其有佩戴脚镣,原因是在监室里面急起来乱砸东西,自述当时产生无法控制的幻想,想要伤害同号房在押人员。其后在 2 月 13 日的讯问过程中,林再生还补充称其不仅在看守所内戴了一个月的脚镣,还在“老虎凳上被绑了三天”。

最后,证人周××(林再生之母)、林××(林再生之父)、林××(林再生二姐)三人证词与被告人林再生的供述一致,可以相互印证,证明被告人林再生在案发前精神状况存在严重异常,多次出现行为失控、自残自杀(三次自杀)以及扩大性自杀等病发表现,故不能排除其在作案时亦出现精神状况异常的可能性。

问题 2:本案中精神病司法鉴定意见存在哪些明显的疑问和错误,该鉴定意见的证据证明力存疑?

一审判决认定“案发后公安机关为慎重起见,委托滨海市欣健医院司法鉴定所依法对林再生进行精神病司法鉴定,鉴定意见证实林再生属边缘型人格障碍,作案时具有完全刑事责任能力,该鉴定主体适格,鉴定程序合法,鉴定意见专业、科学。”

但是,该鉴定意见存在以下明显的疑问和错误,该证据的证明力存疑:

(1)鉴定时间与案发时间相隔近两个月,不能客观反映林再生作案时的精神状态,更不能作为认定其是否具备刑事责任能力的证据

根据最高人民法院、最高人民检察院、公安部、司法部联合发布的《关于进一步严格依法办案确保办理死刑案件质量的意见》第 9 条明确规定:“对可能属于精神病人、未成年人或者怀孕的妇女的犯罪嫌疑人,应当及时进行鉴定或者调查核实。”

根据在案证据所反映的情况,本案侦查机关在前期调查过程中,已经注意到林再生的精神状况不太正常,掌握了其在作案前曾有自杀(未遂)行为且患有抑郁症等事实。此后,侦查机关于 2013 年 12 月 4 日接收了其亲属林××提交的林再生相关病历资料,并于同年 12 月 6 日书面聘请滨海市欣健医院司法鉴定所对林再生进行精神病司法鉴定,该所亦于当日接受了委托。但该所直至 2014 年 1 月 23 日才安排对林再生进行鉴定。此时距离 2013 年 11 月 26 日案发已经过了 58 天,鉴定意见根本无法准确反映其案发时的精神状况,更无法作为认定其是否具备刑事责任能力的证据。

(2)鉴定意见与林再生此前在欣健医院、中山医院就诊时的诊断结果存在矛盾

林再生在与何金兰分手后，曾多次自杀未遂，其家人察觉到林再生精神异常后，曾于2013年7月10日将其带至欣健医院就诊，经检查后被诊断为“抑郁症”，并在欣健医院接受治疗，该院所开具的米安色林、舒必利等药物均是用于治疗类似抑郁症等精神疾病的药物；同年7月22日的复查中，林再生经治疗后病情已有改善，充分证实林再生患有抑郁症。此后2013年9月2日，林再生因昏迷半天入住中山医院，经数日的细心看护与诊治后，其于同月4日出院，出院时被明确诊断为患有“抑郁症”。

然而在此次的鉴定意见中，鉴定机构却认为林再生的表现不符合“抑郁症”的特征，这实际上是对此前该院与中山医院的诊断结果及用药方案的否定，亦与林再生此前经用药后病情改善的状况相矛盾。

(3)鉴定意见所引用的部分材料不真实、不客观、不完整，直接影响鉴定结果的客观性

其一，鉴定意见所引用的书证材料摘要(1)系对林再生所作的讯问笔录，认为笔录内容反映林再生“能详细讲述其与何金兰之间的感情纠纷、作案时的心理动态、作案经过，与旁证相符”。但如前所述，因讯问笔录的内容本身就严重失真，鉴定意见以此作为检验依据，显然无法得出正确结论。

其二，鉴定意见所引用的书证材料摘要(5)系××县看守所出具的“情况说明”，内容为“林再生在押期间能认真学习和遵守监规，与同监室在押人员和睦相处，配合管教做好其他人员的思想工作，服从管教，表现良好，一日生活起居正常。”结合讯问过程同步录音录像来看，上述内容显然不真实、不客观。在2014年1月8日侦查机关对林再生进行讯问时，林再生于录像时间09:09:01，主动向办案人员展示其有佩戴脚镣，原因是在监室里面急起来乱砸东西，自述当时产生无法控制的幻想，想要伤害同号房在押人员。其后在2月13日的讯问过程中，林再生还补充称其不仅在看守所内戴了一个月的脚镣，还在“老虎凳上被绑了三天”。这些惩罚措施显然不属于“情况说明”中所反映的表现良好。因此，××县看守所出具的“情况说明”无法让鉴定机构客观了解林再生在作案之后的精神状况，同样导致其无法得出正确结论。

其三，鉴定意见在“分析说明”中称林再生人际关系不稳定，实际上是对林再生所述情况的误解。根据讯问过程同步录音录像显示，林再生在多次的讯问过程中，均稳定供述其与朋友的关系出现问题，是因其与何金兰出现感情纠葛，并非其在此之前人际关系都不稳定。同时，林再生亦表示其在鉴定过程中没有向鉴定人员准确、完整地反映其客观情况。因此，鉴定机构在未能全面、客观地了解林再生实际情况的基础上，作出了不利于林再生的结论性意见。

(4)鉴定意见所依据的诊断标准缺乏合理性

鉴定意见评定林再生的表现属于“边缘型人格障碍”，所依据的诊断标准系《国际疾

病分类－精神与行为障碍分类》(下称:ICD－10),但辩护人认为,林再生属于本国公民,其犯罪地也在本国境内,故对其精神状况进行鉴定,应当依据《中国精神障碍分类与诊断标准第3版》(下称:CCDM－3)所列诊断标准。而在CCDM－3“引言”第五点已明确说明:“根据我国的社会文化特点和精神障碍的传统分类,某些精神障碍暂不适合于国内,如ICD－10的F52.7性欲亢进、F60.31边缘性人格障碍……”。因此,鉴定意见将林再生鉴定为“边缘型人格障碍”,显然不符合我国精神疾病诊断标准。同时,鉴定意见也没有就为何使用ICD－10诊断标准作出合理说明。

另外,辩护人根据CCDM－3的诊断标准,分析了林再生作案前后行为表现,发现其精神状况显然更加符合“精神病性症状的复发性抑郁症”的病理特征和诊断标准。

刑法第18条第3款规定:“尚未完全丧失或者控制自己行为的精神病人犯罪的,应当负刑事责任,但是可以从轻或者减轻处罚。”限制刑事责任能力的精神病人,是介于前两种精神病人之间的一部分精神病人。与完全无刑事责任能力精神病人相比,这种人并未完全丧失辨认和控制自己行为的能力,因此,不能像完全无刑事责任能力的精神病人那样,完全不负刑事责任。但是这种人作为精神病人,其刑事责任能力毕竟又有所减弱,因此,我国刑法规定对这种人可以从轻或者减轻处罚。

本案鉴定意见存在明显的问题,随着时间推移,再次鉴定也无法正确地鉴定出被告人作案时的精神状态,根据存疑有利于被告人的原则,应当认为本案被告人属于限制刑事责任能力的精神病人,对其从轻或减轻处罚。

问题3:故意杀人案件中介入医疗救治因素,如何处理?

对于结果犯而言,成立犯罪既遂需要符合三个条件,即危害行为、危害结果和二者之间的因果关系。如果在行为发展过程中出现了介入因素,使得实行行为与结果之间缺乏因果关系,那么,行为人就只负未遂的罪责。实践中比较难处理的是故意杀人案中介入医疗救治因素的案件。行为人实施加害行为后,被害人当场未死亡,在医院救治过程中发生了细菌感染、误诊、医疗事故等情况,行为人是负既遂还是未遂的责任比较难界定。①

根据在案的彩虹广场监控视频资料显示:2013年11月26日11时52分20秒,林再生与被害人进入事发地点;11时57分06秒,疑似林再生的男子从事发地点边上的土坡跑过;12时18分50秒,公安人员等就已经进入事发现场。由此,可以合理推断,林再生实施扼颈行为大致发生于11时56分,此时被害人只是吸入溺液,开始出现呼吸道堵塞的现象,并没有立即死亡。之后,医护人员大致于12时19分赶到现场,此时距离被害人昏迷仅间隔了23分钟。

根据前述杨××的证人证言,“卫生院接到电话,说有一个小孩在彩虹公园里需要抢救……派出所的跟我们说,有一个小孩有人要害他,将他扔进水沟里,现在人在彩虹

① 商凤廷:《介入因素下客观归责理论之借鉴》,载《中国刑事法杂志》2015年第6期。

博物馆后面，叫我们过去抢救看看”。可见，卫生院的医生前往现场是准备要抢救溺水的被害人，即便被害人当时已无呼吸，也应尝试心肺复苏等急救方法。且根据目前的医学统计数据，即便是在被害人溺水23分钟后，仍有被抢救的希望。在生物学上，还有哺乳动物潜水反射（Mammalian diving reflex）的现象，人和其他哺乳动物一样，在潜入冷水中较长时间后，仍然可能存活。冷水呛入肺，刺激反射发生，使心率变慢、末梢血管收缩、四肢和内脏的血液回流到心脏和大脑，有助于维持重要器官的功能。此外，冷水冷却机体组织，减少组织耗氧量，延长在水下的存活时间。冬季的溺水者，经过30分钟仍能抢救过来的病例也是常有的。案发时是在11月，水温较低，不排除被害人出现潜水反射的现象。

医生到达现场后，没有运用科学的方法进行救治，使得被害人被抢救的机会逐步丧失。刑法要关注的问题是，抢救存在成功的可能性，这就肯定了抢救能减少被害人死亡的风险，而不当的救治增加了被害人死亡的风险，并关闭了被害人的最后一线生存希望。另外，在医生、警察进入案发现场的情况下，医生和警察都有可能挽救被害人的生命，而医生未通过科学的方法判断，直接做出死亡的判断，切断了他人对被害人救助的可能性（在当时的情况人们不会质疑医生所做出的判断）。因此，即便医生的行为不是死亡结果的决定性因素，也能够肯定医生的行为增加了被害人死亡的危险，肯定了原因力的存在。

判断医疗救治因素对于危害结果的原因力的大小就成为该类案件的重点。不同的因果关系理论对介入因素问题给出了不同的处理路径。

条件说与相当因果关系说在主要内容上有着较大的差别，在处理介入因素的问题上，落脚点也不同，条件说落脚于介入因素能否中断因果关系，相当因果关系说落脚于介入因素的出现是否具有相当性。根据条件说，对成立因果关系中断的条件，一般认为应从介入因素能否为人们所预见、是否独立于实行行为、出现的异常性大小等方面来考虑。如果介入因素不能为人们所预见、独立于实行行为、属于异常介入、对结果产生的作用较大，则成立因果关系中断；相反则不成立因果关系中断。根据相当因果关系说，介入因素情况下的相当性判断要经过两个层次，一是对某行为产生某结果相当性的宏观判断；二是为实现对整体的判断，就需要对各项介入因素进行评价，评价的标准依然是“相当性”，即判断介入因素的出现是否具有相当性，介入因素导致最终结果发生、对因果流的影响等是否具相当性。①

条件说和相当因果关系说都存在一定的缺陷。就条件说而言，一是绝对地将因果关系问题，分为中断或不中断两个方面，难以解决现实中复杂的问题。对许多边缘性案件，很难在中断与不中断之间划出明确界线。二是中断理论既承认存在条件关系，又说中断因果关系，难免自相矛盾。对于不作为的介入因素，是否属于异常介入以及结果产

① 商凤廷：《介入因素下客观归责理论之借鉴》，载《中国刑事法杂志》2015年第6期。

生的作用大小。

就相当因果关系说而言,相当因果关系强调的是依据一般社会经验进行判断,但在具体案件中,相当性判断是事后由特定人所作出的,难免受到判断人阅历、文化背景、观念等各种因素的影响,很难达到绝对统一的标准。尤其是对疑难案件处理上更容易出现分歧。从比较法的角度来看,普通法上根据法理原则和对累积判例的分析,总结了一系列判断从属介入因素与非从属介入因素的经验法则。大体上,从属介入因素包括以下情况:导致死亡结果的事件和行为并非纯粹偶然或巧合;被害人固有疾病导致结果;救治被害人过程中的一般医疗过失引起结果;被害人的非出于自由意志的行为;被害人拒绝接受治疗的行为等。非从属介入因素包括以下情况:重大医疗事故;被害人的过激行为;损害结果的原因无法确定;明显安全原则等。① 这些因素无疑对于相当性的判断起到了很好的引导作用。但由于我国一直以来轻视案例的作用,刑事法领域更是因为罪刑法定的原因使得类比推理一直处于边缘地位,这样经验的累积就难以实现,面对不作为的介入因素,相当性的判断就更加困难。

应借鉴风险增高理论认定医疗领域的因果关系,如果采纳风险增高理论,林再生案中,医生的不作为与死亡结果之间就存在因果关系。

风险增高理论背后的价值在于:它偏向于保护需要救护者的立场和确保医护人员全力救助患者生命的价值导向。在认定原因力的时候,对刑法中因果关系的认定也要考虑特殊领域而进行适当的修正,运用该理论缓和了不作为因果关系认定上条件说的绝对性判断。虽然这一观点有时会要求行为人对与行为没有必然因果关系的结果负责,但是,为应对多元化和复杂化的现代风险社会,刑法应有效发挥其法益保护法的功能,进而要求个人尽最大努力保护法益、控制风险。② 更不用说,在本案中,仅仅是一种原因力的判断,不会使得刑事责任通过作为义务而泛化。耶赛克教授在论述过失犯因果关系时也表达了相同的理念,"如果违反注意义务能够得到证实,已经对行为客体带来了较之通常的危险或明显较高的危险时,就应当肯定结果的客观归责,因为,为了避免结果的发生,如果遵守注意义务能否导致该结果是不能肯定的,可能的注意义务仍然必须予以重视。"③

问题 4:本案是否属于在公共场所的作案?

一审判决认定林再生的杀人行为系"在公共场所针对学生实施,情节恶劣,社会危害性极大,罪行极其严重",是片面扩大了部分涉案事实,未能对林再生作全面、客观地评价。一方面,林再生虽然在彩虹广场与何金兴拉扯纠缠许久,但其并未在广场上就对何金兴施暴,而是在将何金兴带至广场边小屋的屋后,才对何金兴实施扼颈行为。根据

① 黎旸:《普通法刑法因果关系判断方法考察》,载《比较法研究》2012 年第 1 期。

② 高艳东:《肖志军案中的刑法难题和价值取向——不作为、因果关系与间接故意之新界》,载《西南政法大学报》2008 年第 4 期。

③ 耶赛克、魏根特:《德国刑法教科书》,徐久生译,中国法制出版社 2001 年版,第 69 页。

在案的视频监控显示，该地点前后被房屋及小山坡环绕，较为封闭，平时亦较少有人经过。所以，不应该简单地就彩虹广场这个大环境作判断，认定林再生具体实施扼颈行为的地点也属于公共场所。

根据《中华人民共和国公共场所管理条例》规定，公共场所是提供公众进行工作、学习、经济、文化、社交、娱乐、体育、参观、医疗、卫生、休息、旅游和满足部分生活需求所使用的一切公用场所及其设施的总称。根据传统的关于公共场所的定义，不难发现它仅仅限于实体的、现实的人类活动空间。从“公共场所”相关司法解释出发，其在现阶段的范围并没有被框定。2013 年最高人民法院、最高人民检察院《关于办理寻衅滋事刑事案件适用法律若干问题的解释》第 5 条规定：“在车站、码头、机场、医院、商场、公园、影剧院、展览会、运动场或者其他公共场所起哄闹事，应当根据公共场所的性质、公共活动的重要程度、公共场所的人数、起哄闹事的时间、公共场所受影响的范围与程度等因素，综合判断是否‘造成公共场所秩序严重混乱’。”应当注意的是，此条并未对公共场所的含义予以明确，而是对于例举的公共场所适用《刑法》第 293 条第(4)项规定的条件提出指导意见。也就是说，此条并不是对“公共场所”进行下定义，而只是对“公共场所”进行例举。即使现行司法解释对公共场所进行了限定，也不排除进行新的解释。

传统意义上，对公共场所是用对“众”的解释，替代对“公共”场所的解释：能为 3 个以上的不特定的人所使用的一切公用场所及其设施。“三人为众”，多数人也指三人以上，因此，这个理解也就是将“公共场所”理解为能为多数且不特定的人所使用的一切公用场所及其设施，应当说，对于性犯罪中“当众”一词的此种传统理解意见是较为普遍的。例如，有观点认为，“公共场所”是指车站、码头、公园、影剧院、学校、医院等人多且流动性较大的地方；第二种解释则是将“公共场所”理解为“不特定或者众人”所使用的一切公用场所及其设施。二者的区别在于对“公共”的理解：是“多数且不特定”，抑或是“不特定或者众人”？应当认为，在大多数情况下，不特定人与多数人的情况是重合的，并无区分的必要。但是，在少数案件中，二者是不一致的。①

问题 5：根据我国法律对死刑的相关规定，本案是否适用死刑？

(1)死刑立即执行的适用

“罪行极其严重”是死刑适用的实质条件。

第一，行为人具有极其严重的主观恶性；

第二，犯罪行为对国家、社会和人民的利益危害特别严重，情节特别恶劣。

(2)死刑缓期执行的适用

死与不死，是否具有从轻处罚情节是一项重要的考量因素。以下情况一般可视为“不是必须立即执行的”，从而可以考虑对被告人适用死缓或者其他较轻刑罚。

第一，罪当判处死刑，但考虑到被告人具有自首、立功、未遂、从犯等法定从轻处罚

---

① 武诗敏：《“公共场所”的解释逻辑与未来适用》，载《法学论坛》2014 年第 3 期。

情节的,可不立即执行。1999 年 9 月 27 日最高人民法院下发的《全国法院维护农村稳定刑事审判工作座谈会纪要》(以下简称《会议纪要》)指出:"被告人有法定从轻处罚情节的,一般不应判处死刑立即执行。"在司法实践中,自首情节是裁量死缓中适用最广泛的法定从轻情节。

第二,罪当判处死刑,但考虑到被告人如实供述同种罪行,或者能如实坦白交代罪行,认罪态度好,确有悔罪表现和酌定从轻情节的,可不立即执行。

第三,罪当判处死刑,但考虑到被告人的犯罪事实或者其在共同犯罪中的作用、地位以及犯罪后果等具体情节,可不立即执行。如在故意伤害致人死亡犯罪案件手段是否特别残忍,是否为主犯。

第四,罪当判处死刑,但考虑到案件系婚姻家庭、邻里纠纷激化引发的,可不立即执行。《会议纪要》指出:"对于因婚姻家庭、邻里纠纷等民间矛盾激化引发的故意杀人犯罪,适用死刑一定要十分慎重,应当与发生在社会上的严重危害社会治安的其他故意杀人犯罪案件有所区别。"最高人民法院于 2007 年 9 月中旬再次下发的《关于进一步加强刑事审判工作的决定》第 35 条明确规定:"对于因婚姻家庭、邻里纠纷等民间矛盾激化引发的案件,因被害方的过错行为引起的案件,案发后真诚悔罪积极赔偿被害人经济损失的案件等具有酌定从轻情节的,应慎用死刑立即执行。注重发挥死缓制度既能够依法严惩犯罪又能够有效减少死刑执行的作用,凡是判处死刑可不立即执行的,一律判处死刑缓期二年执行。"

第五,罪当判处死刑,但考虑到案件因被害人过错引起的,可不立即执行。《会议纪要》指出:"对于被害人一方有明显过错或对矛盾激化负有直接责任……一般不应判处死刑立即执行。"

第六,罪当判处死刑,但考虑到被告人确有悔罪表现,其赔偿被害方的经济损失已获得被害方的谅解,且不属于不杀不足以平民愤的,可不立即执行。2000 年 12 月最高人民法院《关于刑事附带民事诉讼范围问题的规定》第 4 条规定:"被告人已经赔偿被害人物质损失的,人民法院可以作为量刑情节予以考虑。"2001 年 1 月 21 日最高人民法院下发的《全国法院审理金融犯罪案件工作座谈会纪要》规定:"对于犯罪数额特别巨大,但追缴、退赔后,挽回了损失或者损失不大的,一般不应当判处死刑立即执行。"

第七,罪当判处死刑,但考虑到被告人作案时的年龄、智力和身体状况等自身因素,可不立即执行。如对于年龄超过 70 周岁的老人、智力低下的人、又聋又哑的人、盲人等犯罪的,尽管罪行极其严重,一般不宜适用死刑立即执行,而应考虑适用死缓或者其他较轻刑罚,体现刑罚的人道主义关怀。(特别残忍的手段致人死亡的除外)

第八,罪当判处死刑,但考虑到被告人作案时系间接故意,被告人的主观恶性比直接故意相对要小,且有其他酌定从轻情节的,可不立即执行。正如《会议纪要》指出的那样:"在直接故意杀人与间接故意杀人案件中,犯罪人的主观恶性程度是不同的,在处刑

上也应有所区别。”

第九，罪当判处死刑，但考虑到案件个别事实情节难以完全查清，而在量刑时留有余地，可不立即执行。在司法实践中，对于案件的主要事实清楚、证据确凿，但仍有个别影响犯罪危害程度的事实未查清或不可能查清的，或者同案人之间的罪责未查清或不可能查清的，可以适用死刑缓期执行。如没有直接查获贩毒犯罪分子的毒品，贩卖毒品的数额是凭口供及言词证据而认定，缺乏定性定量分析的，宜适用死刑缓期执行。在共同杀人或共同伤害致人死亡案件中，当多数案犯在逃的情况下，谁是直接致人死亡的凶手或谁是主犯未能查清，就不能对已归案的少数案犯适用死刑立即执行，而应判处死缓刑，以留有余地。

(3)死缓限制减刑的适用

《刑法修正案(八)》修订了《刑法》第50条增加了第2款:死缓限制减刑的规定，即“对被判处死刑缓期执行的累犯以及因故意杀人、强奸、抢劫、绑架、放火、爆炸、投放危险物质或者有组织的暴力性犯罪被判处死刑缓期执行的犯罪分子，人民法院根据犯罪情节等情况可以同时决定对其限制减刑。”

限制减刑适用标准在界定时应全面考虑特定案件中体现行为的客观危害性后果、行为人的主观恶性和人身危险性大小等所有主客观事实。

第一，行为人必须具有法定可以从轻的情节，虽罪该致死，但是判处死刑立即执行刑罚过重，而判处死刑缓期执行(不限制减刑)又罚不当罪。是否适用死刑是人命关天的事情，文明社会的刑法人道主义精神要求司法者们在不选择死刑而是适用限制减刑的过程中要严格依靠法定情节的支撑，尤其是法定可以从轻的情节。1999年最高人民法院公布的《会议纪要》中指出“被告人有法定从轻处罚情节的，一般不应判处死刑立即执行”，这说明我国的司法精神是以法定从轻情节作为选择量刑幅度和死刑执行方式的一个最基本的限制条件。限制减刑作为新的限制死刑的替代措施，其适用标准显然宜以法定从轻情节为基础和前提。

第二，行为人实施犯罪的手段不是特别残忍。犯罪手段是指行为人为实现犯罪目的实施危害行为时所采取的具体方式、方法，它与行为人的个性心理特征、社会环境条件等密切相关。任何一个行为人犯罪目的的实现都是借助一定的犯罪手段，任何犯罪结果也是行为人通过犯罪手段得以实现。作为犯罪客观方面的内容，采取不同的犯罪手段，对社会的危害程度不同，从而反映出来的人身危险性也存在差异。因此，在适用限制减刑时，也要慎重考虑行为人的犯罪手段是否残忍恶劣，如果行为人的犯罪手段残忍恶劣，表明行为人的客观危害性相对较大，因而不能将其纳入适用限制减刑的情形之列。司法实践中已经将犯罪手段恶劣残忍作为从重处罚的一个考虑因素，那么对于犯罪手段不是特别残忍的则作为酌情从轻处罚的考虑因素，可以归入适用限制减刑的考虑标准，因而犯罪手段特别残忍且罪该致死的行为人一般不可以适用限制减刑，应当判

处死刑立即执行,除非其法定和酌定从宽情节可以抵消犯罪手段残忍这一情节带来的影响。

第三,行为人所针对的犯罪对象不是无辜的特殊群体。特殊群体,是指公民中由于生理或体能原因,其权利和一切合法权益受到特殊保护与特殊对待的一部分人,包括妇女、未成年人、老年人、残疾人等。特殊群体由于生理或身体原因,需要我们给予更多的宽容和关爱。我国刑法中关于未满 14 岁的人犯罪不负刑事责任,已满 75 周岁的老年人犯罪一般不判处死刑以及怀孕的妇女不判处死刑等规定均是对特殊群体的特殊保护。对这些原本属于需要特殊关爱的人实施犯罪——将其杀害、绑架等行为,引起的社会危害将更为巨大,反映了行为人具有更大的主观恶性,这不仅仅违背了道德自律和法律的规定,而且还是对人类心灵深处"仁之端"恻隐之心的极端挑战。同时《人民法院量刑意见(试行)》规定,对于犯罪对象为未成年人、老人、残疾人、孕妇等弱势人员的,可以增加基准刑的 20%以下。可见司法实践中已经形成了要对犯罪对象为弱势人员的行为人从重处罚的共识。因而,生活中出现的针对那些手无缚鸡之力的特殊群体的故意犯罪,造成严重后果且罪该致死的,不能对其从宽处罚,有必要判处死刑立即执行,以示严惩,再次重申法律对特殊群体的保护,引起广大民众的高度关注和借鉴。因而限制减刑适用标准之一是犯罪对象不是那些需要特殊保护的特殊群体。

第四,行为人是基于可宽恕的犯罪动机而实施犯罪行为。犯罪动机是指刺激、促使犯罪人实施犯罪行为的内心起因或思想活动,它回答犯罪人基于何种心理原因实施犯罪行为,故动机的作用是发动犯罪行为,说明行为人是在什么心理支配之下而实施犯罪行为。我国刑法并没有将犯罪动机纳入犯罪构成要见之中,但是犯罪动机可以作为酌定量刑情节在司法实践中予以适用。一般来说,可宽恕犯罪动机一般都是因为被害人存在过错或者是由于被害人激发矛盾而引起行为人的犯罪后果。透过案件起因和被害人过错可以将被告人人身危险性作出区分。2010 年《最高人民法院关于贯彻宽严相济刑事政策的若干意见》第 22 条规定"对于因恋爱、婚姻、家庭、邻里纠纷等民间矛盾引发的犯罪,因劳动纠纷、管理失当等原因引发的犯罪"应当酌情从宽处罚,之所以这样规定,是强调该类案件的起因和被害人的过错因素,被告人的社会危害性和人身危险性比那些无端生事、被害人无过错的案件要小。在双方当事人都具有过错从而引发恶性犯罪的案件中,被害人对自己的过错应当承担损失,不能将被害人的责任推到被告人的肩膀上。

第五,从行为人在犯罪发生后所表现出来的认罪和悔罪态度上分析可以得出其再犯可能性较小或者没有再犯可能性。再犯可能性一般是指行为人的人身危险性,其最基本的含义是犯罪行为人再次实施犯罪的危险。应受惩罚的是行为,而承担惩罚的是行为人。"应受惩罚的是行为"是指定罪对象只能是行为,其评价核心是社会危害性,刑事责任之所以能够产生,就在于行为的社会危害性达到了犯罪的程度。"承担惩罚的是

行为人”是指适用刑罚的对象是犯罪人，犯罪人是刑罚的承担者，其评价的核心是人身危险性，适用刑罚的目的在于预防犯罪人再次犯罪。犯罪人的人身危险性的大小，表明了犯罪人改造的难易程度，因此，所谓所处刑罚与犯罪人的人身危险性大小相适应，实际上也就是要求与犯罪人改造的难易程度相适应。在定罪量刑时主要考虑犯罪中和犯罪后的认罪悔罪态度所表现出来的再次犯罪的可能性。所以，在适用限制减刑时，也应当将行为人的人身危险性作为其中的标准之一。

第六，从最终的法律适用效果上考虑，对行为人不判处死刑立即执行而适用限制减刑可以达到法律效果和社会效果的有机统一。建设社会主义法治国家，构建社会主义和谐社会要求我们的司法实践要坚持法律效果和社会效果的有机统一。在严格依法办案，确保良好法律效果的同时，还应当充分考虑案件的处理是否有利于赢得人民群众的支持和社会稳定，是否有利于瓦解犯罪，化解矛盾，是否有利于罪犯的教育改造和回归社会，是否有利于减少社会对抗，促进社会和谐，争取更好的社会效果。限制减刑所对应的都是犯罪行为极其恶劣的犯罪人，面对的大都是刑法保护的比较重要甚至有时就是最重要的法益，当案件中出现可以从轻的法定或者酌定情节时，都必须慎重考虑，不仅对被告人依法定罪量刑、罚当其罪，还要认真对待被害人或其近亲属的态度和反应，努力在适用刑罚处罚的同时，化解双方当事人间的矛盾，真正实现“案结事了”，达到法律效果和社会效果的有机统一。

林再生故意伤害他人，致一人死亡，其行为构成故意杀人罪，但其在量刑上存在从轻减轻的情节。笔者认为林再生应被判处死缓刑并可适用限制减刑，主要理由如下：

其一，自首情节：被告人林再生在作案后，对自己丧失理智的行为深感恐惧，经其姐劝说，随即两次拨打110报警，催促警察到现场，并在现场等候处理。其后亦始终配合侦查机关的工作，并对其犯罪事实供认不讳。其主动投案，并如实供述自己的罪行，成立自首，应当予以从轻处罚。

其二，积极赔偿、初犯：林再生在精神状况清醒、稳定的情况下，始终对自己的所作行为表示愧疚、后悔，并对其给被害人家庭带来的伤害表示由衷地道歉。同时，林再生表示，将通过其家人代为赔偿被害人家属的全部经济损失。其家属亦在经济拮据的情况下，向被害人家属作出了部分赔偿，其后未继续履行附带民事赔偿，系因对方拒绝接受。林再生在实施本案的犯罪行为之前，表现良好，无前科劣迹，具备初犯特征。

其三，犯罪起因：最高人民法院1999年印发的《会议纪要》曾指出：“对于因婚姻家庭、邻里纠纷等民间矛盾激化引发的故意杀人犯罪，适用死刑一定十分慎重，应当与发生在社会上的严重危害社会治安其他故意杀人犯罪案件有所区别。”另根据2010年印发的《关于贯彻宽严相济刑事政策的若干意见》第22条：“对于因恋爱、婚姻、家庭、邻里纠纷等民间矛盾激化引发的犯罪，因劳动纠纷、管理失当等原因引发、犯罪动机不属恶劣的犯罪，因被害方过错或者基于义愤引发的或者具有防卫因素的突发性犯罪，应酌情

从宽处罚。"可见,对于林再生这类因婚恋纠纷、精神状态异常而实施故意杀人的行为,应与其他严重危害社会治安的故意杀人案予以区分,应酌情从宽处罚。

其四,本案鉴定意见存在明显的问题,随着时间推移,再次鉴定也无法正确地鉴定出被告人作案时的精神状态,根据存疑有利于被告人的原则,应当认为本案被告人属于限制刑事责任能力的精神病人,对其从轻或减轻处罚。

三、作为辩护律师,如何开展此类案件的辩护工作

(一)开展辩护工作的基础准备

辩护工作是辩护人的主要职责,其工作应贯穿辩护人参与案件的始终。辩护工作如何展开是律师必须习得并不断强化的,下文以本案为例,简要分析辩护工作的展开。

1.熟悉案件事实,为辩护打基础

(1)会见当事人,了解事情经过;

(2)审查原审卷宗。

2.案件事实和情节的分解

本案的有利情节有:(1)自首情节:被告人林再生在作案后,对自己丧失理智的行为深感恐惧,经其姐劝说,随即两次拨打110报警,催促警察到现场,并在现场等候处理。其后亦始终配合侦查机关的工作,并对其犯罪事实供认不讳。其主动投案,并如实供述自己的罪行,成立自首,应当予以从轻处罚。(2)积极赔偿、初犯:林再生在精神状况清醒、稳定的情况下,有深刻的悔罪表现,同时尽力赔偿被害人家属的经济损失。其后未继续履行附带民事赔偿,系因对方拒绝接受。林再生在实施本案的犯罪行为之前,表现良好,无前科劣迹,具备初犯特征。(3)犯罪起因:对于林再生这类因婚恋纠纷、精神状态异常而实施故意杀人的行为,应与其他严重危害社会治安的故意杀人案予以区分,应酌情从宽处罚。(4)本案的鉴定报告存在明显的问题,根据存疑利于被告人原则,应对被告人从轻或减轻处罚。

本案的不利情节有:(1)犯罪结果:被告人林再生故意伤害他人,致一人死亡,其行为已经触犯《中华人民共和国刑法》第232条,构成故意杀人罪。(2)犯罪对象:被害人何金兴是被告人林再生的恋人何金兰的弟弟,被害人何金兴与被告人林再生并无直接的情感、利益关系。并且,被害人何金兴是A镇中学的学生,被害时是一名未成年人。(3)被害人家属不谅解:被害人家属拒绝接受被告人家属所履行的附带民事赔偿,要求严惩凶手。

本案的待证事实:(1)被告人的刑事责任能力:被告人林再生在与何金兰分手后,曾多次自杀未遂,其家人察觉到林再生精神异常后,曾于2013年7月10日将其带至欣健医院就诊,经检查后被诊断为抑郁症;同年7月22日的复查中,林再生经治疗后病情已

有改善，充分证实其患有抑郁症。此后2013年9月2日，林再生因昏迷半天入住中山医院，经数日的细心看护与诊治后，其于同月4日出院，出院时被明确诊断为患有抑郁症。

2014年1月23日，滨海市欣健医院司法鉴定所对林再生进行精神病司法鉴定。司法鉴定所根据讯问笔录、被鉴定人姐姐林悦华的反映、医院的就诊病例、出院记录以及看守所的"情况说明"等资料，对林再生进行精神检查、体格检查、心理测验及其他检查。司法鉴定所的鉴定意见为：边缘型人格障碍，评定其作案时具有完全刑事责任能力，目前具有受审能力。

滨海市欣健医院司法鉴定所于2014年1月23日对被告人进行精神病司法鉴定，且不论其鉴定结果是否真实、有效、有科学依据，其时间上距离案发已有2个月之久，此鉴定意见只能说明"目前具有受审能力"。林再生在案发时是否是处于抑郁症发病时期的精神病患者，是否具有完全的刑事责任能力，存在疑问。

(2)被告人是否存在犯罪预谋：被告人林再生在犯罪行为发生前曾数次前往被害人所在地。2013年10月底，林再生于湖州家中，骑摩托车到A镇，在A镇中学门口附近等待何金兴出现。后来，林再生便偷偷跟踪何金兴放学回家，得知何金兴回家要经过公园广场。2013年11月20日，林再生一时激动，便坐车从滨海市到A镇，准备杀死何金兴，但冷静下来后林再生便放弃了前述计划。次日，林再生回到滨海市，但其内心仍觉得很气愤。2013年11月22日，林再生一时激动，再次来到A镇，但冷静下来后，仍然下不了狠手。此后，林再生独自在何金兰家门口喝酒，被何金兰的伯父及家人叫进屋内谈话，其表示恐吓杀死何金兴只是气话，并向何金兰伯父赔礼道歉。次日，林再生返回滨海市。

法院认定被告人林再生多次前往A镇的行为，系为犯罪做准备，犯罪行为是有预谋实施的。而被告人林再生辩称，其多次前往A镇都是因为一想到其恋人何金兰，就一时情绪激动，无法控制，才去A镇想杀害被害人何金兴，其从未计划过要在什么时间什么地点以什么方式杀害被害人。

3.在案证据的质证

(1)被告人供述和辩解与同步录音录像的质证；

(2)鉴定意见的质证(重新鉴定申请的提出)、精神病司法鉴定意见、法医学尸体检验鉴定；

(3)证人证言的质证。

4.准备相关的法律法规和判例

(1)死刑(立即执行、缓期执行及限制减刑)的适用标准；

(2)关于办理死刑案件审查判断证据若干问题的规定；

(3)最高人民法院指导性案例的参照适用(王志才故意杀人案)；

(4)收集杀害未成年人，未判处死刑立即执行的判决书。

5.整理辩护思路,做开庭准备

(1)发问提纲;

(2)质证意见;

(3)辩护提纲;

(4)撰写二审辩护词。

(二)审查判断被告人供述的真实性,能否作为定案根据

被告人的供述和辩解是指被告人在刑事诉讼过程中,就与案件有关的事实情况向公安司法机关所作的陈述,既包括承认自己有罪的人对自己犯罪情况的供述,也包括声称自己无罪或者罪轻的辩解。

《关于办理死刑案件审查判断证据若干问题的规定》第18条规定:“对被告人供述和辩解应当着重审查以下内容:(1)讯问的时间、地点、讯问人的身份等是否符合法律及有关规定,讯问被告人的侦查人员是否不少于二人,讯问被告人是否个别进行等。(2)讯问笔录的制作、修改是否符合法律及有关规定,讯问笔录是否注明讯问的起止时间和讯问地点,首次讯问时是否告知被告人申请回避、聘请律师等诉讼权利,被告人是否核对确认并签名(盖章)、捺指印,是否有不少于二人的讯问人签名等。(3)讯问聋哑人、少数民族人员、外国人时是否提供了通晓聋、哑手势的人员或者翻译人员,讯问未成年同案犯时,是否通知了其法定代理人到场,其法定代理人是否在场。(4)被告人的供述有无以刑讯逼供等非法手段获取的情形,必要时可以调取被告人进出看守所的健康检查记录、笔录。(5)被告人的供述是否前后一致,有无反复以及出现反复的原因;被告人的所有供述和辩解是否均已收集入卷;应当入卷的供述和辩解没有入卷的,是否出具了相关说明。(6)被告人的辩解内容是否符合案情和常理,有无矛盾。(7)被告人的供述和辩解与同案犯的供述和辩解以及其他证据能否相互印证,有无矛盾。”对于上述内容,侦查机关随案移送有录音录像资料的,应当结合相关录音录像资料进行审查。

第19条规定:“采用刑讯逼供等非法手段取得的被告人供述,不能作为定案的根据。”

第22条规定:“对被告人供述和辩解的审查,应当结合控辩双方提供的所有证据以及被告人本人的全部供述和辩解进行。被告人庭前供述一致,庭审中翻供,但被告人不能合理说明翻供理由或者其辩解与全案证据相矛盾,而庭前供述与其他证据能够相互印证的,可以采信被告人庭前供述。被告人庭前供述和辩解出现反复,但庭审中供认的,且庭审中的供述与其他证据能够印证的,可以采信庭审中的供述;被告人庭前供述和辩解出现反复,庭审中不供认,且无其他证据与庭前供述印证的,不能采信庭前供述。”

具体到本案中,被告人供述和辩解及同步录音录像存在以下几点疑问:

(1)办案人员讯问笔录的制作、修改不符合符合法律及有关规定,讯问笔录所注明

讯问的起止时间与同步录像中的起止时间不一致，例第二次讯问（笔录所注明时间为2013年11月26日17时05分至18时50分，而同步录像时间显示为16:32:59—18:10:03）、第四次讯问（笔录所注明时间为2013年12月16日8时41分至10时20分，而同步录像时间显示为00:24:15—02:11:54）；

（2）未保证被告人的饮食和必要的休息时间——第四次询问时间同步录像显示为00:24:15—02:11:54；

（3）被告人的供述有无以刑讯逼供等非法手段获取的情形——根据《中华人民共和国看守所条例》17条之规定：对已被判处死刑、尚未执行的犯人，必须加戴械具。对有事实表明可能行凶、暴动、脱逃、自杀的人犯，经看守所所长批准，可以使用械具。在紧急情况下，可以先行使用，然后报告看守所所长。上述情形消除后，应当予以解除。在2014年1月8日侦查机关对林再生进行讯问时，林再生于录像时间09:09:01，主动向办案人员展示其有佩戴脚镣，原因是在监室里面急起来乱砸东西，自述当时产生无法控制的幻想，想要伤害同号房在押人员。其后在2月13日的讯问过程中，林再生还补充称其不仅在看守所内戴了一个月的脚镣，还在"老虎凳上被绑了三天"。林再生因病情发作可能存在自杀的情形，但在情形解除后未解除械具，还被使用了与当时情形不匹配的"老虎凳"，不能排除刑讯逼供的可能；

（4）被告人的所有供述和辩解是否均已收集入卷；应当入卷的供述和辩解没有入卷的，是否出具了相关说明。——如林再生自述想杀死何金兰的弟弟是因为精神失控、急起来的时候随便说了一句，后来这句话就始终存在于脑海，让其不断产生幻想；林再生称发短信给何金兰威胁要杀死何金兴，并非为了挽回何金兰，而是其一急起来就胡言乱语，以上内容办案人员均未记录；

（5）不能提供全部同步录音录像的被告人供述及辩解且不能做出合理解释——第一次询问13:03:00—14:25:51时间段缺失，共缺失1小时22分51秒的内容，侦查机关未就缺失情况及原因作出任何说明，不符合《公安机关办理刑事案件程序规定》第203条第3款所规定的"对讯问过程录音或者录像的，应当对每一次讯问全程不间断进行，保持完整性。不得选择性地录制，不得剪接、删改"，无法完整地反映出林再生在投案后首次接受讯问时的精神状态。

（6）办案人员所记录内容与被告人的供述辩解不一致——如当办案人员问林再生"为何你要多次到坂里去"，林再生的回答被记录为"第一次我是去踩点"，但纵观全部视听资料，林再生从未说过"踩点"二字。

查阅笔录判断是否全面体现被告人供述的真实性，判断是否存在刑讯逼供。

（三）运用最高法院指导性案例的裁判要旨进行辩护

在实践中，最高法院指导性案例的适用的实践技术是由"参照"确定的，2010年最高人民法院公布的《关于案例指导工作的规定》第7条以及《〈关于案例指导工作的规定〉

细则》第9条都在条文中予以明确规定。[①] 在逻辑结构上，“参照”是一种类比推理(analogical reasoning)，其核心在于区别哪些相似性和差异性与待决案件相关，哪些又不相关。[②]而运用最高法院指导性案例的裁判要旨进行辩护也在于这样一种推理逻辑。

和本案最相似的指导性案件就是最高人民法院审判委员会2011年12月20日发布的王志才故意杀人案的指导性案例。王志才案是因恋爱、婚姻矛盾激化引发的故意杀人案件，被告人犯罪手段残忍，论罪应当判处死刑，但被告人具有坦白悔罪、积极赔偿等从轻处罚情节，同时被害人亲属要求严惩的，人民法院根据案件性质、犯罪情节、危害后果和被告人的主观恶性及人身危险性，可以依法判处被告人死刑，缓期2年执行，同时决定限制减刑，以有效化解社会矛盾，促进社会和谐。

本案与王志才案相关的相似之处在于三点：

其一，两案都是恋爱矛盾激化引发的故意杀人案件，王志才因多年的恋情受阻感到绝望而杀人，其主观恶性较之其他严重影响群众安全感的暴力犯罪有所不同。2002年被告人王志才与赵某某在山东省一科技职业学院同学期间建立恋爱关系，至2008年10月本案发生已保持恋爱关系数年，感情较好。后因赵某某的父母强烈反对，赵某某也逐渐动摇，提出分手，但在王志才的坚持下二人仍保持着恋爱关系。2008年10月9日中午，王志才在赵某某的集体宿舍再次谈及婚恋问题，因赵某某明确表示二人不可能在一起，王志才感到绝望，愤而产生杀死赵某某然后自杀的念头，即持赵某某宿舍内的一把单刃尖刀，朝赵的颈部、胸腹部、背部连续捅刺，致其失血性休克死亡。次日8时30分许，王志才服农药自杀未遂，被公安机关抓获归案。而林再生也是与何金兰分手之后患上抑郁症，数次尝试自杀。最终因挽留何金兰失败，且在挽留过程中遭受了何金兰的冷漠对待，林再生遂由爱生恨，起意要通过杀害何金兰的弟弟何金兴，来让何金兰痛苦。其主观恶性也不同于其他严重影响群众安全感的暴力犯罪。

其二，被告人王志才系临时起意，激情杀人，与其他有计划、有预谋的犯罪有所区别。2008年10月9日中午，王志才在赵某某的集体宿舍内再次谈及婚恋问题，因赵某某明确拒绝，王志才感到绝望，从而产生杀死赵某某然后自杀的念头，即随手拿起赵某某宿舍内的一把尖刀将赵杀死，次日服农药自杀未遂。而林再生也并没有进行“踩点”等所谓的犯罪预备行为，更无“预谋杀人”。林再生虽然在案发前三次前往A镇，但均是因其突然发病产生报复何金兰的幻想时所作的行为。杀害被害人也是因为病发前往A镇报复何金兰，路遇何金兰之弟，因丧失控制能力，才将其杀害，也属于临时起意的犯罪。

其三，被告人王志才认罪态度好，坦白悔罪，其亲属有赔偿被害方经济损失的愿望和行动。王志才到案后，如实供述了全部犯罪事实，多次表达了自己的悔恨之情。根据

---

① 雷槟硕：《如何“参照”：指导性案例的适用逻辑》，载《交大法学》2018年第1期。

② Brain H. Bix, A Dictionary of Legal Theory (Oxford: Oxford University Press, 2004), pp.5-6.

《刑法》第67条第3款的规定,“坦白从宽”的刑事政策已上升为法定从轻量刑情节,根据该案具体情况,对其可以从轻处罚。王志才的父母、妹妹已筹款12万元,愿意通过积极赔偿经济损失取得被害方谅解。同样的,林再生在作案后,对自己丧失理智的行为,深感恐惧,随即两次拨打“110”报警,催促警察到现场,并在现场等候处理。其后亦始终配合侦查机关的工作。并对其给被害人家庭带来的伤害表示由衷地道歉。在本案侦查阶段,林再生就曾多次向办案民警表示,被害人是无辜的,十分后悔自己的所作所为。同时,林再生在本案的各个诉讼阶段均表示,将通过其家人代为赔偿被害人家属的全部经济损失。其家属亦在经济拮据的情况下,向被害人家属作出了部分赔偿。

本案与王志才案的差异之处在于,王志才案的被害人是与王志才有着亲密关系的恋人,而林再生案的被害人与林再生并无直接的情感、利益关系,并且,被害人何金兴是A镇中学的学生,被害时是一名未成年人;另外,王志才手持尖刀连续捅刺赵某某的颈部、胸腹部、背部,而林再生的犯罪手段是否与王志才的犯罪手段相当,存在可商榷之处。

故意杀人的“手段”是否“残忍”,应理解为行为人在非法剥夺他人生命的过程中,不仅追求被害人死亡的结果,而且意欲在这个过程中折磨被害人,使被害人遭受特别的痛苦,简而言之即“虐杀”。被告人王志才犯罪手段残忍,持刀连续捅刺被害人颈部、胸腹部、背部等处多刀,致被害人失血性休克死亡,犯罪手段残忍。而林再生仅是采取双手扼颈的单一方式,既没有使用任何工具击打被害人,亦没有对被害人的体表或器官施加其他伤害行为。

林再生案是因恋爱、婚姻矛盾激化引发的故意杀人案件,被告人犯罪手段未达到残忍的程度,同时被告人具有坦白悔罪、积极赔偿等从轻处罚情节,可以请求人民法院根据案件性质、犯罪情节、危害后果和被告人的主观恶性及人身危险性,依法判处被告人死刑,缓期二年执行。

四、小　结

死刑是最严厉的刑罚,因为它涉及剥夺被告人的生命权的问题,历来为政府、社会、学界和司法系统所重视和关注。刑辩律师为可能判处死刑的一审案件或一审已经判处死刑的二审案件辩护时,要从“尊重和保障人权”的宪法高度来认识其重要性,通过扎实有效的工作,切实“维护犯罪嫌疑人、被告人的合法权益”。从这个角度看,为死刑案件辩护,是刑辩律师维护人权的一项崇高使命。死刑案件的辩护,是刑辩律师必须认真对待的重要业务,任何一个死刑案件的辩护是否成功都与判决结果有着直接的联系。作为承办死刑案件的律师,必须意识到自己责任的重大,精通业务,掌握刑辩技巧,恪尽职责,为被告人提供优良的服务,最大限度地、用尽一切救济途径挽救被告人的生命。

五、相关法律、司法解释和判例

1.《中华人民共和国刑法》

第232条规定:"故意杀人的,处死刑、无期徒刑或者十年以上有期徒刑;情节较轻的,处三年以上十年以下有期徒刑。"

第48条规定:"死刑只适用于罪行极其严重的犯罪分子。对于应当判处死刑的犯罪分子,如果不是必须立即执行的,可以判处死刑同时宣告缓期二年执行。死刑除依法由最高人民法院判决的以外,都应当报请最高人民法院核准。死刑缓期执行的,可以由高级人民法院判决或者核准。"

第57条规定:"对于被判处死刑、无期徒刑的犯罪分子,应当剥夺政治权利终身。在死刑缓期执行减为有期徒刑或者无期徒刑减为有期徒刑的时候,应当把附加剥夺政治权利的期限改为三年以上十年以下。"

第67条规定:"犯罪以后自动投案,如实供述自己的罪行的,是自首。对于自首的犯罪分子,可以从轻或者减轻处罚。其中,犯罪较轻的,可以免除处罚。被采取强制措施的犯罪嫌疑人、被告人和正在服刑的罪犯,如实供述司法机关还未掌握的本人其他罪行的,以自首论。犯罪嫌疑人虽不具有前两款规定的自首情节,但是如实供述自己罪行的,可以从轻处罚;因其如实供述自己罪行,避免特别严重后果发生的,可以减轻处罚。"

2.最高人民法院2010年2月8日发布《关于贯彻宽严相济刑事政策的若干意见》

第22条规定:"对于因恋爱、婚姻、家庭、邻里纠纷等民间矛盾激化引发的犯罪,因劳动纠纷、管理失当等原因引发、犯罪动机不属恶劣的犯罪,因被害方过错或者基于义愤引发的或者具有防卫因素的突发性犯罪,应酌情从宽处罚。"

3.指导性案例

2011年12月10日,最高人民法院发布的指导性案例《王志才故意杀人案》(指导案例4号)。详见附件《王志才故意杀人案》

参考文献

1.陈兴良:《刑事责任能力研究》,载《浙江社会科学》1999年第6期。

2.周光权:《刑事案例指导制度:难题与前景》,载《中外法学》2013年第3期。

3.林维:《刑事案例指导制度:价值、困境与完善》,载《中外法学》2013年第3期。

4.雷槟硕:《如何"参照":指导性案例的适用逻辑》,载《交大法学》2018年第1期。

5.王梅霞:《二审程序中律师会见及辩护要点研究》,载《河北广播电视大学学报》2013年第2期。

6.周光权:《客观归责理论的方法论意义——兼与刘艳红教授商榷》,载《中外法学》

2012 年第 2 期。

7.张明楷:《也谈客观归责理论——兼与周光权、刘艳红教授商榷》,载《中外法学》2013 年第 2 期。

8.武诗敏:《“公共场所”的解释逻辑与未来适用》,载《法学论坛》2014 年第 3 期。

案例十三
于欢防卫过当故意伤害案

摘要:于欢案民间也称“辱母案”,是近年来刑法领域的一个典型案例。本案中,“辱母”情节,被告人于欢的命运,以及案件背后涉及的高利贷、黑社会、警察执法等问题都受到了社会的广泛关注。在刑事法律上,本案更是包含了一系列问题,值得深入讨论。本案既包括了防卫性质、防卫过当、具体罪名的认定、量刑等实体问题,也包括积极辩护事由的证明责任、证明程度等程序问题,均具有理论价值和实践意义,是本文研讨的对象。

一、引　言

1979年《刑法》第17条规定了公民的正当防卫权,同时规定“正当防卫超过必要限度造成不应有的危害的”,属防卫过当,应当负刑事责任;但是应当酌情减轻或者免除处罚。可见,1979年《刑法》对正当防卫的要求还是比较严格,不利于鼓励公民行使防卫权。在1997年《刑法》修订过程中,立法者为了避免正当防卫制度被虚置,对上述规定做了重大修改,主要表现在两个方面:一个方面是在第20条第3款设置了无过当防卫,即针对严重危及人身安全的暴力犯罪,可以行使无限防卫权。另一方面,在第20条第2款对防卫过当作了修订,只有当正当防卫明显超过必要限度造成不应有的损害的情况下,才构成防卫过当,才应当承担刑事责任。从立法意图和制度设计上来看,1997年《刑法》极大地放宽了公民行使正当防卫权的条件,有利于鼓励公民和不法侵害做斗争,使公民在行使防卫权时无需顾虑太多。但司法实践中,司法机关对正当防卫的认定却仍然比较严苛,对正当防卫的证明责任仍然归属不明。于欢案就是其中一个典型案例,从本案可以折射出正当防卫司法认定上存在的主要问题。

“于欢案”发生于2016年4月14日,于欢在母亲苏某和自己被11名催债人长达6小时的拘禁并伴有猥亵、侮辱、殴打等情节的情况下,用水果刀刺伤了4人,其中被刺中

的杜某2最终死亡。2017年2月17日，山东省聊城市中级人民法院一审以故意伤害罪判处于欢无期徒刑。该案判决后，引起了广泛的社会争议，附带民事诉讼原告人和被告人于欢不服一审判决，也分别提出上诉。随即，最高人民检察院派员赴山东阅卷并听取山东省检察机关汇报，对案件事实、证据进行全面审查。山东省高级人民法院对“于欢案”开庭审理并于2017年6月23日做出二审判决，最终认定于欢的行为属于防卫行为，但刺死1人系防卫过当，构成故意伤害罪，刑罚由无期徒刑改为有期徒刑5年。

二、案情内容与法理分析

于欢的母亲苏某在山东省冠县工业园区经营山东源大工贸有限公司（以下简称源大公司），于欢系该公司员工。2014年7月28日，苏某及丈夫于某1向吴某、赵某1借款100万元，双方口头约定月息10%。至2015年10月20日，苏某共计还款154万元。其间，吴某、赵某1因苏某还款不及时，曾指使被害人郭某1（男，时年29岁）等人采取在源大公司车棚内驻扎、在办公楼前支锅做饭等方式催债。

2015年11月1日，苏某、于某1再向吴某、赵某1借款35万元。其中10万元，双方口头约定月息10%；另外25万元，通过签订房屋买卖合同，用于某1名下的一套住房作为抵押，双方约定如逾期还款，则将该住房过户给赵某1。2015年11月2日至2016年1月6日，苏某共计向赵某1还款29.8万元。吴某、赵某1认为该29.8万元属于偿还第一笔100万元借款的利息，而苏某夫妇认为是用于偿还第二笔借款。吴某、赵某1多次催促苏某夫妇继续还款或办理住房过户手续，但苏某夫妇未再还款，亦未办理住房过户。

2016年4月1日，赵某1与被害人杜某2（男，殁年29岁）、郭某1等人将于某1上述住房的门锁更换并强行入住，苏某报警。赵某1出示房屋买卖合同，民警调解后离去。同月13日上午，吴某、赵某1与杜某2、郭某1、杜某7等人将上述住房内的物品搬出，苏某报警。民警出警时，吴某称系房屋买卖纠纷，民警告知双方协商或通过诉讼解决。民警离开后，吴某责骂苏某，并将苏某头部按入座便器接近水面位置。当日下午，赵某1等人将上述住房内物品搬至源大公司门口。其间，苏某、于某1多次拨打市长热线求助。当晚，于某1通过他人调解，与吴某达成口头协议，约定次日将住房过户给赵某1，此后再付30万元，借款本金及利息即全部结清。

同月14日，于某1、苏某未去办理住房过户手续。当日16时许，赵某1纠集郭某1、郭某2、苗某、张某3到源大公司讨债。为找到于某1、苏某，郭某1报警称源大公司私刻财务章。民警到达源大公司后，苏某与赵某1等人因还款纠纷发生争吵。民警告知双方协商解决或到法院起诉后离开。李某3接赵某1电话后，伙同么某、张某2和被害人严某（男，时年26岁）、程某（男，时年22岁）到达源大公司。赵某1等人先后在办公楼前

呼喊,在财务室内、餐厅外盯守,在办公楼门厅外烧烤、饮酒,催促苏某还款。其间,赵某1、苗某离开。20时许,杜某2、杜某7赶到源大公司,与李某3等人一起饮酒。20时48分,苏某按郭某1要求到办公楼一楼接待室,于欢及公司员工张某1、马某陪同。21时53分,杜某2等人进入接待室讨债,将苏某、于欢的手机收走放在办公桌上。杜某2用污秽语言辱骂苏某、于欢及其家人,将烟头弹到苏某胸前衣服上,将裤子褪至大腿处裸露下体,朝坐在沙发上的苏某等人左右转动身体。在马某、李某3的劝阻下,杜某2穿好裤子,又脱下于欢的鞋让苏某闻,被苏某打掉。杜某2还用手拍打于欢面颊,其他讨债人员实施了揪抓于欢头发或按压于欢肩部不准其起身等行为。22时07分,公司员工刘某打电话报警。22时17分,民警朱某带领辅警宋某、郭某3到达源大公司接待室了解情况,苏某和于欢指认杜某2殴打于欢,杜某2等人否认并称系讨债。22时22分,朱某警告双方不能打架,然后带领辅警到院内寻找报警人,并给值班民警徐某打电话通报警情。于欢、苏某欲随民警离开接待室,杜某2等人阻拦,并强迫于欢坐下,于欢拒绝。杜某2等人卡于欢项部,将于欢推拉至接待室东南角。于欢持刃长15.3厘米的单刃尖刀,警告杜某2等人不要靠近。杜某2出言挑衅并逼近于欢,于欢遂捅刺杜某2腹部一刀,又捅刺围逼在其身边的程某胸部、严某腹部、郭某1背部各一刀。22时26分,辅警闻声返回接待室。经辅警连续责令,于欢交出尖刀。杜某2等四人受伤后,分别被杜某7等人驾车送至冠县人民医院救治。次日2时18分,杜某2经抢救无效,因腹部损伤造成肝固有动脉裂伤及肝右叶创伤导致失血性休克死亡。严某、郭某1的损伤均构成重伤二级,程某的损伤构成轻伤二级。

板块一:实体问题:防卫过当的认定

问题1:防卫还是互殴?

欲确定本案被告的行为性质,首先必须明确双方是否为互殴行为,即警察所说的“打架”。如果是互殴,承认正当防卫的可能性要小得多,因为互殴双方明示或者默示地同意了伤害的发生。

问题2:除了非法拘禁、侮辱、暴力行为之外,还有无其他行为?

本案二审认定杜某2等人对于欢母子有非法拘禁、侮辱及暴力行为,可能有争议的是杜某2等人将烟头弹到苏某胸前衣服上,将裤子褪至大腿处裸露下体,朝坐在沙发上的苏某等人左右转动身体等行为,应该如何定性?

问题3:非法拘禁、侮辱是否具有紧迫性?可否成为正当防卫的对象?

否认非法拘禁和侮辱行为的可防卫性,正是一审判决否定于欢行为防卫性质的根本理由所在。作为正当防卫的前提,的确需要不法侵害具有紧迫性,并非所有不法侵害均可防卫,非法拘禁与侮辱行为是否能够防卫,是本案的症结之一。

问题4:是否具备正当防卫的时间条件?

正当防卫成立的另一前提条件是不法侵害正在进行，本案案发时不法侵害是否仍在进行，是又一争点。案发过程中，民警曾进入案发现场，制止了杜某 2 等人的违法行为，继而又离开，这是否意味着违法行为已经结束？

问题 5：防卫是否过当？

如果认定于欢的行为是防卫行为，那么是否过当？本案造成了他人重伤及死亡的后果，是否应认定为过当？如果不过当，是否以《刑法》第 20 条第 3 款的无限防卫权为根据？

问题 6：防卫行为与被害人死亡之间有无因果关系？

辩方称，被害人杜某 2 受伤后自行驾车去医院并且选择了较远的医院，耽误了治疗，导致了死亡，结果不应全部由于欢承担。对此应如何评价？

问题 7：如果于欢防卫过当，应该构成何罪？

法院在判决被告属于防卫过当后，需要确定罪名。本案一审、二审法院均认定被告构成故意伤害罪。值得讨论的是，防卫过当的罪名是仅应就过当部分进行评价，还是整体评价？

关键要点

1.防卫与相互斗殴的区别；

2.强制猥亵行为的认定；

3.防卫的紧迫性；

4.防卫的时间条件；

5.防卫是否过当；

6.关于于欢行为与死亡结果之间的因果关系；

7.防卫过当构成何罪。

法理分析

1.防卫还是相互斗殴

司法实践中，防卫人针对抢劫、强奸等不法侵害实施的反击行为，比较容易被认定为正当防卫。但是，在我国基本上看不到对故意伤害进行正当防卫的案件。换言之，在司法实践中，对故意伤害的正当防卫，几乎全部被认定为相互斗殴，进而被认定为故意伤害罪。

实践中有一个误区，当双方均有暴力行为时，容易把正当防卫等同于互殴。在外观上，防卫与互殴具有一定的相似之处，尤其当双方存在一定的基础纠纷，且造成了任意伤害甚至死亡的重大结果时，需要仔细辨别。但两者实际存在根本不同，核心要看双方事先是否具有斗殴的合意。只有事先双方经合意约定好的打斗才能称为互殴，而且即

便是互殴也未必没有成立正当防卫的可能性。例如,一方攻击行为若超出了约定范围,对方即可防卫。而本案中,虽然双方存在高利贷纠纷,具有基础性矛盾,但不能作为认定互殴的根据,因为不存在事先约定的合意斗殴,而完全是杜某2等人单方的非法侵害,不可根据互殴来否定于欢行为的防卫性质。何况即使是相互斗殴也不能完全否定成立正当防卫的可能性,在一般性斗殴中,当一方的攻击行为突然升级时,另一方可进行正当防卫;或者一方已经明示中止斗殴或者逃跑时,对于另一方继续攻击的行为也可正当防卫。

所以,本案警察来到现场时当然地认为双方是"打架"而未及时制止杜某2等的不法侵害是失职行为,也是导致悲剧的原因之一。而一审法院虽未在判决中明言双方具有"斗殴"性质,但于欢母子借高利贷在先、于欢与被害人存在基础矛盾、双方都有过错等情节,很可能是其判决于欢不构成防卫的潜在原因。

2.强制猥亵行为的认定

杜某2等人将烟头弹到苏某胸前衣服上,将裤子褪至大腿处裸露下体,朝坐在沙发上的苏某等人左右转动身体的行为,究竟是猥亵行为还是侮辱行为?一审和二审法院的判决书均未提"猥亵"二字,显然是把上述行为都作为侮辱行为看待。

强制猥亵罪与侮辱罪的区别,传统通说认为是行为人所报动机不同,认为强制猥亵罪要求行为人具有满足自己性刺激的特定动机,而侮辱行为则以人格侵害为动机。但是,动机不应构成犯罪构成要件,或者成为区别此罪与彼罪的要件。上述二罪的本质区别在于侵害法益不同,前者侵害的是性羞耻心,后者侵害的是人格权,而前者的法益要比后者更为重大,这一点从法定刑的规定就可以看出来。虽然杜某2等人的上述行为未必是为了满足性刺激,但是客观上侵害了苏某的性羞耻心,应该定性为强制猥亵。事实上,本案中杜某2等人对苏某的猥亵行为所起的作用非常重要,影响了于欢的情绪及行为模式,甚至影响到于欢防卫行为是否过当的判断。法院将杜某2等的猥亵行为混同为侮辱,是错误的。

3.防卫的紧迫性

根据正当防卫的理论,并非所有的不法侵害都能够防卫,例如重婚行为、贪污行为即不可防卫,只有具有紧迫性的侵害才可成为防卫对象。这是本案的重要争点。

根据一审判决书,一审法院认为,"被告人于欢持尖刀捅刺多名被害人腹背部,虽然当时其人身自由权利受到限制,也遭到对方辱骂和侮辱,但对方均未有人使用工具,在派出所已经出警的情况下,被告人于欢和其母亲的生命健康权利被侵犯的现实危险性较小,不存在防卫的紧迫性,所以于欢持尖刀捅刺被害人不存在正当防卫意义的不法侵害前提,辩护人认为于欢系防卫过当以此要求减轻处罚的意见本院不予采纳。"

这里需要注意两个问题,第一是对方未使用工具且警察出警,是否因此不具有防卫的必要性或者紧迫性?第二是侮辱、非法拘禁是否具有防卫的紧迫性、必要性。对于第

一个问题，正当防卫的前提从未要求不法侵害必须使用工具，攻击方是否使用工具只与防卫限度有关或者在决定防卫是否过当时有意义，所以这一点不成立。一审过程中，辩方提出杜某2等有对其暴力殴打的事实，但因没有提出有力证据，未获得法院采信。实践中，法院往往有一种惯性思维，认为只有对暴力行为，如强奸、抢劫等行为才能够防卫，对非暴力侵害则不能防卫，有的法院判决甚至认为只有对严重的暴力行为才能防卫。但这过窄地限制了不法侵害的内容。从法理上看，不法侵害不仅指暴力侵害，非暴力的不法侵害，包括不构成犯罪的一般违法行为也可以成为防卫的对象。而本案中，一审法院不仅要求加害人使用暴力，还要求使用工具，这显然对正当防卫的要求过于苛刻。而关于警察出警的事实，也不必然否定被告的防卫权。正当防卫的前提是紧急情况下不存在获得公权力救助的可能性而必须由公民自行救济、自我防卫。本案看似公权力介入，无须行使防卫权，但案件中警察将案件性质定性为“打架”，所以在说了一句“不许打架”之后即离开现场，而当于欢想要跟随警察摆脱杜某2等控制时却遭到制止并以暴力相加，于欢是在公权力救济无望的情况下才不得以实施防卫。所以本案警察的出现并不阻碍防卫的成立。

关于第二个问题，侮辱、非法拘禁的行为是否具有防卫的紧迫性？一审法院认为杜某2等的侮辱和限制自由虽是不法侵害，但不具有防卫的紧迫性。但一审法院无法解释为何对于人格权和人身自由权的侵害不是紧迫的侵害，只因未危及于欢母子的生命安全或重大身体健康？正当防卫并未完全限制所受侵害权利的属性，只是有些权利无法通过防卫加以保护，如重婚罪所侵害的是一夫一妻制，即使受到侵犯也无法通过自我防卫来制止侵害，而必须通过公家机关才能纠正。但人格权和自由权受到现实侵害时完全可以通过防卫手段加以排除，这与加害人是否使用工具以及加害行为是否危及重大生命、健康法益均无关。

4.防卫的时间性

接下来就要看防卫的时间条件，即是否不法侵害正在进行？如果不法侵害尚未开始或者已经结束，都不允许防卫，称为防卫不适时。何时的防卫才是适时的防卫？究竟是要求不法侵害已经着手实施，还是正在面临不法侵害？同时，如何判断不法侵害已经结束？这些都是需要讨论的问题。本案特殊的地方在于非法侵害行为具有连续性，所以需要考虑持续侵害与正当防卫的认定问题。

非法拘禁等持续侵害具有时间上的延续性，只要加害人的拘禁行为仍在继续，侵害就在进行当中，就存在现实的不法侵害。譬如，在绑架或者拐卖的过程中，被害人只要尚未脱离加害人的控制范围，即便不存在紧迫的暴力、威胁，都视为侵害正在进行，均可防卫。本案中，从案发当日下午4时左右杜某2等人开始对于欢母子实施非法拘禁，在拘禁过程中还伴有侮辱、猥亵、暴力殴打等行为，虽然中间民警介入进行调解，暂停了其不法行为，但是当于欢母子欲随民警走出接待室时，杜某2等人强行阻止二人离开，说

明作为继续犯的非法拘禁其行为仍在持续当中,警察的介入并未终结不法侵害。同时,杜某2并对于欢实施推拉、围堵等行为,说明存在现实的紧迫侵害,而且在于欢持刀警告时仍出言挑衅并逼近,所以,对于于欢而言,存在防卫所要求的不法侵害正在进行的时间条件。

5.防卫是否过当

本案二审肯定于欢是防卫行为,但认定为防卫过当。认定防卫过当的理由,主要考虑了以下几点:杜某2等人的行为是催讨债务,并非单纯施暴;未使用器械;不法侵害行为较轻,不存在严重暴力;中间有警察介入,而且尚未完全离开。基于以上几点,山东高院认为于欢所面对的不法侵害并不紧迫和严重,但造成了一人轻伤、二人重伤、一人死亡的后果,以防卫过当判处于欢有期徒刑五年。该判决赢得了很多人的支持,但仍然存在商榷的余地。

首先,要考虑被告于欢是否面临了紧迫且严重的不法侵害。防卫是否过当应该根据防卫行为发生当时的具体情形进行判断。本案加害人一方人多势众,而且不法行为从下午4时一直持续到晚上10时,长达6个小时。虽然期间没有特别严重的暴力行为,但是人格侮辱、猥亵行为不可谓不重,同时非法拘禁行为在持续之中,可以说于欢母子一直处于杜某2等人的控制之下。杜某2等人虽然没有携带器械,但不时对于欢实施殴打。而于欢也没有事先准备武器进行还击。中途虽然警察介入,但未起到实质作用,于欢母子并未获得有效帮助。在警察离开接待室后,于欢母子欲随之离开,但又被杜某2控制。在几小时的精神紧张、特别是在亲见母亲受人侮辱、猥亵的刺激之下,本来警察的到来是他的救命稻草,但没想到只在说了"别打架"之后转身离开。此时,于欢已处于濒临绝望的境地,当杜某2卡住于欢脖子将其推至墙角且多人围逼时,忍无可忍才进行防卫。所以,二审法院所说"于欢所面临的不法侵害并不紧迫和严重"这一判断有失偏颇。

其次,对于本案是否防卫过当的认定,还须考虑持续侵害行为的特殊性。即使在非法拘禁过程中没有实施殴打等暴力行为,而防卫人为了摆脱加害人的控制或者防止可能发生的暴力行为进行暴力反击,也不一定认为过当,因为暴力反击甚至使用工具来反击很可能是摆脱控制、获得自由的必要手段。其次,如果拘禁过程中伴随了侮辱、猥亵、暴力等行为,应该注意由于时间持续而产生的侵害累积效应,这会加剧防卫人内心的焦虑、紧张、愤怒等情绪,也就是说轻微的累积侵害可能比一次性的重大侵害使防卫人产生的心理压力更大,因此导致的反击也会更强烈。所以在判断是否防卫过当时,要考虑持续加害给防卫人造成的特殊心理压力。

再次,在判断防卫行为是否过当时,不能仅将不法侵害者已经造成的侵害与防卫人造成的现实损害进行比较,还必须考虑不法侵害者可能造成的侵害。这是因为,如果防卫人不实施有效的防卫,则加害行为可能会给防卫人造成更为严重的后果,那么在判断

防卫过当时，就必须将防卫手段及其所造成的结果与现实侵害及潜在侵害一并加以衡量。所以，从法益衡量的角度来说，只要防卫人造成的重大损害对于制止现实的不法侵害和可能的不法侵害并非显著缺乏必要性，就不可能构成防卫过当。同时，需要注意的是，进行法益比较时必须对不法加害人的法益做缩小的评价，不能将其生命、健康法益当作一般人的法益等同看待。

接下来，判断是否防卫过当，要注意区分正当防卫和制止侵害。司法机关及社会普遍观念认为只有“单纯制止侵害”的行为才叫作正当防卫，如果超出了“单纯制止”的范围，就属于过当。但是，事实上刑法对于正当防卫所规定的范围相当宽泛。根据《刑法》第 20 条的规定，防卫只要没有明显超过必要限度且造成重大损害即非过当。本案于欢的防卫行为虽然造成了他人死亡的严重后果，但不能认为“明显超过必要限度”。刑法之所以对正当防卫的条件设定比较宽泛，是为了保护公民的自我防卫权，同时对不法侵害人的法益进行缩小评价。因此，司法认定也不可对防卫人作过苛要求。本案当时，于欢的选择不多，他在被围逼的情况下只得顺手拿起水果刀自救。虽然可能对于于欢而言，捅死、捅伤人未必是最佳的或者不得已的方案，但考虑防卫人法益受到侵害的紧迫现实，不能要求防卫人做出最为理性的判断，也不能对正当防卫提出像紧急避险那样具有最后手段性，只要不是不合常理的异常举动，就不能说“明显超过必要限度”。本案，于欢拿刀反击的行为，笔者认为未有不妥，即使造成加害人重伤也不能说过当。但对造成了他人死亡这一点，则可认为明显超出了必要限度，属于过当。

最后，本案还须考虑另外一个重要情节，就是“辱母”，这也是本案特别受到社会关注的原因。于欢案从一开始就有两个版本，法律专业版本和民间版本，前者看重的是法条、构成要件，后者看重的是人伦关系。法律人在作法律判断时并不在乎人伦，只在乎法律规定和法律适用，因为《刑法》第 20 条在规定正当防卫及防卫过当时并没有将人伦作为一个考虑因素，也就是不具有法律意义。其所规定的为了“他人”利益的“他人”是指任何他人。但在人伦情理当中，儿子在面对自己生身母亲遭到他人的性侮辱和人格侮辱，总是忍无可忍，此乃常人之理。就如父亲在面对强奸自己女儿的美国体操队队医时，即使当时是在法庭上，也会不顾一切地冲向加害人，另有一位受害人的父亲因难以接受女儿受到性侵而自杀身亡。本案中，杜某 2 等恶行虽不像上述强奸犯那么恶劣，但对于母亲被迫受到污秽语言的侮辱和身体猥亵，作为儿子显然其愤怒相比一般人要更加难以遏制。但即使在二审判决中，法院也没有特别强调这一事实，在确定防卫过当时，只是简单地对比法益，非法拘禁、侮辱均未危及生命，而于欢却要了别人的命，所以过当，因而判处于欢五年有期徒刑。但是“明显超过必要限度”只是单纯的法益衡量吗？笔者认为，这里不仅要考虑违法性因素，也要考虑责任要素。因为我国对防卫过当的规定是应当减轻处罚或者免除处罚。如果只是基于违法性减少的考虑，就无法解释为何造成不应有的损害却应当免除处罚。免除处罚的理由是考虑了防卫人防卫这一正当动

机、防卫人的紧张情绪,本案中防卫的伦理因素也应包括在内。所以,笔者认为,虽然对于于欢捅死他人应认定为过当,但是鉴于人伦常理的考虑完全可以免除处罚。

另有学者提出应根据《刑法》第20条第3款规定的特殊防卫权来否定防卫过当。即对正在进行的行凶、杀人、抢劫、强奸、绑架以及其他严重危及人身安全的暴力犯罪,公民有权进行特殊防卫。如有学者认为,对于本案非法拘禁过程中的侮辱和强制猥亵等行为,可以类推适用对强奸行为的无限防卫权的规定。理由是,第一,在被非法拘禁过程中,防卫人受到一系列的殴打之后,再对防卫人进行侮辱,对防止人内心的伤害很大,无法容忍,强制猥亵行为侵害了防卫人其母的性羞耻心和性自由权,和强奸没有本质差别;第二,对强制猥亵、侮辱行为的防卫类推适用特殊防卫权的规定,是朝着"出罪"的方向做有利于被告的类推,并不违反罪刑法定原则。

但是,对于特殊防卫权的适用,强制猥亵和强奸行为存在重大区别,虽然都是对性权利的侵犯,但特殊防卫权将强奸罪列入其中,并非看重的是对性权利的侵害,而是在于"严重危及人身安全的暴力犯罪"的性质,而强制猥亵行为不具备这样的性质。可进行类推的两事物之间必须具有极大的相似性,强制猥亵、侮辱与强奸行为之间存在明显差异,不具备类推的基础。同时,不能因为有利于被告人,是"出罪",即可随意类推。无过当防卫的制度设计是对防卫人的特殊保护,明显偏向于防卫人一方,因此也会稍有不慎就侵害被防卫人的人权,所以设置了严苛的条件。在防卫行为中,虽然被防卫人的权利会受到缩小评价,但特殊防卫权针对的是被防卫人的重大生命权,强制猥亵与侮辱所侵犯的是性羞耻心和人格权,这二者与生命权相比存在明显差距,类推适用第20条第3款虽然有利于被告,保护了防卫人,但过度侵害了被防卫人的权利,严重不合理。联系本案,并不存在适用特殊防卫的前提条件。因为一方面,杜某2等在非法拘禁过程中,并不存在行凶、杀人、强奸等严重危及人身安全的暴力犯罪行为;另一方面,吴某等借贷行为并非强迫他人借贷,而是于欢母亲主动通过他人协调、担保,向吴某借贷,自愿承担10%的月息,所以不能适用强迫借贷按抢劫罪论处的司法解释规定。故对于欢的行为无法适用第20条第3款。

6.关于于欢行为与死亡结果之间的因果关系

辩护人称,杜某2受伤后自行驾车前往距离较远的冠县人民医院,未去较近的冠县中医院,耽误了约5分钟的救治时间,还与医院门卫发生冲突,导致失血过多死亡,所以死亡结果不能全部归责于于欢。但辩方所称经查多与客观事实不符,法院未予认定。

辩护方这里所强调的是被害人错误对因果关系的影响。被害人错误是本案的介入因素,在因果关系的认定当中,第三因素的介入是很常见的情形,但重点是看介入因素能否中断因果流程。即便辩方所称均系事实,也未必会影响因果关系的成立。即使杜某2在受伤后自行驾车前往医院,而且选择了较远的人民医院而非中医院,因此耽误了五分钟左右的救治时间,这也并非异常的介入因素。因为被害人在受伤之时无法自行

判断伤情的严重性，即便是特别重大的伤害在受伤当时也不一定能够完全显现并为被害人所感知，所以做出自行驾车去医院的决定虽然有误，但非异常。而杜某2选择远了几分钟路程的人民医院，无论选择人民医院还是中医院，都是在当时情况下杜某2经过比较后的理性判断，人民医院虽然路程较远但更加专业，所以并不存在错误，不能视为介入因素。而关于辩方所称杜某2在医院与门卫发生冲突导致失血过多死亡，则是一个可能会影响因果流程的重要事实，但在本案中被法院所否定，所以不予讨论。

7.是故意伤害罪还是过失致人死亡罪？

按照二审法院判决，于欢是防卫过当，那么就涉及罪名的确定。本案一审、二审均判决于欢成立故意伤害罪，这一点值得商榷。关于防卫过当的罪名，应该根据行为人的“过当”行为、结果及主观心态去确定，而不能根据整个防卫行为的性质来确定。

结合本案，二审法院认为于欢行为明显超过必要限度造成重大损害，属于防卫过当。分析其判决书，认定防卫过当的理由主要包括：于欢伤害人数较多，捅伤四人；一人死亡，二人重伤、一人轻伤；除杜某2以外，其他三人并未实施侮辱于欢母亲的行为。

对于以上理由，是否均是过当的原因？对于伤害对方的人数，不应认定为过当。因为，当时对于欢母子的攻击者共11人，于欢并未伤害所有攻击者，只是围攻他的四人，是防卫所必要的手段，不是过当。接下来，关于于欢所捅伤的人并没有实施侮辱行为这一点，在共同犯罪中，不同犯罪人分工不同，实施的具体行为有所不同，但由于是一个整体，必须对整个犯罪及其结果负责。而防卫人无论针对哪个行为人实施防卫，都是对整体加害行为的防卫，不能要求于欢只针对对母亲实施侮辱行为的加害人进行防卫。所以这个理由不成立。最后，关于致死伤程度。根据《刑法》第20条第2款的规定，只有造成重伤以上的重大损害才可能是防卫过当，所以造成一人轻伤不可能是防卫过当。加害人一方除一人轻伤外，一人死亡、二人重伤，对于轻伤者自然是正当防卫，关键的是重伤及致人死亡的。如果认为造成重伤属防卫过当的话，那么应该就行为人对重伤结果进行评价，如果是故意则是故意伤害罪，如果是过失，则构成过失致人重伤罪；然后再对行为人造成的死亡结果进行评价，如果是故意则是故意杀人罪，如果是过失，则是过失致人死亡罪。最后再根据罪数原理，决定是数罪并罚或是作为一罪处理。如果认为造成重伤结果没有明显超过必要限度，是正当防卫，则仅就致死部分评价为防卫过当，那么则应考虑的是故意杀人罪或者过失致人死亡罪。本案一审、二审判决未区分重伤结果和死亡结果，只是对整体行为做出评价，而非对过当结果做出评价。

从本案全体来看，只可能考虑造成死亡结果是否过当的问题，针对加害人十余人长时间的非法拘禁兼以猥亵、侮辱、殴打等行为，于欢的反击即使造成重伤也不可能过当，这一点前文已经阐述。那么，对于造成死亡结果，所应考虑的罪名就应该是故意杀人罪或者过失致人死亡罪，法院判决明确否定了于欢对死亡结果的故意心态，所以只能判决过失致人死亡罪。不仅罪名应该与现在所判故意伤害罪不同，量刑上也会有变化。根

据刑法典规定，过失致人死亡罪，一般处以3年以上7年以下有期徒刑，情节较轻的，处3年以下有期徒刑，其法定刑远比故意伤害致死要轻，同时根据刑法典对防卫过当应当减轻或者免除处罚的规定，对于欢免除刑罚也是可能的。从这个角度讲，也非常有理由判处于欢免除处罚。

板块二：辩方对免责(减轻)事由的证明责任和证明标准

问题1：对于正当防卫，谁有证明责任，证明标准如何？

刑事诉讼法规定，控方承担证明犯罪嫌疑人、被告人有罪的责任，不得要求犯罪嫌疑人、被告人自证其罪。但是对于正当防卫等排除犯罪性事由或者辩护事由，是否应该由犯罪嫌疑人、被告人承担证明责任？证明标准是否应该与控方证明有罪的标准相同？

问题2：醉酒人的证词是否能够作为言词证据？

本案被害人在案发当时大量饮酒，其言词是否可以作为证据使用？根据《最高人民法院关于适用〈中华人民共和国刑事诉讼法〉的解释》第75条第1款规定："处于明显醉酒、中毒或者麻醉等状态，不能正常感知或者正确表达的证人所提供的证言，不得作为证据使用。"本案中讨债人员的饮酒量是否会对作证能力产生影响？即使其尚未丧失作证能力，但其证言的可信度是否要因喝酒而加以减弱？

问题3：是否存在应该回避的情形？

上诉人于欢提出，一审判决违反了法定程序，因被害人有亲属在当地检察机关、政府部门任职，可能干预审判，原审法院未自行回避。上诉人的辩护人也提出，一审人民检察院有工作人员是杜某2的亲属，上述两机关均与本案存在利害关系，所收集的证据不应采信。

关键要点

1.正当防卫的证明责任；

2.醉酒证人的作证能力；

3.回避的适用情形。

法理分析

1.正当防卫的证明责任

一审中，于欢提出了"系被控制在接待室遭到对方殴打后所为，且对方有侮辱言行"的事实主张；其辩护人提出"被告人于欢有正当防卫情节"，以及"被告人于欢系防卫过当"的减轻责任事由。并且为了证明这些主张，辩方提出了被告人伤情鉴定意见、苏银霞的证人证言、刘付昌的证人证言、被告人供述等证据。检方则提供了催债人员的证言

和被害人陈述加以反驳。在于欢捅刀行为是否是在接待室内遭到殴打后所为这一事实上，辩方证据并不能完全证明，但控方证据也不能完全反驳辩方这一主张。但法院在于欢之捅刀行为是否是在接待室遭到对方殴打后所为这一事实并没有进一步加以调查，而是认定为"被告人于欢欲离开接待室被阻止，与杜某2等人发生冲突，并将杜某2等捅伤，因此认为于欢不成立正当防卫。"

这里的问题是，对于免责(减轻)事由的证明责任由谁承担？一审时，辩方即提出被告在捅刀之前被害人等有暴力殴打等行为，但未被法院采信，同时法院认定侮辱、限制自由的行为并不具有紧迫的危险性，因而否定了正当防卫。也就是说，一审法院将证明正当防卫视为被告方的责任，虽然辩护方有于欢母子的供述，但没有其他证据可以佐证其事实主张，则法院不予采纳。而从二审判决书可以看出，辩护方并没有就殴打事实提交新证据，而是由检察机关提供了新补充的证人证言及调取的执法记录仪和监控录像等证据，证明了于欢在案发当时有受到对方殴打、卡颈、推搡、挑衅等行为，也就证明了防卫的紧迫性，但是鉴于综合考察案发当时双方的情形，认为于欢是防卫过当。因此，二审显然是由控诉方完成了对防卫前提的证明，而且证明达到了排除合理怀疑的程度。

根据我国《刑事诉讼法》的规定，应该由检察院承担证明被告有罪的责任，也就是要求检察机关对犯罪构成的要件逐一筛查，加以证明，但有些要件不需积极加以证明，如被告非精神病人，非正当防卫，因为这毕竟属于极为少数的情况，只有待被告方提出相关理由的抗辩时，才需理会。但问题是，被告方提出抗辩后，是否应当承担证明自己是正当防卫的证明责任。根据我国《刑事诉讼法》第35条的规定，"辩护人要提出证据证明犯罪嫌疑人、被告人减轻、免除刑事责任的材料"，但未言明应承担证明责任。根据不得要求被告自证其罪的原则，同时，我国刑事诉讼法也要求检察机关不仅要承担证明被告有罪、罪重的责任，还要承担证明无罪、罪轻的责任，所以证明被告无罪、罪轻的责任仍然应由检察机关承担，所以显然不能由被告承担责任。而对于要求辩护人提出材料的规定，并不是要被告自证其罪，即承担说服责任，而只是要求被告提供的证据材料足以形成"争点"，若无法形成争点，则法院不会理会；若形成争点，则控方必须对被告方的证据进行反驳并负责证明被告所提正当防卫的理由不成立，或者对争点事实搜集、补充证据，证明被告无罪或者罪轻。所以，最终证明被告有罪、罪重或者无罪、罪轻的责任仍然在控方，而且要求达到排除合理怀疑的程度。

总之，对于正当防卫等辩护事由，应由辩护方提供证据材料以形成争点，然后控方再就争点提供证据加以反驳或者证明，证明被告有罪、罪重或者无罪、罪轻。

2.证人的作证能力

上诉人于欢的辩护人提出：讨债人员在案发当天大量饮酒，处于醉酒状态，他们的言辞除与于欢一方言词印证的之外，不应采信。这一点也得到了被害人多名讨债人员陈述的证实。经查明，杜某2等四人喝了两瓶白酒，其他人喝了两箱啤酒。法院认为虽

然饮酒是事实,但没有证据表明其处于明显醉酒状态,其证据的证明力不受影响,没有采纳辩护人的意见。

3.是否存在应回避的情形

上诉人于欢提出本案存在办案机关违反回避规定的情形,因为有人与案件存在利害关系,公安、检察机关所收集的证据不应采信的辩护意见。经查,被害人杜某2确有亲属在冠县检察机关、政府部门任职,但并非具体负责本案的侦查人员、公诉人员及审判人员,并非法定的回避事由,本案也不存在刑事诉讼法规定的其他应予回避或移送、指定管辖的情形。故对上述意见,法院不予采纳。

四、小　　结

于欢案是经媒体曝光而受到普遍关注的案件,经过二审审理,对被告人于欢做出了重大改判,刑罚从无期徒刑改为有期徒刑5年,案件发生了重大翻转,收到了较好的社会效果。总体而言,法院从否认防卫行为到改判防卫过当,是应该肯定的,也是舆论监督的一个典型范例。但是,从正当防卫的认定到防卫过当的把握上,二审判决仍有不妥当之处,特别是对发生了死亡结果的案件,判决仍然显得比较保守,不敢判决免除处罚,更不敢认定正当防卫。同时,对减免事由的证明责任,仍然是学界和实务界需继续探讨的问题。

五、相关法律和司法解释

1.《中华人民共和国刑法》

第20条规定:"为了使国家、公共利益、本人或者他人的人身、财产和其他权利免受正在进行的不法侵害,而采取的制止不法侵害的行为,对不法侵害人造成损害的,属于正当防卫,不负刑事责任。正当防卫明显超过必要限度造成重大损害的,应当负刑事责任,但是应当减轻或者免除处罚。对正在进行行凶、杀人、抢劫、强奸、绑架以及其他严重危及人身安全的暴力犯罪,采取防卫行为,造成不法侵害人伤亡的,不属于防卫过当,不负刑事责任。"

2.《中华人民共和国刑事诉讼法》

第29条规定:"审判人员、检察人员、侦查人员有下列情形之一的,应当自行回避,当事人及其法定代理人也有权要求他们回避:(1)是本案的当事人或者是当事人的近亲属的;(2)本人或者他的近亲属和本案有利害关系的;(3)担任过本案的证人、鉴定人、辩护人、诉讼代理人的;(4)与本案当事人有其他关系,可能影响公正处理案件的。"

3.《最高人民法院关于适用〈中华人民共和国刑事诉讼法〉的解释》

第75条第1款："处于明显醉酒、中毒或者麻醉等状态，不能正常感知或者正确表达的证人所提供的证言，不得作为证据使用。"

参考文献

1.山东省聊城市中级人民法院(2016)鲁15刑初33号刑事附带民事判决书。

2.山东省高级人民法院(2017)鲁刑终151号刑事附带民事判决书。

3.张明楷:《故意伤害罪司法现状的刑法学分析》,载《清华法学》2013年第7期。

4.周光权:《论持续侵害与正当防卫的关系》,载《法学》2017年第4期。

5.陈璇:《正当防卫与比例原则——刑法合宪性解释的尝试》,载《环球法律评论》2016年第6期。

6.王天民:《刑事案件中的积极辩护事由及其司法证明——"于欢案"的证据法视角》,载《现代法学》2018年第2期。

7.梁治平:《"辱母'难题:中国社会转型时期的情—法关系"》,载《中国法律评论》2017年第4期。

8.蒋安洁:《于欢案:法律事实是改判之"定海神针"——从山东省高院判决书审理查明事实部分说起》,载《法制日报》2017年6月24日第5版。

案例十四
张某、刘某被控强奸、抢劫案

摘要:本案例是常见的临时起意共同犯罪,涉及侵犯人身权利罪和侵犯财产罪。共同犯罪是多人参与犯罪,具有不同于单独犯罪的构造,共犯论一直是刑法学中的复杂疑难问题。而本案又存在部分共同犯罪人实施暴力犯罪时临时起意取财行为,更增加了案件的复杂性。本案例涵盖了共犯理论、非法占有目的认定、"禁止重复评价"原则的司法适用、暴力犯罪后取财行为定性、证据证明力的验证规则以及"协助抓捕同案犯"型立功的认定,均是司法实践中常见问题,反映了司法审判中法理运用、适用法律和事实认定的裁判思维。

一、引　　言

2016年3月10日凌晨1时许,被告人张某、刘某酒后行至厦门市思明西路附近时,看见独自一人下班回家的被害人吴某,被告人张某遂提议要对被害人吴某实施奸淫,被告人刘某并未表态。被告人张某提议后立即冲上去捂住吴某的嘴,将其摔倒在地。被告人刘某紧随其后追了上去,见被害人吴某手持手机(经鉴定价值1500元)欲打电话,遂夺下该手机。因吴某反抗,两被告人遂对其共同殴打。

尔后,被告人张某将被害人吴某拖至附近一幢楼房楼梯处,单独对被害人吴某继续殴打并将其裤子脱下欲强奸。与此同时,被告人刘某则从地上捡起被害人吴某掉落在地上的提包,翻找该提包从中拿走现金600元。

因周围目击的群众及时报警,民警迅速赶到现场,当场抓获被告人张某,被告人刘某则乘民警打电话呼叫增援时挣脱并逃离现场。当日,公安机关根据被告人张某供述及辨认,在被告人刘某住处将其抓获,缴获了被害人手机及现金600元。经法医鉴定,被害人吴某被打致鼻骨粉碎性骨折,其伤情属轻伤。

公诉机关指控:被告人张某、刘某采用暴力手段强行奸淫妇女,均构成强奸罪,且系

共同犯罪;被告人刘某以非法占有为目的,采用暴力手段,强行劫取被害人吴某的手机以及现金 600 元,构成抢劫罪。

庭审中,控辩双方对被告人张、刘二人行为构成强奸罪均无异议。本案争议焦点是被告人刘某的行为是否构成抢劫罪,被告人张某是否具有立功情节。其中,被告人刘某的辩护律师主张:被告人刘某虽夺走被害人手机,但不具有非法占有目的,且被害人吴某无法察觉被告人刘某取走现金,被告人刘某的行为不构成抢劫罪;被告人张某的辩护律师主张:被告人张某协助公安机关抓获同案犯刘某,依法应认定具有立功情节。

法院经审理后判决:被告人张某、刘某采用暴力手段强行奸淫妇女,其行为均已构成强奸罪。公诉机关指控二被告人犯强奸罪的罪名成立,予以支持,但指控被告人刘某犯抢劫罪的事实与查明的事实不符,该节指控,不予支持,辩护人相应的辩护意见予以采纳。被告人张某的行为不属于立功,辩护人的辩护意见不予采纳。一审判决后,公诉机关未抗诉,被告人张某、刘某均未上诉。

二、案情内容与法理分析

板块一:临时起意犯罪中共同犯罪的认定

本案中,张某、刘某二人事先未共谋实施强奸犯罪,张某是在看到被害人吴某后,临时提议实施强奸犯罪,并向刘某提出犯意。但二人并未进行具体谋划、商议,刘某也没有用语言回应张某的提议,并辩解自己没有奸淫被害人的意图。

在二人以上临时起意实施的犯罪中,行为人往往不是通过事先共谋形成共同故意,犯罪故意内容和行为指向也不完全一致,是否成立共同犯罪存在较大争议。因此,要从实质上把握是否具有共同故意和共同行为,以准确认定共同犯罪。

关键要点

1.事先无通谋的共同故意、认定;

2.共同犯罪行为的认定。

法理分析

1.事先无通谋的共同故意认定

根据我国《刑法》第 25 条的规定,共同犯罪是指二人以上共同犯罪。可见,共同犯罪成立的主观要件是各行为人具有共同的犯罪故意。

共同犯罪故意是二人以上在对于共同犯罪行为具有同一认识的基础上,对行为会造成的危害社会的结果持希望或放任的心理状态,共同犯罪故意是共同犯罪构成的主

观要件，是共同犯罪人承担刑事责任的主观基础。包括两方面内容：一是各共同犯罪人具有相同的犯罪故意，即主观上具备相同的认识因素和意志因素；二是各共同犯罪人之间存在着意思联络，即具有共同实施特定犯罪行为的合意，犯意联络的沟通方式包括明示或者默示。

我国《刑法》第14条第1款规定："明知自己的行为会发生危害社会的结果，并且希望或者放任这种结果发生，因而构成犯罪的，是故意犯罪。"犯罪故意作为一种基本的责任形式，其内容包括认识因素和意志因素。认识因素是指明知自己的行为会发生危害社会的结果，包括明知自己行为及其社会意义、危害结果；意志因素是指希望或放任危害结果发生。可见，共同犯罪故意的成立要求各共犯主观上具备相同的认识因素和意志因素。

共同犯罪故意的认识因素和意志因素均具有双重性，认识因素指各共同犯罪人对本人行为的社会危害性的认识以及对自己和他人共同实施犯罪的认识，即对本人行为的认识与对他人行为认识的有机统一；意志因素是指共同犯罪人在认识本人行为和他人行为的基础上，对于本人行为和他人行为会造成的危害社会的结果持希望或者放任的心理态度。

意思联络是共同犯罪人之间的主观沟通和思想联系，这种沟通使得共同犯罪人认识到自己不是孤立地犯罪，而是在和他人一起共同犯罪，只有通过意思联络，各共同犯罪人的个人犯罪故意才能结合成一体，形成共同犯罪故意。

据此，意思联络必须具有以下特征：(1)意思联络的共犯人必须都有相应的刑事责任能力；(2)意思联络必须是双向沟通，片面性的单向犯意表示不能产生意思联络；(3)意思联络必须发生在犯罪行为结束前。

由此可见，"共同故意"意味着各共同犯罪人通过犯意联络，均明知自己与他人配合共同实施的行为性质、危害结果，并且希望或者放任危害结果的发生，且都意识到自己不是孤立地实施犯罪，而是同他人一起共同犯罪。这种意思联络能够起到相互促进、强化犯意、激励犯罪的作用，这是共同犯罪不同于单独犯罪的一个显著特征。

因此，共同故意实质内容是各共同犯罪人具有相同的认识因素、意志因素以及犯意联络。但各共同犯罪人由于其地位、角色的不同，犯罪故意内容往往不同，如组织犯的组织故意、实行犯的实行故意、教唆犯的教唆故意、帮助犯的帮助故意，均有其各自不同的特点，各共同犯罪人对危害结果的态度也可能存在希望或者放任两种不同形式。

也就是说，在共同故意的认定中，并不要求各共同犯罪人的主观故意内容完全一致，每个人均具备具体犯罪主观要件的全部内容，如特定目的等。只要共同犯罪人在犯意联络基础上，共同形成某一具体犯罪的主观要件整体即可。

在刑法理论上，根据共同犯罪故意形成的时间，将共同犯罪分为事前通谋的共同犯罪和事前无通谋的共同犯罪。前者是指各共同犯罪人事先预谋犯罪，进行商议、谋划；

后者是指各共同犯罪人事先未预谋犯罪，但在犯罪实行过程中临时起意产生意思联络，形成共同犯罪故意，即事中通谋。需要强调的是，共同犯罪的意思联络分为事前通谋和事中通谋，但不存在事后通谋，即在犯罪既遂后的意思联络，不能形成共同犯罪故意。

就本案而言，张某虽是临时起意实施强奸犯罪，但在张某着手实行犯罪之前，即以明示方式，用语言向刘某传递了犯罪意思。刘某对张某流露的犯意虽然不置可否，但其明知张某基于强奸犯意而对被害人实施暴力，仍与张某共同实施暴力压制被害人反抗，协助张某实施强奸犯罪。

可见，张某、刘某均明知二人行为相结合，属于使用暴力手段，强行与妇女发生性关系的行为，二人对该行为的社会意义、危害结果均属明知，并且希望或放任危害结果发生，具有相同的认识因素和意志因素；张、刘二人事先未就实施强奸犯罪进行商议、谋划，但张某着手实施犯罪前，已经向刘某传递了犯罪意思，刘某用实际行为回应张某传递的犯意，张某对此亦属明知。二人在实行犯罪时事中通谋，存在意思联络。

本案中，刘某本人虽然不具有强奸目的，不具备强奸罪主观要件的全部内容，与张某犯罪故意内容也不完全一致，但刘某明知张某欲实施强奸犯罪仍参与殴打被害人，表明其具有帮助张某实施强奸犯罪的意图，二人犯意均指向强奸被害人这一共同犯罪目标，并在犯意联络基础上，相互结合形成完整的强奸罪主观故意，应认定为具有共同犯罪故意。

2.共同犯罪行为的认定

共同犯罪行为，指各共同犯罪人的行为都指向同一犯罪，相互联系，相互配合，形成统一的犯罪活动整体。共同犯罪行为不仅指各共同犯罪人都实施了同一犯罪构成要件行为，而且在共同故意支配下形成一个整体。各共同犯罪人的行为都是共同犯罪行为的组成部分，在发生危害结果的情况下，共同犯罪行为作为一个整体与危害结果之间具有因果关系，各共同犯罪人均应对危害结果承担责任。

共同犯罪行为可以分为实行行为和非实行行为，非实行行为包括组织行为、教唆行为以及帮助行为。共同行为有两种表现形式：一是简单共同行为，所有行为主体的行为都符合具体犯罪构成要件行为的基本特征，而组合成共同行为；二是复杂共同行为，行为具有明确的分工，每一行为主体的单独行为并不完全具备完整的行为结构，甚至不属于犯罪构成要件的行为，但各行为相互配合、彼此协调形成的整体行为，符合构成要件行为特征，且和危害结果具有因果关系。

本案中，张某、刘某对被害人共同殴打后，张某将吴某拖至附近一楼房楼梯处，继续殴打吴某，并将被害人吴某裤子脱下欲强奸，刘某本人则没有实施奸淫行为。因周围目击的群众及时报警，公安机关迅速赶到现场抓获张某，被告人刘某则逃离现场。

根据我国《刑法》第236条的规定，强奸罪是指以暴力、胁迫或者其他手段强奸妇女的行为。强奸罪的客观要件是复合行为，包括手段行为和目的行为，前者是暴力、胁迫

或者其他手段,后者是指奸淫行为。

刘某本人虽没有实施奸淫行为,但刘某基于帮助张某奸淫被害人的共同故意,参与殴打被害人以压制其反抗,刘某的行为显然属于强奸罪客观要件的手段行为。刘某、张某基于共同犯意联络,相互配合、分工合作,协力实施了客观要件行为。在发生危害结果的情况下,刘某、张某的行为作为一个整体与危害结果之间具有因果关系,故可认定二人行为与危害结果之间具有因果关系,二人均应对危害结果承担责任。

因此,刘某的行为属于强奸犯罪的有机组成部分,形成共同犯罪行为。刘某的行为是强奸罪客观要件的手段行为,属于实行行为。刘某本人虽没有实施奸淫,但和张某各自分担了强奸犯罪的一部分,二人均是实行犯,刘某和张某成立共同正犯。

综上所述,张某、刘某主观方面具有强奸被害人的共同故意,客观方面具有强奸被害人的共同行为,二人成立共同犯罪,均构成强奸罪。

板块二:侵犯财产罪中非法占有目的的认定以及禁止重复评价原则的司法适用

关键要点

1.侵犯财产罪中如何认定非法占有目的。

2.关于禁止重复评价原则的司法适用。

法理分析

1.侵犯财产罪中如何认定非法占有目的

张某上前殴打被害人吴某后,被害人吴某手持手机欲打电话,刘某见状即从被害人手中夺下手机。民警赶到现场后,刘某逃离时将手机带走。刘某到案后辩称其抢下手机是为了防止被害人报警,后因仓促逃离现场将手机一并带走,并无据为己有的想法。

刘某当场抢下吴某手机的行为定性,是本案主要争点之一。控方主张刘某的行为构成抢劫罪,辩方则主张刘某抢下手机的行为不具有非法占有目的,不构成犯罪。

我国《刑法》分则第五章所规定的侵犯财产罪,从理论上可分为取得型财产犯罪、毁坏型财产犯罪。其中,取得型财产犯罪是取得财物的利用可能性的犯罪,毁坏型财产犯罪是指单纯导致对财物不能利用的犯罪。财产犯罪大部分属于取得型,如抢劫罪、盗窃罪、诈骗罪等。

关于取得型财产犯罪是否必须具有非法占有目的,存在两种不同立法例。一种立法例明确规定必须具有非法占有目的,如德国、瑞士刑法;另一种立法例则没有明文规定取得型财产犯罪必须出于某种特定目的,如日本刑法。

根据张明楷教授的观点,在刑法没有明文规定目的要素的情况下,如何确定某种目

的是否构成要件要素，应当根据构成要件要素的实质与机能进行判断。如果某种要素对于说明行为的法益侵害性与主观罪过性具有重要意义，需要通过该要素来区分罪与非罪、此罪与彼罪，该要素就应当成为构成要件要素。笔者对此深以为然。

我国刑法条文虽未明文规定取得型财产犯罪必须出于非法占有目的，但取得型财产犯罪是取得财物的利用可能性的犯罪，行为人是否具有“非法占有目的”，具有区分罪与非罪、此罪与彼罪的机能。前者如区分不可罚的盗用行为与盗窃罪的界限，后者如区分盗窃罪与故意毁坏财物罪的界限。因此，“非法占有目的”具有取得型财产犯罪构成要件要素的实质与机能，属于取得型财产犯罪不成文构成要件，这也是我国刑法理论和司法实践共识。

至于“非法占有的目的”和犯罪故意的关系，我国刑法理论界大致分为两个流派：一是犯罪故意内容说；二是主观超过要素说。争论的焦点在于“非法占有目的”在取得型财产犯罪的构成要件中，是否独立于犯罪故意而存在，前者认为“非法占有目的”属于犯罪故意内容，后者认为“非法占有目的”属于主观的超过要素，是独立构成要件要素，在涉及罪与非罪、此罪与彼罪的问题时，必须要借助作为主观的超过要素“非法占有目的”，才能得以解决。我国刑法理论界主流观点认为“非法占有目的”是取得型财产犯罪主观的超过要素。

非法占有的目的中的“占有”与民法上的占有不是等同的概念，并非单纯事实上的支配或者控制。非法占有目的是排除权利人，将他人的财物作为自己的所有物进行支配，并遵从财物的用途进行利用、处分的意思。因此，非法占有目的由排除意思、利用意思构成。

排除意思是指排除权利人，将他人的财物作为自己的所有物进行支配的意图。排除意思属于法的侧面，主要机能是将不值得处罚的盗用、骗用行为排除在犯罪之外。对占有、所有的轻微侵害，不值得科处刑罚。根据张明楷教授的观点，对占有、所有的侵害是否轻微，不仅取决于行为对他人财产的剥夺时间，更要考虑财物的重大性、对被害人利用可能性的妨害程度等。例如，行为人盗用他人轿车，开到目的地后，将轿车抛弃在目的地的，存在排除意思，构成盗窃罪。因此，归根结底，排除意思是达到了可罚程度的妨害他人利用财产的意思，或者说，排除意思是引起可罚的法益侵害（妨害利用）的意思。

利用意思是指遵从财物的用途，将人财物进行利用、处分的意图。利用意思属于经济侧面，主要机能是用于区分取得型财产犯罪和毁坏性财产犯罪（如故意毁坏财物罪）。基于利用意思取得他人财物时，其法益侵害行为是基于强力的动机，所以责任更重。因此，盗窃罪、诈骗罪的法定刑高于故意毁坏财物罪的法定刑。

根据张明楷教授的观点，利用意思应从四个方面加以考察。首先，利用意思不限于遵从财物的经济用途进行利用、处分的意思。其次，利用意思不限于遵从财物的本来用

途进行利用、处分的意思。例如,为了燃柴取暖而窃取他人家具的,仍然具有利用意思。再次,凡是以单纯毁坏、隐匿以外的意思而取得他人财物的,都可能评价为具有遵从财物可能具有的用法进行利用、处分的意思。例如,骗取他人的名画用于自己观赏的,具有利用意思,构成诈骗罪。但如果在具有毁坏、隐匿的意思的同时还具有其他动机,而该动机不能评价为具有遵从财物可能具有的用法进行利用、处分的意思时,不能认定具有利用意思。例如,杀人后防止司法机关发现被害人的身份,而将被害人随身携带的钱包、证件等取走后扔入海中。该意思不能被评价为遵从财物可能具有的用法进行利用、处分的意思。最后,以毁坏的意思取得他人财物后,没有毁坏财物而是单纯予以放置的,成立故意毁坏财物罪,因为该行为导致被害人丧失了财物的效用。以毁坏的意思取得他人财物后,又利用该财物的,则成立侵占罪。

可见,如果行为人具有直接获得利益、享受利益的意思,即使利用了财物的例外用途,也应认定具有利用意思;反之,典型地取得了财物的效用时,即使没有获取利益的意思,也具有利用意思。因此,虽然非法占有既包括积极利益的增加,也包括消极利益的减少,但并非仅限于这两种情形,而是包括遵从财物可能具有的用法进行利用、处分的意思的所有情形,或者说包括取得、享受财物可能具有的利益或效用的一切情形。

就本案而言,辩方主张刘某夺走吴某手机的行为,虽客观上排除了吴某对手机的占有、利用,但不宜就此认定其具有非法占有的目的。理由有二:其一是刘某在吴某欲打电话时夺下其手机,刘某辩称其目的是阻止吴某打电话报警,与客观情状相符,难以排除;其二是刘某逃离时虽将手机带走,但其辩称是因仓促逃离现场所致,并非出于据为己有的目的。刘某在当日即被抓获归案,并没有后续处分财产行为。

因此,刘某实施夺取手机行为时,目的仅是临时排除权利人对财物的占有和利用,虽然非法占有目的不以永久性排除意思为必要,但刘某在现场一时性取得财产并未造成值得科处刑罚的法益侵害。刘某虽将手机带走,但不能排除是仓促逃跑的无意行为。刘某逃离后虽没有及时归还手机,但也没有变卖手机或者丢弃手机。在案证据不能证明刘某具有排除权利人对财物占有与利用,并作为自己的所有物进行利用的意思,故不能认定刘某具有非法占有目的。

据此,辩方主张刘某夺取手机的行为不构成抢劫罪,且该手机并未被毁坏,也不构成故意毁坏财物罪。法院采纳了辩方观点,认定刘某夺取手机的行为不构成犯罪。

2.关于禁止重复评价原则的司法适用

张某、刘某二人基于强奸的共同故意,对被害人吴某采取了殴打等暴力手段,之后,张某继续单独殴打被害人吴某,并欲实施强奸行为。刘某在张某殴打吴某时翻找吴某掉落在现场的提包,拿走提包内现金600元。公诉机关据此指控刘某采取暴力手段,劫取被害人现金600元,构成抢劫罪。

毫无疑问的是,无论张某、刘某共同实施的暴力行为,抑或张某单独实施的暴力行

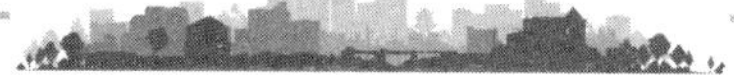

为，目的均是压制被害人反抗以实施强奸犯罪。本案暴力行为作为强奸罪的犯罪手段，能否认定为抢劫罪的犯罪手段，不无疑问。换言之，公诉机关已经将暴力行为作为强奸罪的手段予以评价后，再评价为抢劫罪的手段，是否违反禁止重复评价原则？

根据刑法理论界的主流观点，禁止重复评价原则是指定罪量刑时，禁止对同一犯罪构成事实予以二次或二次以上的法律评价。因禁止重复评价原则涉及问题极其复杂，限于篇幅，本文难以充分展开讨论。因此，仅就本案例涉及的暴力犯罪后临时起意取走被害人财物的行为定性进行评析。

最高人民法院2005年6月8日发布的《关于审理抢劫、抢夺刑事案件适用法律若干问题的意见》规定："行为人实施伤害、强奸等犯罪行为，在被害人未失去知觉，利用被害人不能反抗、不敢反抗的处境，临时起意劫取他人财物的，应以此前所实施的具体犯罪与抢劫罪实行数罪并罚；在被害人失去知觉或者没有发觉的情形下，以及实施故意杀人犯罪行为之后，临时起意拿走他人财物的，应以此前所实施的具体犯罪与盗窃罪实行数罪并罚。"

考察上述规定的意旨，不难发现，最高人民法院对暴力犯罪后临时起意取财行为的定性，并未完全适用禁止重复评价原则，而是以被害人的客观状态作为区分标准。即被害人未失去知觉、已经发觉取财行为时认定为抢劫罪；被害人失去知觉或者没有发觉取财行为时认定为盗窃罪。

应该说，最高人民法院的意见具有一定的合理性，其法理依据是抢劫罪的本质特征是以暴力、胁迫或者其他方法，对被害人身体或者精神形成强制，使被害人不能反抗或者不敢反抗，从而违背被害人意志转移财物占有，取得被害人财物。而行为人之前实施的暴力犯罪，使被害人不能反抗或者不敢反抗的状态处于持续之中，行为人利用被害人不能反抗或者不敢反抗的状态，临时起意取走财物，符合抢劫罪的本质特征。

但最高人民法院的意见未充分考虑禁止重复评价原则和责任主义原则，存在明显缺陷。表现在：第一，行为人临时起意取走财物时，并未实行新的、独立的暴力、胁迫或者其他手段，欠缺抢劫罪客观要件行为。最高人民法院的意见实质上将先行暴力行为再次评价为抢劫罪的手段行为，本质上属于重复评价，不当加重了行为人的罪责，有违罪刑均衡原则；第二，根据责任主义原则，"没有责任就没有刑罚"。责任主义原则要求，将犯罪行为或者犯罪结果归责于行为人，必须以行为人主观上存在罪过为条件。而行为人实施暴力犯罪时，并不具有劫取财物的犯罪故意，主观上没有将暴力犯罪作为抢劫罪手段的意图。且行为人临时起意取财时，也未必具有利用被害人不能反抗或者不敢反抗的主观心态。一味以被害人是否发觉作为定性标准，有违责任主义原则。

因此，对暴力犯罪后临时起意取财行为的定性，应综合考量禁止重复评价原则、责任主义原则以及行为人取财手段的本质特征，结合个案情况具体认定，而不宜以被害人客观状态"一刀切"。

板块三：被害人陈述证明力的主要验证规则

如前所述，最高人民法院《关于审理抢劫、抢夺刑事案件适用法律若干问题的意见》有关规定，确有不合理之处。但上述规定作为司法解释性文件，无疑具有法律效力，辩护律师必须将该规定作为逻辑思考的起点。因此，本案被害人吴某是否发觉刘某的取财行为，则成为刘某行为定性的关键事实。

被害人吴某多次陈述其发觉刘某的取财行为，但通过审查全案证据，辩护律师认为吴某的陈述不具有真实性、可靠性，不应采信作为定案根据。

本案被害人吴某陈述情况：

第一次陈述：该笔录形成于案发当天。被害人称其走到大中路 25 号门口时，冲过来一胖一瘦两名男子，胖男子（刘某）用手捂住其嘴巴，并且抢走其手机，后胖男子（刘某）威胁其到对面的巷子里，因被害人反抗，胖男子（刘某）便将其手里的手提包拿去，并把她往巷子里拖，拖到巷子里后，胖男子（刘某）就开始翻她的手提包，把里面的一个钱包拿去。

第二、三次陈述：该笔录形成于案发 10 日后，被害人改变陈述，称其不确定当时冲上来捂住她嘴的是哪一个男子，也不知道当时抢手机的是否就是捂嘴的男子。而当时威胁她的男子是瘦男子（张某），并称改变陈述是因为案发当天因头晕、紧张导致记忆错误，此时冷静下来回想得比较清楚。

第四次陈述：该笔录形成于审查起诉阶段。被害人称其不能确定是谁抢走她的手机，后胖男子（刘某）抢走她手上的手提包并将其拖入巷子，在被拖入小巷里后，看到胖男子（刘某）站在一米远的地方，翻其手提包并拿走其钱包。

关键要点

1.关于证据证明力的主要验证规则

2.关于被害人陈述真实性的审查内容及方法

法理分析

1.证据证明力的主要验证规则

被害人吴某陈述是否属实，涉及证据证明力的判断、评价。证据的证明力是指证据对待证事实的证明作用、证明价值，即证据的关联性、真实性。证明力的判断更多是经验、逻辑，尤其是经验问题。证明力的判断适用自由证明模式，由事实认定者根据经验、逻辑和良知自由判断。虽然证据制度规范的是证据能力而非证明力，但最高人民法院在总结审判实践基础上，也确定了一些证明力的判断规则。

《最高人民法院关于适用〈中华人民共和国刑事诉讼法〉的解释》（以下简称《刑诉解

释》)第104条对证明力判断确立了总的原则,即对证据的证明力,应当根据具体情况,从证据与待证事实的关联程度、证据之间的联系等方面进行审查判断;证据之间具有内在联系,共同指向同一待证事实,不存在无法排除的矛盾和无法解释的疑问的,才能作为定案的根据。

此外,《刑诉解释》对证据证明力的判断还确立了意见证据规则、印证规则、口供补强规则等证据规则。在司法实践中,审判机关还非常重视运用日常经验法则判断证据的证明力。

2.被害人陈述真实性的审查内容及方法

吴某的陈述属于被害人陈述,被害人陈述作为主观证据,是否真实可靠,与被害人观察能力、记忆能力、表达能力密切相关,且被害人和案件处理存在利害关系,基于对犯罪嫌疑人的憎恨等情感因素,往往夸大犯罪嫌疑人的行为和责任,从而背离客观真相。因此,被害人陈述真实性存在极大不确定性,理应予以审慎判断。

根据《刑诉解释》第79条的规定,对被害人陈述的审查与认定,参照适用对证人证言审查的有关规定。即着重审查以下内容:(1)证言的内容是否为证人直接感知;(2)证人作证时的年龄,认知、记忆和表达能力,生理和精神状态是否影响作证;(3)证人与案件当事人、案件处理结果有无利害关系;(4)询问证人是否个别进行;(5)询问笔录的制作、修改是否符合法律、有关规定,是否注明询问的起止时间和地点,首次询问时是否告知证人有关作证的权利义务和法律责任,证人对询问笔录是否核对确认;(6)询问未成年证人时,是否通知其法定代理人或者有关人员到场,其法定代理人或者有关人员是否到场;(7)证人证言有无以暴力、威胁等非法方法收集的情形;(8)证言之间以及与其他证据之间能否相互印证,有无矛盾。

其中,处于明显醉酒、中毒或者麻醉等状态,不能正常感知或者正确表达的证人所提供的证言,不得作为证据使用;证人的猜测性、评论性、推断性的证言,不得作为证据使用,但根据一般生活经验判断符合事实的除外。

证人证言具有下列情形之一的,不得作为定案的根据:(1)询问证人没有个别进行的;(2)书面证言没有经证人核对确认的;(3)询问聋、哑人,应当提供通晓聋、哑手势的人员而未提供的;(4)询问不通晓当地通用语言、文字的证人,应当提供翻译人员而未提供的。

证人证言的收集程序、方式有下列瑕疵,经补正或者作出合理解释的,可以采用;不能补正或者作出合理解释的,不得作为定案的根据:(1)询问笔录没有填写询问人、记录人、法定代理人姓名以及询问的起止时间、地点的;(2)询问地点不符合规定的;(3)询问笔录没有记录告知证人有关作证的权利义务和法律责任的;(4)询问笔录反映出在同一时段,同一询问人员询问不同证人的。

就本案而言,被害人吴某陈述刘某从其手中将手提包抢走,在被告人张某殴打其欲

实施强奸犯罪时,刘某在一旁翻检其手提包,从中拿出化妆包,还问其是什么包,其告知刘某后,刘某才拿走钱包。辩护律师主张:综合全案证据分析,被害人吴某陈述与在案证据存在无法排除的矛盾,且明显不合常理,不具有真实性。具体理由如下:

首先,根据被害人陈述,其发觉刘某取财行为是建立在两个事实基础上:其一是刘某从吴某手中直接夺走手提包;其二是刘某当着吴某的面翻检手提包,从中将钱包拿走。但根据本案目击证人证言以及刘某供述,手提包是张某从被害人手中抢下,刘某是从地上捡起包并无抢包行为。吴某关于刘某在其面前翻检手提包并与其对话,也未得到张某、刘某的印证。因此,被害人吴某陈述与在案证据存在矛盾,证据信息无法得到印证,本案待证事实缺乏两个以上具有独立信息源的证据加以认定。根据相互印证规则,吴某的陈述无法确认属实,其发觉刘某取财的事实基础不能认定。

其次,吴某陈述刘某首先对其实施暴力以及刘某参与将其拖至附近一幢楼房楼梯处,均明显与事实不符。因此,吴某的观察能力、记忆能力、表达能力均令人质疑。吴某陈述明显存在猜测性、推断性内容,吴某陈述的案件事实是否客观准确,存在明显疑问。

最后,吴某是在深夜时分,在孤立无援的状态中,突然遭到他人侵犯,显然极度紧张恐惧。根据查明的事实,刘某临时起意取财时,吴某面临张某的暴力性侵犯,且被张某殴打至鼻梁骨骨折,按一般人的正常反应,吴某当时无疑处于极大痛苦之中。因此,根据日常经验法则,综合考察吴某当时状态,其不可能好整以暇、从容冷静地观察刘某的取财行为,并与刘某对话。吴某的陈述明显有违事实、有违常理,不足采信。

据此,辩护律师主张被害人吴某在遭受暴力性侵犯时,无从发觉刘某的取财行为,吴某的陈述不具有证明力。刘某的行为不符合抢劫罪的客观构成要件,属于盗窃行为,但未达到数额较大,该行为不构成犯罪。在被害人吴某陈述其发觉刘某取财行为的不利情形下,辩护律师根据印证规则、日常经验法则,综合全案证据分析被害人陈述不具有证明力,符合有关证据规则以及法官对证明力的评判思维,最终得到法院支持,判决刘某的取财行为不构成抢劫罪。

 板块四:“协助抓获同案犯”型立功情节的认定

张某被当场抓获后,公安机关根据其供述及辨认在刘某家中抓获刘某。张某的辩护律师据此主张,张某协助公安机关抓获同案犯刘某,属于“协助抓获同案犯”,依法应认定张某具有立功情节。

根据我国《刑法》第 68 条规定,犯罪分子有揭发他人犯罪行为,查证属实的,或者提供重要线索,从而得以侦破其他案件,属于有立功表现的。最高人民法院 1998 年 4 月 17 日发布的《关于处理自首和立功具体应用法律若干问题的解释》第 5 条进一步规定,协助司法机关抓捕其他犯罪嫌疑人(包括同案犯)的,应当认定为有立功表现。

因此,在刑事审判中,立功情节尤其是“协助抓获同案犯”型的立功情节是被告人以

及辩护人经常提出的辩护观点，也是控辩双方争议的焦点。为此，最高人民法院于2010年12月22日发布《关于处理自首和立功若干具体问题的意见》，专门对“协助抓捕其他犯罪嫌疑人”作出解释，规定：犯罪分子具有下列行为之一，使司法机关抓获其他犯罪嫌疑人的，属于“协助司法机关抓捕其他犯罪嫌疑人”：1、按照司法机关的安排，以打电话、发信息等方式将其他犯罪嫌疑人（包括同案犯）约至指定地点的；2、按照司法机关的安排，当场指认、辨认其他犯罪嫌疑人（包括同案犯）的；3、带领侦查人员抓获其他犯罪嫌疑人（包括同案犯）的；4、提供司法机关尚未掌握的其他案件犯罪嫌疑人的联络方式、藏匿地址的，等等。犯罪分子提供同案犯姓名、住址、体貌特征等基本情况，或者提供犯罪前、犯罪中掌握、使用的同案犯联络方式、藏匿地址，司法机关据此抓捕同案犯的，不能认定为协助司法机关抓捕同案犯。

根据上述规定，协助抓捕其他犯罪嫌疑人（包括同案犯）包括四种行为类型：一是联系约至指定地点型；二是当场指认辨认型；三是直接带领抓获型；四是提供司法机关难以掌握的重要线索型。这四种行为类型的核心是对司法机关抓捕其他犯罪嫌疑人（包括同案犯）起到实质作用。因此，犯罪分子到案后提供同案犯姓名、住址、体貌特征等基本情况，或者提供犯罪前、犯罪中掌握、使用的同案犯联络方式、藏匿地址，系如实供述同案犯及其下落，属于坦白罪行，且不属于司法机关通过正常工作途径难以掌握的线索，对司法机关抓捕同案犯未起到实质协助作用，不应认定为立功。

本案中，张某到案后供述刘某的身份状况并通过辨认相片确认刘某身份，属于如实供述罪行，并未超越坦白的范围和要求，张某提供的有关信息也不属于司法机关按照正常工作程序无法掌握的线索，不属于协助抓捕同案犯，不应认定具有立功情节，法院判决也未采纳张某辩护律师的辩护意见。

三、小　　结

刑事审判是运用证据认定案件事实，并适用法律对被告人定罪量刑的活动，事实认定是法律评价的前提。司法三段论被认为是防止法官的恣意裁判，寻求正当裁判的经典推理工具。法官通过法律解释、事实识别，推导出具有合法性、正当性的裁判结论。但案件事实并非纯粹的物理事实，而是根据构成要件类型化的法律事实。在司法三段论的推理当中，作为小前提的案件事实认定并非完全独立于大前提，而是在事实与规范之间互相检视的一种复杂认识过程。因此，刑事审判离不开法律论证，需要进行充分说理，准确归纳案件事实，正确解释刑法规范，使案件事实与刑法规范相对应，从而得出合理的结论，本案判决即是如此。

四、相关法律和司法解释

1.《中华人民共和国刑法》

第236条规定:"以暴力、胁迫或者其他手段强奸妇女的,处三年以上十年以下有期徒刑。奸淫不满十四周岁的幼女的,以强奸论,从重处罚。强奸妇女、奸淫幼女,有下列情形之一的,处十年以上有期徒刑、无期徒刑或者死刑:(1)强奸妇女、奸淫幼女情节恶劣的;(2)强奸妇女、奸淫幼女多人的;(3)在公共场所当众强奸妇女的;(4)二人以上轮奸的;(5)致使被害人重伤、死亡或者造成其他严重后果的。"

第263条规定:"以暴力、胁迫或者其他方法抢劫公私财物的,处三年以上十年以下有期徒刑,并处罚金;有下列情形之一的,处十年以上有期徒刑、无期徒刑或者死刑,并处罚金或者没收财产:(1)入户抢劫的;(2)在公共交通工具上抢劫的;(3)抢劫银行或者其他金融机构的;(4)多次抢劫或者抢劫数额巨大的;(5)抢劫致人重伤、死亡的;(6)冒充军警人员抢劫的;(7)持枪抢劫的;(8)抢劫军用物资或者抢险、救灾、救济物资的。"

2.《最高人民法院关于审理抢劫、抢夺刑事案件适用法律若干问题的意见》

第8条规定:"关于抢劫罪数的认定。行为人实施伤害、强奸等犯罪行为,在被害人未失去知觉,利用被害人不能反抗、不敢反抗的处境,临时起意劫取他人财物的,应以此前所实施的具体犯罪与抢劫罪实行数罪并罚;在被害人失去知觉或者没有发觉的情形下,以及实施故意杀人犯罪行为之后,临时起意拿走他人财物的,应以此前所实施的具体犯罪与盗窃罪实行数罪并罚。"

3.《最高人民法院关于适用〈中华人民共和国刑事诉讼法〉的解释》(法释〔2012〕21号)

第104条规定:"对证据的真实性,应当综合全案证据进行审查;对证据的证明力,应当根据具体情况,从证据与待证事实的关联程度、证据之间的联系等方面进行审查判断;证据之间具有内在联系,共同指向同一待证事实,不存在无法排除的矛盾和无法解释的疑问的,才能作为定案的根据。"

4.《最高人民法院关于处理自首和立功具体应用法律若干问题的解释》(法释〔1998〕8号)

第5条规定:"根据刑法第六十八条第一款的规定,犯罪分子到案后的检举、揭发他人犯罪行为,包括共同犯罪案件中的犯罪分子揭发同案犯共同犯罪以外的其他犯罪,经查证属实;提供侦破其他案件的重大线索,经查证属实;阻止他人犯罪活动;协助司法机关抓捕其他犯罪嫌疑人(包括同案犯);具有其他有利于国家和社会的突出表现的,应当认定为有立功表现。"

5.《最高人民法院关于处理自首和立功若干具体问题的意见》(法发〔2010〕60号)

第5条规定："'关于协助抓捕其他犯罪嫌疑人'的具体认定。犯罪分子具有下列行为之一，使司法机关抓获其他犯罪嫌疑人的，属于《解释》第五条规定的'协助司法机关抓捕其他犯罪嫌疑人'：1.按照司法机关的安排，以打电话、发信息等方式将其他犯罪嫌疑人(包括同案犯)约至指定地点的；2.按照司法机关的安排，当场指认、辨认其他犯罪嫌疑人(包括同案犯)的；3.带领侦查人员抓获其他犯罪嫌疑人(包括同案犯)的；4.提供司法机关尚未掌握的其他案件犯罪嫌疑人的联络方式、藏匿地址的，等等。犯罪分子提供同案犯姓名、住址、体貌特征等基本情况，或者提供犯罪前、犯罪中掌握、使用的同案犯联络方式、藏匿地址，司法机关据此抓捕同案犯的，不能认定为协助司法机关抓捕同案犯。"

参考文献

1.陈兴良、周光权：《刑法总论精释》，人民法院出版社2010年版，第499～507页。

2.刘芸、白富忠：《刘岗、王小军、庄志德金融凭证诈骗案—犯罪故意内容不一致的能否构成共同犯罪》，载最高人民法院刑事审判第一庭、第二庭编：《刑事审判参考》2002年第2辑(总第25辑)，法律出版社2002年版。

3.闫洪波、翁彤彦：《焦祥根、焦祥林故意杀人案—以欺骗手段诱使他人产生犯意，并创造条件的，构成共同犯罪》，载最高人民法院刑事审判第一至五庭编：《刑事审判参考》2010年第4集(总第75集)，法律出版社2011年版。

4.吴光侠、韩维中：《于爱银、戴永阳故意杀人案—受杀人犯指使将小孩带离现场能否构成共犯》，载最高人民法院刑事审判第一至五庭编：《刑事审判参考》总第49集，法律出版社2006年版。

5、张明楷：《论财产罪中的非法占有目的》，载《法商研究》2005年第5期。

6.陈璇：《财产罪中非法占有目的要素之批判分析》，载《苏州大学学报(法学版)》2017年第1期。

7.聂慧苹：《禁止重复评价之刑法展开与贯彻》，载《中国刑事法杂志》2015年第3期。

8.周光权：《论量刑上的禁止不利评价原则》，载《政治与法律》2013年第1期。

9.黄祥青：《禁止重复评价原则在复杂犯罪行为认定中的适用》，载《人民司法》2011年第1期。

10.张膺豪：《暴力犯罪后取走被害人财物行为的定性研究》，载中国知网。

11.陈瑞华：《刑事证据法学(第二版)》，北京大学出版社2014年第2版。

12.周光权：《协助抓捕同案犯型立功的认定》，载《国家检察院学院学报》2012年8月第20卷第4期。

13.陈兴良：《刑法教义学方法论》，载《法学研究》2005年第2期。

案例十五 秦某被控寻衅滋事、以危险方法危害公共安全、非法持有枪支案

摘要:口袋罪是指我国刑法中某些内容概括、外延模糊的罪名,因司法机关选择适用、随意入罪而备受诟病。口袋罪源于刑法条文的模糊性和司法实践的曲解,违背了立法和司法理性,损害了罪刑法定原则。本案例涉及的寻衅滋事、以危险方法危害公共安全罪逐渐显现出口袋罪的倾向,司法实务中存在明显扩张适用的趋势,值得警醒。因此,辩护律师要善于结合法理,运用法律解释规则,促成法庭准确定罪,维护被告人合法权利。

一、引　言

2017 年 10 月 5 日凌晨 3 时许,被告人秦某及其朋友在厦门市一家酒吧 23 号桌消费时,被害人李某的女友自行到该桌和秦某等人喝酒。后被害人李某叫其女友回去,被告人秦某因此对李某心生不满,遂在李某准备离开酒吧时,伙同他人共同殴打李某,致使李某右眼眶青紫肿胀。

尔后,被告人秦某又追至酒吧门口,拿出随身携带的枪支朝天击发一枪,并持枪追逐李某,后被酒吧保安人员夺下枪支并制服。案发后,公安机关从枪支中提取两枚弹壳。经鉴定,被害人李某伤情是轻微伤,被缴枪支是以火药为动力发射弹丸的枪支。在一审审理期间,经鉴定,提取的弹壳是空包弹弹壳。

公诉机关指控:被告人秦某伙同他人随意殴打他人,致使他人轻微伤,破坏社会秩序,情节恶劣,构成寻衅滋事罪;被告人秦某非法持有枪支并在公共场所开枪,尚未造成严重后果,构成非法持有枪支罪以及以危险方法危害公共安全罪。

庭审中,辩护律师主张以危险方法危害公共安全罪属于具体危险犯,综合全案事实、证据分析,被告人秦某开枪以及持枪追逐被害人的行为,未造成公共安全危险,秦某的行为不构成以危险方法危害公共安全罪。

法院经审理认为，被告人秦某在公共场所殴打并持枪追逐、威胁他人，情节恶劣，其行为构成寻衅滋事罪；被告人秦某携带枪支进入公共场所，并朝天开枪，其行为虽然已危害到公共安全，但尚未达到与放火、决水、爆炸、投放危险物质的危险方法相当或者相类似的危害程度，不构成以危险方法危害公共安全罪；被告人秦某主要行为特征是携带枪支进入公共场所，并在公共场所出示使用，构成非法携带枪支危及公共安全罪。公诉机关指控被告人秦某构成非法持有枪支罪，定性不准确，予以纠正。据此，法院以寻衅滋事罪、非法携带枪支危及公共安全罪，数罪并罚，判处秦某有期徒刑一年九个月。一审判决后，公诉机关未抗诉、被告人秦某未上诉。

二、案情内容与法理分析

板块一：寻衅滋事罪中"随意殴打他人行为"的认定

秦某因被害人李某叫其女友回去，而对李某心生不满，遂伙同他人共同殴打李某并持枪追逐李某。秦某的行为具有损害他人身体健康的外观，但未造成被害人轻伤以上伤情，依法不构成故意伤害罪。实务中，司法机关对此类行为常以寻衅滋事罪予以追诉。

寻衅滋事罪是从流氓罪分解出来的罪名。流氓罪是我国 1979 年《刑法》第 160 条规定的罪名，指公然藐视国家法纪和社会公德，聚众斗殴、寻衅滋事、侮辱妇女或者其他破坏公共秩序，情节恶劣的行为。因流氓罪规定笼统，外延模糊，在司法实践中不断扩张适用，定罪随意，成为典型的口袋罪。为此，我国 1997 年《刑法》在修订时，取消了流氓罪，而将其分解为强制猥亵、侮辱妇女罪、猥亵儿童罪、聚众斗殴罪、寻衅滋事罪等罪名。

根据我国《刑法》第 293 条的规定，寻衅滋事罪的客观行为表现为四种类型：随意殴打他人，情节恶劣的；追逐、拦截、辱骂他人，情节恶劣的；强拿硬要或者任意损毁、占用公私财物，情节严重的；在公共场所起哄闹事，造成公共场所秩序严重混乱的。

其中，"随意殴打他人"行为与故意伤害行为的特征极为相似，在殴打他人未造成轻伤以上伤情时，殴打行为属于寻衅滋事抑或故意伤害，成为区分罪与非罪的关键。而"随意殴打他人"的罪状表述模糊笼统，常常存在扩张适用，有必要予以准确解释。

根据张明楷教授的观点，"随意殴打他人"型寻衅滋事罪保护的法益是社会一般交往的个人的身体安全，或者说是与公共秩序相关联的个人的身体安全。"随意殴打他人"中的随意，表现为殴打行为不具有可以被一般人理解、接受的原因与动机，行为人殴打他人没有任何自我控制。随意并非单纯的主观要素，而是基于客观事实作出的判断。张明楷教授的观点从保护法益、犯罪动机和客观行为等方面，界定"随意殴打他人"，符

合司法实践中区分寻衅滋事行为和故意伤害行为的标准,无疑具有指导意义。

根据最高人民法院、最高人民检察院《关于办理寻衅滋事刑事案件适用法律若干问题的解释》第 1 条第 1 款的规定,行为人为寻求刺激、发泄情绪、逞强耍横等,无事生非,实施刑法第 293 条规定的行为的,应当认定为寻衅滋事。

上述规定表明"随意殴打他人"行为系出于寻求刺激、发泄情绪、逞强耍横等动机,殴打原因、殴打对象、殴打方式具有随意性,典型的行为是无事生非、打人取乐。因此,应根据案发起因,综合分析行为动机、行为特征以及侵害法益,准确认定殴打行为的性质。

刑法理论与司法实践经常以"事出有因"来判断是否随意,但随意不仅包括无事生非,也包括借故生非。借故生非本质上也是出于寻求刺激、发泄情绪、逞强耍横等动机,具有殴打的随意性,侵害社会一般交往的个人的身体安全。对此,最高人民法院、最高人民检察院《关于办理寻衅滋事刑事案件适用法律若干问题的解释》第 1 条第 2 款、第 3 款规定,虽然事出有因,但行为人借故生非或经有关部门批评制止或者处理处罚后,仍继续殴打他人的行为,也属于寻衅滋事。

回到本案,秦某殴打被害人起因是被害人女友和秦某等人喝酒,被害人叫其女友离开时态度生硬引发秦某不满。本案起因是一种人际冲突,并非毫无缘由。但从社会一般观念看,这一起因属于偶发矛盾且微不足道,秦某殴打被害人有违情理,明显是出于发泄情绪、逞强耍横等动机,属于借故生非,应认定为寻衅滋事行为。

还应指出的是,随意殴打他人,情节恶劣的才构成寻衅滋事罪。换言之,殴打行为同时具备随意性、恶劣性时,才能以寻衅滋事罪论处。需要注意的是,不能将殴打他人的"随意性"本身评价为情节恶劣。最高人民法院、最高人民检察院《关于办理寻衅滋事刑事案件适用法律若干问题的解释》第 2 条对随意殴打他人,"情节恶劣"的情形作了具体规定,本文不就此展开讨论。

板块二:以危险方法危害公共安全罪的认定

公诉机关指控秦某在酒吧外开枪并持枪追赶李某,危害公共安全,其行为已经触犯我国《刑法》第 114 条的规定,构成以危险方法危害公共安全罪。辩护律师则提出秦某的行为不属于危险方法,且尚不足以危及公共安全,公诉机关指控罪名不能成立。

问题 1:以危险方法危害公共安全罪是抽象危险犯还是具体危险犯?

秦某的行为是否危害公共安全,是控方指控罪名能否成立的重要基础。庭审中,公诉机关主张以危险方法危害公共安全罪属于抽象危险犯,行为人实施相关行为即被推定为具有危害公共安全。危险犯和实害犯是刑法理论上的一种分类,实害犯是指以对法益实际侵害作为处罚根据的犯罪,危险犯是指以对法益造成侵害的危险作为处罚根据的犯罪。在危害公共安全罪中,存在诸多的危险犯。

在大陆法系中，根据构成要件所必要的危险程度不同，将危险犯分为具体危险犯和抽象危险犯，如日本、德国、法国。我国学术界也接受了这种分类，并已成为理论上之通说。根据通说，具体危险犯需要在司法上就具体个案是否存在现实性的具体危险进行判定。换言之，危险需要司法上具体认定。而抽象危险犯中的危险是立法上的推定。但不管是具体危险犯中的危险还是抽象危险犯中的危险，都是现实的危险，只是对作为认定根据的事实的抽象程度不同。

具体而言，具体危险对作为判断基础的事实抽象程度低，需要司法机关加以证明与确认，而不能进行假定或者抽象。例如，行为人划一根火柴点燃物品不一定构成放火罪，需要司法机关具体判断燃烧何种物品、燃烧该物品到何种程度的行为，会使不特定多数人的生命健康受到侵害，该行为到底有无造成公共危险的可能。但抽象危险则不需要这样判断，因为其对作为判断基础的事实抽象程度高，立法者在立法时已经以一般社会生活经验为根据，拟制或者推定了某种行为具有发生侵害结果的可能性，认定该行为具有危险，因此，只要行为人实施了法律拟制或推定的该种行为，就构成犯罪，而不需要司法机关具体判断该行为是否会造成危险。例如，行为人购买了一支能够正常发射的枪支，即便该枪支没有子弹，但由于立法已经将购买枪支的行为推定为具有危险，将其评价为犯罪，因此只要行为人实施了购买枪支的行为，就构成犯罪，不论该行为到底是否会引发具体危险。

由此可见，抽象危险犯实际上比具体危险犯入罪时间早，法律予以更严格的规制。法律之所以这样规定，是为了提前保护法益。抽象危险犯处罚的其实不是通常意义上急迫的危险，而是实际上有可能不一定会发生的危险，却又把它当作危险来处罚。因此，日本学者山口厚认为，抽象危险比具体危险范围更广，其将并不一定发生的假设事实也考虑进去，与具体危险犯相比，其危险与实害距离反而更远，侵害法益的可能性更低。山口厚认为处罚无危险行为的做法是不合理的，这也是部分学者否定抽象危险犯存在的理由之一。

但不可否认的是，具体危险犯和抽象危险犯的分类对理论研究和司法实践都具有积极意义，尤其对法律的准确适用、罪名的正确认定起着重要作用。就以危险方法危害公共安全罪而言，从我国《刑法》第 114 条列举的放火、决水、爆炸、投放危险物质等危险方法看，是否具有公共危险显然要根据行为对象、周围环境等具体情况进行客观认定，其他危险方法也不例外。且从罪状表述看要求危害公共安全，也显示危险不是立法拟制的而是实际存在的。可见，以危险方法危害公共安全罪属于具体危险犯。

因此，本案秦某的行为是否危害公共安全，应当根据具体案件事实和证据认定，而不能进行假定或者推定或者将一般人的危险感觉混同为存在危险的可能性。

问题 2：如何认定以危险方法危害公共安全罪中的“其他危险方法”

秦某在酒吧外开枪并持枪追赶李某的行为是否属于危险方法，是控辩双方争议的

焦点，争点实质就是“其他危险方法”的认定。

根据我国《刑法》第 114 条的规定，以危险方法危害公共安全罪是指故意以放火、决水、爆炸以及投放危险物质以外的危险方法，足以危害公共安全的行为。以危险方法危害公共安全罪是概括罪名，是对犯罪本质或者主要特征的高度概括。因犯罪分子实施的危险方法手段多样，法律难以逐一列举。因此，刑法规范在明确列举放火、决水、爆炸以及投放危险物质等四种常见危险方法的同时，对其他危险方法作概括定义，避免挂一漏万。

根据罪刑法定原则，罪名的内容应当具有确定性。但由于刑法规范采取概括罪名的立法技术，未明确描述危险方法的具体特征，客观要件缺乏形式界定，具有一定的开放性，司法实务中具有扩张犯罪边界成为口袋罪的趋势。为此，应以同类解释规则严格解释“危险方法”，维护罪刑法定原则。

按照解释理由分类，刑法解释分为文理解释、体系解释、历史解释、比较解释、目的解释。其中，体系解释是指根据刑法条文在整个刑法中的地位，联系相关法条的含义，阐明其规范意旨的解释方法。体系解释强调将解释对象置于整个法律文本体系中进行情境化的理解，是一种重要的解释理由。同类解释是体系解释的一种具体规则，是指如果一个法律条文作出例举式规定，未被列举的概括性概念应当与例示概念属于同一类型，应作“同类”的解释。英美法系有“只含同类”的法律解释格言。

就以危险方法危害公共安全罪而言，我国《刑法》第 114 条规定的放火、决水、爆炸、投放危险物质，是法律条文例举的危险方法，“其他危险方法”在法条中处于与之并列的关系。根据同类解释规则，“其他危险方法”不是指任何具有危害公共安全可能性的方法，而是在危险程度上与放火、爆炸、投放危险物质等行为危险性相当的方法，具有性质上的同一性，行为的危险性质属于同一类型。

因此，在方法危险性判断时，要避免以结果危险性的判断取代方法危险性的判断，避免将结果危险性和方法危险性混为一谈。结果危险性是指行为具有危害公共安全的危险，即不特定的多数人的生命、健康或者重大公私财产安全的危险。但并非所有造成公共安全危险的方法均是具有与放火、决水、爆炸、投放危险物质相当性的危险方法。

危害公共安全罪的危险性分为手段危险性、对象危险性、组织危险性、工具危险性和结果危险性。以危险方法危害公共安全罪的危险性属于手段危险性，手段是否具有与放火、决水、爆炸、投放危险物质行为的相当性，是本罪认定的关键。因此，在“其他危险方法”判断时，应当先判断行为人的手段是否属于危险方法，再考量是否具有公共安全的危险性，才不致发生偏差。

本案秦某在酒吧外开枪并持枪追赶李某的行为，是否属于《刑法》第 114 条规定的“其他危险方法”，也应按照上述原则审查认定。即首先考察手段危险性，从当时客观环境、行为特征、工具特征等方面综合评判，秦某在开放的空间，朝天击发空包弹后持枪追

赶李某，该行为不具有与放火、爆炸、投放危险物质行为相当的危险性；其次考察公共安全危险性，秦某未朝人群开枪，且持枪追赶的只是李某个人，不会对不特定多数人的生命健康造成危险，不会危及公共安全。

综上分析，秦某行为既不具有与放火、爆炸、投放危险物质等相当的手段危险性，也不具有公共安全危险性，不属于《刑法》第 114 条规定的以危险方法危害公共安全罪中的“其他危险方法”。

板块三：辩护律师如何有效组织事实证据，说服法官采纳辩护观点

本案部分证据：

1.《接受刑事案件登记表》：证明酒吧保安队长钟某报警称当日凌晨 3 时 30 分许，秦某在酒吧门口殴打李某，当其与其他保安上前劝架时，秦某突然掏出一支改装发令枪朝天开了一枪，钟某与其他保安当场将秦某制服，并将秦某手中的枪抢夺下。当“110”出警民警到场后，钟某将改装发令枪交给民警。

2.《情况说明》：证明刑侦大队侦查人员接到报案后立即赶赴现场，犯罪嫌疑人秦某和涉案枪支已被先期出警的巡警控制，侦查人员到达现场后，巡警将嫌疑人秦某和涉案枪支移交侦查人员处理，侦查人员即对涉案枪支进行了取证。在取证过程中，发现涉案枪支的枪膛内有两枚弹壳，侦查人员随即对该枪支及弹壳进行了取证。

3.《枪弹鉴定书》：经鉴定，涉案枪形物品具备手枪形状，可以发射以火药为动力的改造枪弹，经射击检验，符合枪支认定标准，鉴定为以火药为动力发射弹丸的枪支。

法理分析

根据《刑事诉讼法》第 37 条的规定：辩护人的责任是根据事实和法律，提出犯罪嫌疑人、被告人无罪、罪轻或者减轻、免除其刑事责任的材料和意见，维护犯罪嫌疑人的诉讼权利和其他合法权益。

辩护律师为被告人提供有效辩护，其实质是恪尽职守，说服法官采纳有利于被告人的辩护意见。但毋庸讳言的是，在审判实践中，法官总是不可避免地倾向于认可公诉机关的指控，辩护律师要改变法官心证，要充分运用案件事实证据以及刑法规范、法理，通过有理有力的论证，说服法官。

就本案而言，控辩双方争议焦点是秦某的行为是否构成以危险方法危害公共安全罪。辩护律师从法理上就该罪的认定进行论证并不困难，但秦某开枪并持枪追赶被害人，容易让人产生危及公共安全的成见。因此，辩护律师必须有效组织事实证据，对秦某行为的危险性进行实质论证，才能改变法官成见。

经查阅案卷，辩护律师发现，经鉴定，涉案发令枪经过改装，可以以火药为动力发射

金属弹丸,属于刑法意义上的"枪支",公诉机关也是据此主张被告人秦某的行为危及公共安全。但通过会见秦某,辩护律师获悉其当晚携带并使用的弹药并不是金属弹丸,而是属于空包弹的射钉弹。案卷证据也显示,侦查机关只在枪膛内提取到两枚弹壳,现场未提取到弹头。从照片上看,两枚弹壳有明显的收口,与收口式空包弹外形吻合。辩护律师据此判断秦某的说法属实,并根据《刑事诉讼法》第 43 条(2018 年修正之前是第 41 条)第 1 款的规定,申请法院委托鉴定机构,对两枚弹壳是否属于收口式空包弹进行鉴定。由于该事实涉及本案定性,法院采纳了辩护律师的鉴定申请。经鉴定,两枚弹壳确实属于空包弹弹壳。

本案查明秦某案发当晚携带及击发的是空包弹,已经形成对辩护有利的事实证据。但在第一次开庭审理时,辩护律师发现法官对空包弹是否具有杀伤力仍有疑虑。在秦某供述射钉弹是其在建筑工具店正常购买时,法官表示出难以置信的态度。庭审后,辩护律师即让秦某父亲到建筑工具店查看是否出售射钉弹,在秦某父亲实地查看发现确有出售射钉弹后,辩护律师即让秦某父亲购买射钉弹并索要购买单据。之后,辩护律师向秦某父亲提取射钉弹以及购买单据,并作为证据提交法庭。辩护律师通过举证证明射钉弹是合法流通商品,而非禁止或者限制流通物品,合法流通的属性足以表明其不具有公共安全危险。

因此,辩护律师通过申请调查取证以及自行取证,充分证明了秦某携带以及击发的是空包弹。在此事实基础上,辩护律师论证秦某在开放空间,朝天击发没有实际杀伤力的空包弹,与放火、决水、爆炸、投放危险物质等方法不具有相同的破坏性和危害性,不属于"其他危险方法"。且以危险方法危害公共安全罪属于具体危险犯,从本案客观结果、行为方式以及工具属性看,均不会造成公共安全危险。此外,辩护律师还根据公安人员出警后验枪,按照规范流程朝天鸣枪,击发另一枚子弹的事实,指出如果朝天鸣枪是一种具有公共危险、危及公共安全方式,法律不可能允许警察采取这种行为履行职责,以强化辩护观点。最终,法院判决采纳辩护观点,认定秦某的行为不构成以危险方法危害公共安全罪。

证据是刑事诉讼的基础和灵魂,辩护律师要善于发现、收集有利于被告人的证据,对案件事实进行重构,纠正控方错误认定,为辩护观点提供证据支撑。辩护律师一方面要从控方证据中发现有利证据,另一方面要充分运用法律赋予的调查取证权,尽职规范收集有利证据。唯有如此,才能避免辩护流于形式。

板块四:法院改变公诉机关指控罪名的正当性评价

本案中,公诉机关对秦某持有枪支的行为,指控罪名是非法持有枪支罪。但法院经审理认为,秦某的主要行为特征是携带枪支进入公共场所并出示使用,公诉机关指控罪名定性不准确,应予纠正。据此,判决秦某的行为构成非法携带枪支危及公共安全罪。

关于法院能否改变公诉机关指控罪名，刑事诉讼法并未明确规定。但最高人民法院在《关于适用〈中华人民共和国刑事诉讼法〉的解释》（以下简称《刑事诉讼法解释》）第241条对此规定："起诉指控的事实清楚，证据确实、充分，指控的罪名与法庭审理认定的罪名不一致的，应当按照审理认定的罪名作有罪判决。"根据这一规定，人民法院在审理一审刑事案件中，如认为公诉机关指控的罪名不能成立，可以自行认定其他罪名作出有罪判决。

对这一司法解释，在理论界和实务界一直存在较大争议。反对者认为：法院直接更改指控罪名违背控审分离、不告不理的原则，变相剥夺了被告人的辩护权利，违背程序正义的要求。支持者认为：罪名确定属于法院审判权的范围，法院判决可以改变指控罪名。只要案件事实清楚，证据确实、充分，法院经过审理认定的罪名与检察院起诉指控的罪名不一致作出有罪判决，有利于维护实体正义。

关于法院能否直接改变公诉机关指控的罪名，两大法系国家在刑事诉讼立法中采取了不同的立法规制。英美法系国家实行诉因制度。诉因是指检察机关主张的符合犯罪构成要件的事实。诉因作为公诉事实和犯罪构成事实的抽象或者观念形态，既是刑事程序性与实体性问题连结的纽带，也是法官作出最终判断的关键。起诉书不仅要详细记载犯罪事实，还要列明诉因，在控方没有追加、变更起诉的情况下，法官不能径行对起诉状记载诉因以外的事实进行认定。

英美法系国家基于诉审分离、审判中立原则以及保护被告人防御权的考虑，认为避免起诉书记载的事实与法官依据庭审质证认定的事实发生出入的最好办法，就是检察官在遵循"公诉事实同一性"的前提下，对诉因作适当的变更，以符合案件的实际情况，并承担相应的程序性法律后果。因此，诉因制度承载着明确控诉主张、限定审判范围、明确防御对象等功能，其价值主要在于维护被告人的防御权，有利于被告人有效地行使辩护权。

大陆法系的刑事诉讼法允许法院在未超出基本指控事实的前提下，可以在指控罪名外选用适当罪名进行定罪，但也充分保障辩护权利，如《德国刑事诉讼法》第265条规定："如果被告人未被告知法律观点已经改变，或者虽被告知但没有给予他足够准备辩护的机会，则不允许以不同于最初起诉的罪名判决。"

我国没有实行诉因制度，制度设计上并未限制法院自行改变公诉罪名。刑事诉讼的一项重要任务是惩罚犯罪，必然要考虑实体正义和诉讼效率。如果被告人确实有罪，仅仅因公诉机关罪名认定错误而放弃对犯罪的追诉，确实不利于实现实体正义和社会防卫，也难以得到公众认同。因此，法院自行变更公诉罪名具有现实合理性。

但法院变更公诉罪名并不能随心所欲，更不能损害被告人辩护权利。而最高人民法院《刑事诉讼法解释》关于变更公诉罪名的程序，仅是第241条第2款原则性规定人民法院应当在判决前听取控辩双方的意见，保障被告人、辩护人充分行使辩护权。必要

时,可以重新开庭,组织控辩双方围绕被告人的行为构成何罪进行辩论。上述规定过于简单,既没有对法院变更公诉罪名进行相应地限制,也没有专门的程序设计。

从刑事诉讼程序看,人民法院拟变更罪名是发生在庭审结束后的评议阶段,控辩双方难以对变更罪名充分发表意见,法院实质已经作出改变决定。《刑事诉讼法解释》规定的"听取控辩双方的意见"往往流于形式,重新开庭更是鲜见。

因此,刑事诉讼法应当对法院变更罪名程序作出专门规定,法院变更起诉罪名应有限度,需遵从"控审分离"和"诉判同一"原则,并且应充分保障被告人辩护权利。首先,法院变更罪名不能超出公诉机关指控的事实范围,有关事实证据已经过庭审充分质证、辩论。法院变更的实际上仅是对事实的法律评价;其次,法院变更公诉罪名程序不能仅是简单释明,而应当增设罪名变更通知程序、罪名变更辩论程序,充分保障被告人的辩护防御。唯有如此,法院变更罪名才具有正当性,真正实现程序正义和实体正义。

三、小　　结

近年来,随着社会治安问题凸显以及民众对安全和秩序要求的提高,司法机关为了解决现实问题,倾向以具有处罚必要性为由对法律进行扩张解释,以追诉某些犯罪边界模糊的行为,有些解释实际等同于类推。这种罪名的扩张适用虽然满足了个案的处理需求,但侵蚀了罪刑法定原则的根基。辩护律师应坚持严格解释原则,并组织个案事实证据,说服法院准确适用法律,纠正公诉机关不当指控,以维护被告人合法权利。

四、相关法律和司法解释

1.《中华人民共和国刑法》

第114条规定:"放火、决水、爆炸以及投放毒害性、放射性、传染病病原体等物质或者以其他危险方法危害公共安全,尚未造成严重后果的,处三年以上十年以下有期徒刑。"

第115条规定:"放火、决水、爆炸以及投放毒害性、放射性、传染病病原体等物质或者以其他危险方法致人重伤、死亡或者使公私财产遭受重大损失的,处十年以上有期徒刑、无期徒刑或者死刑。过失犯前款罪的,处三年以上七年以下有期徒刑;情节较轻的,处三年以下有期徒刑或者拘役。"

第128条规定:"违反枪支管理规定,非法持有、私藏枪支、弹药的,处三年以下有期徒刑、拘役或者管制;情节严重的,处三年以上七年以下有期徒刑。依法配备公务用枪的人员,非法出租、出借枪支的,依照前款的规定处罚。依法配置枪支的人员,非法出租、出借枪支,造成严重后果的,依照第一款的规定处罚。单位犯第二款、第三款罪的,

对单位判处罚金，并对其直接负责的主管人员和其他直接责任人员，依照第一款的规定处罚。”

第130条规定：“非法携带枪支、弹药、管制刀具或者爆炸性、易燃性、放射性、毒害性、腐蚀性物品，进入公共场所或者公共交通工具，危及公共安全，情节严重的，处三年以下有期徒刑、拘役或者管制。”

第293条规定：“有下列寻衅滋事行为之一，破坏社会秩序的，处五年以下有期徒刑、拘役或者管制：(1)随意殴打他人，情节恶劣的；(2)追逐、拦截、辱骂他人，情节恶劣的；(3)强拿硬要或者任意损毁、占用公私财物，情节严重的；(4)在公共场所起哄闹事，造成公共场所秩序严重混乱的。纠集他人多次实施前款行为，严重破坏社会秩序的，处五年以上十年以下有期徒刑，可以并处罚金。”

2.最高人民法院、最高人民检察院《关于办理寻衅滋事刑事案件适用法律若干问题的解释》

第1条规定：“行为人为寻求刺激、发泄情绪、逞强耍横等，无事生非，实施刑法第二百九十三条规定的行为的，应当认定为‘寻衅滋事’。行为人因日常生活中的偶发矛盾纠纷，借故生非，实施刑法第二百九十三条规定的行为的，应当认定为‘寻衅滋事’，但矛盾系由被害人故意引发或者被害人矛盾激化负有主要责任的除外。行为人因婚恋、家庭、邻里、债务损毁等纠纷，实施殴打、辱骂、恐吓他人或者损毁、占用他人财物等行为的，一般不认定为‘寻衅滋事’，但经有关部门批评制止或者处理处罚后，继续实施前款行为，破坏社会秩序的除外。”

3.《中华人民共和国枪支管理法》

第46条规定：“本法所称枪支，是指以火药或者压缩气体等为动力，利用管状器具发射金属弹丸或者其他物质，足以致人伤亡或者丧失知觉的各种枪支。”

参考文献

1.张明楷：《寻衅滋事罪探究》，载《政治与法律》2008年第1期。

2.樊华中：《寻衅滋事罪规范内的追问与规范外的反思——以随意殴打型切入分析》，载《中国刑事法杂志》2011年第8期。

3.陈兴良：《口袋罪的法教义学分析：以以危险方法危害公共安全罪为例》，载《政治与法律》2013年第3期。

4.张明楷：《论以危险方法危害公共安全罪——扩大适用的成因与限制适用的规则》，载《国家检察官学院报》第20卷第4期。

5、张明楷：《刑法分则的解释原理》，中国人民大学出版社2011年第2版。

6.龙宗智、李文汇：《关于法院改变指控罪名的问题》，载《华东刑事司法评论》2002年第1期。

7.吴纪奎:《法院变更指控罪名应充分保障被告人的辩护权》,载《人民司法》2016 年第 11 期。

8.罗真:《罪名变更模式的反思与重构》,载《盐城师范学院学报(人文社会科学版)》2011 年 2 月第 31 卷第 1 期。

9.曾军、师亮亮:《法院改变公诉罪名的类型分析及程序设计》,载《中国刑事法杂志》2009 年第 9 期。

10.王将军:《解构与续造:法院变更罪名的实践困境与完善维度——以 C 市 Y 法院近 5 年司法实践为研究范式》,载《重庆理工大学学报(社会科学)》2018 年第 32 卷第 2 期。

11.杨杰辉、温馨:《英美法诉因制度及评析》,载《中国刑事法杂志》2009 年第 10 期。

12.李玉华:《日本的诉因制度研究》,载《河北经贸大学学报(综合版)》2004 年第 4 卷第 1 期。

案例十六
韩某某等人非法拘禁案

摘要：近年来，传销违法犯罪活动日益猖獗，并引发了故意杀人、故意伤害、非法拘禁等一系列违法犯罪行为，扰乱了社会秩序，严重影响群众的正常生活和生命财产安全。严厉打击传销活动，彻底铲除社会毒瘤，成为社会的共识。如何依法有效打击传销违法犯罪活动，在司法实践中显得尤为重要。在传销违法犯罪过程中致人死亡的案件中，准确定罪、量刑是司法实践中的一大难点。在这类案件中，如何根据法医学死因分析判断被害人的死因，如何对引发诉讼参与人争议的被害人死因等方面的鉴定意见申请有专门知识的人进行释疑解惑，如何就法医学的生活反应确定被告人所犯罪行，如何认定是基本犯罪还是结果加重犯，如何认定传销组织活动的组织者和领导者，等等，这些司法实践中存在的疑难点，给每一名司法人员带来了巨大挑战。为给被告人的犯罪行为进行准确的定性、量刑及刑罚，审判人员需要在类案中不懈努力、重点关注并加以解决。

一、引　　言

“太可怕了，路边草丛里有个死人！”2014 年 1 月 15 日上午，一位市民步行经过漳州市芗城区某某镇某某村某某路的非机动车道时，发现路边草丛里有一名身着灰格子长袖 T 恤、仰面躺着的男子。案发的某某路路边，是一座小山包，因路旁杂草丛生，若未仔细看很难发现。报警后，漳州市医院 120 医护人员赶到现场，经检查，该男子已死亡多时。经漳州市公安局芗城分局民警初步判断，死者是一名 20 多岁男子。经检测，死者血液中酒精含量高达 1680mg/100ml，远超常人能承受范围。该男子是他杀还是自杀？警方迅速投入精力进行调查。涉案被告人韩某某、黄某某、朱某乙、廖某某、郭某某、彭某某、罗某某、刘某某、何某某等人随后进入调查视野。2014 年 1 月 28 日，相关被告人被陆续抓获归案。案件侦破，经侦查，被害人曹某某被骗入传销组织后，想逃跑，被传销

团伙用毛巾捂住口鼻失去知觉后,又被灌酒、抛尸于此。传销团伙遂遁至广东等地……

(一)案发地点情况、被告人情况

1.本案案发地点情况

本案案发地点主要有两个。第一个案发地点是捂鼻、灌酒地点,也是中心现场,位于漳州市芗城区某某花园北区某某幢某某室;该房为两室一厅结构,双层防盗门,外层为铁门,内层为木门,木门门板中部裂开。

第二个案发地点是抛尸地点,现场位于漳州市芗城区某某镇某某路某某村路段人行道西侧路边草丛,草丛对面系某某路东侧——摩托车行。草丛中见1具上身穿灰色格子状长袖T恤、下身穿黑色休闲裤、腰系黑色皮带、脚穿"安踏"牌褐色板鞋的仰卧状男尸;尸体左耳见有大量血迹,左耳下方草丛枝叶上见1处血迹;尸体东侧300m处的某某路东侧见一国家电网变电箱,变电箱东南角20cm草丛中见1件女式黑色外套,该外套带双层连衣帽,帽内见2处斑迹、1根毛发。

另有购买白酒、购买救命药物等附地点。

2.本案被告人情况

被告人韩某某,男,1989年××月××日出生于河南省内黄县,公民身份号码4105271989×××××××××,汉族,初中文化,无固定职业,住河南省安阳市内黄县××镇××村××号。2014年1月28日被抓获,因涉嫌犯故意杀人罪于同月29日被刑事拘留,因涉嫌犯非法拘禁罪于同年3月7日被逮捕。

被告人黄某某,男,1983年××月××日出生于湖南省益阳市赫山区,公民身份号码4309031983×××××××××,汉族,初中文化,无固定职业,住湖南省益阳市赫山区××镇××村××村民组××号。2014年1月28日被抓获,因涉嫌犯故意杀人罪于同月29日被刑事拘留,因涉嫌犯非法拘禁罪于同年3月7日被逮捕。

被告人朱某甲,男,1991年××月××日出生于湖南省汝城县,公民身份号码4310261991×××××××××,汉族,中专文化,无固定职业,住湖南省郴州市汝城县××乡××村××组。2014年1月28日被抓获,因涉嫌犯故意杀人罪于同月29日被刑事拘留,因涉嫌犯非法拘禁罪于同年3月7日被逮捕。

被告人廖某某,女,1985年××月××日出生于广东省始兴县,公民身份号码4402221985×××××××××,汉族,初中文化,无固定职业,住广东省韶关市始兴县××镇××村××组××号。2014年1月28日被抓获,因涉嫌犯故意杀人罪于同月29日被刑事拘留,因涉嫌犯帮助毁灭、伪造证据罪于同年3月7日被逮捕。

被告人黄某,男,1990年××月××日出生于湖南省宁远县,公民身份号码4311261990×××××××××,汉族,中专文化,无固定职业,住湖南省永州市宁远县××镇××村××组。2014年1月28日被抓获,因涉嫌犯故意杀人罪于同月29日被刑事拘留,因涉嫌犯帮助毁灭、伪造证据罪于同年3月7日被逮捕。

被告人朱某乙，女，1995年××月××日出生于湖南省永兴县，公民身份号码4310231995×××××××××，汉族，初中文化，无固定职业，住湖南省郴州市永兴县××乡××村××组××号。2014年1月28日被抓获，因涉嫌犯故意杀人罪于同月29日被刑事拘留，因涉嫌犯非法拘禁罪于同年3月7日被逮捕。

被告人彭某某，男，1987年××月××日出生于广东省化州市，公民身份号码4409821987×××××××××，汉族，高中文化，无固定职业，住广东省化州市××镇××村××号。2014年1月28日被抓获，因涉嫌犯故意杀人罪于同月29日被刑事拘留，因涉嫌犯非法拘禁罪于同年3月7日被逮捕。

被告人罗某某，男，1993年××月××日出生于河南省叶县，公民身份号码4104221993×××××××××，汉族，小学文化，无固定职业，住河南省平顶山市叶县××镇××村××号。2014年1月28日被抓获，因涉嫌犯故意杀人罪于同月29日被刑事拘留，因涉嫌犯非法拘禁罪于同年3月7日被逮捕。

被告人刘某某，男，1977年××月××日出生于浙江省新昌县，公民身份号码3306241977×××××××××，汉族，初中文化，无固定职业，住浙江省绍兴市新昌县××乡××村××号。2014年1月28日被抓获，因涉嫌犯故意杀人罪于同月29日被刑事拘留，因涉嫌犯非法拘禁罪于同年3月7日被逮捕。

（二）基本案情和审判结果

1.基本案情

被告人韩某某、黄某某、朱某乙、彭某某、罗某某、刘某某和同案人何某某、汪某某（另案处理）等人在被告人黄某某租赁的漳州市芗城区某某花园某某幢某某室从事传销活动，汪某某系该窝点的直接负责人，被告人廖某某系汪某某的上级。2014年1月13日8时许，朱某乙将被害人曹某某（殁年29岁）接至该窝点。黄某某带被告人朱某甲等人搜走曹某某的随身物品。随后，上述传销人员将曹某某控制在该传销窝点，劝说、胁迫曹某某加入传销组织。20时许，曹某某踹门欲逃离。汪某某遂指使韩某某、黄某某、朱某甲、彭某某、罗某某、刘某某将曹某某按倒在地，指使朱某乙、何某某堵在门口播放音乐以防被人发现。韩某某、黄某某、朱某甲先后用毛巾捂压曹某某口鼻等处，致曹某某失去意识。汪某某将该情况报告被告人廖某某，在简单施救未果后，被告人廖某某在上级郭某某（另案处理）的授意下，指使汪某某灌酒伪造醉酒猝死假象并丢弃于偏僻处。汪某某遂叫黄某某购买高度白酒赶至该窝点，与黄某某一同将酒灌入曹某某口中。随后，汪某某、黄某某、朱某乙一同拦乘出租车，将曹某某运至芗城区某某镇某某路某某村路段人行道西侧路边草丛丢弃。经法医鉴定，曹某某系因口鼻腔受外力作用导致缺氧窒息并在大量的酒精作用下死亡；并分析认为死者左耳垂部至左下颌角不规则皮肤缺损，系人体处于濒死期动物咬伤形成。

2.审判结果

(1)漳州市中级人民法院经审理认为,被告人韩某某、黄某某、朱某甲、廖某某、黄某、朱某乙、彭某某、罗某某、刘某某非法拘禁他人,致人死亡,九被告人的行为均已构成非法拘禁罪。在共同犯罪中,韩某某、黄某某、朱某甲积极控制并使用毛巾捂压被害人嘴巴致被害人缺氧窒息,与大量酒精共同作用导致被害人死亡,三人的行为对导致被害人的死亡起到重要作用,均应认定为主犯,依法应当按照各自所参与的全部犯罪进行处罚。朱某甲的家属能积极代为赔偿,并取得谅解,对朱某甲可酌情从轻处罚。廖某某系该传销犯罪集团的领导者之一,组织、领导该犯罪集团进行违法犯罪活动,应当按照集团所犯的全部罪行处罚;特别是在被害人晕迷后,误以为曹某某已死亡的情况下,组织、指挥其他被告人、同案人以灌酒伪造醉酒猝死的方式将被害人丢弃在野外,加速死亡结果的发生,应认定为主犯,依法应按照受其组织、领导的犯罪集团所犯的非法拘禁罪处罚。黄某某在被害人曹某某被骗到该传销窝点后,带朱某甲等人到该窝点拿走曹某某手机等随身物品,拘禁曹某某,在曹某某晕迷后,以为曹某某已死亡的情况下,伙同其他同案人积极以灌酒伪造醉酒猝死的方式将被害人丢弃在野外,加速死亡结果的发生,应认定为主犯,依法应当按照其所参与的全部犯罪进行处罚。黄某某家属能积极代为赔偿,并取得谅解,对黄某某可酌情从轻处罚。朱某乙将曹某某带至传销窝点,在其他被告人控制、捂压曹某某嘴巴时,受指使伙同其他同案人用手机播放音乐,掩饰其他被告人的罪行,在误以为曹某某死亡后,配合他人将曹某某丢弃在野外,在共犯犯罪过程中起次要作用,系从犯,依法应当从轻、减轻或免除处罚。彭某某、罗某某、刘某某在其他被告人捂压曹某某嘴巴时,帮忙控制曹某某,在共同犯罪中起次要作用,是从犯,依法应当从轻、减轻或免除处罚。彭某某家属能积极代为赔偿,并取得谅解,对彭某某可酌情从轻处罚。九被告人基本能供述自己的罪行,依法可以从轻处罚。

据此,依照《中华人民共和国刑法》等相关规定,判决:(1)被告人韩某某犯非法拘禁罪,判处有期徒刑 14 年,剥夺政治权利 3 年;(2)被告人黄某某犯非法拘禁罪,判处有期徒刑 14 年,剥夺政治权利 3 年;(3)被告人朱某甲犯非法拘禁罪,判处有期徒刑 10 年,剥夺政治权利 1 年;(4)被告人廖某某犯非法拘禁罪,判处有期徒刑 12 年,剥夺政治权利 2 年;(5)被告人黄某某犯非法拘禁罪,判处有期徒刑 10 年,剥夺政治权利 1 年;(6)被告人朱某乙犯非法拘禁罪,判处有期徒刑 7 年 6 个月;(7)被告人彭某某犯非法拘禁罪,判处有期徒刑 4 年 6 个月;(8)被告人罗某某犯非法拘禁罪,判处有期徒刑 6 年;(9)被告人刘某某犯非法拘禁罪,判处有期徒刑 6 年。

宣判后,被告人韩某某、黄某某、朱某甲、廖某某、黄某、朱某乙、彭某某、罗某某均提起上诉。

(2)福建省高级人民法院经审理认为,上诉人韩某某、黄某某、廖某某、黄某等人非法拘禁被害人并致一人死亡,其行为已构成非法拘禁罪。原判认定事实清楚,证据确实充分,定罪准确,量刑适当,审判程序合法。据此,于 2017 年 2 月 28 日依法裁定驳回上

诉，维持原判。

二、案情内容与审判实务分析

板块一：被害人死因分析对刑事责任认定的影响

1.被害人死亡原因的法医学分析

证据资格是大陆法系证据法律制度习惯使用的概念，在英美证据法律制度中，这一问题被概括为证据的“可采性”。一个证据具备了“可采性”，就是说诉讼当事人或其他有关人员提交的证据符合了法律规定的资格，法官应该在审判中采纳之。从证据的种类来看，对被害人死亡的法医学分析属于刑事诉讼法规定的八大证据种类之一——鉴定意见。学者认为，鉴定意见是有鉴定资格的专业人员就案件中的专门问题向司法机关提供的结论性意见。[①] 由于鉴定问题本身的高度复杂性，鉴定案例的特殊性以及囿于鉴定过程中各种因素、条件的制约、影响，专家的鉴定活动也有可能得出不尽科学、正确的结论。[②] 因而，最高人民法院的司法解释对鉴定意见的采信规定了较为严格的条件。[③] 那么，司法实践中，哪些问题需要鉴定？哪些鉴定意见属于法官审查判断范畴？这些问题常常困扰着审判人员。有的法官认为，鉴定意见仅针对事实问题，不能对法律问题作出判断。若法官没有鉴定意见的帮助已完全能作出裁判，其为多余，就应被排除在证据调查范围，不能进入法官视野，更不无需言证明力。因而，鉴定意见仅针对案件事实中有关的专门问题作出，如何判断仍属于法官的职责。[④]

查明死亡原因是法医尸检主要目的之一，错误的死因分析必然引致全案错误的导向。法医学死因分析、鉴定是法医病理学的核心，关系到当事人的是与非、罪与非罪。对死因的认定必须在认真检查、占有大量资料的基础上进行论证分析，得出正确的结论，为有关刑事案件的侦查、起诉、审判等提供事实根据和科学证据。[⑤] 司法实践中，由于被害人的死因千差万别，形式各异，如何准确认定他们的死因，还原案发时的真相，还被害人以公义，为案件的办理提供可信赖的依据，是法医的重要职责。法医能否提供准确的死因分析鉴定意见，具体到每一起刑事案件中，经常会影响到审判人员对案件事实的认定，进而影响之后的量刑。因而，法医学死因分析是否合法、客观、真实，影响着审判人员的自由心证，在多人作案的情形下，也将影响着每一个参加者的刑事责任认定。

---

① 何家弘、刘品新：《证据法学》，法律出版社2015年第5版，第111页、第178页。

② 刘德权主编：《最高人民法院司法观点集成》，人民法院出版社2014年第2版，第1722页。

③ 详见2012年11月5日最高人民法院审判委员会第1559次会议通过的最高人民法院《关于适用〈中华人民共和国刑事诉讼法〉的解释》“第五节 鉴定意见的审查与认定”。

④ 高憬宏、杨万明主编：《基层人民法院法官培训教材（实务卷·刑事审判篇）》，人民法院出版社2005年版，第460～461页。

⑤ 王银阁：《论死因分析》，载《河南司法警官职业学院学报》2003年第3期。

本案的法医学死因分析主要基于以下几份鉴定意见:

第一,确定被害人的身份情况。漳州市公安局物证鉴定所漳公刑鉴 DNA 字[2014]144 号 DNA 遗传关系鉴定书,证实曹某某和马某某是死者生物学父母的父权指数为 3.8×10^4 倍,说明死者系曹某某和马某某的儿子曹某某。

第二,排除被害人系中毒的情形。漳州市公安局物证鉴定所(漳)公(刑)鉴(化)字[2014]28 号、29 号理化检验鉴定报告,证实经检验,送检的死者胃内容物未检出甲胺磷、敌敌畏、安定、巴比妥、毒鼠强。

第三,本案的难点也是区分相关被告人刑事责任的重要分水岭的鉴定意见。漳州市公安局物证鉴定所(漳)公(刑)鉴(化)字[2014]29 号理化检验鉴定报告,从送检的死者曹某某心血中酒精的含量为 1680mg/100ml。该份鉴定意见显示了被害人曹某某的酒精含量之高,不仅引发了不知情被告人的质疑,也成为了被告人及其辩护人的主要辩点,即认为被害人的死亡是被告人汪某某、黄某某伙同朱某乙将被害人灌酒、抛尸造成的,而与其他被告人无关。因而,也有必要申请有专门知识的人出庭作证。

第四,被害人的尸体解剖鉴定意见是否清楚、详细地、准确地反映出被害人的死因,是案件能否顺利审理的关键。漳州市公安局芗城分局物证鉴定室(芗)公(刑)鉴(尸)字(2014)第 1 号法医学尸体检验鉴定书及补充说明三份,证实:①被害人系因口鼻腔受外力作用导致缺氧窒息并受大量的酒精作用导致死亡,并分析死者系于 2014 年 1 月 14 日凌晨 4 时之前死亡。②被害人左耳垂部至左下颌角不规则皮肤缺损,创缘不整,呈锯齿状,下方有二道未凝固的留柱状的血液,分析系动物咬伤,因人体处于濒死期时,伤口仍会继续出血,因重力作用往下流淌而形成该现象。说明被害人在被丢弃到野外后才死亡。该份鉴定意见分析了被害人的死因及死亡时间,但其结论是“因口鼻腔受外力作用导致缺氧窒息并受大量的酒精作用下导致死亡”,这也是被告人及其辩护人的主要辩点,既然是凌晨 4 时死亡,就非捂鼻、灌酒而亡,而是抛尸后而亡,那之前的相关被告人不应对其死亡负责任。如何做到让被告人及其辩护人明白、理解被害人的死亡过程、死亡原因、死亡时间等事实,就需要有专门知识的人进行出庭作证。

第五,血迹、血痕、细胞等生物痕迹鉴定意见将锁定被害人与被告人之间的密切关系,也将影响着后续案件证据的采信和审理。漳州市公安局物证鉴定所漳公刑鉴 DNA 字[2014]046 号、91 号 DNA 个体识别鉴定书,证明①外套内帽中部斑迹、外套内帽内侧毛发 1、外裤拉链旁斑迹、内衣背部斑迹、死者左耳血迹、草丛上血迹等为死者所留的可能性是其他随机个体所留可能性的 3.46×10^{18} 倍;②外套脱落细胞 2、内衣腋下不排除含有该无名尸的 DNA 成分;③死者左手指甲内容物为韩某某所留的可能性是其他随机个体所留可能性的 3.07×10^{16} 倍;④外套脱落细胞 1 不排除含有朱某乙的 DNA 成分。正是因生物痕迹鉴定的较为准确性,本案被害人的死亡就与韩某某、朱某乙等人建立了较为客观的刑事因果关系。

综上,被害人的死亡是多因一果所致,又因本案的特殊性,在被害人被用毛巾捂鼻以致昏迷后,又有灌酒和抛尸的行为。正因为该案侦查机关对被害人死亡法医学分析过程的简略,加之案情的复杂,不仅是控辩双方的争点,而且也是被告人与被害人家属的疑惑点。因而,本案的法医学分析对锁定被害人的死因、认定相关被告人的因果关系和刑事责任具有重要意义。同时,这些都为后续的开庭中申请有专门知识的人出庭埋下了伏笔。

如有学者言,鉴定意见以一定的科学技术为基础,属于科学证据的范畴,同时它又属于“意见证据”,只解答事实认定问题,不解答法律争议问题。[①] 因而法官在审查被害人死亡的法医学分析中,仍应遵循最高人民法院司法解释规定,对其作为鉴定意见的形式要件是否完备,是否注明提起鉴定的事由、鉴定委托人、鉴定机构、鉴定要求、鉴定过程、鉴定方法、鉴定日期等相关内容,以及程序是否合法等内容,进行审查判断。当然,对于鉴定意见的实质要件,则需结合自身经验、知识等进行判断,无法准确判断的,则需有专门知识的人介入,方能对定罪量刑提供可参考的意见。

2.法医学生活反应对本案部分被告人刑事责任的影响

(1)法医学生活反应的认定

在法医学尸体检验鉴定中,生活反应是一项重要的检查指标,这对死亡原因、死亡性质、死亡时间的推断等都具有重要的意义,该项指标能够为法医学尸体检验鉴定提供充足的依据和基础。

生活反应是指当暴力作用于生活机体时,损伤局部及全身皆可出现一定的防卫反应。[②] 这种反应现象是活而有之,死而无之。生活反应分为局部生活反应和全身生活反应。

局部生活反应包括出血、炎症、创口哆开等。其中出血是各种组织损伤的重要生活反应,是生前伤的主要特征之一。出现这种现象主要是因为生活机体由于心脏的舒缩而使血液在一定压力下循环流动,一旦人体组织受暴力作用而造成损伤,相应部位血管就可发生破裂,血液在压力作用下从血管内流出,[③]且均可见凝血块形成。死后损伤,虽然血液流动压力消失,但由于受地心引力影响,血液也有可能从破裂的血管端流出,但出血量一般较少,亦无凝血块形成。

全身生活反应主要包括栓塞、咽入、吸入、吸收等现象。其中咽入是活体的胃肠蠕动、吞咽反射活动,如果受伤时,人体吞咽反射机能影响,口鼻腔存在的异物或血液就被咽下,并会随着胃肠蠕动而进入肠内。

(2)法医学生活反应对本案部分被告人刑事责任的影响

---

① 何家弘、刘品新:《证据法学》,法律出版社2015年第5版,第180～181页。

② 赵子琴主编:《法医病理学》,人民卫生出版社2009年第4版,第255页。

③ 赵子琴主编:《法医病理学》,人民卫生出版社2009年第4版,第255页

具体到本案中,经法医鉴定,被害人曹某某系因口鼻腔受外力作用导致缺氧窒息并受大量的酒精作用导致死亡。根据现有的证据可证实从曹某某被捂压口鼻失去意识至被灌白酒,相隔一二小时,按一般人的思维,导致窒息死亡,一般情况下只需要三四分钟就可完全。在本案中,我们很难理解缺氧窒息与大量酒精作用能共同导致曹某某死亡。因此,在这种情况下,判断曹某某在被灌酒前是否死亡以及酒精对曹某某死亡所起的作用,对认定指使或实施灌酒行为的廖某某、汪某某、黄某、朱某乙等人的刑事责任就显得尤为重要。

经理化检验鉴定,死者曹某某心血中乙醇含量为1680mg/100ml。说明曹某某被捂压口鼻失去意识后,在被灌入白酒时,尚有咽入功能,这属于生活机体(活体)的全身生活反应之一。如果人死亡后,是不会出现吞咽反射和肠胃蠕动活动,从该法医学现象也证实当时曹某某尚有生命迹象。因此,可排除曹某某被捂压口鼻直接导致死亡,结合法医学尸体检验鉴定,可认定摄入大量酒精加速了死亡后果的发生。这里需要说明的是血液中乙醇含量达到1680mg/100ml,确实高得有点离谱。在庭审中,有专门知识的人刘良教授分析,人体摄入大量酒精,在死亡后,肠胃内酒精仍然会向附近器官渗透,包括心脏,类似于将心脏浸泡在酒精内一样,因此死者心血中的乙醇含量才会如此之高。

在第二现场,即丢弃被害人曹某某的现场,曹某某尸体左耳处及左耳下方草丛枝叶上被发现有大量血迹。法医学尸体检验鉴定意见证实死者左耳垂部至左下颌角不规则皮肤缺损,创缘不整,呈锯齿状,下方有二道未凝固的留柱状的血液,分析系动物咬伤形成。而且现有的证据可排除该损伤是在第一现场形成。因此可说明被害人在被丢弃在野外时还有出血的局部生活反应,可推断被害人在被丢弃在野外后才死亡。

综上,审判人员根据法医学尸体检验鉴定,并结合曹某某被捂压口鼻失意识后出现的吞咽和出血的生活反应,认定指使或参与实施灌酒的廖某某、汪某某、黄某等人对非法拘禁致人死亡承担主要刑事责任,对实施捂压口鼻、灌酒行为起帮助作用的朱某乙对非法拘禁致人死亡承担次要刑事责任。

公诉机关提供了以下证据:

①某某路现场的勘验检查笔录、示意图及照片,证实现场位于漳州市芗城区某某镇某某路某某村路段人行道西侧路边草丛,草丛中见1具上身穿灰色格子状长袖T恤、下身穿黑色休闲裤、腰系黑色皮带、脚穿"安踏"牌褐色板鞋的仰卧状男尸;尸体左耳见有大量血迹,左耳下方草丛枝叶上见1处血迹……。

②漳州市公安局芗城分局物证鉴定室(芗)公(刑)鉴(尸)字(2014)第1号法医学尸体检验鉴定书及补充说明三份,证实:a.死者系因口鼻腔受外力作用导致缺氧窒息并受大量的酒精作用导致死亡,并分析死者系于2014年1月14日凌晨4时之前死亡。b.死者左耳垂部至左下颌角不规则皮肤缺损,创缘不整,呈锯齿状,下方有二道未凝固的留柱状的血液,分析系动物咬伤,因人体处于濒死期时,伤口仍会继续出血,因重力作用往

下流淌而形成该现象。说明死者在被丢弃到野外后才死亡。

③漳州市公安局物证鉴定所(漳)公(刑)鉴(化)字[2014]29 号理化检验鉴定报告，证实经检验，从送检的死者心血中酒精的含量为 1680mg/100ml。

3.有专门知识的人出庭作证的程序以及对案件审理作用

(1)有专门知识的人出庭作证的程序规定及完善

2012 年新刑事诉讼法修改时首次确立了专家证人出庭制度，并明确规定有专门知识的人出庭作证的相关程序。第 192 条规定："法庭审理过程中，当事人和辩护人、诉讼代理人有权申请通知新的证人到庭，调取新的物证，申请重新鉴定或者勘验。公诉人、当事人和辩护人、诉讼代理人可以申请法庭通知有专门知识的人出庭，就鉴定人作出的鉴定意见提出意见。公诉人、当事人和辩护人、诉讼代理人可以申请法庭通知有专门知识的人作为证人出庭，就鉴定人作出的鉴定意见提出意见。法庭对于上述申请，应当作出是否同意的决定。第二款规定的有专门知识的人出庭，适用鉴定人的有关规定。"该条规定了在庭审过程中，控辩双方、被害人方都有权申请有专门知识的人出庭，也可以申请其作为证人出庭，就鉴定意见提出意见。是否允许则由法院决定。

最高人民法院《关于适用〈中华人民共和国刑事诉讼法〉的解释》第 217 条规定"公诉人、当事人及其辩护人、诉讼代理人申请法庭通知有专门知识的人出庭，就鉴定意见提出意见的，应当说明理由。法庭认为有必要的，应当通知有专门知识的人出庭。申请有专门知识的人出庭，不得超过二人。有多种类鉴定意见的，可以相应增加人数。有专门知识的人出庭，适用鉴定人出庭的有关规定。"该解释还明确了申请有专门知识的人出庭应当说明理由，出庭的人数不得超过二人。其出庭适用鉴定人出庭的规定。换言之，对其出庭后的发问程序、能否旁听审理等所享有的权利和承担的义务和证人、鉴定人出庭等规定一致。

实践中，有两点需要注意的是：

一是法院应当在庭前审查"有专门知识的人"的主体资格，确认其是否具备相关领域的专业知识，以及是否取得相关资质。关于如何确认其是否属于"有专门知识的人"，刑事诉讼法及其司法解释并无明确的规定。因而在实践中，法官如何认为其具有专门知识，如何认定其所作陈述是否可以采信，如何将之运用于案件的具体证据的相互佐证中，是审判中的疑难点。

二是对有专门知识的人的经济补助问题。2012 年修订后的《刑事诉讼法》第 63 条对证人出庭作证的补助有明确的规定，但没有规定对鉴定人、有专门知识的人出庭作证补助的情况。比如本案中，公诉人申请全国著名的法医学专家刘良教授出庭，他是省外的，来往费用、住宿等开支不低，若未处理好，也将打击他们出庭的积极性。

(2)有专门知识的人出庭作证对案件审理的作用

先来看看被告人廖某某及其辩护人提出廖某某的行为应认定为帮助毁灭、伪造证

据罪而非非法拘禁罪的理由。一审法院认为,廖某某与汪某某、韩某某、黄某某等人均系非法拘禁曹某某的共犯,其不仅是传销组织的组织、领导者之一,还指使汪某某等人以伪造曹某某醉酒猝死的方式将曹某某丢弃在野外,加速了死亡结果的发生,因此其行为属非法拘禁致人死亡的范畴,应以非法拘禁罪追究刑事责任,故该辩解、辩护意见不能成立,不予采纳。二审法院也认为,廖某某在传销活动中起组织、指挥作用,其对下级为逼迫他人加入传销组织可能实施非法拘禁行为,存在概括的犯意,应作为组织者、领导者承担责任,构成非法拘禁罪的共犯。廖某某被告知被害人已死亡后,未经核实,指使汪某某等人伪造被害人醉酒猝死假象并丢弃于野外,该行为系造成被害人死亡结果的原因之一,也应对死亡结果承担相应的责任。从帮助毁灭、伪造证据罪到非法拘禁罪的跨越,不仅是事实判断问题,更是通过庭审过程中包括有专门知识的人出庭作证,对各项证据的质证,加深了法官的内心确信。

自1998年意大利刑事司法改革引入技术顾问制度之后,越来越多的大陆法系国家开始考虑建立这一制度的必要性和可行性。而在我国,是否在刑事诉讼法中引入专家辅助人制度一直以来都是学术界和实务界探讨的焦点问题。[①] 在刑事诉讼中,为了查明案情,需要解决案件中某些专门性问题时,应指派、聘请有专门知识的人进行鉴定,出具鉴定意见。但鉴定意见对定罪量刑有直接影响,所涉及的问题专业性较强,有时因作出鉴定意见的鉴定人员的素质参差不齐,或者文书标准不一,审判人员仅根据鉴定意见,有时难以做出准确判断。而且,参与庭审的诉讼参与人,也同样存在着相关方面知识的缺乏,以致对鉴定意见存在着不同理解等问题,不具备对鉴定意见进行审查判断的能力。因而,参与诉讼的人申请有专门知识的人出庭作证,就鉴定意见发表意见,为他们提供专业辅助,具有重要的作用。

一是申请有专门知识的人出庭作证,尤其是在有些案件中,存在着两份鉴定意见明显不一致的情形,或者有些鉴定人员未尽认真负责义务以致鉴定意见存在瑕疵等问题,就鉴定意见提出对抗,能够增进对鉴定意见的审查,防止鉴定人的错误鉴定对审判人员造成影响,从而更好地维护当事人的合法权益,增强刑事诉讼的人权保障功能。

二是有专门知识的人出庭作证,凭借他们在法医学等相关领域的专业性、技术性知识,可以为审判人员审查判断鉴定意见提供有价值的参考,有利于诉讼参与人作出科学的判断,也能在一定程度上减少重复鉴定的出现,节约诉讼资源。

三是有专门知识的人出庭提供专业的意见,是落实直接言词证据原则的重要体现,是推进以审判为中心诉讼制度改革的必然要求,是实现庭审实质化的具体体现。在大陆法系国家普遍采用直接言词原则,而英美法系国家普遍采用传闻证据排除规则,二者具有异曲同工之处,都是为了保障法官或者陪审团对证据的直接审查和采信。因而有

---

① 汪建成:《司法鉴定模式与专家证人模式的结合——中国刑事司法鉴定制度改革的方向》,载《国家检察官学院学报》2011年第4期。

专门知识的人出庭作证是上述原则的重要体现。

具体到本案中，庭审中有法医学专门知识的刘良教授提出：(1)被害人曹某某存在酒精摄入的情况，被灌入口中的白酒有部分进入其胃腔内及肺部；(2)曹某某被灌入白酒时存在吞咽等生命活动；(3)曹某某心血中酒精含量显著升高(1680mg/100ml)，与其体内酒精发生死后再分布和组织间扩散有关；(4)捂压曹某某嘴巴是其死亡的基础，灌酒加速了曹某某的死亡。因而，被告人韩某某、朱某甲、黄某某等人用毛巾捂压被害人口鼻致其缺氧窒息，以致有后续的灌酒和抛尸行为，他们的前行为与被害人后续的死亡结果存在刑法上的因果关系，因而均需对被害人的死亡负责任。

一审宣判后，上诉人黄某某、罗某某、刘某某提出不应对死亡结果承担责任的理由。福建省高级人民法院经查，法医鉴定意见及具有专门知识的人的出庭证言，证实被害人因口鼻受外力作用导致缺氧并受大量酒精作用下导致死亡，捂嘴导致被害人窒息濒临死亡，灌酒加速了被害人的死亡。捂嘴及灌酒均系致死原因之一，故上述三人均应对死亡结果承担责任。其亦采信了有专门知识的人的出庭证言。

 板块二：非法拘禁过程中出现重大伤亡后果的定性分析

1.结果加重犯的认定与处理

结果加重犯与情节加重犯是均有体现于我国刑法分则的规定中。这两种情形都涉及加重结果或者加重情节与其他犯罪的关系问题。结果加重犯，也称加重结果犯，是指法律规定的一个犯罪行为，由于发生了与该行为的性质不相一致的严重后果，法律规定加重其法定刑的犯罪。其中与犯罪性质相一致的结果为基本结果，不一致的更重结果为加重结果。[①] 如刑法分则规定的故意伤害致人死亡，就是典型的结果加重犯。具体言之，结果加重犯的成立条件：

一是行为人实施基本犯罪行为，造成了加重结果，基本犯罪行为与加重结果之间具有直接因果关系。加重结果是基本犯罪行为直接导致的，在程度与性质上重于基本犯罪结果的结果。例如，福建省高级人民法院审查上诉人黄某某提出其行为与死亡结果之间没有因果关系，应认定为帮助毁灭、伪造证据罪理由时，认为黄某某系另一传销窝点负责人，在被害人被骗至案发传销窝点时搜走随身物品，配合他人对被害人非法拘禁，已构成非法拘禁罪的共犯。黄某某在捂压被害人时虽未在场，但当汪某某告知被害人已死亡后，未作核实即主观臆断被害人已死，与他人共同向被害人灌酒伪造猝死假象并丢弃于野外。黄某某的行为也是造成被害人死亡结果的原因之一，应对死亡结果承担相应的责任。原判认定黄某某非法拘禁致人死亡正确。

二是行为人对基本犯罪具有故意或者过失，对加重结果至少有过失。结果加重犯的主观心态有几种情形：对基本犯罪具有故意，对加重结果只能是过失。如故意伤害致

① 王作富主编：《刑法》，中国人民大学出版社2009年第4版，第159页。

死,非法拘禁致人重伤等。对基本犯罪具有故意,对加重结果可以是故意,也可以是过失。如抢劫致人重伤、死亡的情形。对基本犯罪具有过失,对加重结果也是过失。如铁路运营安全事故罪的结果加重犯。

三是刑法就发生加重结果加重了法定刑。由于刑法对结果加重犯均有单独的法定刑档次,对其只能认定为一个犯罪而不能以数罪论处,并且根据加重的法定刑量刑。

2.非法拘禁过程中出现重大伤亡后果的类型

司法实践中,非法拘禁过程中出现重大伤亡后果存在多种类型,具体如下:

(1)非法拘禁行为没有超出其所需的必要暴力范围,导致重大伤亡后果的;

(2)在非法拘禁行为之外另行使用暴力,但不是该暴力行为导致重大伤亡后果,而拘禁行为本身导致重大伤亡后果的;

(3)在非法拘禁过程中,产生新的伤害或杀人犯意,而实施伤害或杀人行为的;

(4)非法拘禁过程中,在拘禁行为之外另行使用暴力致人死亡,且行为人没有杀人故意的;

(5)在非法拘禁过程中,故意实施伤害行为过失导致被害人死亡的;

(6)在非法拘禁过程中,没有超出拘禁范畴的轻微暴力行为,与拘禁行为之外的非暴力行为共同导致被害人重大死亡后果的。

3.本案所处的类型及定性

具体到本案,在传销违法犯罪过程中,为强迫被害人加入传销组织,使用轻微暴力,在被害人失去意识后进行简单施救。其目的是为了更好地控制、拘禁被害人,主观上并非为杀害或伤害被害人,因上述行为导致严重伤亡后果的,属于非法拘禁罪的加重后果,不构成故意伤害罪或故意杀人罪。这些轻微的暴力行为仍属于非法拘禁的基本犯罪行为,并没有超出非法拘禁的必要暴力范畴,而且这些相对较轻微的暴力行为,在刑法上无法单独作为故意伤害罪进行评价,或者即便造成轻伤的后果,因存在法条竞合,刑法选择适用非法拘禁罪的条款,而将殴打造成轻伤后果作为从重处罚情节予以评价,更能体现罪刑相适应的原则。当然,如果行为人使用较为严重的暴力行为,其主观上就应当明知其行为会造成严重的伤亡后果。在这种情形下,仍继续实施严重暴力行为,其主观犯意已发生转化,即从非法拘禁的故意转化为故意伤害或故意杀人的故意。因此,在这种场合下,才符合故意伤害罪或故意杀人罪的构成要件。

本案中,在被害人曹某某踹门欲逃离时,韩某某等人并非对被害人实施殴打,只是将被害人按倒在地,同时为了防止被害人喊叫,用毛巾捂压被害人口鼻,导致被害人晕迷,随后实施简单施救。韩某某等人的行为,目的是为了更好地控制、拘禁被害人,并没有超出非法拘禁的必要暴力范畴,结合后续的施救行为,说明行为人主观上并不存在严重伤害或杀害被害人的犯意。至于此后行为人在误以为被害人死亡的情况下,实施灌酒伪造醉酒猝死假象,系加速导致被害人死亡的原因,也是由于行为人错误判断被害人

已死亡的情况下导致，在主观上，对被害人死亡后果仍属于过失。综上，韩某某等人主观上是为了非法拘禁被害人，不具有杀害、伤害被害人的主观故意，客观上导致被害人死亡后果的发生，其行为符合《刑法》第238条第2款规定，属于非法拘禁致人死亡的情形，应当以非法拘禁罪定罪处刑。因此，被告人韩某某、黄某某、朱某甲、廖某某、黄某某、朱某乙、彭某某、罗某某、刘某某非法拘禁他人，致人死亡，九名被告人的行为均已构成非法拘禁罪。

板块三：传销组织犯罪集团中各组织成员的刑事责任

1.犯罪集团首要分子的认定

组织、领导犯罪集团进行犯罪活动的犯罪分子，即犯罪集团的首要分子。在刑法理论上，一般将其称为组织犯。[①] 犯罪集团是指三人以上为实施犯罪而组织成较为固定的犯罪组织。犯罪集团具有以下特征：1.人数较多(三人以上)，重要成员固定或基本固定；2.经常纠集在一起进行一种或数种严重的刑事犯罪；3.有明显的首要分子；4.有预谋地实施犯罪活动；5.不论作案次数多少，对社会造成的危害或其具有危险性都很严重。[②] 一般情况下，传销组织涉及人员众多，层级明显，有明确的主任、大主任、经理等。这类组织在实施传销违法犯罪过程中，经常会出现为强迫他人加入传销组织而实施非法拘禁、故意伤害、故意杀人等一系列违法犯罪行为，符合犯罪集团的基本特征。

廖某某系被害人所在传销窝点负责人汪某某和另一传销窝点负责人黄某某的上级，在传销违法犯罪活动中起组织、策划、指挥作用，系该传销犯罪集团的首要分子之一。《刑法》第26条第3款规定："对组织、领导犯罪集团的首要分子，按照集团所犯的全部罪行处罚。"根据该规定，犯罪集团首要分子之一的廖某某，不论其事先是否知情或具体参与集团犯罪的某一罪行，均应当对集团所犯的全部罪行负责。从另一角度分析，作为犯罪集团首要分子的廖某某，其成立传销犯罪集团的目的就是为了实施一种或数罪犯罪，即便其没有具体参与实施集团所犯的某一罪行，也应当明知组织成员为逼迫他人加入传销组织，会实施非法拘禁这一惯用行为，并希望或放任结果的发生。说明其主观上存在概括的故意，故应承担集团所犯的全部罪行，这也是符合主客观相统一的刑法原理。因此，生效判决确认廖某某承担非法拘禁致人死亡的刑事责任符合法律规定。

2.传销组织犯罪集团的组织架构

传销组织犯罪集团的组织架构一般根据司法解释来认定，主要可概括为组织传销活动人员三十人以上且三个层级以上，该犯罪集团的主要领导、组织者就应当对整个犯罪集团所实施的犯罪行为负刑事责任。

---

① 王作富主编：《刑法》，中国人民大学出版社2009年第4版，第144页。

② 任完成：《张君等抢劫、杀人犯罪集团案—犯罪集团应如何认定？犯罪集团是否应全案审判?》，载最高人民法院刑事审判第一、二庭编：《刑事审判参考》2001年第7辑(总第18辑)，法律出版社2001年版。

具体言之,根据最高人民法院、最高人民检察院、公安部《关于办理组织领导传销活动刑事案件适用法律若干问题的意见》规定:“一、关于传销组织层级及人数的认定问题,以推销商品、提供服务等经营活动为名,要求参加者以缴纳费用或者购买商品、服务等方式获得加入资格,并按照一定顺序组成层级,直接或者间接以发展人员的数量作为计酬或者返利依据,引诱、胁迫参加者继续发展他人参加,骗取财物,扰乱经济社会秩序的传销组织,其组织内部参与传销活动人员在三十人以上且层级在三级以上的,应当对组织者、领导者追究刑事责任。

组织、领导多个传销组织,单个或者多个组织中的层级已达三级以上的,可将在各个组织中发展的人数合并计算。

组织者、领导者形式上脱离原传销组织后,继续从原传销组织获取报酬或者返利的,原传销组织在其脱离后发展人员的层级数和人数,应当计算为其发展的层级数和人数。

……”

具体到本案中,虽然根据到案被告人的供述,韩某某、黄某某等人的上级是汪某某,汪某某和黄某某等人的上级是廖某某,廖某某的上级是郭某某,据此可以证实,本案传销活动层级有三级以上。只是由于客观原因,经过要求侦查机关补充侦查,仍无法核实参与传销活动的人员是否达到三十人以上,因而无法准确认定本案廖某某、郭某某等人组织、领导传销活动罪的刑事责任,但不影响将该传销组织认定为犯罪集团。

3.传销组织犯罪集团中各组织成员的刑事责任认定

传销组织犯罪集团中各组织成员的刑事责任的认定,关键是看各成员在传销组织中所处的地位和所起的作用,具体认定可依据最高人民法院、最高人民检察院、公安部《关于办理组织领导传销活动刑事案件适用法律若干问题的意见》规定,“二、关于传销活动有关人员的认定和处理问题”,下列人员可以认定为传销活动的组织者、领导者:(1)在传销活动中起发起、策划、操纵作用的人员;(2)在传销活动中承担管理、协调等职责的人员;(3)在传销活动中承担宣传、培训等职责的人员;(4)曾因组织、领导传销活动受过刑事处罚,或者一年以内因组织、领导传销活动受过行政处罚,又直接或者间接发展参与传销活动人员在十五人以上且层级在三级以上的人员;(5)其他对传销活动的实施、传销组织的建立、扩大等起关键作用的人员。

以单位名义实施组织、领导传销活动犯罪的,对于受单位指派,仅从事劳务性工作的人员,一般不予追究刑事责任。

如果是被骗到传销组织者,诸如刘某某等人,他们未在传销组织及其活动中担任主要职务、承担主要作用的,就不能认定其系传销组织的组织者、领导者。当然在区分刑事责任的时候,也仅能依据发生非法拘禁、故意伤害、杀人等行为时予以具体认定。

三、小　　结

在刑事诉讼活动中，对证据的审查判断具体表现为对证据的分析、研究和判断。这不仅是侦查机关、检察机关应着力下功夫的，在以审判为中心的背景下，更是审判机关应不遗余力坚持的。在传销组织活动中发生的非法拘禁、故意伤害、故意杀人等案件，如何根据法医学死因分析判断被害人的死因，如何就诉讼参与人引发争议的被害人死因等方面的鉴定意见申请有专门知识的人进行释疑解惑，如何就法医学生活反应确定被告人所犯罪行，如何认定是基本犯罪还是结果加重犯，如何认定传销组织活动的组织者和领导者，等等，这些在司法实践中存在的疑难点，给每一名审判人员带来了巨大的挑战。因而，为了还原案件事实的真相，为了替被害人主持公平正义，给被告人的犯罪行为以相适应的定性、量刑及判处的刑罚，审判人员需要在类案中不懈努力、重点关注并加以解决。

四、相关法律和司法解释

1.《中华人民共和国刑法》

第 224 条规定："组织、领导以推销商品、提供服务等经营活动为名，要求参加者以缴纳费用或者购买商品、服务等方式获得加入资格，并按照一定顺序组成层级，直接或者间接以发展人员的数量作为计酬或者返利依据，引诱、胁迫参加者继续发展他人参加，骗取财物，扰乱经济社会秩序的传销活动的，处五年以下有期徒刑或者拘役，并处罚金；情节严重的，处五年以上有期徒刑，并处罚金。"

第 232 条规定："故意杀人的，处死刑、无期徒刑或者十年以上有期徒刑；情节较轻的，处三年以上十年以下有期徒刑。"

第 238 条规定："非法拘禁他人或者以其他方法非法剥夺他人人身自由的，处 3 年以下有期徒刑、拘役、管制或者剥夺政治权利。具有殴打、侮辱情节的，从重处罚。犯前款罪，致人重伤的，处 3 年以上 10 年以下有期徒刑；致人死亡的，处 10 年以上有期徒刑。使用暴力致人伤残、死亡的，依照本法第 234 条、第 232 条的规定定罪处罚。为索取债务非法扣押、拘禁他人的，依照前两款的规定处罚。国家机关工作人员利用职权犯前三款罪的，依照前三款的规定从重处罚。"

第 25 条规定："共同犯罪是指二人以上共同故意犯罪。二人以上共同过失犯罪，不以共同犯罪论处；应当负刑事责任的，按照他们所犯的罪分别处罚。"

第 26 条规定："组织、领导犯罪集团进行犯罪活动的或者在共同犯罪中起主要作用的，是主犯。三人以上为共同实施犯罪而组成的较为固定的犯罪组织，是犯罪集团。对

组织、领导犯罪集团的首要分子,按照集团所犯的全部罪行处罚。对于第三款规定以外的主犯,应当按照其所参与的或者组织、指挥的全部犯罪处罚。”

第 27 条规定:“在共同犯罪中起次要或者辅助作用的,是从犯。对于从犯,应当从轻、减轻处罚或者免除处罚。”

第 67 条规定:犯罪以后自动投案,如实供述自己的罪行的,是自首。对于自首的犯罪分子,可以从轻或者减轻处罚。其中,犯罪较轻的,可以免除处罚。被采取强制措施的犯罪嫌疑人、被告人和正在服刑的罪犯,如实供述司法机关还未掌握的本人其他罪行的,以自首论。犯罪嫌疑人虽不具有前两款规定的自首情节,但是如实供述自己罪行的,可以从轻处罚;因其如实供述自己罪行,避免特别严重后果发生的,可以减轻处罚。”

2.2018 年 10 月 26 日《中华人民共和国刑事诉讼法》

第 65 条规定:“证人因履行作证义务而支出的交通、住宿、就餐等费用,应当给予补助。证人作证的补助列入司法机关业务经费,由同级政府财政予以保障。有工作单位的证人作证,所在单位不得克扣或者变相克扣其工资、奖金及其他福利待遇。”

第 197 条规定:“法庭审理过程中,当事人和辩护人、诉讼代理人有权申请通知新的证人到庭,调取新的物证,申请重新鉴定或者勘验。公诉人、当事人和辩护人、诉讼代理人可以申请法庭通知有专门知识的人出庭,就鉴定人作出的鉴定意见提出意见。公诉人、当事人和辩护人、诉讼代理人可以申请法庭通知有专门知识的人作为证人出庭,就鉴定人作出的鉴定意见提出意见。法庭对于上述申请,应当作出是否同意的决定。第二款规定的有专门知识的人出庭,适用鉴定人的有关规定。”

3.最高人民法院《关于适用〈中华人民共和国刑事诉讼法〉的解释》

第 84 条规定:“对鉴定意见应当着重审查以下内容:(1)鉴定机构和鉴定人是否具有法定资质;(2)鉴定人是否存在应当回避的情形;(3)检材的来源、取得、保管、送检是否符合法律、有关规定,与相关提取笔录、扣押物品清单等记载的内容是否相符,检材是否充足、可靠;(4)鉴定意见的形式要件是否完备,是否注明提起鉴定的事由、鉴定委托人、鉴定机构、鉴定要求、鉴定过程、鉴定方法、鉴定日期等相关内容,是否由鉴定机构加盖司法鉴定专用章并由鉴定人签名、盖章;(5)鉴定程序是否符合法律、有关规定;(6)鉴定的过程和方法是否符合相关专业的规范要求;(7)鉴定意见是否明确;(8)鉴定意见与案件待证事实有无关联;(9)鉴定意见与勘验、检查笔录及相关照片等其他证据是否矛盾;(10)鉴定意见是否依法及时告知相关人员,当事人对鉴定意见有无异议。”

第 85 条规定:“鉴定意见具有下列情形之一的,不得作为定案的根据:(1)鉴定机构不具备法定资质,或者鉴定事项超出该鉴定机构业务范围、技术条件的;(2)鉴定人不具备法定资质,不具有相关专业技术或者职称,或者违反回避规定的;(3)送检材料、样本来源不明,或者因污染不具备鉴定条件的;(4)鉴定对象与送检材料、样本不一致的;(5)鉴定程序违反规定的;(6)鉴定过程和方法不符合相关专业的规范要求的;(7)鉴定文书

缺少签名、盖章的；(8)鉴定意见与案件待证事实没有关联的；(9)违反有关规定的其他情形。”

第86条规定：“经人民法院通知，鉴定人拒不出庭作证的，鉴定意见不得作为定案的根据。鉴定人由于不能抗拒的原因或者有其他正当理由无法出庭的，人民法院可以根据情况决定延期审理或者重新鉴定。对没有正当理由拒不出庭作证的鉴定人，人民法院应当通报司法行政机关或者有关部门。”

第87条规定：“对案件中的专门性问题需要鉴定，但没有法定司法鉴定机构，或者法律、司法解释规定可以进行检验的，可以指派、聘请有专门知识的人进行检验，检验报告可以作为定罪量刑的参考。对检验报告的审查与认定，参照适用本节的有关规定。经人民法院通知，检验人拒不出庭作证的，检验报告不得作为定罪量刑的参考。”

第217条规定：“公诉人、当事人及其辩护人、诉讼代理人申请法庭通知有专门知识的人出庭，就鉴定意见提出意见的，应当说明理由。法庭认为有必要的，应当通知有专门知识的人出庭。申请有专门知识的人出庭，不得超过二人。有多种类鉴定意见的，可以相应增加人数。有专门知识的人出庭，适用鉴定人出庭的有关规定。”

4.最高人民法院、最高人民检察院、公安部《关于办理组织领导传销活动刑事案件适用法律若干问题的意见》

一、关于传销组织层级及人数的认定问题

以推销商品、提供服务等经营活动为名，要求参加者以缴纳费用或者购买商品、服务等方式获得加入资格，并按照一定顺序组成层级，直接或者间接以发展人员的数量作为计酬或者返利依据，引诱、胁迫参加者继续发展他人参加，骗取财物，扰乱经济社会秩序的传销组织，其组织内部参与传销活动人员在三十人以上且层级在三级以上的，应当对组织者、领导者追究刑事责任。

组织、领导多个传销组织，单个或者多个组织中的层级已达三级以上的，可将在各个组织中发展的人数合并计算。

组织者、领导者形式上脱离原传销组织后，继续从原传销组织获取报酬或者返利的，原传销组织在其脱离后发展人员的层级数和人数，应当计算为其发展的层级数和人数。

办理组织、领导传销活动刑事案件中，确因客观条件的限制无法逐一收集参与传销活动人员的言词证据的，可以结合依法收集并查证属实的缴纳、支付费用及计酬、返利记录，视听资料，传销人员关系图，银行账户交易记录，互联网电子数据，鉴定意见等证据，综合认定参与传销的人数、层级数等犯罪事实。

二、关于传销活动有关人员的认定和处理问题

下列人员可以认定为传销活动的组织者、领导者：(1)在传销活动中起发起、策划、操纵作用的人员；(2)在传销活动中承担管理、协调等职责的人员；(3)在传销活动中承

担宣传、培训等职责的人员;(4)曾因组织、领导传销活动受过刑事处罚,或者一年以内因组织、领导传销活动受过行政处罚,又直接或者间接发展参与传销活动人员在十五人以上且层级在三级以上的人员;(5)其他对传销活动的实施、传销组织的建立、扩大等起关键作用的人员。以单位名义实施组织、领导传销活动犯罪的,对于受单位指派,仅从事劳务性工作的人员,一般不予追究刑事责任。

六、关于罪名的适用问题

以非法占有为目的,组织、领导传销活动,同时构成组织、领导传销活动罪和集资诈骗罪的,依照处罚较重的规定定罪处罚。

犯组织、领导传销活动罪,并实施故意伤害、非法拘禁、敲诈勒索、妨害公务、聚众扰乱社会秩序、聚众冲击国家机关、聚众扰乱公共场所秩序、交通秩序等行为,构成犯罪的,依照数罪并罚的规定处罚。

参考文献

1.何家弘、刘品新:《证据法学》,法律出版社2015年第5版。

2.刘德权主编:《最高人民法院司法观点集成》,人民法院出版社2014年第2版。

3.张军、江必新主编:《〈新刑事诉讼法及司法解释〉适用解答》,人民法院出版社2013年版。

4.童建明主编:《〈新刑事诉讼法〉理解与适用》,中国检察出版社2012年版。

5.王作富主编:《刑法》,中国人民大学出版社2009年第4版。

6.赵子琴主编:《法医病理学》,人民卫生出版社2009年第4版。

7.高憬宏、杨万明主编:《基层人民法院法官培训教材(实务卷·刑事审判篇)》,人民法院出版社2005年版。